HANS BAUM
DIE APOKALYPTISCHE FRAU
ALLER VÖLKER

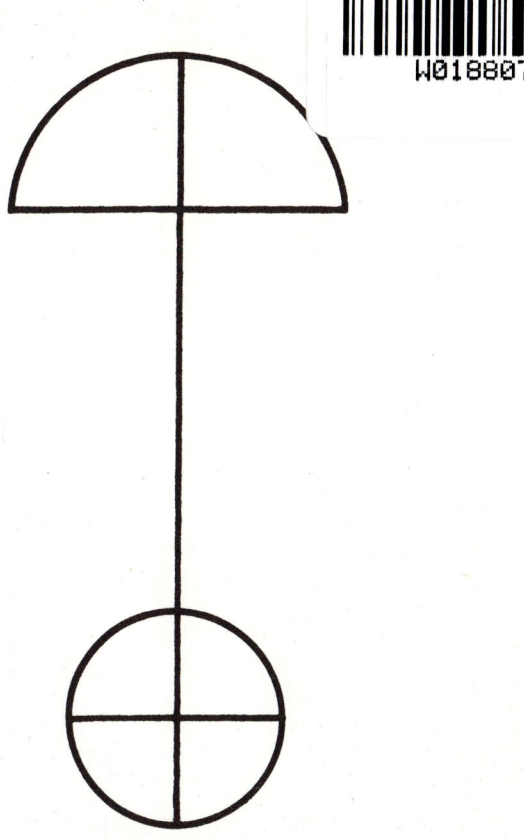

Die Geschichte hat eine furchtbare Schwelle überschritten. Der Fortbestand allen Lebens ist vom Menschen selbst abhängig geworden. Denn erstmals seit Bestehen der Welt hat ein geschaffenes Wesen die Macht erlangt, die Erde als Lebensraum zu vernichten. Nicht nur mit der Atomkerntechnik; in allen Wissenschaften und überall sind drohend in Nacht und Nebel unheimliche Grenzen spürbar geworden, die alles, alles in Frage stellen; Grenzen, die nur im erschütternden Bewusstwerden des Unvermögens zu erahnen sind; Grenzen in der Wesenlosigkeit. Zugleich wird damit unsere Existenz zu einem Dasein vor der Grenzenlosigkeit. Die Zeit der grossen Entscheidung ist unaufschiebbar angebrochen; der Entscheidung über Leben und Tod, mit oder gegen Gott. Es ist Endzeit.

Bernhard Philberth

Hans Baum

HANS BAUM

DIE APOKALYPTISCHE FRAU ALLER VÖLKER

KOMMENTARE
ZU DEN AMSTERDAMER ERSCHEINUNGEN
UND PROPHEZEIUNGEN

CHRISTIANA-VERLAG
STEIN AM RHEIN

Bildlegenden und Photonachweis
Erste Umschlagseite: Der Drache führt Krieg mit den Kindern der Frau (Offb 12, 17).
Vierte Umschlagseite: Die Posaunen-Engel (Offb 8, 2−6). Beide Bilder stammen vom Schweizer Maler Jakob Häne, CH-9533 Kirchberg/SG, erschienen im Bildband «APOKALYPSE − Geheime Offenbarung», aus dem griechischen Urtext neu übersetzt von Prof. Dr. Peter Morant, Bildkommentare von P. Michael Prader und Hans Baum, herausgegeben von Arnold Guillet, Christiana-Verlag, Stein am Rhein.

Die Veröffentlichung der Kommentare erfolgt in Übereinstimmung mit dem Dekret für die Glaubenslehre vom 15.11.1966. Der Verfasser erklärt, dass er mit seinen Darlegungen dem kirchlichen Urteil nicht vorzugreifen beabsichtigt und diesem allein Gültigkeit zuerkennt.

6. Auflage 1983: 26.−30. Tausend
© by CHRISTIANA-VERLAG, CH-8260 STEIN AM RHEIN/SCHWEIZ
Alle Rechte liegen beim CHRISTIANA-VERLAG
Druck: Bargezzi AG, CH-3000 Bern
Printed in Switzerland
ISBN 3 7171 0006 8

INHALT

Vorwort zur 6. Auflage

*Als Hans Baum am 23. Mai 1980 im Alter von 75 Jahren nach vollende-
tem Lebenswerk mitten aus seiner unermüdlichen Forschungsarbeit von
Gott abberufen wurde, erfüllte sich seine Voraussage, dass er plötzlich
sterben werde, sobald Gott ihn «nicht mehr braucht.»*

*Wenn nun — zwei Jahre nach seinem Tod — sein erstes grosses Werk in
sechster Auflage erscheint, wird sich vielleicht mancher, der die faszinie-
rende, kämpferische und doch stets freundliche und liebenswürdige Persönlichkeit des Autors näher gekannt hat, besorgt fragen, ob dieser her-
ausragende Geistesmann heute nicht doch noch notwendig gebraucht
würde. Sein grosses Sachwissen über die Geheimgesellschaften und die
Geheimwissenschaften, seine ausgeprägte analytische Begabung und sein
hervorragendes Talent, die Zusammenhänge der verwirrenden, fast zahllosen Erscheinungsformen der eschatologischen Gnosis zu erkennen und
diese Erkenntnis in allgemeinverständlichem und fesselndem Stil mitzu-
teilen, hat nicht nur gläubige Christen stark beeindruckt, sondern auch bei
nicht wenigen Anhängern der antichristlichen Gnosis und der «Gegenkirche» lebhaftes Interesse gefunden.*

*Besonders sein Anspruch, als Erster den Schlüssel zur Entsiegelung der
Apokalypse auf philosophischem Weg ermittelt zu haben, musste die «Er-
leuchteten» und «Wissenden» der gnostischen Geisteswelt aufhorchen lassen und neugierig machen. Jedenfalls haben nicht wenige Esoteriker Hans
Baums Buch aufmerksam und mit jenem Ernst gelesen, mit dem es die
Amts- und Würdenträger der Kirche hätten studieren sollen. Wissen doch
viele von ihnen über die Strategie und Taktik der antichristlichen Gnosis,
die gegenwärtig im Endkampf mit der Kirche liegt, leider nur wenig oder
kaum etwas. Allerdings muss auch offen zugegeben werden, dass Hans
Baum es den Lesern zuweilen nicht gerade leicht macht, ihm auf dem Weg
seiner prophetischen Apokalyptik zu folgen. Ich selbst muss gestehen,
dass ich auf diesem Gebiet mit Hans Baum nicht immer gleicher Meinung
war, was aber unsere freundschaftliche Verbundenheit und meine persön-
liche Dankbarkeit ihm gegenüber nicht beeinträchtigte.*

*Der Verewigte ist sicher damit einverstanden, wenn ich in diesem Zusam-
menhang den Inhalt eines Gesprächs wiedergebe, das wir einige Zeit vor
seinem Tod miteinander geführt haben. Es ging dabei um ein von ihm für
einen bestimmten Zeitraum angekündigtes Ereignis, von dessen Eintref-
fen er ebenso unerschütterlich überzeugt war, wie ich nicht daran glaubte.
Auf meine Frage: «Was werden Sie tun, Herr Baum, wenn sich Ihre Voraussage als irrig erweisen sollte?» — antwortete er: «Dann werde ich meine
prophetologischen Studien einstellen, denn dann hat mich der Himmel ge-*

narrt.» Darauf erwiderte ich ihm: «Aber nein, Herr Baum, der Himmel narrt niemanden. Wohl aber hat der Teufel schon viele Menschen genarrt.» Es ist wahr. Wer immer sich mit der Gnosis befasst, muss mit der sicheren Gegenwart des Teufels rechnen und wird unausweichlich mit dem Wirken der Dämonen konfrontiert werden. Die Dämonen, die in der Heiligen Schrift auch «Lügengeister» genannt werden, sind geniale Meister des Falschspiels und der Täuschung. Sie haben es zu allen Zeiten glänzend verstanden, Menschen in die Irre zu führen, besonders solche, die der gnostischen Versuchung erlegen sind und mehr wissen wollten, als Gott uns geoffenbart hat und mitteilen will. Hans Baum hat die letztzeitliche Dämonie klar erkannt und überzeugend beschrieben. Er hat dabei mit beispielhaftem Mut die Akteure beim Namen genannt, die heute auf der religiösen, politischen, ideologischen, wissenschaftlichen und künstlerischen Bühne nach der Pfeife Satans tanzen. Als tiefgläubiger Sohn der einen, heiligen, katholischen und apostolischen Kirche wusste er, was schon der heilige Ludwig Maria Grignion von Montfort (†1716), vom Geist Gottes erleuchtet, prophetisch vorausverkündet hat: dass in den «letzten Zeiten», die der Heilige mit der Auffindung seiner Schrift über die «wahre Andacht» zu Maria (1842) anbrechen sah, sich die Herrschaft Mariens über den Satan und die Mächte der Finsternis siegreich offenbaren wird. Vom letztzeitlichen Charakter unseres marianischen Zeitalters zutiefst überzeugt, betrachtete es Hans Baum als seine Aufgabe, wenn nicht gar als seine Sendung, die Botschaft der «Frau aller Völker» zu interpretieren. Mit bestem Wissen und Gewissen hat er den Versuch unternommen, die mahnenden und wegweisenden Worte der «Frau aller Völker» mit dem geoffenbarten Wort Gottes in der Apokalypse in Verbindung zu bringen, um so den heutigen Menschen zu helfen, die Zeichen unserer apokalyptischen Zeit zu verstehen und im Gericht des lebendigen Gottes, der das Heil aller Menschen will, bestehen zu können. Unter diesem Aspekt hat er seinen Auftrag gesehen, dem er trotz zahlreicher Enttäuschungen und Schwierigkeiten bis zum Tod treu geblieben ist.

Manfred Adler

Einführung

Kurz vor dem Ende des Zweiten Weltkrieges hatte eine damals vierzigjährige katholische Frau in Amsterdam ein Erlebnis, das sie folgendermaßen beschrieb:

Ich sehe links über mir jemand stehen, gekleidet in ein langes, weißes Gewand: eine Frau.

Es scheint mir die heilige Jungfrau zu sein. Sie sagt zu mir: «Die 3 bedeutet den Monat März, die 4 den April und die 5 den fünften Mai.» Dabei hebt sie erst drei Finger, dann vier und danach fünf Finger hoch. Sie läßt mich dann den Rosenkranz sehen und sagt: «Dem ist es zu verdanken. Durchhalten!» Und nach einer Weile: «Dieses Gebet *muß* verbreitet werden!»

Nun sehe ich vor mir Soldaten, viele Alliierte, und die hl. Jungfrau weist auf sie hin. Sie nimmt das Kreuzchen vom Rosenkranz, weist auf das Bildnis und dann wieder auf die Soldaten. Ich muß begreifen, daß das der Halt für das Leben der Soldaten werden muß; denn die Stimme sagt wieder: «Nun gehen sie bald nach Hause, diese.» Dabei weist sie auf die Truppen.

Ich frage: «Bist Du Maria?» Da lächelt sie mich an und sagt: «Sie werden mich die ‹*Frau*› nennen, Mutter.»

Die Gestalt geht an meinen Augen vorbei. Ich sehe in meine Hand. Es wird ein Kreuz vor mir niedergelegt, und ich muß es aufnehmen. Ich nehme es ganz langsam auf, denn es ist *schwer.*

Dann ist plötzlich alles weg.

Mit diesem so erfreulich nüchtern und sachlich geschilderten Erlebnis der Seherin von Amsterdam begann ein Erscheinungs- und Weissagungszyklus, der 56 «Botschaften» umfaßt und sich über 17 Jahre erstreckte. Ihm schloß sich ein Zyklus eucharistischer Erlebnisse an, deren Veröffentlichung noch teilweise aussteht.

Das gesamte Geschehen wurde von dem inzwischen verstorbenen Dominikanerpater J. Frehe theologisch und seelsorgerisch betreut und auf diese Weise unter kirchlicher Kontrolle gehalten.

Die ersten amtskirchlichen Stellungnahmen waren zurückhaltend, wie immer in solchen Fällen, zum Teil auch ablehnend. Als Hauptursache dieses Verhaltens erweist sich heute die Tatsache, daß die Amsterdamer Weissagungstexte großenteils einer *Verschlüsselung* unterliegen, die aufs engste mit jener der Apokalypse korrespondiert. Darüber hinaus beziehen sich die meisten Weissagungen und Warnungen der Frau aller Völker auf eine ganz bestimmte kirchliche und allgemeine Situation in einem ganz bestimmten Zeitraum, dessen Fixierung erst vor wenigen Jahren möglich wurde.

Als sich der Verfasser im Jahre 1958 erstmals näher mit den Amsterdamer Botschaften beschäftigen konnte, hatte er bereits drei Jahre intensiver exegetischer Bemühungen um die Apokalypse hinter sich. Deshalb bedeutete es für ihn ein kaum noch erhofftes Geschenk des Himmels, daß er zu dem Zeitpunkt, da er befürchten mußte, die von ihm ermittelte Schlüssel- oder Siegelhypothese niemals in glaubhafter Weise an die Kirche weitergeben zu können, durch die Amsterdamer Botschaften den Weg zum marianisch gläubigen Volk und über dieses zum Hl. Vater gewiesen bekam. Er beschritt diesen Weg im Februar 1968 mit der Herausgabe der Schriftenreihe «Die apokalyptische Frau aller Völker», die Ende 1969 mit Heft Nr. 7 zum Abschluß gebracht werden konnte.

Die sieben Kapitel des vorliegenden Buches geben im wesentlichen den Inhalt der sieben Heftnummern wieder, die in rund 35 000 Exemplaren von deutschsprachigen Lesern gelesen und verbreitet wurden. Mögen sie auf diesem Umweg über das gläubige Kirchenvolk auch den Hl. Vater erreicht haben, dem dieses Buch gewidmet ist!

Nenne ich Dich HIMMEL,
so thronst Du noch höher.
Verkünde ich Dich als MUTTER DER VÖLKER,
so bist Du mehr als das.
Grüße ich Dich als ABBILD UND ABGLANZ GOTTES,
so sage ich nicht zuviel.
Nenne ich Dich KÖNIGIN DER HÖCHSTEN WEISHEIT:
DAS ALLES BIST DU!

St. Augustinus

Erstes Kapitel

Die Letztzeitkatastrophen

Prophetische Katastrophenankündigungen bedeuten entweder göttliche Warnungen oder göttliche Strafandrohungen, oder beides in einem.

Diese Feststellung ist zwar nicht neu, aber sie ist in unserer der Prophetie entfremdeten Epoche allgemein in Vergessenheit geraten. Wäre es anders, gäbe es gerade heute keine Glaubenskrisen in der Kirche. Vor allem nicht im Hinblick auf die heilsgeschichtlich so hochbedeutsame Rolle *Marias,* die doch vorwiegend als eine prophetische gesehen werden muß.

Weder der einseitig vom Gestern bis zum Heute blickende Traditionalismus noch der ebenso einseitig vom schiefen Turm der Gegenwart in eine pseudoeschatologische Zukunft starrende Progressismus erweist sich als befähigt zu erkennen, daß die marianische Prophetie eine Ergänzung und Kommentierung der biblischen Letztzeitprophetie darstellt und daß sie den Völkern den *Letztzeitcharakter,* genauer, die *Letztzeitlichkeit* unserer Epoche nahezubringen sucht.

Diese Behauptung, mitten hineingesprochen in eine Zeit voller Pläne und Hoffnungen für die Zukunft des Menschen, des angeblich neuen, angeblich nicht mehr irdisch, sondern kosmisch geprägten Supermenschen von morgen, dieses klare Wort vom bevorstehenden *Ende* wird, wenn es überhaupt zur Kenntnis genommen wird, eine Vielzahl von Reaktionen hervorrufen müssen. Die einen werden nicht einen Augenblick daran zweifeln, daß diese Behauptung einem offenbar nicht ganz intakten Gehirn entstammt, nichts weiter als die Ausgeburt düsterer Sektiererei darstellt und heute ebenso indiskutabel ist, wie sie es von jeher gewesen war. Andere werden mit spielender Leichtigkeit den «Nachweis» erbringen, daß *jede* derartige Ankündigung schon immer nichts weiter als eine Begleiterscheinung von Übergangsepochen gewesen sei, daß sogar «normale» Zeiten ihre «Apokalyptiker» hatten und daß es geradezu verwunderlich wäre, wenn ausgerechnet unsere mit «Apokalyptischem» so aufgeladene Gegenwart von den Unkenrufen dieser passionierten Pessimisten verschont bleiben würde. Sie werden u. a. die Chiliasten und die Spiritualen, die Joachiten und die «Heiligen der letzten Tage» ins Feld führen und sie zu Zeugen ihrer eigenen «Rechtgläubigkeit» benützen. Denn, so meinen sie, weil diese unrecht hatten, muß jeder unrecht haben, der eines Tages ähnliches oder ähnlich Scheinendes behauptet. Um auf die letztgenannte Gruppe der Verneiner zu stoßen, braucht man nicht etwa nur außerhalb des christlichen Lagers Umschau zu halten. Menschen, die es sich leicht, allzu leicht mit der christlichen Eschatologie machen, gibt es überall, vorwiegend sogar in den theologisch ansonsten besonders gesichert erscheinenden großen christlichen Konfessionen, die katholische Kirche eingeschlossen. Dies hat nichts mit der Vollkommenheit oder Unvollkommenheit der jeweils von ihnen vertretenen Lehre zu tun, sondern mit Ursachen, die in der Letztzeitepoche selbst gelegen sind. Diese, nämlich *unsere* Epoche, ist überschattet von der gesteigerten Wirksamkeit Satans und der Dämonen, was sich am deutlichsten darin zeigt, daß man deren Existenz kaum mehr ernst nimmt, daß man sogar in dieser Zeit der höchsten satanischen und dämonischen Bedrängnis die bewährten Waffen gegen sie, die Marienverehrung und den allgemeinen Exorzismus, außer Gebrauch zu setzen versucht. Es darf daher auch nicht verwundern, wenn der also geringgeschätzte Teufel sich diese Ahnungslosigkeit der Menschen zunutze macht und munter über Liturgie und Kunst, über Mißachtung der Eucharistie und der Eschatologie in Gotteshäusern, Gottesdiensten und Predigten herumspukt und das Oberste zuunterst kehrt. Man kann in Umkehrung der ursprünglichen Wortbedeutung sogar das Evangelium zitieren und hier mit dem Evangelisten feststellen: «Ihre Augen sind gehalten, so daß sie ‹ihn› nicht erkennen.»

Um nun allen Meinungen über die Frage der Letztzeitlichkeit unserer Epoche ein Ende bereiten zu helfen, erklären wir uns bereit, alles, was hier in allgemeinverständlicher Formulierung und Begründungsweise an die Leser herangetragen werden wird, *auf jeder gewünschten wissenschaftlichen Ebene* zu diskutieren und zu beweisen.

Wir gehen sogar noch einen erheblichen Schritt weiter.

Wir unterstellen das, was Apokalypse und marianische Prophetie, letztere in ihrer eschatologisch nicht mehr zu übertreffenden Aussage der «Frau aller Völker» von Amsterdam, in unsere Gegenwart hereinrufen, dem Urteil dieser Gegenwart selbst. Das heißt, wir laden die Leser dieses Buches ein, mit uns einen tieferen Blick in die Apokalypse, und zwar an der Seite der «Frau aller Völker», der «Frau» aus Off. 12, zu tun und an den auf uns zukommenden Ereignissen abzulesen, was an ihnen «apokalyptisch» ist und bis zum Ende sein wird. Wir sind uns dabei darüber klar, daß diese Einladung für einen Großteil der Leser überflüssig ist, weil bereits an dem, was in den letzten Jahrzehnten und nahezu zu jeder Stunde und an jedem Tag an realen Parallelen mit der Letztzeitprophetie offenbar wurde, ausreichend zu erkennen war und ist, daß diese Besonderheiten unserer dem Zerfall zustrebenden modernen Welt nichts anderes als *Vorereignisse* des Endgeschehens sind.

Mit ihrer Schilderung sind aber die marianischen Offenbarungen zur Apokalypse keineswegs erschöpft, sondern lediglich vorbereitet. Das Einmalige, Großartige und Überraschende an der marianischen Letztzeitprophetie wird von Kapitel zu Kapitel reiner hervortreten.

1. Marianische und biblische Letztzeitprophetie

Der Baum der marianischen Letztzeitprophetie, dessen Wurzeln in La Salette und dessen Stamm in Fatima sichtbar wurden, hat mit der breiten Krone der Amsterdamer Weissagungen der «Frau aller Völker» die Vollendung seines Wachstums gefunden.

Neben diesen drei großen marianisch-eschatologischen Offenbarungen gibt es in den verschiedensten Ländern und Zonen eine Reihe von marianischen Botschaften, welche diese drei Großereignisse verdeutlichen und ergänzen.

Diese wiederum dürfen nicht verwechselt werden mit einer Zeiterscheinung, die ebenfalls letztzeitlich bedingt ist. Es ist dies die Falsch- und die Scheinprophetie.

Falschprophetie ist ebenfalls «übernatürlicher» Herkunft, aber sie beruht auf Inspirationen Satans und der Dämonen. Typische Erscheinungen dieser Art sind die Umtriebe des Expaters Michel Collin, eines willenlosen Werkzeugs der Dämonie, seiner zeitweiligen «Prophetin» «Benigna» alias Maria Finkl im Allgäu, das Phänomen von Ham sur Sambre in Belgien u. v. a.

Scheinprophetie dagegen hat ihre Ursache zumeist in psychischen Anomalien, in Wahnvorstellungen und ähnlichem. Hinzu kommt manchmal ein gewisser Entäußerungs- und Geltungsdrang, den die Behafteten oft jahre- oder jahrzehntelang abzudrängen suchen, bis er sie am Ende doch überwältigt und zu «Propheten» werden läßt. Da werden vor allem unverschlüsselte oder nur scheinverschlüsselte Zeithinweise gegeben, was als ein besonderes Kennzeichen der Pseudoprophetie anzusehen ist. Jeder, der die prophetische Sprache des Heiligen Geistes studiert, wird da und dort auf Falsch- und Scheinprophetie stoßen und anfänglich manchem dieser Phänomene wohl auch vorübergehend aufsitzen. Man braucht sich dessen nicht zu schämen, denn der Teufel ist ein raffinierter Theologe und ist eschatologisch den menschlichen Theologen von heute um ein Vielfaches überlegen. Das folgt aus seiner Engelsnatur und aus seinem Wissen um das Geheimnis des apokalyptischen Siegels, das ihm lt. Off. 6,2 als Waffe zur Verfügung steht. Mittels dieses Siegels ist es ihm ein leichtes, Falschprophetie von täuschender Ähnlichkeit mit echter Prophetie von sich zu geben.

Das Nebeneinander von echter und falscher Prophetie mahnt zur Vorsicht. Diese Mahnung geht insbesondere an gläubige und fromme Menschen. Denn der an der Prophetie, dem «Zeugnis Jesu», entweder gar nicht oder nur mittelbar interessierte Zeitgenosse macht es sich in diesen Dingen ebenso leicht wie in vielen anderen. Er schüttet das Kind mit dem Bade aus, mißtraut der Weissagung insgesamt und macht diese fälschlich dafür verantwortlich, daß er für sie kein Organ besitzt und überall dort, wo andere das Mysterium der Weissagung erkennen und erleben, nur verdorrte Bäume und dürres Heu sieht. Niemand kann sagen, wie viele Bekundungen des Himmels infolge Fehlbesetzungen kirchlicher Ämter schon zu Rufen in der Wüste geworden sind. Auch das bisherige Schicksal der Offenbarungen der «Frau aller Völker» hätte solchen Mentalitäten zum Opfer fallen können.

Man würde die Amsterdamer Botschaften allerdings mißverstehen, wenn man die Katastrophenankündigungen und ihre Übereinstimmung mit den Katastrophenankündigungen der biblischen Prophetie als das einzige oder wichtigste Merkmal ihrer Echtheit als Letztzeitprophetie ansehen wollte. Solcher Echtheitsmerkmale gibt es eine ganze Reihe. Als eines der wichtigsten sei die Tatsache herausgegriffen, daß Maria in Amsterdam den *Schlüssel zur Apokalypse* offenbart. Das würde Satan als Urheber dieser Weissagungen niemals tun, da er sein Wissen um den apokalyptischen Schlüssel ja in den Dienst der Verfälschung des göttlichen Heilsplanes, also in den Dienst der Irreführung der Menschen und der Völker gestellt hat und daher niemals bereit wäre, dieses Geheimnis seiner Macht im Zuge einer Falschprophetie preiszugeben. Dies würde seine totale Entmachtung zur Folge haben und einer Art von Selbstpreisgabe gleichkommen. Mit dieser Feststellung ist jedem Versuch, die Amsterdamer Erscheinungen und Prophezeiungen als parapsychologisches oder gar dämonisches Phänomen deuten zu wollen, der Boden entzogen. Außerdem wurden die *Amsterdamer Weissagungen* in zehnjähriger Arbeit mit der *biblischen*

Letztzeitprophetie konfrontiert, und zwar auf der ganzen Breite ihrer eschatologischen Aussage. Die *Übereinstimmung* erwies sich als *lükkenlos.*

Auch die *wissenschaftliche Basis,* auf der dieses Unternehmen durchgeführt wurde, ist überzeugend. Einige wissenschaftliche Disziplinen, wie z. B. die thomistische Fundamentalphilosophie, bedurften hierbei einer der philosophischen und sonstigen wissenschaftlichen Entwicklung der letzten Jahrhunderte Rechnung tragenden Erweiterung und Vollendung; einige Disziplinen mußten, in Anbetracht schwerwiegender Versäumnisse der neueren Zeit, überhaupt erst neu ins Leben gerufen werden. Genannt werden hier vor allem die Phänomenologie der Prophetie *(Prophetologie)* und die Phänomenologie der Gnosis *(Gnosiologie).* Dies muß erwähnt werden, um den Theologen unter den Lesern klar machen zu können, daß sie vieles nachzuholen haben, bis sie in die wissenschaftliche Diskussion über Amsterdam, über seine eschatologische Aussage und über den letztzeitlichen Status unserer Epoche mit einzugreifen vermögen.

Die Leser können ob dieser noch ausstehenden theologischen Diskussion beruhigt sein. Es wird nichts von den Entscheidungen des kirchlichen Lehramtes vorweggenommen, so lange man die Dinge nur diskutiert und testiert. Das alles geschieht unter dem selbstverständlichen Vorbehalt der letztgültigen kirchlichen Verbescheidung der dabei gewonnenen Ergebnisse.

Daß der «moderne» Progressismus mit seiner eschatologischen und mariologischen Unansprechbarkeit hier nicht eingeladen ist, liegt auf der Hand. Er wird ohnehin warten, bis er Tatsachen sieht; denn er ist nur durch den Himmel selbst noch belehrbar. Für ihn war auch das Wort vom baldigen Kommen Christi nur ein leeres Wort, das der große Papst und Eschatologe *Pius XII.* in dem kurzen Gebet hinterlassen hat: «Komm, Herr Jesus! *Es sind Anzeichen da, daß Dein Kommen nicht mehr fern ist.»*

Auch Papst *Paul VI.* bezog sich schon des öfteren auf die «alten, stets eingetroffenen Prophetien» und auf die marianischen Warnungen aus neuerer Zeit, wenn er sich mahnend, warnend und bittend an die Verantwortlichen in der Welt wandte, Friede zu halten und Gottes Strafgericht nicht herauszufordern.

Aus den Päpsten spricht «der Geist, der die Weisheit hat» (Off. 17, 9), der gleiche Geist nämlich, wie der «Geist der Weissagung», den die Apokalypse an anderer Stelle (Off. 19, 10) als «das Zeugnis Jesu» bestätigt.

Aus den modernistischen Kritikern der Päpste aber spricht nichts weiter, als «der Herren eigener Geist».

2. Beten als Katastrophenschutz

Ein besonderes Merkmal für den letztzeitlichen Charakter der in Amsterdam angekündigten Katastrophen ist ihr Wirksamwerden auf der gesamten Erde, sei es zu gleicher oder zu leicht unterschiedlicher Zeit. Sonach wird es keine «krisensicheren» Länder und Aufenthaltsmöglichkeiten in den kritischen Phasen geben. Goldreserven und Devisen in allen Schattierungen sind in dieser Situation wertlos. Besonders die Großkatastrophen treten, wenn ihre Verhinderung nicht mehr erdient werden sollte, total und global in Erscheinung und lassen keine Ausnahmen zu.

Diese Feststellung könnte die folgenden drei Fragen aufwerfen:
a) Sind Letztzeitkatastrophen unabwendbar?
b) Sind Katastrophenschutzmaßnahmen in jedem Falle unwirksam?
c) Können letztzeitliche Katastrophen ebenso durch Gebet und Buße gemildert, verringert oder letztlich sogar verhindert werden?

Wo immer in einer Ankündigung außernatürlichen Ursprungs in *unverschlüsselter* Weise behauptet wird, das angekündigte Unheil sei unabwendbar, liegt Falschprophetie vor. Vor Unabwendbarem wären wir zur Willenlosigkeit verurteilt. Gott aber hat uns die Willensfreiheit als unveräußerliches Menschenrecht zugesichert, und er wird dieses gegebene Wort niemals brechen. Dagegen verneint Satan die Willensfreiheit, weil Gott sie ihm teilweise entzogen hat bei seinem Fall. Darum setzt er die Willensunfreiheit auch beim Menschen voraus und läßt sie in seine Falschprophetie mit einzementieren. Auf diesen Trick fallen leider viele herein, die Weissagung nicht von Wahrsagung zu unterscheiden vermögen.

Wann immer die biblische oder die echte nachbiblische Prophetie Katastrophen ankündigt, und zwar in unverschlüsselter, d. h. offener Form, muß dieser Ankündigung entweder ein «Wenn» voranstehen oder als voranstehend in Gedanken mitgelesen werden. Gott ist ein gerechter Vater. Also wird und kann er niemals bedingungslose Strafen verhängen. Jede Strafe wird durch uns herausgefordert, jeder Straferlaß durch uns erdient, sei es durch gute Werke, sei es durch Gebet, sei es durch besondere Akte des Vertrauens in die göttliche Barmherzigkeit und Gnade. Deshalb gibt es auch keine echte Prophetie, die unabwendbare Strafen ankündigt. Das gilt auch für solche Prophetien, vor welche kein sichtbares «Wenn» gesetzt ist. Dann steht es eben *unsichtbar davor*. Diese Tatsache kann man sich gar nicht tief genug einprägen, bevor man sich dem «Geist der Weissagung» anvertraut. Weissagungen sind Gnadenerweise, nichts weiter. Wer sie zu Wahrsagerei erniedrigt, versündigt sich gegen den Geist Gottes und handelt nach den Ratschlägen des Teufels. Dieser will, daß unser Wille gelähmt, unsere Abwehrbereitschaft ausgeschaltet und unsere Hoffnung zerstört wird, daß uns Verzweiflung vor dem angeblich Unabwendbaren erfaßt.

Zur Zeit schießen die Falschpropheten wie die Pilze aus dem Boden. Man wird vermutlich bald so weit gehen, die letztzeitlichen Katastrophen und sonstigen Erscheinungen als Teilereignisse des Weltunterganges hinzustellen, um Panik und Verzweiflung zu verbreiten.

«Laßt euch nicht schrecken!», sagt zu diesem Treiben das Evangelium. Zwar werden die letztzeitlichen Wehen auf das Nahen des Endes hinweisen. Aber von diesem wissen wir «weder den Tag noch die Stunde».

Zur Frage des Katastrophenschutzes ist ähnliches zu sagen wie etwa zur Frage des Gesundheitsschutzes.

Man kann Krankheiten bekämpfen, wenn man von ihnen bereits befallen ist; man kann sie aber noch besser dadurch bekämpfen, daß man sie sich fernzuhalten versucht.

Nicht anders verhält es sich mit dem Katastrophenschutz. Man kann «in die Berge fliehen», wie es bei Mt 24 halbsinnbildlich angedeutet wird, wenn die Katastrophen bereits an unsere Tür klopfen. Man kann aber auch sehr wirksame Maßnahmen ergreifen, um sie entweder zu mildern oder ganz abzuwenden.

Da wir nicht wissen können, ob unsere Gebete ausreichen würden, den Eintritt des Unheils abzuwenden, erscheint es trotzdem ratsam, einen möglichst wirksamen behördlichen Katastrophenschutz für die kommenden Jahre anzuregen und zu erwirken. Dies wird zum Erfolg führen, sobald die ersten Vorboten der Großkatastrophen sichtbar werden. Dieses Bemühen erstreckt sich auf alle Staaten und Völker, wie es der Wunsch der «Frau aller Völker» für die kommenden Tage der Heimsuchung ist.

Völlig ausgeschlossen wäre die Realisierung der prophetisch angekündigten Katastrophen, wenn jener Idealfall einträte, daß alle oder fast alle Völker um Abwendung der Plagen beten und ihr Leben im Sinne des Evangeliums gestalten würden.

Von denen, die das Evangelium noch nicht kennen, sagt die «Frau aller Völker», daß für sie gesorgt werden würde. Sie sind für diesen Mangel ja nicht verantwortlich, und ihr Beten zu einem Gott ihrer Vorstellung ist sicherlich ein Gott wohlgefälliges Gebet des guten Willens.

Von allen denen aber, die das Evangelium angenommen haben, fordert die «Frau», zu jeder sich bietenden Gelegenheit und Zeit das von ihr in Amsterdam der Seherin vorgesprochene Gebet zur Abwendung von «Verfall, Unheil und Krieg» zu beten. Dieses Gebet wird seit Jahren nicht nur von Katholiken, sondern auch von Protestanten und sonstigen Christen in aller Welt gebetet, die die Zeichen der Zeit verstehen und aus diesem Grunde einen persönlichen Weg zu Maria gefunden haben. In über fünfzig Sprachen wird sonach die «Frau aller Völker» um ihre Fürbitte angerufen und ihr der Titel «Miterlöserin, Mittlerin, Fürsprecherin» zuerkannt.

Dieses Gebet lautet:

> Herr Jesus Christus, Sohn des Vaters,
> sende *jetzt* Deinen Geist über die Erde.
> Laß den Heiligen Geist wohnen in den Herzen
> aller Völker, damit sie bewahrt bleiben mögen
> vor Verfall, Unheil und Krieg.
> Möge die Frau aller Völker, die einst Maria war,
> unsere Fürsprecherin sein. Amen.

Bis auf die Einschaltung «die einst Maria *war*» wird wohl niemand das Sinnvolle und Situationsgemäße dieses Gebets in Zweifel ziehen. Der Sinn der erwähnten Einschaltung wird an anderer Stelle geklärt werden. Dann wird man verstehen, warum Maria am vorliegenden Gebetstext nichts geändert haben will.

Zum Beten als Katastrophenschutz gehört nach wie vor das Rosenkranzgebet. Auf diese Notwendigkeit weist Maria in Amsterdam verschiedene Male eindringlich hin. Wenn es gelingt, noch vor dem Eintritt der Großkatastrophen die Mehrzahl der Christen zu dem Amsterdamer Gebet hinzuführen und die Mehrzahl der katholischen Christen wieder zum Rosenkranzgebet zu ermuntern, werden wir einen weit besseren und zuverlässigeren Katastrophenschutz aktiviert haben, als ihn irgend eine Katastrophenschutzbehörde des Staates zu bieten vermöchte. Behördlicher Katastrophenschutz allein besäße gegenüber den angekündigten Großkatastrophen ohnehin kaum noch Bedeutung. Naturgewalten apokalyptischen Ausmaßes würden alles, was Menschenhand ihnen entgegenzustellen versuchte, beiseitefegen.

Nicht die Bemühungen der «Großen dieser Welt» werden die Völker vor «Verfall, Unheil und Krieg» retten. Die «Geringsten der Meinen», wie Maria das demütige und rückhaltlos vertrauende Volk der Beter in der ganzen Welt bezeichnet, werden dies erwirken. Möge dieser Gebetssturm von den Kirchen und Familien Deutschlands seinen Ausgang nehmen, wie die «Frau» es wünscht, damit alle soweit als möglich verschont bleiben vor den letztzeitlichen Plagen «Verfall, Unheil und Krieg».

3. Zweck und Bedeutung der Letztzeitkatastrophen

Um zu begreifen, warum Gott, der gerechte und liebende Vater der Menschen, kurz vor das Ende der menschlichen Geschichte Katastrophenbedrohungen apokalyptischen Ausmaßes gesetzt hat, muß man den Heilsplan Gottes mit den Plänen der heutigen Menschheit in Vergleich setzen.

Gott hat durch die biblische Offenbarung eine *einzige* Ordnungsvorstellung, nämlich die Seinige, zur Verwirklichung zu bringen versucht und setzte dabei den freiwilligen Gehorsam seines Geschöpfes, des Menschen, voraus. Es gehört zum Wesen väterlicher Autorität, daß sie sich nicht in Gewalt, Zorn und Racheandrohung durchzusetzen versucht, sondern in Gerechtigkeit und Liebe. Selbst die Strafe gründet in diesen beiden väterlichen Tugenden; sie ist nicht das Ergebnis des Zornes und der Ungeduld.

Der göttliche Heils- und Ordnungsplan will keineswegs eine tote Friedhofsordnung erzwingen. Im Gegenteil! Innerhalb der göttlichen *Grundordnung* sind den Menschen bzw. den Völkern viele Möglichkeiten der Gestaltung dieser Ordnungsprinzipien gegeben, die der Eigenart der einzelnen Völker, ihren besonderen Lebensbedingungen und Bedürfnissen Rechnung tragen. Immer aber steht über all diesen·Einzelordnungen die Forderung einer einheitlichen Gesamtordnung; denn Ordnung bedeutet ja einzig und allein das Zuordnen der Vielheit zu einer die Vielheit überragenden Einheit.

Um eine solche Gesamtordnung in Liebe und Gerechtigkeit überhaupt zu ermöglichen, bedarf es einer diese beiden Werte zusammenfassenden *Wahrheit,* also der einen und unteilbaren, in der ewigen Wahrheit Gottes gegründeten und begründeten Wahrheit.

Die Menschheit steht am Vorabend ihres geschichtlichen Endes. Wir wissen nicht genau zu sagen, wie der neue Morgen der Menschheit aussehen wird. Wir wissen aber aus der Heiligen Schrift, daß Gott die Liebe seines Geschöpfes mit Unaussprechbarem lohnen möchte und lohnen wird. Kein Nichtchrist wird deshalb verstehen, warum ein gläubiger Christ dieses Ende der Geschichte herbeisehnt, gleichgültig, unter welchen Begleiterscheinungen es sich ankündigen und vollenden wird. Jetzt, da sich die Zeichen des nahenden Endes kaum mehr übersehen lassen, müssen wir uns fragen, ob die Menschheit den Sinn der Heilsgeschichte, an deren Ende sie steht, begriffen und befolgt hat, ob Gottes Gerechtigkeit es ermöglicht, uns, den spätzeitlichen Menschen, aus den Verpflichtungen der Heilsgeschichte zu entlassen und in einen höheren Grad der Vollkommenheit hinüberzuführen. Diese Frage trifft mit jener zusammen, ob wir den Erlösungstod Christi so genutzt haben, daß wir als Menschen guten Willens vor dem Richterstuhl des Herrn der Geschichte einigermaßen bestehen können. Diese beiden Fragen, die Frage nach der Nutzung und Befolgung der Offenbarung und die Frage nach der Nutzung der Erlösung, müssen wir ehrlicherweise mit *Nein* beantworten.

Was haben wir aus der gottgewollten Ordnung gemacht, und wie ist es um die Friedensordnung Gottes in unserer letztzeitlichen Epoche bestellt?

Statt der Verwirklichung der einen großen Friedensordnung in Gerechtigkeit und Liebe, bekämpfen sich heute zwei große Pseudoordnungen oder Ideologien, die sich die Menschen selbst gegeben haben und die sie dem jeweilig Andersdenkenden aufzuzwingen versuchen.

Während die eine dieser Pseudoordnungen, die östliche, die menschliche Willensfreiheit einer philosophischen Lüge, dem dialektischen Materialismus, opfert, opfert die westliche die göttliche Forderung nach der *einen* Wahrheit der falschen Freiheit des sogenannten Pluralismus, also ebenfalls einer philosophischen Lüge.

Um einer dieser beiden philosophischen Lügen die Alleinherrschaft zu beschaffen, jagt man die Völker in mörderische Kriege, versucht man die eigenen Völker von der Gerechtigkeit dieser Kriege zu überzeugen und macht man die Völker der Erde zum Spielball einiger weniger Gegenspieler Gottes und der göttlichen Ordnung.

Was von der göttlichen Welt- und Friedensordnung übriggeblieben ist, das ist lediglich die göttliche Bezeugung ihres Erwünschtseins, ihrer Struktur, ihres Planes.

Dieses «Zeugnis Jesu» für die Ordnung, die der Vater seinen Geschöpfen zur Verwirklichung aufgetragen hat, heißen wir das

apokalyptische Siegel.

In Amsterdam offenbart Maria dieses Siegel, fordert sie seine Verwirklichung, wie noch näher ausgeführt werden wird.

Dieses Siegel, dessen Grundform das *Kreuz* ist, ist zugleich der Grundriß des göttlichen Schöpfungs- und Ordnungsplanes. Die Entwicklung der menschlichen Gemeinschaft ging in den letzten Jahrhunderten andere Wege, als sie zur Verwirklichung des Ordnungsplanes Gottes nötig gewesen wären. Diese Entwicklung erweist sich als eine überdimensionale Fehlentwicklung, als ein wahnwitziges *Nein* der Menschheit zum göttlichen Siegel. Mit diesem Nein zur gottgewollten Ordnung stehen wir in der Gefahr, früher oder später ein endgültiges Ja zu den Pseudoordnungen oder zu einer derselben zu sprechen, das einem Ja zur Lüge und zum Chaos, zur «Ordnung» des Durcheinanderwerfers gleichkommt.

Deshalb wird Gott dieser Fehlentwicklung einen Riegel vorschieben und den Schutt und den Schwindel, den dieses Scheingebilde der «City of man», der «großen Stadt Babylon» der Apokalypse aufgestapelt hat, entweder durch den Gebetssturm der Völker oder durch die Entfesselung von Gewalten der Natur und der Übernatur beseitigen lassen.

Wir haben die Wahl, uns entweder ans Gebet zu halten oder an die Katastrophen. Es wäre Vermessenheit, sich für die letzteren zu entscheiden.

Muß es aber dennoch zu diesem großen «Abräumen» kommen, so werden wir es zum gegebenen Zeitpunkt erleben. Bis jetzt hat sich dieses in einer *Zunahme von Katastrophen in der ganzen Welt* angekündigt, und zwar von Katastrophen jeglicher Art, deren Auslösung zum Teil auch dem Wirken der freigelassenen Dämonie zuzuschreiben ist. Reichen unsere Gebete nicht aus, dies alles in gewissen Grenzen zu halten, wird uns Gott Zug um Zug die Mittel nehmen, die man zur Aufrechterhaltung der heutigen Scheinordnung benötigen würde. Aus dem fruchtbaren Chaos des «großen Abräumens» würde dann diejenige Kirche und diejenige völkerstaatliche Ordung als Sieger hervorgehen, deren Autoritätsträger sich schon heute der Führung der «Frau aller Völker» anvertrauen und dem von ihr geoffenbarten Siegel zustimmen. Je früher diese legitimen Autoritätsträger zum Gehorsam bereit sein werden, um so weniger wird es nötig sein, daß Gott zum Mittel der Großkatastrophen greift, um den Übergang von der Pseudoordnung in die gottgewollte Ordnung zu erzwingen.

Darum ist es falsch, zu fragen: Was wird über uns kommen? Die Frage muß lauten: Wie weit werden wir, die *Beter,* und wie weit werden sie, die von Gott beauftragten *Autoritätsträger*, es kommen *lassen?* Die Beter sind das Volk. Das Volk, die Völker wollen den Gottesfrieden.

Die «Großen dieser Welt» wollen ihn nicht, sie wollen ihren Pseudofrieden, der ohne Dauer und ohne Segen ist. So bezeugte es die «Frau aller Völker», so erleben wir es heute in der politischen Wirklichkeit. Also brauchen die Völker eine Führung, die zu der Ordnung Gottes Ja sagt oder sagen würde, wenn sie nicht ihres legitimen Anspruches beraubt worden wäre. Es sind dies die beiden «Zeugen» der Apokalypse, der Zeuge im *weltlichen* und im *kirchlichen* Bereich. Und die Aufgabe dieser beiden Zeugen wird es sein, die *eine* Kirche und das *eine* Reich, das Heilige Sacerdotium und das Heilige Imperium, wie sie das *Siegel* der Apokalypse als göttliche Forderung ausweist, wieder zu errichten, wenn auch in einer gewandelten Welt und in einer neuen Form.

Zweck und Sinn der Letztzeitkatastrophen ist es also einerseits, die Beter zu mobilisieren, um einer Katastrophensteigerung entgegenzuwirken, andererseits die Macht derer zu brechen, die Gott das Recht verweigern wollen, *Seine* Ordnung wieder an die Stelle ihrer Pseudoordnungen zu setzen und die Früchte der Erlösung durch Jesus Christus allen Völkern der Erde zuteil werden zu lassen.

4. Die Letztzeitkatastrophen ab 1940

Die Exegese bzw. Deutung der Apokalypse mittels des von der «Frau aller Völker» verkündeten Schlüssels hat ergeben, daß mit dem Jahre 1940 die Epoche der Letztzeit ihren sichtbaren und nachweisbaren Anfang nahm.

Bereits 1917 hatte Maria in Fatima diese Epoche angekündigt, freilich in prophetisch verhüllter Form. Sie tat es durch die Weissagung, die in der Aufzeigung der Gefahr eines neuen und noch verheerenderen Krieges, als des seinerzeit stattfindenden, gipfelte. Manche Mariologen ahnten bisher schon einen engeren Zusammenhang zwischen Fatima und Apokalypse, zwischen marianischer Prophetie und biblischer Letztzeitprophetie. Die letzte Gewißheit darüber brachte erst die «Frau aller Völker» in ihren Amsterdamer Weissagungen.

Tatsächlich bereitete sich im gleichen Jahr, in welchem Maria das erste «Wehe» der Letztzeitepoche, den *Zweiten Weltkrieg*, ankündigte, die Spaltung unserer heutigen Welt in die zwei apokalyptischen

Lager «Gog» und «Magog», d. h. in «Ost» und «West», vor. Denn in diesem ersten Fatimajahr fuhr *Lenin* nach Petersburg, um die kommunistische Oktoberrevolution durchzuführen.

Wie die entschlüsselte Apokalypse erkennen läßt, begannen aber die eigentlichen Letztzeitereignisse erst mit dem Auftreten *Hitlers*, mit dem Beginn des Zweiten Weltkrieges. Hitler war nur die auslösende Kraft, mittels welcher die Spaltung der Welt vorangetrieben wurde. Hinter diesem Demagogen lauerte eine Macht, die sich erst nach seinem Abtreten von der Bühne der Weltpolitik zu ihrer ganzen satanischen Größe entfaltete. Mit dieser Macht werden wir uns an anderer Stelle näher beschäftigen müssen.

Heute wissen wir, daß die marianische Warnung von Fatima mehr war als nur ein prophetischer Hinweis und eine prophetische Warnung vor dem Zweiten Weltkrieg. Es war zugleich die Warnung vor dem Mißbrauchtwerden *aller* Völker, vor noch größerem Unheil, als es ein Krieg hervorbringen kann, vor den göttlichen Zulassungen apokalyptischer *Katastrophen*. Diese Mission der Warnung und Ermahnung setzte Maria in Amsterdam fort, wo sie das über Fatima gelegene Geheimnis ihrer Beauftragung als die apokalyptische «Frau aller Völker» lüftete und im Grunde jenes sogenannte *dritte Geheimnis von Fatima* vor aller Welt enthüllte.

Am 25. März 1945 kündigte die gleiche «Frau aller Völker», die in Fatima den Zweiten Weltkrieg angedroht hatte, das bevorstehende Ende dieses Krieges an, und zwar für den 5. Mai 1945, den Tag des Endes aller militärischen Operationen auf europäischem Boden. Der Krieg war also noch nicht zu Ende, als Maria bereits ihre Fatimamission wiederaufnahm und in Amsterdam fortsetzte. Nun aber breitete sie vor den Augen der erwählten Amsterdamer Seherin die gesamte apokalyptische Landschaft der Letztzeit aus. Fürs erste verkündete sie eine Zeit scheinbaren Friedens, die aber später im Verlaufe der sogenannten Amsterdamer Jahre jäh enden könne.

Es wäre Selbstbetrug zu meinen, der Zweite Weltkrieg sei 1945 zu Ende gegangen. Zwar hat man einen Waffenstillstand geschlossen, aber juristisch bedeutet das noch lange keinen Friedensschluß. Vor allem der Osten verbindet mit einem Waffenstillstand keineswegs den Status des Friedens. Nach wie vor sind wir für die Kommunisten «Hitlerdeutschland», nach wie vor heißt man uns den permanenten «Aggressor», und auch in den USA verbreiten die Massenmedien ein ganz anderes Bild von Deutschland, als es der heutigen Wirklichkeit entspricht. Außerdem leben wir in der Gefahr, entweder politisch oder militärisch zwischen den beiden riesigen Machtblöcken «Gog» und «Magog» zerrieben oder von ihnen endgültig aufgeteilt zu werden. Erpressungsobjekt werden alle Deutschen in Ost und West bleiben, so lange uns Gott nicht zu Hilfe kommt und dem üblen Spiel ein Ende bereitet, das mit Hilfe Hitlers mit uns begann. Diese Situation Deutschlands wird von der «Frau aller Völker» mit den Worten umrissen: «Es wird eine falsche Rolle gespielt mit Deutschland» (Botschaft vom 27. 5. 1950).

Diese *«falsche Rolle»* mit Deutschland ist seit 1945 immer deutlicher geworden, und heute wird sie kein politisch wacher Europäer mehr übersehen können. Die deutsche Katastrophe ist Bestandteil der Letztzeitkatastrophen, denn *Deutschland* war der Träger des *Heiligen Imperiums,* war die eigentliche *Schutzmacht* der Kirche, des *Heiligen Sacerdotiums.* Nur eine völlig schutzlose Kirche aber kann von jener dunklen Macht, die wir noch entlarven werden gemäß den Enthüllungen der «Frau», endgültig diskriminiert, zersetzt und aufgesogen werden. Auch Satan hat seine letztzeitlichen Pläne. Und, wie er vermeint, seine letztzeitlichen *Chancen.* Was ihm bisher bezüglich der Unterminierung der hilflos gewordenen Kirche bereits gelungen ist, kommt selbst schon einer Katastrophe gleich. Nicht das vielgelästerte Konzil hat daran Schuld, es öffnete nur voreilig die Tore der «Heiligen Stadt», gab einem verfrühten «Aggiornamento» die Bahn frei, ehe die Welt von den Mächten befreit worden war, die das Gespräch mit ihr stören und zerstören.

Auch die derzeitigen Krisen und Katastrophen werden von diesen Mächten gerufen. Die «Frau», wie sich Maria in Amsterdam gemäß Off 12 nennt, hat nicht nur das Heraufkommen dieser Katastrophen angekündigt, sondern auch ihre eschatologische Wurzel aufgezeigt. Die Führungskräfte in den beiden widergöttlichen Machtblöcken, in der UNO usw., versuchen vor der Welt einen Friedenswillen zu bekunden, der manchen zwar persönlich erwünscht und notwendig erscheint, zu dessen Verwirklichung aber die Voraussetzungen fehlen. Wahren Frieden gibt es nur in der vom *Evangelium* verkündeten Friedensordnung, die im apokalyptischen Siegel nochmals und endgültig als *die* göttliche Friedensordnung bezeugt ist.

Vom Menschen ersonnene Erlösungslehren bergen von Anfang an den Keim des Unfriedens in sich; deshalb gibt es zwischen ihnen und unter den von ihnen beherrschten Völkern keinen dauernden Frieden.

Das konstatiert die «Frau», wenn sie zweimal auf den engen Zusammenhang von vergeblich unternommenen Friedensbemühungen und darauffolgender Naturkatastrophe Bezug nimmt. Wörtlich sagt sie: «Es kommt *wieder* eine große Naturkatastrophe. Die Großen dieser Welt werden sich *stets* nicht einig.»

Um die Richtigkeit der obigen Deutung dieser beiden Sätze zu überprüfen, wurden in der Zeit von 1960 bis 1963 sogenannte prophetologische Tests durchgeführt, welche folgende Ergebnisse erbrachten:

Scheitern der Pariser Gipfelkonferenz am 18. Mai 1960,
Erdbebenkatastrophe in Chile am 21. Mai 1960 (drei Tage darauf);

drohender Zusammenbruch der Genfer Verhandlungen am 21. April 1962,
Erdbeben in Sibirien und an der Ostküste Südamerikas (fast gleichzeitig);

Genfer Verhandlungen erneut in einer Sackgasse am 1. September 1962,
Erdbeben im Iran am 3. September 1962 (zwei Tage darauf);

Atom-Ultimatum Chruschtschows am 18. Februar 1963,
Erdbebenkatastrophe in Libyen am 21. Februar 1963 (drei Tage darauf);

Stagnation in Genf, Androhung neuer Atomversuche in der Atmosphäre durch die USA im Mai 1963,
Wirbelsturmkatastrophe am 28. Mai 1963 in Ostpakistan.

Wenn auch nicht jeder Naturkatastrophe der letzten Jahre ein politisches Ereignis obiger Art vorausgegangen sein mag, so kann man umgekehrt immer wieder feststellen, daß jedem vergeblichen Friedensbemühen zwischen Ost und West die Antwort Gottes auf dem Fuße folgte. Jeder Leser kann dies in Zukunft selbst nachprüfen. Sollte es gelegentlich den Anschein haben, als habe man es nun doch endlich geschafft und als sei nun der Friede gesichert, so möge man nicht darüber erstaunt sein, wenn trotzdem eine Katastrophe folgt. Der Lügendetektor Gottes ist eben unbestechlich. Auch die Friedensbemühungen des Heiligen Vaters werden so lange aussichtslos bleiben, als die Wurzel des Übels, der Fortbestand der Pseudoordnungen, durch Gott nicht beseitigt ist. Vietnam und Korea sind besonders geeignete Testfälle für diese These.

Was den Großmächten als Unterpfand ihrer Macht erscheint, was der Letztzeitepoche den gespenstischen Namen «Atomzeitalter» gegeben hat, ist die im Atom gespeicherte Kraft der Natur.

Naturkräfte an sich sind niemals böse. Sie können aber zu Bösem mißbraucht werden. Das trifft im Falle der Atomkraft schon deswegen in erhöhtem Maße zu, weil diese in das Gebiet des sogenannten Feinstofflichen fällt, in einen Bereich also, der dem *Dämonismus* in besonderem Maße zugänglich ist. Der in der sogenannten Telekinese oder Fernkraftwirkung experimentell nachweisbare Dämonismus zeigt eine zwar bedingte, aber immerhin sehr gefährliche Vertrautheit der Dämonen mit der Elektrizität, also mit den Strahlungskräften. Auch in dieser Tatsache liegen Gefahren verborgen, die wir vorerst noch gar nicht ermessen können.

Deshalb muß man den Begriff der Katastrophe so weit wie möglich fassen. Die Nachkriegsjahre haben uns gelehrt, was hier möglich ist. Die kommenden Jahre werden zeigen, was von diesen Möglichkeiten grausame Wirklichkeit werden wird, wenn wir nicht *wachen* und *beten!*

5. Die Letztzeitkatastrophen der «Amsterdamer Jahre»

Mit der Aufzählung der von der Heiligen Schrift, insbesondere von der Apokalypse angekündigten letztzeitlichen Katastrophen und der hierzu vorhandenen zahlreichen nachbiblischen Weissagungen ist nicht die Behauptung verbunden, daß *alle* diese Ereignisse ihre Verwirkliichung erfahren werden. Es sei ausdrücklich wiederholt, daß Weissagung nicht Wahrsagung ist und daß man der Sache der Prophetie den denkbar schlechtesten Dienst erweist, wenn man sie zu Sensations- und Panikmache mißbraucht. Allerdings haben prophetische Warnungen nichts gemein mit sogenannten leeren Drohungen. In der Prophetie spricht Gott, und was Gott spricht, ist sinnerfüllt, wahr und ernst.

Nach den Kommentaren, welche die «Frau aller Völker» zur biblischen Letztzeitprophetie gibt, stehen wir – nach dem Überleben des Zweiten Weltkrieges und seiner mannigfachen schweren Folgen – nun vor der *nächsten Phase* der letztzeitlichen Katastrophen.

Die *erste Katastrophenwelle* begann in Übereinstimmung mit den Amsterdamer Weissagungen mit einer Reihe von Einzelkatastrophen in den verschiedensten Teilen der Welt, mit einer Art von *Katastrophen-*

streuung. Die Weissagung zeigt diesen Vorgang am Bilde der Erd-kugel, auf der sie allüberall schwarze Flecke erstehen läßt, die sich immer mehr verdichten. Mit diesem Bild soll vor Augen geführt wer-den, daß die Menschheit gewissermaßen durch eine Vielzahl harter Schläge «ausgepunktet» werden wird, und zwar mit dem Ziel, den ei-gentlichen Herrn der Geschichte wieder erkennen zu lernen und sich wieder auf sich selbst und auf das unserem Erdenleben mitgegebene Gesetz der Abhängigkeit vom Willen des Schöpfers zu besinnen.

Diese Katastrophenwelle umfaßte und umfaßt im einzelnen haupt-sächlich folgende Katastrophen: *Naturkatastrophen* aller Art, *Hun-gerkatastrophen, Wirtschaftskatastrophen, Boykott* und *Währungs-verfall, politisches Chaos,* erkennbar vor allem an zahlreichen *Regie-rungskrisen und Regierungswechseln* in den Staaten der Welt, *militä-rische Katastrophen* und *wachsende Kriegsgefahr,* gleichzeitig jedoch auch katastrophale Entwicklungen auf dem Gebiete der *Moral* und des *religiösen Lebens,* der *Jugenderziehung,* der *Kunst* und der *Lite-ratur.* Dies alles würde nach den Worten der «Frau» begleitet von ei-nem *«großen Abfall»,* der auch weite Bereiche der Kirche und des Klerus erfassen würde. Niemand wird heute bezweifeln wollen, daß diese prophetisch angekündigten Krisen und Katastrophen in vollem Gange sind.

Am Ende dieser Katastrophenentwicklung stünde, so warnt die «Frau», das *totale Chaos,* wenn wir nicht rechtzeitig erkennen wür-den, daß wir eine rasende Fahrt in den Abgrund begonnen haben, der wir bei weiterem Zuwarten nicht mehr Herr zu werden vermöchten.

Dieses Erlebnis der menschlichen Ohnmacht vor Gott einerseits und vor der von Gott nicht länger zurückgehaltenen Dämonie andererseits müßte eigentlich ausreichen, eine allgemeine Umkehr zu bewirken.

Das aber würde, laut Amsterdam, nicht der Fall sein, was sich zur Zeit vollauf bestätigt.

Mit dem Deutlichwerden dieser bleibenden Unbelehrbarkeit beginnt laut Prophetie, vielleicht in einem allmählichen Übergang und mit entsprechenden Vorzeichen, der *zweite Akt* dieses tragischen Myste-rienspiels, das Auftreten der *Großkatastrophen.*

Die Apokalypse zählt eine Reihe solcher Großkatastrophen auf, deren Deutung bzw. «Übersetzung» in die Wahrscheinlichkeiten unse-rer Zeit zu mancherlei interessanten Ergebnissen führte. Käme es zu all diesen Katastrophen, würde nicht nur das vielgenannte «Drittel» der Menschheit, sondern der Großteil der heutigen Erdbevölkerung ausgerottet werden.

Das könnte oder würde eintreten, wenn der Mensch sich unter dem Eindruck und dem Druck der sich steigernden Katastrophenwirkungen nicht beeinflussen, nicht zur Umkehr bewegen ließe. Wie schon erwähnt, hat man sich durch den Ablauf der Katastrophenstreuung nicht zu der Überzeugung bringen lassen, daß hier ein göttlicher Erziehungs- und Besserungsversuch vorliegt. Der spätzeitliche Mensch hat den Geist längst mit dem bloßen Intellekt vertauscht und ist gar nicht mehr fähig, als ein Geistiger zu reagieren. Für ihn sind Katastrophen nichts weiter als Funktionen von Ursachen, die man eben nicht früher zu erkennen vermochte. Wie ein Zugtier, das der Zügel bald nach rechts, bald nach links dirigiert, gewahrt auch der in den modernen Funktionalismus hineingeborene Mensch nicht die lenkende Hand und die sie gebrauchende Gestalt des Lenkers, sondern nur den Ruck des Zügels, der manchmal weniger, manchmal heftiger zu verspüren ist. Bis dieses Wesen «moderner Mensch» zu *glauben* vermag, daß dieses Dirigiertwerden einen der Funktion des Zügels übergeordneten Sinn und Zweck hat, also mehr ist als Funktion, bedarf es einer längeren Schulung in der Schule des Leids, der Schule des *Kreuzes*. Auch die Tatsache, daß die Prophetie dies alles nachweislich vorausgesagt hat, daß sie sonach ein unübersehbares Zeugnis für das Vorhandensein eines übergeordneten Planers und Lenkers ist, vermag dem eingefrosteten Intellekt des stolzen und im Grunde doch so ungemein dummen «modernen Menschen» nicht zu imponieren. Wie ein bockiges kleines Kind wartet dieser superkluge Intellektträger darauf, daß ihm das Fell gegerbt wird, und zwar so lange, bis er endlich den Eindruck bekommt, daß das, was ihm so nachhaltig unter der Haut brennt, nicht von ungefähr kommt, sondern daß dahinter eine Absicht, eine pädagogische Logik steckt. Leider war angesichts des Grades dieser Entgeistigung und Entseelung des modernen Intellektträgers von Anfang an nicht zu erhoffen, er würde sich schon in der Phase des «Auspunktens» als geschlagen, d. h. als Verlierer erkennen und bekennen. Die Katastrophenstreuung hat wohl einen Teil dessen, was man das Volk heißt, zur Einsicht bringen können. Aber die Führer der Völker, und das sind ja bei weitem nicht bloß die Politiker und Staatsmänner, werden wohl noch länger brauchen, bis sie hinter Sinn und Zweck der Katastrophenwellen der letzten Jahre kommen werden.

Nachdem die «Frau» vom «Volk» zu berichten weiß, daß es nach dem «Auspunkten» durch die Einzelkatastrophen «nun bereit» wäre, sagt sie von seinen «Führern», sie «wollen nicht». An anderer Stelle heißt es in den Amsterdamer Texten: «Ich sehe das Wort ‹hoffnungs-los› geschrieben stehen.»

Also ist anzunehmen, daß es nach der Katastrophenstreuung in der nächsten Zeit zum mindesten noch zu *einleitenden Großkatastro-phen* und zur sogenannten *Warnkatastrophe* kommen muß, um auch «die Führer» zum Gehorsam gegen das prophetische Wort Gottes und Marias zu bewegen. Gestützt wird diese Hoffnung durch die Ankün-digung der «Frau», daß sich die speziellen Vorzeichen der beiden apo-kalyptischen Großkatastrophen, der herabfallenden «Zentnerstücke» und des «gewaltigen Bebens», rechtzeitig und nachhaltig bemerkbar machen werden.

Während wir der «Warnkatastrophe» ein eigenes Kapitel widmen werden, sollen die beiden *Großkatastrophen* noch kurz beschrieben werden. In Off. 16, 21 wird für die Zeit nach dem Zweiten Welt-krieg der *«mächtige Hagelschlag»* angekündigt. Viele moderne Theo-logen werden die Behauptung «nach dem Zweiten Weltkrieg» als will-kürlich und unbegründbar ansehen. Sie mögen Grund dazu haben, wenn sie sich dabei auf *ihre* Prämissen stützen. Da diese aber überholt sind, sollten sie sich darum bemühen, die Prämissen der Sophia, der «apokalyptischen» Weisheit zu erarbeiten. Das Material ist vorhan-den, seit nahezu 2000 Jahren. Die «Frau aller Völker» deutet die obige Stelle der Apokalypse als das Auftreten von *Meteoren,* die aus der gleichen Materie bestehen wie der im Jahre 1908 in Nordrußland ge-fallene Meteor von Tungurska. Viele Fachleute schreiben diesem Me-teor sogenannte *Antimaterie* zu. Sollte dies richtig sein, dann würde es sich bei den angekündigten Meteoren um einen Einbruch von Anti-materie in die Erdatmosphäre handeln und um ein in dieser Form völlig neues Katastrophengeschehen. Meteore aus Antimaterie würden sich beim Aufschlagen auf der Erdoberfläche sofort in Strahlung ver-wandeln, und zwar in Verbindung mit starken Explosionsgeräuschen, die von einem Beobachter des Tungursker Meteors von 1908 als «Donnerschlag» bezeichnet wurden. Als man 19 Jahre später die Auf-schlagstelle entdeckte und besichtigte, zeigte es sich, daß dieser Me-teor keinerlei Materiespuren, jedoch zwei Zerstörungszonen hinter-lassen hatte, die 20 km breite Verbrennungszone und die 40 km breite Zone umgelegten Waldes in jenem dichten Waldgebiet. Diesen Kata-strophenmaßstab könnte die «Frau» durch ihren Hinweis andeuten: *«Achtet auf die Meteore!»* Wir geben diese Warnung hiermit an die Leser weiter. Von der in der Apokalypse angedrohten «Meteorenpla-ge» heißt es dort, die Menschen würden wegen dieser Plage gegen

Gott «lästern», «denn seine Plage traf schwer!». Hoffen wir, daß es nicht zu diesem «Lästern» zu kommen braucht, daß die Vorzeichen vielmehr ausreichen werden, die Lästerer rechtzeitig verstummen zu lassen.

Gewisse Anzeichen deuten darauf hin, daß die *Erdbeben* unter den kommenden Naturkatastrophen stärker als bisher hervortreten werden. Dies ist schon deshalb zu befürchten, weil die zweite der in der Apokalypse ohne Verschlüsselung aufgeführten Letztzeitkatastrophen das *«gewaltige Beben»*, d. h. ein totales, die gesamte Erde bedrohendes Beben wäre, das ebenso wie der «mächtige Hagelschlag» durch Vorzeichen angekündigt werden dürfte. Die «Frau» kennzeichnet das Einmalige dieser Großkatastrophe mit den Worten: «Es ist, als ob die Erde platzen wollte.» Offenbar nimmt in absehbarer Zeit der Gasdruck im Erdinnern zu, was zu erhöhter vulkanischer Tätigkeit und zu Störungen im Gefüge der Erdkruste führen müßte. Am Ende dieser Entwicklung stünde dann das «gewaltige Beben». Manches deutet darauf hin, daß dieses «gewaltige Beben» und die «Meteorenplage» zu gleicher Zeit auftreten werden, falls sich Gott genötigt sähe, beide Großkatastrophen zuzulassen.

Wenn nun die «Frau» sagt, sie sei gekommen, die Völker vor «*einer* großen Weltkatastrophe» zu bewahren, so bezieht sich dieses marianische Rettungswerk höchstwahrscheinlich auf diese Doppelkatastrophe. Wenn sie ferner erklärt, daß menschlicherseits mit der höchstmöglichen Verbreitung des Amsterdamer Gebetes und mit der Verkündigung des Dogmas «Maria, Miterlöserin, Mittlerin, Fürsprecherin» die Hauptbedingungen für das Gelingen dieses Rettungswerkes erfüllt seien, so ist die Kirche sowohl als Gemeinschaft *aller Gläubigen* als auch über die *päpstliche Autorität* zur Mitwirkung bei diesem *Rettungswerk für alle Völker* aufgerufen. Die «Frau aller Völker» läßt über die Bereitschaft des Papstes zur rechtzeitigen Verkündigung dieses Dogmas keinen Zweifel aufkommen, desgleichen auch nicht an der tatkräftigen Mitwirkung der Beter, der «Geringsten der Meinen».

Mit den Hinweisen der Prophetie auf das noch bevorstehende Katastrophengeschehen sind uns Beurteilungsmaßstäbe für dessen möglichen Ablauf an die Hand gegeben. Wahrscheinlich wird die prophetieentfremdete Menschheit auch noch das Auftreten von Großkatastrophen provozieren, bevor der Schock dem Hl. Geist den Weg zu den Gehirnen und Herzen freimacht.

Was aber für den Fall, daß die katholische Kirche rechtzeitig und allseitig wieder zu ihrer früheren marianischen Linie zurückfindet und in Amsterdam die Fortsetzung und Krönung des marianischen Rettungswerkes von Fatima erkennt und verkündet, mit Sicherheit erhofft werden darf, ist das *Ausbleiben der eigentlichen apokalyptischen Weltkatastrophe*, die ein vorzeitiges Ende der menschlichen Geschichte bedeuten würde. Darum muß das Anliegen der «Frau aller Völker» auch *allen Völkern* zur Kenntnis gebracht und von diesen *unterstützt* werden. Dieses große Werk wird Folgen haben, die weit über das hinausweisen, was durch ökumenische Bekundungen des guten Willens jemals erreicht werden könnte. Mit dem Sieg der apokalyptischen «Frau» wird die *religiöse und politische Einheit der Völker* in überraschend kurzer Zeit Wirklichkeit werden. Dies ist keine Utopie, sondern nichts weiter als zu Ende gedachte *Mariologie*.

6. Die «Warnkatastrophe»

Die Heilige Schrift spricht in Mk. 13, 24 davon, daß zum Endgeschehen u. a. das Fallen der «Sterne» gehöre. Natürlich kann es sich dabei nur um das Eindringen von *Materieteilen* fremder Sterne handeln, also um Meteore und ähnliche Erscheinungen. Zu diesem Endereignis sagt die «Frau», die Welt würde sich «selbst vernichten». Dies läßt vermuten, daß am Jüngsten Tage, wo die Kräfte des Himmels, des Kosmos, erschüttert werden, das, was in Ordnung voneinander geschieden wurde am großen Schöpfungstage Gottes, nun wieder aufeinander zustrebt, so daß im kosmischen Chaos die geschiedenen Kräfte, nämlich die «positive» und die «negative» Materie, gegeneinander wirken, sich gegenseitig aufheben. Dieser Vorgang beim Weltuntergang scheint in der Letztzeitepoche dadurch näher gekennzeichnet zu werden, als bei der letzten «Meteorenplage« die Vorboten jenes Untergangsprozesses als Vorwarnung in Erscheinung treten könnten.

Dem Fallen der «Sterne» am Jüngsten Tage (Mk. 13, 24) geht offenbar ein besonders einprägsames letztzeitliches Meteorenereignis voraus, nämlich das plötzliche Auftreten eines *außerordentlich großen Meteorenschwarmes* in der Erdatmosphäre.

Die Schilderung der Begleitumstände dieses Ereignisses finden wir im Alten Testament, und zwar im *Buch der Weisheit, 17. Kapitel.*

In der nachbiblischen Weissagung erscheint die Warnkatastrophe unter der Bezeichnung «Die drei dunklen Tage», so bei der Seherin

Maria Taigi († 1837), im «Lied von der Linde» sogar in Gedichtform, in La Salette andeutungsweise und, wie es wenigstens den Anschein hat, in der Ankündigung einer Warnung in Garabandal. Auch in den Gesichten des Alois Irlmaier begegnet uns dieses prophetische Motiv. Nirgends aber ist die Rede davon, welches die Veranlassung zu den geschilderten Erscheinungen sein würde. Angeregt durch einen Hinweis besonderer Art, konnte bereits Anfang der fünfziger Jahre der Schluß gezogen werden, daß es sich bei den «drei dunklen Tagen» um Folgen eines kosmisch bedingten Vorganges, um Begleiterscheinungen eines außergewöhnlichen Meteoreneinbruches handeln müsse. Diese Schlußfolgerung fand in den Hinweisen der Amsterdamer Weissagung ihre überraschende Bestätigung. Die «Frau» spricht von «Sternen» und zeigt der Seherin gleichzeitig vier Sternbilder, die das Sternbild des «Löwen» einrahmen. Ein andermal sieht die Seherin in der Luft «lauter Sterne», wobei die Erscheinung, die «Frau», nach dem Osten zeigt und sagt: «*Da* kommt es her.» Und ein drittes Mal erscheint zu Füßen der «Frau» ein steinerner Löwe, aus dessen Kopf Strahlen zu kommen scheinen.

Diese und noch einige, mehr indirekte Hinweise auf «Sterne in der Luft» führten zu einer naturwissenschaftlichen Überprüfung dieser Angaben. Es hat den Anschein, daß sich die Hinweise der Weissagung auf die sogenannten «Leoniden», d. h. auf einen Meteorenschwarm beziehen, der Mitte November in Erscheinung tritt, und zwar im Osten, unmittelbar aus dem «Kopf» des Sternbildes «Löwe» kommend. Dieses Heraustreten aus dem Sternbild «Löwe» ist natürlich nur ein optischer Scheinvorgang. Das Sternbild steht um die frühen Morgenstunden, dem Zeitpunkt des Eintritts der «Leoniden» in den Luftraum der Erde, zufällig gerade in der gleichen Richtung wie die Eintrittsstelle des Meteorenschwarms am östlichen Himmel. Diesem Zufall verdankt dieser Meteorenschwarm seinen Namen, den Namen «Leoniden» (Löwe = lat. Leo!).

Was aber weiß die Meteorenkunde zu dem Ganzen zu berichten? Wenn, wie es die Weissagung ankündigt, aus *östlicher* Richtung Meteore in den Luftraum eindringen, verglühen diese sehr rasch, und zwar unter Hinterlassung von Meteorenstaub und von Gasen. Nun stammen die «Leoniden» aus den Resten eines Kometen, dessen Bahn sich jedes Jahr im November mit der Sonnenumlaufbahn der Erde kreuzt. Die hierbei zufällig die Kometenbahn bevölkernden Meteore bieten jeweils das herrliche Bild eines großen Sternschnuppenregens, der Leonidenschwärme.

Was aber ergäbe sich an Stelle dieses friedlich aufleuchtenden Leonidenschwarmes, wenn statt einer Wolke kleiner und unbedeutender Materieteilchen plötzlich unerwartet große Materiebrocken, und zwar in außerordentlich großer Zahl, am Tage der Bahnbegegnung in die Erdatmosphäre einbrächen? Denkbar wäre hier die «zufällige» Begegnung mit den Resten des Kometenkopfes, also mit einer zumeist dichten Ansammlung von großen, kleinen und kleinsten Materiebrocken, und den ebenfalls zum Kometenkopf gehörenden Gasen. Die Folgen dieses «Zufalls» wären die gleichen, wie sie die Weissagung ohne Angabe der Ursache ausmalt. Nämlich ein chaotisches Durcheinander von lebensfeindlichen Gasen, verglühenden «Sternen», d. h. Meteoren, von Meteorenstaub, der die Sonne verdunkelt, und dies alles begleitet von einem furchtbaren, wenn auch an sich harmlosen Getöse explodierender Meteore und Gase.

Ein solches Ereignis wäre schon deshalb, weil es als erstmalig in der menschlichen Geschichte anzusehen wäre, ein furcht- und schreckenerregender Vorgang. Vor allem für den, der bisher nur zu spotten beliebte, wenn prophetiegläubige Menschen in der Zunahme von Katastrophen ein Vorzeichen für Großkatastrophen und göttliche Strafgerichte zu erkennen glaubten.

Da es verhältnismäßig einfach ist, sich vor den sonst nicht ungefährlichen Folgeerscheinungen des Meteoreneinbruchs zu schützen, dürfte dessen Hauptwirkung der *Schock* sein. Dieser Schock kann, je nach der Seelenlage des Schockierten, heilsam oder auch tödlich sein. Vor allem können Panikhandlungen, wie z. B. das Hinausrennen ins Freie, vielleicht mit dem undeutlichen Ziel einer Flucht vom Orte des Geschehens, katastrophale Folgen haben. Nachdem Maria will, daß ihre Amsterdamer Weissagungen allen Völkern zur Kenntnis gebracht werden, ist es auch ihr fester Wille, daß *alle* Menschen von dem Bevorstehenden *unterrichtet* und vom Vorhandensein der marianischen Warnung *rechtzeitig* in Kenntnis gesetzt werden. Denn die Warnkatastrophe soll nicht Strafe, sondern *Rettung* für die bisher unbelehrbar Gebliebenen bedeuten. Es hat auch niemand von uns, den Prophetiegläubigen, das Recht, anders zu denken und zu handeln als Maria. Wer die Gnade des Glaubens besitzt, könnte sonst leicht der Gnadenlosigkeit des Pharisäers verfallen.

Möglicherweise ist die von der «Frau aller Völker», in Übereinstimmung mit Buch der Weisheit, Kap. 17, angekündigte «Warnkatastrophe» identisch mit der in *Garabandal* in Spanien prophezeiten «Warnung» vor einer «großen Katastrophe». Dies wäre vor allem dann anzunehmen, wenn es bis zum Auftreten des Ereignisses gelungen sein sollte, durch die geplante weltweite Warnaktion den äußeren Katastropheneffekt nahezu ganz auszuschalten und nur noch dem *inneren,* also dem *Schock,* eine Möglichkeit zu belassen.

Die indirekten Zeithinweise der «Frau aller Völker» lassen zur Zeit keine andere Deutung zu als die, daß dieses Geschehen mit den Leoniden im Zusammenhang stehen dürfte. Weissagung ist übernatürliche Offenbarung, Deutung der Weissagung ist menschliche Bemühung. Erstere ist unfehlbar, letztere nicht. Im Gehorsam gegen die marianischen Weissagungen können wir nicht mehr tun, als indirekte Zeithinweise dankbar hinzunehmen und zu versuchen, sie zu nutzen. Würde Maria dies nicht von uns erwarten, hätte sie diese Hinweise nicht gegeben. Das gilt insbesondere für jenen Zeithinweis in den Amsterdamer Botschaften, der am Ende dieses Kapitels einem *Zeitbestimmungstest* unterworfen wird, der das besondere Interesse des Lesers in Anspruch nehmen dürfte.

7. Die «Amsterdamer Jahre» und Mt. 24, 15–18

Nach jahrelangen, gründlichen Untersuchungen auf dem Gebiete der modernen kirchlichen Kunst gelang es im Frühjahr 1967, die letzten Unklarheiten darüber zu beseitigen, ob die seit 1958 in der Rosenkranzkirche von *Wien-Hetzendorf* befindlichen *Bildstandarten* jenen *«Greuel der Verwüstung»* zum Ausdruck bringen, von und zu dem in Mt. 24, 15–18 folgendes prophezeit ist: «Wenn ihr also den Greuel der Verwüstung, von welchem der Prophet Daniel spricht, an heiliger Stätte seht – der Leser merke auf! –, dann sollen, die sich im Judenlande befinden, in die Berge fliehen, wer auf dem Dache ist, soll nicht noch hinuntersteigen, um etwas aus seinem Hause mitzunehmen, und wer auf dem Felde ist, soll nicht noch umkehren, um seinen Mantel zu holen.»

Dieser auf Daniel zurückgehenden biblischen Prophezeiung ist zu entnehmen, daß die letztzeitlichen Naturkatastrophen durch das Gewahrwerden des «Greuels der Verwüstung» am heiligen Ort, etwa durch eine gotteslästerliche Darstellung Satans an einem gottgeweihten Altar, in einem gottgeweihten Raum oder an einer sonstigen geweihten Stätte, als unmittelbar bevorstehend angekündigt werden würden. Man kann daher niemals von Letztzeitkatastrophen sprechen, wenn zum Zeitpunkt ihres Auftretens nicht auch der «Greuel der Verwüstung an heiliger Stätte» festzustellen ist. Mit der endgültigen Entlarvung der Hetzendorfer Bilder als Gotteslästerungen von bisher nirgends erreichter Furchtbarkeit und Schamlosigkeit und der Ausleuchtung der näheren Umstände, die die Aufstellung des «Greuelgötzen» in einer Marienkirche ermöglichten, konnte kein Zweifel mehr darüber bestehen, daß man es bei diesen Blasphemien mit dem bei Mt. 24 so eindrucksvoll geschilderten letztzeitlichen Katastrophenanzeichen zu tun hat. Denn was immer sich in den Nachkriegsjahren und vorher schon an Kunstsatanismus in unsere Kirchen eingeschlichen hatte: Diese Hetzendorfer Blasphemie stellt den Gipfelpunkt dessen dar, was heute an satanischer, pseudosakraler Kunst in unsere Kirchen hineingeschmuggelt worden ist. Wer angesichts dieser Gotteslästerung noch immer den Zusatz des Evangelisten, daß der Leser aufmerken möge, überhören möchte, muß eben abwarten, ob sich nun bald auch die *Folgen* zeigen werden, die uns veranlassen, in «die Berge» zu fliehen, d. h. vor den Letztzeitkatastrophen Schutz zu suchen.

Die erfolgreiche Entlarvung des «Greuelgötzen» in Hetzendorf wurde im April 1967 dem zuständigen Oberhirten zur Kenntnis gebracht und das diesbezügliche Schreiben als offener Brief weiterverbreitet.

Bereits vier Wochen nach der Veröffentlichung des offenen Briefes an den Erzbischof von Wien trat ein weiteres Ereignis ein, das als marianische Bestätigung und Ergänzung zu der biblischen Warnung bei Mt. 24 gewertet werden könnte. Dieses Ereignis bestand in der Pilgerfahrt Papst Pauls VI. nach *Fatima*.

Kurz vor dem Tag der 50. Wiederkehr der ersten Erscheinung Unserer lieben Frau von Fatima, dem 13. Mai 1967, berichtete die Presse von den Vorbereitungen zu diesem Fatimabesuch des Papstes und von den kritischen Stimmen, die diese Absicht begleiteten. Ein Papst, der sich in einer Zeit, da viele der Hilfe Marias entbehren zu dürfen glauben, in solch eindrucksvoller Weise zur Mutter der immerwährenden Hilfe bekennt, weiß, was die Stunde geschlagen hat. Das «Fliehet in die Berge» des Evangeliums ist für einen solchen Papst nicht in den Wind hinein gesprochen. Wenn wir auch nicht wissen, ob Papst Paul VI. mit seinem Entschluß, nach Fatima zu reisen, einem besonderen Impuls des Hl. Geistes Folge leistete und wenn auch kaum anzunehmen ist, daß er damit zugleich ein Bekenntnis zur Frau aller Völker in Amsterdam ablegen wollte, so ist doch nicht die Möglichkeit auszuschließen, daß sich dieser Fatimabesuch eines Tages als ein solches erweisen würde.

Zu den letztmöglichen Maßnahmen Gottes zählen, abgesehen von jener der Zulassung der völligen «apokalyptischen» Selbstzerstörung der Menschheit, die von der Apokalypse und der marianischen Prophetie ebenfalls angekündigten letztzeitlichen Groß- und Warnkatastrophen.

Greift Gott mittels derselben so rechtzeitig ein, daß die durch sie beabsichtigte *Schocktherapie* noch eine Chance besitzt, kann bei unserer Mitwirkung mit der Gnade der Katastrophen Kirche und Welt noch einmal in die Ordnung Gottes zurückgerufen werden. Andernfalls hätten wir, nach der Apokalypse wie nach den Worten der «Frau», nichts anderes mehr zu erwarten, als die letzte große *Weltkatastrophe,* wie sie die satanischen Mächte und *ihre* Wissenschaft seit Jahrzehnten systematisch vorbereiten.*

Möge uns Gott durch die Schule der von ihm geschickten Katastrophen führen, um dadurch der Vernichtung durch die von der «Synagoge Satans» geschaffenen und gehorteten nuklearen und sonstigen Weltzerstörungsmittel zu entgehen.

Wenn Maria als die Frau aller Völker in Amsterdam erschien, um, wie sie ausdrücklich betont, die Menschheit vor einer großen Weltkatastrophe zu bewahren, so rechnet sie mit unserer Bereitschaft, uns vor dem Ausgelöschtwerden aus dem Buche des Lebens bewahren zu *lassen!*

Natürlich ließe sich dieses marianische Ziel, bei ausreichend gutem Willen der Christen, auch ohne das Zuchtmittel der Großkatastrophen erreichen.

Wenn sie kommen, haben wir ihr Kommen gerufen. Darum sollte jeder schon beim ersten großen Schlag wissen, daß nun Gott das Wort hat und daß es allerhöchste Zeit ist, die seither versäumte Chance der prophetischen Warnung in allerletzter Stunde zu erkennen und zu nutzen.

8. Prophetische Zeugnisse

a) *Beispiele aus der Letztzeitprophetie*

Off. 18, 19:
«Wehe, wehe o Stadt, du große, darin alle, die Schiffe besitzen auf dem Meere, reich wurden an ihrer Pracht! Denn in *einer* Stunde *ward sie verwüstet.*»

---

* Siehe hierzu Bernhard Philberth, «Christliche Prophetie und Nuklearenergie», Christiana-Verlag, Stein am Rhein.

(Anmerkung: Die «große Stadt» ist die gottentfremdete, vom Materialismus erfaßte Welt von heute.)

Amsterdam (Auszüge):
«Katastrophen werden kommen, Naturkatastrophen!» (15. 8. 1951)
«Und dann sehe ich das Wort ‹Hunger› stehen und ‹politisches Chaos›. ‹Das ist nicht für euer Land allein›, sagt die Frau, ‹sondern auf der ganzen Welt.›» (25. 2. 1946)
«Wirtschaftskatastrophen werden kommen.»
«. . . sehe ich Amerika und Europa nebeneinander liegen. Dann sehe ich geschrieben stehen: ‹Wirtschaftskrieg, Boykott, Währungen, Katastrophen›.» (26. 12. 1947)
«Nun schaut die Frau auf den Erdball. Dann sehe ich hier und da gleichsam schwarze Flecken entstehen. Dann sagt die Frau zu mir: ‹. . . All die schwarzen Flecken, die du jetzt siehst, sind die Katastrophen, die noch kommen werden.›» (20. 9. 1951)
«Danach höre ich ganz laut rufen: ‹Jericho!› Und die Frau sieht auf mich nieder und sagt: ‹Das muß gebracht werden, was ich dir erzählt habe. Eher ist kein Friede.›» (3. 1. 1946)
(Anmerkung: «Jericho» symbolisiert die zerstörte «große Stadt» der Apokalypse, also die heutige Welt. Sie wird durch Katastrophen zerstört werden müssen wie seinerzeit Jericho. Erst dann ist der Weg frei zum Gottesfrieden, zur «heiligen Stadt» der Apokalypse.)

Off. 16, 21:
«. . . und mächtiger Hagelschlag, wie von Zentnerstücken, schlug vom Himmel auf die Menschen nieder. Da lästerten die Menschen wider Gott wegen der Plage des Hagels, denn seine Plage traf schwer.»
(Anmerkung: Bei den «Zentnerstücken» handelt es sich nicht um eine bloße Warnkatastrophe, sondern um eine Großkatastrophe, die kommen müßte, wenn die Warnkatastrophe nicht genützt würde.)

Amsterdam:
«Und dann sehe ich geschrieben stehen: 51–53. Das läßt die Frau mich sehen und ich bekomme plötzlich etwas in die Hand. Es ist, als müßte ich es aus der Luft greifen. Es kommt von großer Höhe herunter. Ich höre die Stimme wieder sagen: ‹*Meteore*, achte darauf!›» (15. 8. 1950)
«Achte auf die Meteore! Es werden Katastrophen kommen!»
(20. 3. 1953)
(Anmerkung: Die beiden Sätze haben nur dann einen Sinn, wenn

sie wie folgt verstanden werden: «Achte auf die Meteore, denn es werden Katastrophen durch sie angekündigt.»)

Mk. 13, 25:
«...die Sterne werden vom Himmel fallen und die Himmelskräfte erschüttert werden. Da werden sie des Menschen Sohn auf den Wolken kommen sehen in großer Macht und Herrlichkeit.»

Amsterdam:
«...die Frau sagt: ‹Das ist die Welt von später... Die Welt wird sich selbst vernichten.›» (4. 1. 1947)
(Anmerkung: Bei Mk. 13, 25 handelt es sich weder um die Warnkatastrophe noch um die «Meteorenplage», sondern um den Untergang der «Welt von später», also nach Abschluß der Letztzeit. Ob das frivole Spiel des Menschen mit den Atomkräften oder ein kosmisches Ereignis die Selbstvernichtung auslösen wird, bleibt uns vorläufig ebenso verborgen wie die Stunde, in der es geschieht.)

Buch der Weisheit, Kap. 17 (Auszug):
«Da die Ungerechten meinten, das heilige Volk unterdrücken zu können, lagen sie da, von den Banden der Finsternis und langer Nacht gefesselt, eingeschlossen in ihren Häusern, als Verbannte von der ewigen Vorsehung. ...Keine Kraft des Feuers war hinreichend, ihnen zu leuchten... Indes erschien ihnen doch Feuer (Anm.: vom Himmel!), urplötzlich und fürchterlich... Wenn aber die Erscheinung schwand, so hielten sie in ihrer Angst für schlimmer das Geschaute, als es war.»
(Anmerkung: Dieser letzte Satz charakterisiert den Vorgang als bloße Warnkatastrophe.)

Maria Taigi (gest. 1837):
«Es wird nämlich über die ganze Erde eine dichte Finsternis kommen, die drei Tage und drei Nächte dauern wird. Die Finsternis wird es unmöglich machen, irgend etwas zu sehen; ferner wird die Finsternis mit Verpestung der Luft verbunden sein... So lange die Finsternis dauert, wird es unmöglich sein, Licht zu machen. Wer während dieser Finsternis aus Neugierde zum Fenster hinausschauen oder aus dem Hause gehen wird, wird auf der Stelle tot hinfallen. In diesen drei Tagen sollen die Leute vielmehr in den Häusern bleiben, den Rosenkranz beten und Gott um Barmherzigkeit anflehen.»

Lied von der Linde (Auszug):

> «Winter kommt, drei Tage Finsternis,
> Blitz und Donner und der Erde Riß.
> Bet' daheim, verlasse nicht das Haus,
> Auch am Fenster schaue nicht den Graus!
> Eine Kerze gibt die ganze Zeit allein,
> Sofern Sie brennen will, dir Schein.
> Gift'ger Odem dringt aus Staubesnacht,
> Schwarze Seuche, schlimmste Menschenschlacht.»

(Anmerkung: «Seuche» und «Menschenschlacht» sind dichterische Übertreibungen und stimmen weder mit dem biblischen Text von Weisheit 17 noch mit der Weissagung der Maria Taigi überein.)

Amsterdam:

«Dann weist die Frau in die Luft. Sie steht ... im Westen und sie zeigt nach dem Osten. Ich sehe lauter Sterne in der Luft und die Frau sagt: ‹Da kommt es her!›»

«Dann sehe ich plötzlich zu ihren Füßen eine Art steinernen Löwen und es ist, als ob er eine Art Strahlenkranz um den Kopf habe.»

(Anmerkung: Der «Strahlenkranz» des Sternbildes «Löwe» sind möglicherweise die «Leoniden», also die scheinbar aus dem «Kopf» dieses Sternbildes hervorkommenden und nach allen Seiten ausstrahlenden Meteore. Es muß ausdrücklich betont werden, daß dieses Löwensymbol außerdem noch auf Off. 5, 5 und 4, 7 hinweist, was hier nicht näher ausgeführt werden kann.)

«Dann sehe ich über Europa schwere, dicke Wolken kommen und darunter große Wellen, die spülen über Europa hin ... Das Gesicht der Frau wird ganz betrübt, und sie zeigt auf die schwarzen Wolken und Wellen. Sie sagt: ‹Sie werden erst durch die Flut vergehen müssen, und dann erst ...›, und ich sehe diese Worte gleichsam geschrieben stehen, und hinter ‹erst› lauter Punkte ... Jetzt sehe ich lauter Gebeine auf der Erde verstreut liegen, und dann höre ich die ‹Frau› sagen: ‹Das ist das Verderben. Schafft doch, schafft doch!›» (7.12.47)

(Anmerkung: Die «Frau» kündigt die Gefahr einer großen, offenbar witterungsbedingten Flutkatastrophe für Europa an. Sie beklagt, daß die Menschen ohne diese Heimsuchung kaum dazu zu bringen seien, ihren Warnungen vor noch größeren Katastrophen Glauben zu schenken und ihren Weisungen Folge zu leisten.)

b) *Textbeispiele zu den «Amsterdamer Zahlen»*

«‹Kind›, sagt die Frau wieder, ‹sieh!› Und dann sehe ich zwischen der Frau und dem Papst eine ‹50› stehen. Dann sagt die Frau wieder: ‹In diesem Jahr wird hart gearbeitet werden müssen . . .›» (3. 12. 1949)

«Das Jahr ‹53› ist das Jahr, in dem die ‹Frau aller Völker› in die Welt gebracht werden muß.»

(Anmerkung: Dies soll nach dem Willen der Frau «von Deutschland aus» geschehen. Um dies dann zu ermöglichen, muß die Frau aber zuerst nach Deutschland selbst gebracht werden, was zur Zeit geschieht.)

«‹53› ist das Jahr der ‹Frau aller Völker›.

‹53› ist das Jahr, in dem sie unter diesem Titel bekannt werden muß unter den Völkern.

‹53› ist das Jahr, in dem sich große Weltgeschehnisse und Weltkatastrophen *abspielen* werden und *drohen*. Darum wünscht die ‹Frau› von euch, daß ihr dieses Gebet beten sollt. Verbreitet dieses Gebet soviel wie möglich!» (10. 5. 1953)

«Du (d. h. der Heilige Vater) wirst in ‹54› diesen neuen Titel bringen unter die Völker.» (11. 10. 1953)

(Anmerkung: Der neue Titel Marias lautet: «Die Frau aller Völker, Miterlöserin, Mittlerin, Fürsprecherin.» Die «Frau» bezeichnet das Dogma von der Miterlöserschaft Mariens als das letzte marianische Dogma der Heilsgeschichte.)

c) *Beispiel eines prophetologischen Tests*

Prophetologische Tests, wie sie von der Prophetologie entwickelt wurden, haben den Zweck, die Richtigkeit von Entschlüsselungen zu testen.

Darüber hinaus dienen sie dem Bemühen, den religiösen (vom Gebet her erwirkten) und den behördlichen Katastrophenschutz zu aktivieren. Im Gegensatz zu allen übrigen wissenschaftlichen Tests sieht die Prophetologie das beste Testergebnis nicht darin, daß sich die Testhypothese bestätigt, sondern daß ihre Bestätigung *verhindert* oder wenigstens *abgeschwächt* werden kann.

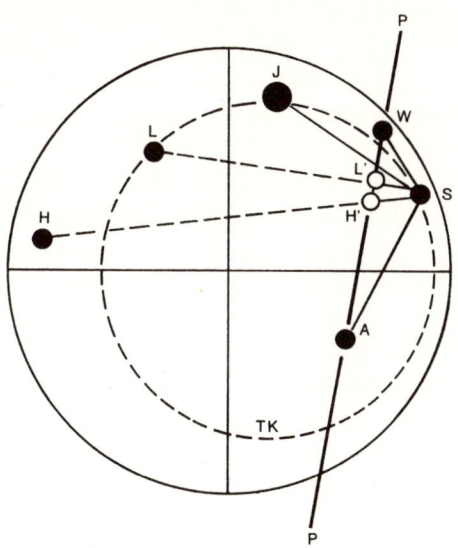

J = *Jungfrau* (Hauptstern Spica)
W = *Wolf*
L = *Löwe* (Hauptstern Regulus)
(L' = Löwe auf Linie P–P projiziert)
H = Gr. *Hund* (Hauptstern Sirius)
(H' = Hund auf Linie P–P projiziert)

S = Skorpion (Hauptstern Antares oder «Gegenmars»)
TK = T i e r k r e i s

P–P = Projektionslinie für die Hauptsterne gleicher Größe bzw. Helligkeit: Wolf, Regulus (Löwe), Sirius (Hund) und Atair (Adler)

Konstellation der Sternbilder
zum Sternbild Skorpion (bzw. Antares), das die Sonne im *November* durchläuft:

Antares (im Skorpion)

_____ Wolf _____ Löwe __/__ Hund _____ Adler ____

Jungfrau

(Diese Konstellation stellt ein *astronomisches Gleichnis*, kein astrologisches Symbol dar.)

41

Zweites Kapitel

Das Siegel Satans

Am Anfang der heutigen Bewußtseinsschrumpfung stand die sogenannte Aufklärung. Sie, die «Aufklärung», wischte die Sterne der
Prophetie vom Himmel und machte letztlich den Verstand, den *reinen
Intellekt* zur Richtschnur des Handelns und des Fortschreitens auf
dem Weg in die Zukunft. Der Intellekt rühmte und rühmt sich, überall *Funktionen* festzustellen, die sich berechnen und manipulieren ließen, wie man es für zweckdienlich hielte, und die sich in so großer
Zahl künstlich herbeiführen ließen, daß das Tempo des Fortschrittes,
der *Progression,* vom menschlichen Verstand so gelenkt und beschleunigt werden könnte, wie es diesem gefiele. Heute stehen wir am Wen-
depunkt dieser modernen Entwicklung, und wir kommen um die Frage
nicht mehr herum, ob wir so weitermachen wollen oder ob wir uns
dazu entschließen sollten, aus diesem Teufelskreis, den wir uns
selbst gezogen haben, auszubrechen und wieder ins menschliche Maß
einer ruhigen, maßvollen und geduldigen Sicht unseres Daseins zu-
rückzufinden. Wir Christen stehen damit vor der Frage, ob wir das
Kreuz des Erleidens und des Erduldens dieser Welt als einer Welt der
Unvollkommenheit und des durch sich selbst gefährdeten Menschen
weiterhin an das apokalyptische «Tier», dessen Geheimnis des Bösen
die Frau aller Völker enthüllte, verraten dürfen, nachdem wir an jedem Tag und zu jeder Stunde das Menschenmörderische seines Tuns
und Treibens vor Augen geführt bekommen:
Die Seelenverschmutzung durch die Massenmedien, die Verniedli-
chung des Mordes und der sexuellen Gier, den tausendfältigen Tod
auf der Straße, im Wasser und in der Luft, den Wettlauf zum Mond
als einer neu entdeckten Basis weltpolitischer Macht und Allmacht,
den permanenten Diebstahl und Betrug, den man heute Wirtschaft
heißt und der im Menschen nur noch einen seelenlosen Konsumenten
sieht, der alles schluckt und verdaut, was man ihm mit allen Schli-
chen der Suggestion Tag für Tag anzudrehen versucht.
Aber nicht genug mit alldem. Jetzt geht man auch noch daran,
Menschen, deren erfolgter Tod mangels Unerfahrbarkeit der leib-see-
lischen Prozesse beim Sterben eines Menschen niemals zeitlich exakt
nachweisbar ist, je nach Bedarf innere Organe, sogar das *Herz*
aus dem biologisch noch lange nicht toten Leib zu schneiden,

um angeblich der Humanität zu dienen. Für diese Herzabschneider ist eben der Mensch nur noch ein Computer mit Funktionen, Progressionen und mit Intellekt. Scheinen diese drei Verabsolutierungen unserer Zeit nicht mehr in der gewohnten Weise zu funktionieren, schlachtet man den Menschen aus wie ein altes Auto, um das Ausgeschlachtete anderen «alten Autos» einzubauen.

Hinzu kommen die *Entseelung* der Kunst, der Erziehung, des Familienlebens, der Politik, nahezu des gesamten öffentlichen Lebens. Die Menschheit gleicht von Jahr zu Jahr mehr einer zunehmenden Massierung von leblosen Antennenträgern, die von einem oder mehreren Riesenrobotern gelenkt und betreut werden. Die Roboter denken für ihren Schützling, nehmen ihm die Plage des Gewissens und des Herzens ab, sorgen für seine Bedürfnisse jeglicher Art und füllen den leeren Raum, der sich im Gehirn des modernen Menschen gebildet hat, mit den Bildern an, wie sie Sex und Krimi, Show und Quiz, Profisport und absurdes Theater franko bis ins letzte Dorf, bis in den Kindergarten und in die Kinderstube liefern. Ist dieser Zustand in seiner höchstmöglichen Perfektion erreicht, dann endet die Menschheitsgeschichte mit der Farce des Paradieses, das an ihrem Anfang stand, nämlich mit dem *Paradies der Hölle!*

Diesem treiben wir mit unerbittlicher Folgerichtigkeit entgegen, wenn Gott nicht rettend eingreift.

Dieses Buch liefert den Beweis dafür, daß dieser rettende Eingriff Gottes schon erfolgt war, bevor die uns heute bedrohenden Alarmzeichen des Chaos allgemein zur Kenntnis genommen wurden: Gott sandte Maria als «Frau aller Völker» in die Welt, um der Kirche das apokalyptische Siegel zu bringen und die Völker vor den letztzeitlichen Umtrieben Satans und seines Anhangs zu warnen und zu schützen.

Moderne Intellekttheologie begreift weder das Wunder der göttlichen Weisheit, das in Amsterdam offenbar wurde, noch das der Auswahl der Personen, die Gott dabei getroffen hat.

Das Buch mit den sieben Siegeln, die *Apokalypse* des hl. Apostels Johannes, war und ist bis heute das umworbenste und zugleich gefürchtetste Buch der gesamten Heiligen Schrift. Das trifft für die christlichen Weisheitsträger ebenso zu wie für die Weisheitsträger der Gegenkirche, der Gnosis und der in ihren Diensten stehenden *Freimaurerei*. Ohne die Existenz dieses geheimnisvollen Buches gäbe es auch nicht den geheimnisumwitterten Bund der «Söhne des Lichts», der Freimaurer. Ihr sogenanntes Geheimnis ist identisch mit dem *Ge-*

heimnis des Siegels, d. h. des *siebenteiligen Schlüssels* der Apokalypse. Weil dies so ist, erwarten manche Theologen und Kirchenfürsten von einem Beitritt zur Freimaurerei die Stillung ihres Hungers nach den Früchten des apokalyptischen Baumes der Erkenntnis. Wir werden in den folgenden Kapiteln begründen, warum sie sich einer Täuschung hingeben. Den *echten* Schlüssel zur Apokalypse offenbart *allein* die «Frau aller Völker», die einst *Maria* war!

Um die Leser auf eine möglichst zweckdienliche Art an das Siegel, wie es «die Frau» offenbart, heranführen zu können, soll zunächst das *Gegensiegel,* das *«Siegel Satans»,* aufgezeigt werden.

Die «Frau» offenbart *mit einem einzigen Satz,* daß sie das Siegel Satans kennt. Der Satz lautet:

«Die Hand Satans, in der er einen Würfel hat, geht um die ganze Welt.»

Man findet diesen Satz in der Amsterdamer Botschaft vom 4. April 1954, und zwar nicht etwa an einer hervorragenden Stelle. Wie nebenbei ist er in den Schauungstext eingeflochten und die Theologen werden ihn wahrscheinlich ebenso übersehen haben wie so vieles andere, was die Amsterdamer Botschaften sonst noch an Geheimnisenthüllungen und Kommentaren zur Apokalypse enthalten.

Wer die Ursache des heutigen Verfalls ist, ergibt sich aus dem Hinweis der «Frau», daß der Teufel in seiner «Hand» einen *Würfel* «um die ganze Welt» trage. Seine «Hand» ist die «Synagoge Satans», die *Freimaurerei.* Es bedarf einiger Geduld für den Leser, sich mit dem Symbol des satanischen Würfels vertraut zu machen. Aber die Umwege, die man dabei gehen muß, sollen so kurz gehalten werden, wie es die Verständlichmachung dieses Symbols gerade noch gestattet. Wie alle Satanssymbole, gründet auch dieses in dem von der Apokalypse geoffenbarten Satanssymbol der «apokalyptischen Zahl» 666.

Mit dieser müssen wir uns zunächst befassen.

1. Die apokalyptische Zahl 666

Die Geheime Offenbarung des Apostels Johannes, neben den nichtbiblischen Apokalypsen kurz *«die»* Apokalypse genannt, ist das letzte Buch des Neuen Testamentes und enthält die Visionen des hl. Johannes auf der Insel Patmos.

Da die wesentlichen Aussagen dieses Buches *versiegelt* sind, bedarf es zu ihrer Deutung eines *Schlüssels.* Die Kirche besitzt diesen Schlüssel zwar, doch war sie sich dessen bis heute nicht bewußt. Die Ursache dieses Nichtbewußtwerdens des apokalyptischen Schlüssels liegt bzw. lag zu einem Teil an der Tatsache, daß die Kirche das Evangelium zwar richtig *lehrt*, es aber nicht in der vollen Nachfolge Christi *lebt*. Zum andern Teil wird bzw. wurde die Bewußtwerdung des Schlüssels zur Apokalypse verhindert oder aufgehalten durch eine List Satans, der sich bis heute weigerte, sein Geheimnis, das *Geheimnis des Bösen,* zu enthüllen und sichtbar zu machen.

Wie es aber ohne den *Glauben* an die Existenz Satans keinen Glauben an die Erlösung durch den Kreuzestod Christi gibt, so gibt es auch kein *Wissen* um das *Geheimnis des Kreuzes,* wenn nicht gleichzeitig das *Geheimnis des «Kreuzes Satans»* offenbar geworden ist. Denn das *Kreuz,* d. h. seine Sinndeutung als *Schlüssel zur Apokalypse,* bedeutet den Sieg über das satanische *Gegensiegel,* über den satanischen Schlüssel zur Apokalypse, dessen Geheimnis zugleich das Geheimnis der Freimaurerei darstellt.

Da nun festzustellen ist, daß Satan und die Dämonen in unserer gegenwärtigen Epoche freigelassen und damit zur Selbstoffenbarung *gezwungen* sind, muß diese unsere Gegenwart auch die Epoche der *Letztzeit* sein, der allein es vorbehalten ist, das Geheimnis des Bösen aufzuspüren und aufzuhellen. Gelingt es, Satan zu entlarven, ihm das Gegensiegel zu entreißen, dann bedarf es nur der Umkehrung dieses satanischen Siegels, um das *göttliche Siegel Christi*, die apokalyptische Aussage des *Kreuzes*, bestätigt zu sehen. In ihren Amsterdamer Botschaften nimmt daher Maria als Frau aller Völker (Off. 12) nicht nur die Sinndeutung des *Kreuzes* und damit die Offenbarung des *göttlichen Siegels* vor; sie entlarvt gleichzeitig auch das Geheimnis, das «Kreuz» ihres zum Endkampf angetretenen *Gegenspielers,* indem sie in prophetischer Vorschau die Richtigkeit von Untersuchungen bestätigt, die in den Jahren nach dem zweiten Weltkrieg sowohl über die positiven als auch über die negativen Aussagen der Apokalypse durchgeführt wurden.

Die Entlarvung des Geheimnisses des Bösen setzt u. a. die *«Errechnung»* der *apokalyptischen Zahl 666* voraus.

In Off. 13, 18 ist gesagt, daß der, der «die Weisheit» (des Siegels) besäße, auch die Zahl 666 (die Siegelzahl Satans) zu deuten vermöchte. Dazu ist folgendes von Wichtigkeit:

Im menschlichen Bewußtsein spiegeln sich die drei göttlichen Tugenden der absoluten *Gerechtigkeit*, der absoluten *Wahrheit* und der absoluten *Liebe* im *Glauben* an die Gerechtigkeit, in der *Hoffnung* auf die Teilhabe an der Wahrheit und in der *Liebe* zum liebenden Gott und zu seinen Geschöpfen wider.

Diesen drei ins unvollkommen-ebenbildlich Menschliche übersetzten *göttlichen* Tugenden setzt Satan ebenso viele *Scheintugenden* entgegen.

Wo der Mensch den Glauben an die *Gerechtigkeit* des göttlichen Gesetzgebers und Richters anstrebt, lehrt ihn Satan den Glauben an die Unerbittlichkeit und Unabwendbarkeit des Schicksals, an die Automatik der reinen *Funktion* der Materie, der Naturkräfte, der Wirtschaft, der Produktivkräfte und der Produktionsmittel. Der Kommunismus vor allem fußt auf diesem ausweglosen *Funktionalismus;* er ist ohne diesen Satanismus nicht denkbar.

Der menschlichen Hoffnung auf die Teilhabe an der einen, unveränderlichen, weil *ewigen Wahrheit,* wie sie der Sohn Gottes geoffenbart hat, stellt Satan die Hoffnungslosigkeit eines Wahrheitsstrebens gegenüber, das nie zu seinem Ziele kommen kann, es sei denn durch eine immer größer anwachsende Zahl von Einzelwahrheiten, deren Summe und Quintessenz in Jahrtausenden oder Jahrhunderttausenden einigen Supermenschen zur Verfügung stehen würde, denen die Herrschaft über Erde und Kosmos – siehe «Raumfahrt» – zufallen würde. Diese, aber auch *nur diese* würden dann *«sein wie Gott».* Sie würden die Paradiese schaffen, wie Satan sie sich vorstellt, angefangen beim «Arbeiterparadies» der Kommunisten bis hin zu den kosmischen Paradiesen der «UFONEN» der modernen Gnosis, einer gewissen freimaurerischen Sekte unserer Tage. Will der Mensch diese verlockenden Ziele so bald als möglich erreichen, bedarf es einer sich immer mehr beschleunigenden Entwicklung, einer sklavischen Unterwerfung unter den zum Götzen erhobenen Fortschritt, der verabsolutierten *Progression.* So lange der Fortschritt Mittel zum Zweck ist und im Dienste des jeweilig heutigen Menschen steht, ist er natürlich und damit gottgewollt. Wo er aber dieses Maß übersteigt und zum *Selbstzweck* wird oder zum *Übermenschen* von morgen hinzielt, wird er zum unmenschlichen und menschenverschlingenden *Progressismus,* der, wie wir es erleben, nicht einmal vor den Toren der Kirche Halt macht, die zu schwach ist, sich dieses Satanismus wirksam zu erwehren.

Die Begegnung des Menschen mit seiner Umwelt und mit Gott im Geiste der *Liebe* versucht Satan dadurch zu verhindern, daß er die Ausschaltung des Herzens propagiert und nur das als human, als menschenwürdig erklärt, was der Verstand, der *reine Intellekt* als menschenwürdig und human gelten läßt. Regungen des Herzens und des Gemütes werden heute selbst von einer Reihe von Theologen als der Menschenwürde abträglich erklärt und das Wort Jesu, daß man Gott aus ganzem Herzen und aus ganzem Gemüte *lieben* solle, wird vielfach als veraltete Sentimentalität, als unzeitgemäß gewordenes Überbleibsel einer primitiveren Epoche abgewertet. Der moderne Kirchenraum spiegelt diese Arroganz eines pseudotheologischen *Intellektualismus* so vollendet wider, daß es den Lesern nicht weiter schwer fallen dürfte, zu begreifen, welche Eiseskälte und Verachtung des Gemütes und des Herzens diesem Absolutismus des Intellekts innewohnt.

Somit sind die drei, den göttlichen Tugenden der Gerechtigkeit, der Wahrheit und der Liebe entgegengesetzten satanischen Scheintugenden der die Gerechtigkeit verneinende *Funktionalismus,* der die ewige Wahrheit leugnende *Progressismus* und der keiner Liebesregung Raum bietende *Intellektualismus.*

Nun heißt es in Off. 13, 18 des weiteren von der apokalyptischen Zahl 666: «Wer klugen Sinn hat, *errechnet* das Zahlzeichen des Tieres», d. h. Satans.

«Wer klugen Sinn hat» kann nur bedeuten: Wer die Zeichen der Letztzeit zu erkennen und bei ihren drei obigen Namen zu nennen weiß.

Man könnte über diese «Errechnung» interessante mathematische Überlegungen anstellen. Wir beschränken uns jedoch auf die schriftgemäßeste Lösung dieses Rechenexempels, indem wir feststellen, daß die *einfachste* rechnerische *Funktion* die Zählreihe 1, 2, 3, 4, 5 usw. ist, daß diese durch Addieren der jeweils um 1 größer werdenden Zahlen zur *Progression* $1 + 2 + 3 + 4 + 5 + 6$ usw. wird und daß es zur Durchführung dieser Rechenoperationen nichts weiter als des platten, jede andere Seelenkraft ausschließenden reinen *Intellekts* bedarf.

Da das Evangelium für *alle* Menschen, die Kinder eingeschlossen, in die Welt gebracht wurde, enthält es nichts, was nicht jeder normale Erwachsene und jedes normale Kind in sich aufzunehmen vermag.

Man nehme daher ein Schreibgerät zur Hand und addiere die Zahlen der Zählreihe, bis man als Summe die Zahl 666 erhält. Man wird feststellen, daß es hierzu insgesamt *36 Summanden* bedarf, so daß sich folgende Gleichung ergibt:

$$1 + 2 + 3 + 4 + 5 + 6 + 7 + 8 + 9 + 10 + 11 + 12 + 13 + 14 + 15 + 16 + 17 + 18 + 19 + 20 + 21 + 22 + 23 + 24 + 25 + 26 + 27 + 28 + 29 + 30 + 31 + 32 + 33 + 34 + 35 + 36 = 666$$

Würde man nun die 36 addierten Zahlen durch *36 Buchstaben* ersetzen, verbliebe als Summe auf der rechten Seite der Gleichung nach wie vor die Zahl 666.

Dies muß man im Auge behalten, wenn man auf diese «Errechnung» die Probe machen will.

Welcher Art diese *Probe* sein muß, gibt die Apokalypse in Off. 13, 18 ebenfalls an. Es heißt dort des weiteren: «Es ist nämlich die *Zahl eines Menschen,* und zwar ist es die Zahl 666.»

Der Mensch, um den es sich hier handelt, muß auf jeden Fall ein satanisch mißbrauchter Mensch sein, der als solcher Geschichte gemacht hat und allgemein bekannt ist.

Es liegt nahe, dabei entweder an einen Zeitgenossen des Sehers Johannes oder an einen Menschen der Letztzeit zu denken. In der urchristlichen Zeit bezeichnete man den Christenverfolger *Nero,* unter dem auch der hl. Johannes die Folter erlitten haben soll, als den Namensträger der apokalyptischen Zahl.

In unserer letztzeitlichen Gegenwart könnte man gleichermaßen an *Stalin* oder *Hitler* denken, die einem Nero an die Seite zu stellen wären.

Beschränken wir uns, um Schrift- und Sprachschwierigkeiten aus dem Wege zu gehen, auf den Träger eines lateinischen und auf den eines deutschen Namens, auf Hitler und auf Nero.

Nero legte sich im Laufe seines Lebens eine Reihe von Namen zu, die in ihrer Gesamtheit tatsächlich die Buchstabenzahl 36, also die *Schlüsselzahl* der apokalyptischen Zahl 666 aufweisen. Dabei zeigt sich noch die erstaunliche Tatsache, daß sich bei entsprechender Gruppierung all dieser Namen und Titel jeweils ein Vielfaches der «dämonischen *Sechs*», auch die «unvollendete Sieben» genannt, ergibt. Zur Ermöglichung der Mitkontrolle seien diese Namensgruppen hier aufgeführt.

Der Rufname des Kindes Nero war LUCIUS = 1 mal 6 Buchstaben
Die Beinamen lauteten NERO DOMITIUS = 2 mal 6 Buchstaben
Der volle Name war
LUCIUS NERO DOMITIUS = 3 mal 6 Buchstaben
Nach seiner Adoption durch Claudius nannte er
sich NERO CLAUDIUS DRUSUS CAESAR = 4 mal 6 Buchstaben
Als Kaiser trägt er die Namen
NERO CLAUDIUS AUGUSTUS
GERMANICUS = 5 mal 6 Buchstaben

Mit dem Titel zusammen ergibt das
NERO CLAUDIUS CAESAR
AUGUSTUS GERMANICUS = 6 mal 6 = 36 Buchstaben

Die Summe der Ordnungszahlen der Buchstaben ergibt die *Schlüsselzahl 36*, aus dieser «errechnet» sich die *Zahl 666*.

Hitler hätte, wenn sein Vater nicht vor seinem Eintritt in die Zollbeamtenlaufbahn eine Namensänderung vorgenommen hätte, *Schicklgruber* geheißen. Wenn es Namen gibt, die einer Selbstvergottung im Wege stehen, dann wäre dies bestimmt ein solcher gewesen. Der Gruß «Heil Schicklgruber» wäre den Deutschen im Halse stecken geblieben. Außerdem hätte dieser Name, ebenso wie der Name Hiedler, aus dem Hitlers Vater das klangverwandte «Hitler» ableitete, die «Errechnung» der apokalyptischen Zahl verhindert. So aber fügte es sich in fast gespenstischer Weise, daß, wie er sich als deutsches Staatsoberhaupt bezeichnete, DER FÜHRER UND REICHSKANZLER ADOLF HITLER seiner Bestimmung nach Off. 16, 13 gemäß die Buchstabenzahl *36* erreichte und damit die arithmetische Progression mit der Summe *666* ermöglichte. Wo und auf welche Weise Nero und Hitler in der Apokalypse zu finden sind, kann erst dargelegt werden, wenn dem Leser Schlüssel und Entschlüsselungsmethoden geläufig sein werden.

Daß 666 tatsächlich die *«Zahl des Tieres»*, also Satans ist, ergibt sich auch durch eine Überprüfung der Bezeichnungen, die Satan in der *Apokalypse* erhält. Dabei ist es kein Zufall, daß die in lateinischer und in deutscher Sprache wiedergegebenen Bezeichnungen für die satanische Pseudotrinität jeweils die Schlüsselzahl 36 ergeben, da es sich um Sprachen des Imperiums handelt und die Öffnung des Siegels gemäß Off. 5, 5 im Zeichen des Imperiums erfolgen soll. Bringt man nämlich in blasphemischer Gegenentsprechung zur Trinitätsformel DEUS PATER ET FILIUS ET SPIRITUS SANCTUS die apokalyptischen Bezeichnungen für die satanische Pseudotrinität ebenfalls in eine Formel, so lautet diese
in *lateinischer* Sprache:
SATANAS ITEM BESTIA, PSEUDOPROPHETA, DRACO
= 36 Buchstaben,
in *deutscher* Sprache:
SATAN SOWIE AUCH (item!) TIER, LÜGENPROPHET, DRACHE = 36 Buchstaben.

Fassen wir die bisherigen Untersuchungen über die apokalyptische Zahl zusammen zu einer kurzen *Ergebnisübersicht:*

I. Die Zahl 666 stellt ein *Zahlensymbol* für die satanischen Scheintugenden des *Intellektualismus,* des *Funktionalismus* und des *Progressismus* dar.

II. Ihre rechnerische Ermittlung erfordert ausschließlich den Gebrauch des *Intellekts,* durch den nachgewiesen wird, daß die Zahl
666 die Summe der Zahlen von 1 bis 36, also die *Funktion* einer
arithmetischen *Progression* darstellt.

III. Die *Schlüsselzahl* der apokalyptischen Zahl ist also *36.*

IV. Die Satansbezeichnungen der Letztzeitprophetie sowie die Titel
und Namen der in der Apokalypse in verschlüsselten Hinweisen
angedeuteten satanisch mißbrauchten Menschen weisen jeweils *36
Buchstaben* auf.

V. Diese Titel und Namen müssen in einer der im *Hl. Imperium* ge-
bräuchlich gewesenen Weltsprachen wie der lateinischen, der deutschen, der spanischen, der italienischen usw. wiedergegeben werden.

2. Der Würfel Satans

In Off. 13 spricht die Apokalypse vom «Bild des Tieres», also dem
Bilde Satans. Damit ist nicht etwa eine porträthafte Nachbildung
Satans gemeint, sondern dessen *Zeichen.* Wie nun Christus im Zeichen
des Kreuzes angerufen und verehrt wird, so Satan im Zeichen des
Würfels. Diesem Grund- oder Muttersymbol entstammt der Großteil
der freimaurerischen Symbole, was dem großen Heer der freimaure-
rischen Mitläufer natürlich nicht bekannt sein kann, da man diese
Tatsache mit einem Wall von Lügen umgibt, den nur eine sehr kleine
Gruppe von «Wissenden» überschreiten darf. Wer aber unwissentlich
und ungewollt dem Würfel Satans zu Diensten ist, indem er dessen
Bearbeitungswerkzeuge wie «Hammer» und «Zirkel», «Kelle» und
«Setzwaage», «Winkel» und «Schnur» als Symbole benutzt, in «Mau-
rerschurz» und «hoher Mütze» einhergeht, sich selbst als «unbehaue-
nen Stein» sieht und im «Cubus mysticus» der Satanisten das Gehäuse vom vollendeten Geheimnis des Menschen, ja des Daseins überhaupt erblickt, der sollte sich von der Frau aller Völker darüber be-
lehren lassen, daß dieser gnostische Kubus nichts anderes als den *«Würfel Satans»,* das *«Bild des Tieres»* aus Off. 13 bedeutet, dessen Funktionen nahezu das ganze Arsenal der freimaurerischen Symbolik entnommen ist.

Da die Freimaurerei die «rechte Hand» Satans ist, kann nur sie von der «Frau» gemeint sein, wenn diese sagt, der Teufel trage einen Würfel in der *Hand*, mit dem er um die Welt gehe. Entschlüsselt man diesen Hinweis, so bedeutet dieser Satz nichts anderes als die Feststellung der totalen Auslieferung der Völker der Gegenwart an die *Freimaurerei.* Ihre Saat geht heute auf in den Städten, in denen die Jugend wie besessen durch die Straßen zieht und die Losungen der modernen Gnosis auf ihren Transparenten zur Schau stellt. Etwas wie eine unerklärlich scheinende dämonische Macht treibt die Psychopathen aller Grade und Bildungsschichten auf die Bühnen und ins «Showgeschäft», entlockt ihnen Worte und Töne, Verrenkungen und Gesten von solch monotoner Schauerlichkeit, daß man den Eindruck hat, als triebe das alles einer unaufhaltsamen Verödung und Verblödung der kommenden Generationen entgegen. «Verfall» nennt es die Frau aller Völker, was hier seinen sinnfälligen Ausdruck findet. Der Massenverschleiß an lebendigen jungen *Seelen* ist heute kaum geringer als der Verschleiß an jungem Leben in den beiden zurückliegenden Weltkriegen. Christen müßten das sehen, vor allem diejenigen unter ihnen, die im Dienste der Jugend stehen und die endlich davon ablassen sollten, die Jugend mit Zugeständnissen an ihre Verirrungen und an das von ihr bzw. mit ihr betriebene «moderne» Schamanentum nur noch mehr dem Dämonismus zu überantworten. Wenn dieser Verfall, wie es täglich geschieht, noch angeheizt wird von Illustrierten, deren freimaurerische Grundhaltung außer Zweifel steht und von ihnen bis ins letzte Dorf, bis in die letzte noch einigermaßen intakte Familie hinein verbreitet wird, dann wird einem klar werden, daß die «Hand» Satans den «Würfel Satans» tatsächlich um die ganze heutige Welt trägt.

Was soll nun aber, so wird man fragen, dieser allenthalben in unserer modernen Formenwelt vorherrschende Würfel *symbolisch* zum Ausdruck bringen?

Die Antwort lautet: *Die Zahl 666, die apokalyptische «Zahl des Tieres»!* Nachdem wir in der apokalyptischen Zahl die Siegelzahl Satans festgestellt haben, ist der satanische Würfel also nichts anderes als dieses *satanische Siegel* in seiner getarnten, den Nichteingeweihten täuschenden und mißbrauchenden *symbolischen* Gestaltung.

Der «Cubus mysticus» oder «Würfel Satans» ergibt sich durch die Zusammenfügung von *sechs* «magischen Quadraten» mit der jeweiligen Seitenzahl *Sechs.*

Dieses magische *Sechserquadrat* entsteht in der Weise, daß man ein beliebig großes Quadrat sechsmal der Länge und sechsmal der Breite nach unterteilt, so daß sich durch die Überschneidung der Teilungslinien eine Art Schachbrettmuster aus *36* Teilquadraten ergibt. In diese Teilquadrate trägt man, beginnend in der oberen linken Ecke, die Zahlen 1 bis 36 fortlaufend ein. Wie bereits dargelegt wurde, ergibt die Summe dieser 36 Zahlen die apokalyptische Zahl 666.

Aber noch eine weitere überraschende Feststellung wird man treffen, wenn man nämlich die beiden Diagonalen zieht und die von jeder dieser beiden Geraden angeschnittenen Zahlen der Teilquadrate addiert. Die Summe dieser Zahlen bildet in beiden Fällen $1/6$ von 666, also $666/6 = 111$, was an Hand der beifolgenden Zeichnung auf *Tafel I* nachgeprüft werden kann.

Da man sich den satanischen Kubus nicht als massiven, sondern als *hohlen* Körper denken muß, denn er soll ja in Nachäffung der Heiligen Eucharistie Satan in sich einschließen, stelle man sich seine Entstehung folgendermaßen vor:

Sechs magische Sechserquadrate gleicher Größe, versehen mit je *einer* Diagonale, werden so aneinandergeklebt, daß die beschrifteten Seiten nach *innen* kommen und dem Beschauer somit verborgen bleiben. Jede der insgesamt sechs Diagonalen weist den Zahlenwert 111 auf, zusammen ergibt dies *666*. Die Zahl Satans ist also gewissermaßen in dem Würfel als dessen Geheimnis enthalten, und zwar insgesamt *siebenmal*, in Nachäffung der sieben Teilsiegel des göttlichen Siegels der Apokalypse: Sechsmal als Summe jedes der sechs Teilquadrate, ein siebentes Mal als Summe der Zahlenwerte der sechs Diagonalen. Dieser Trick Satans bestätigt erneut, was oben bereits ausgesprochen wurde:

Im magischen Würfel haben wir das «Siegel Satans» vor uns.

Daß man die Heilige Eucharistie heute vielfach in *Würfel-Tabernakeln* aufbewahrt, kommt einer objektiven Blasphemie gleich. Meistens geschieht dies, von sehr wenigen Ausnahmen abgesehen, ohne Wissen und damit ohne Absicht der Gestalter und der Auftraggeber solcher Tabernakel. Die völlig unzulängliche gnosiologische und dämonologische Ausbildung unserer Priester gibt dem *gesteuerten* Satanismus – und um einen solchen handelt es sich – ungeahnte Möglichkeiten der Entfaltung in unseren Gotteshäusern. Die Magie bedient sich zunächst der «Esoteriker» in den Kunstakademien, d. h. der Freimaurer, Anthroposophen, Theosophen, Rosenkreuzer und anderer Neognostiker unter den modernen «Meistern». Diese schaffen Klischees, die nachzuahmen jedem empfohlen wird, der in der heutigen

Tafel I

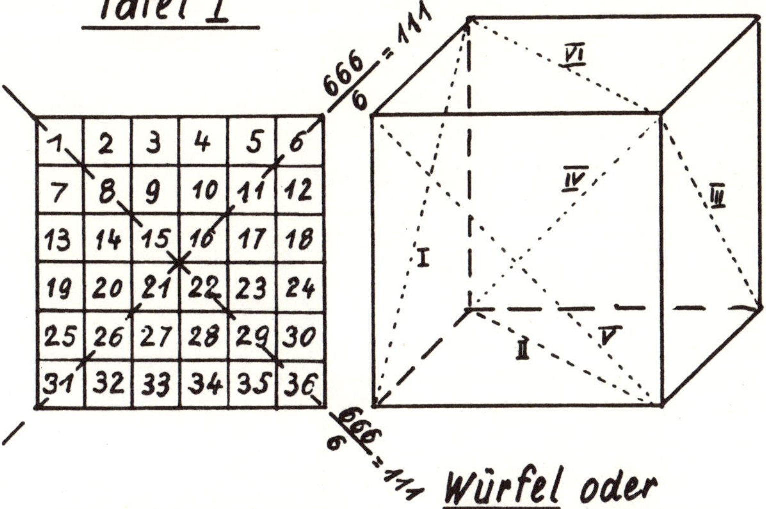

Magisches Quadrat

Würfel oder Siegel Satans

Im magisch. Quadrat
    ergeben alle Zahlen die Summe $\boxed{666}$
    und die Zahlen in den Diago-
    nalen jeweils die Summe 111= $\boxed{\dfrac{666}{6}}$

Im Würfel Satans
    ergeben die Zahlen der sechs
    magischen Quadrate und der
    sechs Diagonalen insgesamt
    siebenmal die apokalypt. Zahl $\boxed{666}$

Tafel II

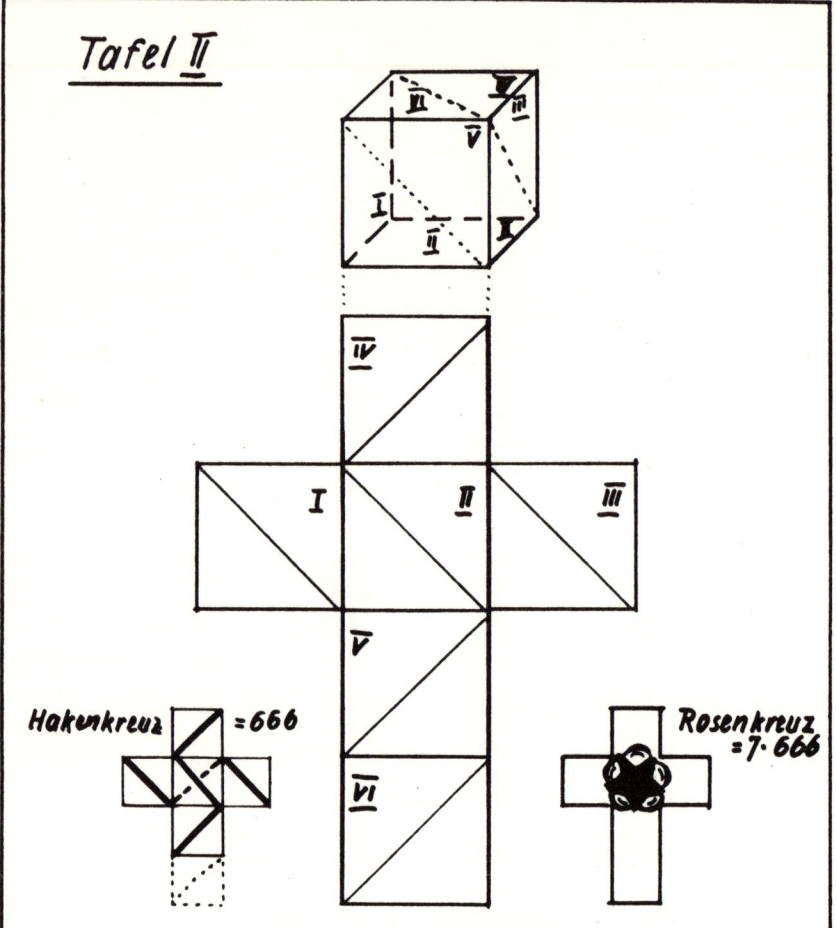

Hakenkreuz = 666

Rosenkreuz = 7·666

Das Kreuz Satans

ist ein auseinandergefalteter satanischer Würfel und enthält wie dieser *siebenmal* die
apokalyptische Zahl *666*.

Kunst eine Rolle spielen will bzw. den vorhandenen Narreteien neue hinzuzufügen befähigt sein möchte. Jede andere, d. h. nicht «esoterische» Kunst wird diffamiert, jeder Befürworter echter Kunst als Banause beschimpft. Auf diesem abscheulichen Terror einer gnosisverseuchten Clique beruht die heutige moderne Pseudokunst. Diesem Kunstterror dienen beflissene «Experten» des Kunsthandels, der Kritik und des Kunstmanagertums. Ein geschwätziger Snobismus übertölpelt unsere Priester und Bischöfe, nimmt ihnen die Sorge über «moderne» Ausgestaltung unserer Kulträume ab und zerstreut ihre Bedenken mit einem Schwall von Phrasen und gnostischem Rotwelsch, daß dem Kenner dieser Phraseologie die Haare zu Berge stehen. Aber jeder vernünftige Rat wird in den Wind geschlagen; denn das falsch verstandene Aggiornamento hat landauf, landab vom Klerus Besitz ergriffen und mißbraucht ihn und uns in unvorstellbarer Weise. Vielleicht gelingt es den Warnern und unbeliebten Mahnern, da und dort eine Besinnung herbeiführen zu helfen.

Natürlich beschränkt sich der satanische Einfluß des Würfelsymbols keineswegs auf die *Kunst*. Es gibt kaum ein Lebensgebiet, das nicht gnostisch gesteuert wird in unseren letztzeitlichen Tagen. Satan und seine «Kirche» nutzen den Mangel an Wachsamkeit in der katholischen Kirche mit großer Raffinesse und Folgerichtigkeit aus; denn bereits unmittelbar nach seinem Sturz war er entschlossen, sein Engelswissen um das göttliche Siegel nach Kräften zu nutzen, indem er «auszog, ein Sieger, um zu siegen». (Off. 6, 2.)

Die Frage für uns «Soldaten» der Letztzeit lautet nicht, ob es uns gelingen wird, Satans Sieg über die Völker zu vereiteln. Das vermöchten wir aus eigenen Kräften ohnehin nicht zu bewerkstelligen.

Die Frage lautet vielmehr, welche *Ernten* wegen unserer Saumseligkeit, wegen unseres mangelnden Vertrauens in die Prophetie und in die marianische Weissagung noch in die Scheune Satans gehen müssen, bevor wir begreifen, daß der Himmel ja nur noch auf *uns* wartete, als er die letztzeitlichen Katastrophen so lange als nur möglich hinausschob.

Um aber begreifen zu können, muß, so drückt es die «Frau» aus, *«erst noch viel gelernt werden»*.

3. Das Bild des Tieres

Mit der Entlarvung des satanischen Würfels durch die Frau aller Völker kommen wir auch der Deutung jener geheimnisvollen Stelle in

Off. 13, 15 näher, wo es heißt: «Auch ward es ihm (nämlich dem «zweiten Tier») gegeben, dem Bilde des Tieres einen *Geist* zu verleihen, daß es gar *redete,* das Bild des Tieres . . .».

Das «zweite Tier» der Apokalypse ist Satan in der Nachäffung *Christi (*während das «erste Tier» in der Rolle des «Baumeisters aller Welten», also in der Rolle des Vaters, in Erscheinung tritt). Als «zweites Tier», d. h. als falscher Christus, erscheint Satan in Gestalt des *Antichrists.* Während wir noch auf sein Kommen warten, sind seine Quartiermacher bereits da. Es sind die Mißbraucher des Menschen jeglicher Art, darunter insbesondere die Mißbraucher der im Menschen angelegten Werte des Guten, Wahren und Schönen. In der Kunst erleben wir die *Verhäßlichung,* in der Morallehre die *Beseitigung von Gut und Böse,* in den Geisteswissenschaften die *Vergötzung des reinen Intellekts.*

Wenn nun Satan seinem «Bild» «einen Geist verleihen» möchte, so kann es nur Geist von seinem Geiste sein, nämlich *reiner Intellekt.* Dieser ist, wie eingangs erwähnt wurde, zugleich *reine Funktion* und Ausdruck des verabsolutierten Fortschritts, des *Progressismus.*

Einem solchen «Geist» begegnen wir in seiner höchstmöglichen Perfektion nur in Satan selbst. Wollen wir ihn in dieser Perfektion erreichen, müssen wir etwas *erfinden,* was reinen Intellekt, reine Funktion und reine Progression automatisch hervorzubringen vermag, – einen *Apparat* ohne Seele, ohne die Ebenbildlichkeit Gottes, dafür mit der Ebenbildlichkeit *Satans.* Diesen Apparat hat man bereits geschaffen, er wartet nur noch auf seine große Stunde. Es ist der *Computer.*

Was ist ein Computer?

Wörtlich bedeutet Computer soviel wie *Berechner.* Es handelt sich also um eine *Hochleistungsrechenmaschine,* die, wie jede andere Rechenmaschine, aus einem *Gehäuse* und einer *Apparatur* besteht. Den Computer kann man «füttern», das heißt man gibt ihm bekannte Tatsachen, sogenannte Daten ein und läßt sie von ihm aufspeichern, so, wie das menschliche Gedächtnis Erlebnisse und Eindrücke als Erinnerungen (Apperzeptionen) aufbewahrt, um sie zu gegebener Zeit denkerisch auszuwerten.

Lesern, die in der Psychologie bewandert sind, sei gesagt, daß man im Computer eine Art Idealfall von Versuchskarnickel für reine Assoziationspsychologie vor sich hat.

Der Computer leistet dem modernen Leben mancherlei nützliche Dienste, wie jede Maschine, die ihrem Wesen und ihrem Zwecke entsprechend eingesetzt wird. So lange dieses geschieht, wäre es verkehrt, von Dämonie zu sprechen. Zur Dämonie wird Technik erst durch *Mißbrauch*. Wäre der Mensch eine Maschine ohne Seele, ohne Herz und ohne ein Gefühl für das Humane, das Schöne, für Religiöses und für den Mitmenschen, dann wäre der Computer ein *Übermensch,* der jeden natürlichen Menschen an Intelligenz und an «menschlichen» Fähigkeiten überträfe. Satan haßt alles am Menschen, was nicht reiner Intellekt, reiner Funktionalismus und Progressismus ist. Deshalb versucht er, den Menschen unseres technischen Zeitalters so weit zu entmenschlichen, daß er zum Apparat, zu *seinem Ebenbild* wird. Hat er dies auf dem Wege, auf den er uns alle gedrängt hat, einigermaßen erreicht, dann wird es sein letzter Akt von Versuchung sein, dem Menschen einzureden, er möge sich voll und ganz dem reinen Intellekt eines «unfehlbaren» *Roboters* anvertrauen, denn dieser Roboter sei der moderne Homunculus, an dem der Mensch seit eh und je gebastelt habe. Nun sei das Ziel aller Sehnsüchte des Menschen, zu sein «wie Gott» (d. h. wie *Satan!),* erreicht, und der Mensch habe sich im Super-Computer selbst neu *erschaffen.*

Es besteht kaum ein Zweifel darüber, daß wir dieser letztmöglichen Verirrung und diesem letztmöglichen Mißbrauch der Technik mit Riesenschritten entgegengehen. Nicht ein fühlender Mensch mit Fleisch und Blut, auch nicht ein Gremium von Politikern, kein Parlament und kein Staatsmann, keine religiöse Gemeinde und kein Papst hätten das Recht mehr, die Geschicke des irdischen und außerirdischen Daseins des Einzelnen und der Völker in die Hand zu nehmen, sondern der über alles Subjektive «erhabene», in seiner Objektivität sonach «übermenschliche» *Computer* würde den Respekt und die Verehrung in Anspruch nehmen dürfen, die bisher nur Gott und den menschlichen Autoritäten vorbehalten waren. *

Mag er nun noch so interessante Formen annehmen, der «Berechner» unseres Daseins von morgen, mag er irgendwo in einem behüteten, sakralen Raum wie eine Bienenkönigin umhegt und umsorgt, von den besten Technikern der Welt gefüttert und gepflegt werden: Er ist doch nichts weiter als ein *hohler Kasten* mit einem *mechanischen Zählwerk,* um kein Jota mehr als der *«Würfel»* Satans mit seinem

---

* Plakate werben z. Zt. für «Liebe per Computer». Eine Zeitschrift für «junge Erwachsene» propagiert das Experiment «Ein Computer sucht für Sie den idealen Partner». Computer ermitteln Verbindlichkeiten aus Konferenzgesprächen, bald auch aus solchen, in denen «neue» sittliche und religiöse Normen gesetzt und die «alten», die unter dem Beistand des Hl. Geistes geprägt worden waren, über Bord geworfen werden.

simplen *Zählwerk* der apokalyptischen Zahl 666, der Zahl des *Geistes Satans!*

Das «Bild des Tieres», der Lebensnormen setzende Roboter, ist zweifellos im Kommen. Daß er einmal ein Gehilfe des Antichrists sein wird, ist gut zu wissen. Mag er sich noch so schein-heilig mit den Insignien Christi umgeben: Am «Bild des Tieres», am «Würfel» mit der «Zahl des Tieres» 666 werden die, die sein Kommen erleben, ihn erkennen.

Danken wir der Frau aller Völker, daß sie uns schon heute auf den Pferdefuß des falschen Christus von morgen hinwies und uns das «Bild des Tieres» zeigte mit den schlichten Worten:

«Die Hand Satans, in der er einen *Würfel* hat,
geht um die ganze Welt.»

4. Das Kreuz Satans

Es gibt heute schon eine Reihe von katholischen Kirchen, in denen man ohne jegliche Störung durch christliche Symbole die Satansmesse abhalten könnte. Der Liturgiemißbrauch, ungewollt gefördert durch zeitbedingte Liturgiereformen, ist so groß, daß man ihn nicht als Zufall ansehen darf. Er ist *gezielt* und wird *gelenkt* durch eine kleine, aber bestens geschulte Schar abtrünniger Priester, die sich in den von freimaurerischen Kreisen betriebenen Versuchen der sognannten «Ritualangleichung» ganz besonders hervorzutun bemühen. Wahrscheinlich erwarten sie für sich reiche Ehren in einer «Kirche» von morgen, deren Altar nicht mehr das Kreuz Christi, sondern das Keuz *ihres* Herrn und Meisters ziert.

Die hier getroffene Feststellung mag manchen Lesern unglaubhaft erscheinen. Doch gibt es hier nichts zu glauben, diese Fakten bestehen und sind mit wissenschaftlicher Sorgfalt überprüft und belegt worden. Was in La Salette und in Garabandal von abtrünnigen Priestern gesagt wurde, hat sich realisiert in der Tatsache der bewußten und unbewußten *Logenagenten im Priestergewande.* Vor ihnen sollen vor allem die Geistlichen unter den Lesern gewarnt werden. Vor allem auch davor, diesen avantgardistischen «Brüdern» weiterhin ihr Ohr zu leihen, wenn sie sich der modernen Massenmedien bedienen und als angebliche Apostel einer «nachkonziliaren Kirche» von Land zu Land ziehen, um ihr feines Gift in wohlausgewogenen Dosen zu verspritzen.

Wie sieht nun das «Kreuz» aus, das diese Art von Kreuzträgern einer modernistisch verderbten Pseudokirche durch die Lande trägt?

Die Frau aller Völker sagt über diese Tatsache etwas Bemerkenswertes in ihrer Botschaft vom 3. Januar 1946 aus. Es heißt dort: «Dann geht die Frau warnend mit ihrem Finger hin und her und sagt: ‹*Das Kreuz wollen sie verändern in andere Kreuze.*›»

Wir können hier nicht alle diese «anderen Kreuze» aufzeigen. Stattdessen wollen wir uns auf das satanische Grund- oder *Primärkreuz* beschränken, das unmittelbar aus dem satanischen Würfel hervorgeht und im Grunde mit diesem identisch ist.

Schneidet man den satanischen Würfel an den Kanten so auf, daß die sechs magischen Quadrate in eine Ebene gelegt werden können, dann kann man daraus die Form eines Kreuzes gewinnen. Dieses aus sechs magischen Quadraten gebildete Kreuz gibt dabei die ganze Innenbemalung des Satanswürfels preis, also die sieben satanischen Teilsiegel, d. h. sieben mal die Zahl 666. Auf den beifolgenden Zeichnungen auf Tafel I und II wolle man sich die jeweils 36 kleinen Teilquadrate auf den großen Quadraten hinzudenken, während die Diagonalen eingezeichnet werden sollen. Löscht man nun auch diese noch, erhält man ein unbeschriebenes Kreuzmuster aus sechs Quadraten. Beseitigt man dann noch die inneren Begrenzungslinien dieser Quadrate, dann hat man das angeblich nur von «Eingeweihten» deutbare, dem christlichen Kreuz angenäherte satanische Primärkreuz vor sich. (Siehe z. B. das Rosenkreuz auf Tafel II!)

Dieses Primärkreuz schmückt vor allem die Meßrituale von Satansmessen sowie andere kultische Schriften der modernen Satanisten. Mitunter aber wird es auch von Hochgradfreimaurern als Talisman auf der Brust getragen oder, mit rosenkreuzerischen Zutaten versehen, von Anthroposophen und anderen «Sophen» der modernen Gnosis. Ahnungslose weibliche Mitglieder solcher Vereinigungen lassen sich dieses Satanskreuz sogar als Sterbekreuz umhängen, das sie mit ins Grab begleiten soll.

Die beifolgenden Zeichnungen auf Tafel II zeigen die Entstehung des Satanskreuzes aus dem Satanswürfel auf, wie sie hier geschildert wurde.

Obwohl die Satanskreuze aller Art zur Zeit nur so aus dem Boden schießen, entstammen sie keineswegs unserer Gegenwart. Sie sind uralt, weit älter als das Kreuz Christi, das ja ursprünglich das Zeichen des Unheiligen gewesen war und erst durch Christus seine Heiligung erfuhr.

Die Satanisten der sogenannten Kerngnosis «bedauern» es, daß man sich in unseren Kirchen nicht des satanischen Primärkreuzes bedient. Sie wissen, daß die Tötung Christi am Zeichen der Unheiligkeit ins Gegenteil ihrer Absichten umgeschlagen ist und versuchen nun in unseren letztzeitlichen Tagen, das Geschehene wieder rückgängig zu machen.

In einer ihrer Informationsschriften drücken sie das so aus:

«Das *Kreuz auf Golgatha* sollte aus *sechs Quadraten* bestehen, einem auseinandergefalteten *Würfel*, welcher Würfel dieser selbe philosophische Stein ist.»

Dieser philosophische «Stein der Weisen» ist, wie wir wissen, nichts anderes als der geheimnisvolle Cubus mysticus der Gnosis und der Freimaurerei, das Siegel Satans und die Urform des Kreuzes Satans mit dem siebenfachen Zahlenwert von 666.

Von diesem Kreuz gibt es eine Unzahl von Nebenformen, die aus ihm abgeleitet sind, die sogenannten Sekundärkreuze.

Während man das satanische Primärkreuz in den modernen Kirchen seltener antrifft, wimmelt es dort nur so von Sekundärkreuzen aller Art. Dies kommt vor allem aus der Sucht, immer «moderner», immer extravaganter, immer «symbolreicher» zu bauen und auszugestalten.

Im Grunde genommen gibt es kaum eine willkürliche Spielart des Kreuzes Christi, die nicht längst satanistischen Symbolwert erhalten hätte. Darum sollte man bei der *eindeutigen schlichten Form des Kreuzes Christi* verharren und dem Kunstmodernismus endlich die Kirchentüren verschließen.

Das soll nicht bedeuten, daß man die Wesenszüge modernen Gestaltens, die Einfachheit und Konzentration der künstlerischen Aussage beiseite lassen sollte. Leider kennen wir den Stil unserer Zeit kaum, da ihm bis heute überhaupt keine Gelegenheit gegeben wurde, sich *positiv* zu entfalten. Die Herrschaft der Psychopathen und der freimaurerischen Absurditäten in der Kunst ist so allumfassend, daß neben ihr keine andere Herrschaft geduldet wird.

Das muß endlich anders werden, wenn unsere Kirchen nicht Zug um Zug zu Kathedralen Satans, zu Kultstätten des seiner Stunde entgegenfiebernden Antichrists werden sollen. Viele, allzuviele *sind* es bereits. Es ist an der Zeit, zu entrümpeln und zu säubern, damit *wahre* moderne Kunst ihren Einzug halten kann, die Christus *verherrlicht*, statt ihn auf dem Umweg über die gnostisch verfälschte Kunst täglich aufs neue zu kreuzigen!

Zum Abschluß dieses Kapitels sei gesagt, daß auch das *Hakenkreuz* zu den uralten gnostischen Sekundärkreuzen zählt und somit ein Satanskreuz reinsten Wassers darstellt. Seine Ableitung aus dem gnostischen Primärkreuz ist recht interessant und kann aus Tafel II ersehen werden.

5. Schlußfolgerungen

Die Heilige Schrift gibt eine Reihe von *Merkmalen* an, an denen man das herannahende Ende erkennen soll. Auch das Vordringen der Satanssymbole in den modernen Kirchenraum legt Zeugnis ab für die Letztzeitlichkeit der von uns durchlebten Epoche. Es wird sich bei der weiteren Betrachtung der Amsterdamer Botschaften erweisen, daß Maria kaum eines der wichtigsten Merkmale, von denen die biblische Prophetie zu berichten weiß, zu kommentieren vergißt. Sie tut das in so frappierend einfacher Sprache und übersetzt die Bilder der biblischen Zeit so anschaulich in die Bilder unserer Zeit, daß man die Tiefe und geistige Größe des Gesagten beim ersten Überlesen kaum zu erkennen vermag.

Was man tun muß, um in diese marianischen Aussagen und Enthüllungen eindringen zu können, sagt die Frau aller Völker ebenfalls mit klaren und einfachen Worten.

«Es muß *viel gelernt* werden.»

«Es muß *schnell gearbeitet* werden ...»

«Es muß *gewacht* werden ...»

«*Taten* müssen kommen ...»

«*Alle* müssen mitarbeiten ...»

Immer wieder begegnet dem Leser der Botschaften das Beschwörende solcher Worte der «Frau».

Es mag vielleicht für manche Leser schwer sein, auf Anhieb und schon beim ersten Lesen dieses Buches alles zu erfassen, was darin zur Sprache kommt. Vieles, vielleicht das meiste ist für die Leser neu, da man eigentliches eschatologisches Argumentieren heute kaum mehr kennt. Die Theologie des reinen Intellekts erstickte es ebenso, wie der Intellektualismus alles erstickt, was Geist vom Geiste Gottes ist.

Wir Christen der Letztzeit werden die Mahnungen der «Frau» im Auge behalten und uns so auf den Kampf und den Sieg der Kirche einstellen, wie es die Endauseinandersetzung mit Satan und seinem Geheimnis des Bösen erfordert. Dabei schöpfen wir Mut und Zuversicht aus den Worten der «Frau», die sie in der Vorausschau unseres

Müdewerdens einmal an alle ihre «Soldaten» der letzten Schlachten Gottes richtet:

«Der Sieg wird *unser* sein!»

Zu diesem Sieg nach Kräften beizutragen, sind alle eingeladen, die mitzubeten oder mitzukämpfen imstande sind. Zu letzteren zählen insbesondere jene kirchlichen Behörden und Amtspersonen, die, sei es im Vatikan oder in den episkopalen Bereichen, alles *gewissenhaft* zu *prüfen verpflichtet* sind, was Anspruch auf eine solche Überprüfung erhebt.

Mit der Bestätigung der gnosiologischen These, daß der Cubus mysticus der Gnosis das Geheimnis des Bösen, die apokalyptische Zahl verkörpere, hat Maria der Gnosiologie einen entscheidenden Impuls gegeben. Von diesem Würfel aus ist es nämlich möglich, die *gesamte Satanssymbolik* unserer Tage zu entlarven und die Irrwege, die die heutige Kirche in Kunst und Liturgie geht, als solche zu *begründen* («Kubismus» in der Sakralkunst).

Deshalb mag das Amsterdamer Ereignis ganz und gar nicht in die Pläne jener passen, die sich aus eigener Vollmacht zu Anführern auf der Straße des Irrtums und des Verfalls gemacht haben.

Auf jeden Fall darf man davon überzeugt sein, daß sich vor den Botschaften der Frau aller Völker die Geister unserer Zeit scheiden werden: Hier die Kämpfer für die *göttliche* Gerechtigkeit, für die *göttliche* Wahrheit und für die *göttliche* Liebe, dort die Verfechter des *Siegels Satans*, des *Würfels* mit dem Zahlzeichen und den drei «Ismen» des *Tieres*.

Man wird sich entscheiden müssen, und zwar *bald!* Denn für den Fall, daß zur Bagatellisierung von *Fatima* nun noch eine solche von *Amsterdam* hinzuträte, kündigt Maria warnend an:

«Die *Heiden* werden es euch lehren!»

Die Heiden unserer Tage sind aber nicht jene, denen wir das Evangelium zu bringen versäumt haben, sondern die, die es besaßen und wieder verwarfen: Die «Wissenden» der Freimaurerei und des Kommunismus!

Drittes Kapitel

Das Geheimnis des Kreuzes

1. Schlüssel – Siegel – Siegelhypothese

Die christliche Lehre, wie sie in den *Evangelien* verkündet wird, ist keine Geheimlehre. Jedermann kann Einblick in sie nehmen, und jedem sagt dieses Buch das gleiche, nämlich die *eine* christliche Wahrheit.

Trotzdem ist der Glaube der Christen nicht einheitlich, besteht die Großgemeinde der Christenheit aus «Bekenntnissen», statt aus *einem* Bekenntnis.

Die Verschiedenheit der *Auslegung* der einen christlichen Wahrheit durch die einzelnen christlichen Bekenntnisse hat ihre Ursache nicht in der Wahrheit selbst, sondern im menschlichen Unvermögen, die Wahrheit der Heiligen Schrift richtig zu deuten. Dieses Unvermögen liegt in unserer menschlichen Natur begründet und es ist daher an sich sinnlos, sich über die Folgen dieses Unvermögens zu streiten oder gar sich ihretwegen zu bekämpfen.

Steht aber eine solche Duldsamkeit nicht im Widerspruch mit den Worten Christi aus dem Hohepriesterlichen Gebet: «Vater, bewahre sie in Deinem Namen, damit sie *eins* seien wie wir»? Warum, so müssen wir fragen, hat der ewige Vater diese eindringliche Bitte seines göttlichen Sohnes überhört und der Gemeinschaft der Gläubigen nicht eine *übernatürliche Garantie* für eine *eindeutige*, allein richtige Auslegung der Heiligen Schrift gegeben?

Diese Frage ist sachlich nicht begründet; denn die Erhörung dieses Gebetes Christi war vorweggenommen worden in der Verheißung Christi an den Apostel Petrus, daß die petrinische Kirche, d. h. die *Papstkirche* diese Garantie für die restliche Heilsgeschichte besitze.

Wir wissen, Petrus war ein Mensch wie wir, ein Mensch, der glaubte und zweifelte, der für seinen Herrn und Meister das Schwert zog, um ihn kurz darauf zu verraten.

Nicht anders waren die Nachfolger des Apostels, die Päpste. Vom Heiligen bis zum Verräter umfaßt das Papsttum alles, was es an Menschlich-Allzumenschlichem je gegeben hat und wir haben daher Grund zur Freude und zur Hoffnung, wenn wieder einmal ein heiligmäßiger Papst das Steuer der Kirche führt. Aber an der göttlichen

Garantie der absoluten Reinerhaltung der christlichen Wahrheit durch die petrinische Kirche ändert auch ein Unwürdiger auf dem päpstlichen Throne nichts. Für Gott ist es ein leichtes, einen solchen Papst an der Dogmatisierung einer Unwahrheit zu hindern, und wer dies nicht für möglich hält, wird vieles in der Heiligen Schrift nicht für möglich halten, was sich dem menschlichen Begreifen entzieht.

Mit der Preisgabe des *Papsttums* durch die katholische Kirche wäre die Preisgabe der *Wahrheit* an ein demokratisches Instrument des *Irrtums* notwendig verbunden. Darum ist eine Wiedervereinigung im christlichen Glauben *nur* möglich, wenn sich alle Christen unter die göttliche Wahrheitsgarantie stellen, die mit der Person des Papstes seit der Himmelfahrt des Erlösers gegeben *war* und gegeben *bleibt*.

Diese Behauptung ist nicht neu; denn vor ihr scheiden sich die christlichen Bekenntnisse, seitdem es diese in der Mehrzahl gibt. Es ist keineswegs böser Wille der Nichtkatholiken, wenn sie die göttliche Wahrheitsgarantie nicht aus dem Evangelium, etwa aus Mt. 16, 17, herauszulesen vermögen. Schließlich konnte man von rechtdenkenden Christen zur Zeit des Papstes Alexander VI. nicht erwarten, daß sie sich für das Papsttum hätten menschlich begeistern sollen oder können. Aber die petrinische Kirche erschöpft sich nach den Worten Christi eben nicht darin, daß sie auch eine menschliche Seite zur Schau trägt. Die petrinische Kirche ist oder hat zu sein die sich ihrer menschlichen Schwäche bewußte, der Gnade der päpstlichen Unfehlbarkeit *unwürdige* und daher in das Gewand der christlichen *Demut* gekleidete Kirche Jesu Christi.

Erst wenn sie das geworden sein wird – und sie ist auf dem Wege hierzu –, wird Gott sie auch der Gnade würdigen, sie als solche *letzt- und endgültig* zu bestätigen, und zwar durch die *entsiegelte APOKALYPSE!* Nach den Erfahrungen, die mit dem sogenannten hypothetischen Siegel zur Apokalypse bis jetzt gesammelt werden konnten, enthält die Geheime Offenbarung die letztzeitliche Bestätigung *aller* von der katholischen Kirche verkündeten Glaubenswahrheiten, einschließlich des *Primates des Papstes*. Damit ist die Wiedervereinigung im Glauben für die nächsten Jahre vom *Evangelium* her ebenso gesichert, wie sie bereits von der *marianischen Prophetie* her vorbereitet worden ist. Während wir Katholiken von der *Mariologie* her der Wiedervereinigung durch die Apokalypse den Weg bereiten werden, werden die nichtkatholischen Christen von der *Apokalypse,* also von der *Bibel* her, den Weg zur Mariologie, und damit zur *petrinischen Kirche* finden.

Der «katholische Weg» ist vor allem durch *Fatima* und *Amsterdam*, die ja beide zusammengehören, vorgezeichnet; der «protestantische Weg» wird ein vorwiegend *christologischer* sein. *Beide* Wege aber führen zum *gleichen Ziel*.

Nun aber steht beiden Wegen ein Hindernis entgegen. Beide Prophetien, die marianische wie die biblische, sind *versiegelt*, d. h. sie sind ohne einen *«Schlüssel»* nicht «lesbar», nicht voll verständlich.

Manche Theologen sind der Meinung, dieser apokalyptische Schlüssel würde wohl niemals gefunden werden und die Apokalypse sei und bleibe bis ans Ende ein «Buch mit sieben Siegeln».

Diese Theologen scheinen die Apokalypse nur oberflächlich zu kennen; denn aus Off. 17, 10 geht deutlich genug hervor, daß die Entsiegelung kurz *vor* dem Ende, also in der *Letztzeit* erfolgen werde. Außerdem ist aus Off. 5, 5 zu erschließen, daß die Entschlüsselung nicht durch die Berufenen der *Kirche*, sondern durch die (geistig) Berufenen der natürlichen Gemeinschaft des Staates, also durch die *Philosophie*, vorgenommen werden wird. Das hat seine bestimmten Gründe, die erst im Kapitel 6 dargelegt werden sollen.

Erst wenn der philosophische «Schlüssel» zur Apokalypse vorliegt, wird die Theologie das dazugehörige Schloß, nämlich das *Siegel*, zur Verfügung stellen können. Erst beim «Aufschließen» dieses «Schlosses» der theologischen, übernatürlichen Weisheit durch die natürliche Weisheit wird sich die Kirche als Hüterin eines Weisheitsschatzes selbst *erkennen*, als welche sie sich bis jetzt nur auf der Grundlage des Glaubens *bekennen* konnte.

Einfacher ausgedrückt heißt das, daß es der Philosophie vorbehalten ist, das Siegel zu *deuten*, während es der Theologie zukommt, es als solches zu *bestätigen*.

Der *philosophische* Schlüssel zur Apokalypse liegt *seit 1955* vor. Die marianische Gegenbestätigung hierzu ist dem Verfasser erst *seit 1958* bekannt. Sie erfolgte durch *Amsterdam*, nachdem sie durch *Fatima*, und teilweise schon durch *La Salette*, vorbereitet worden war. Wenn nun von seiten der Philosophie, und zwar der *thomistisch* fundierten Philosophie behauptet wird, der *Schlüssel* zur Apokalypse sei gefunden und das dazugehörige *«Schloß»* sei im Besitz der katholischen Kirche, ohne daß sie sich dessen bewußt sei, so muß diese Behauptung *bewiesen* werden.

Dies kann hier nur insoweit geschehen, als die *Ergebnisse* der philosophischen Bemühungen um die Apokalypse aufgezeigt werden. Die dabei eingeschlagenen Wege und Denkmethoden müssen an anderer

Stelle verdeutlicht werden, da sie gewisse philosophische Fachkenntnisse beim Leser voraussetzen, die in einem breiten Leserkreis nur vereinzelt vorliegen dürften.

Da nun die philosophischen Denkergebnisse mit denen der Theologie wenigstens fundamental übereinstimmen müssen, wenn sie Anspruch auf Bestätigung durch das kirchliche Lehramt erheben wollen, sollen diese Ergebnisse um der Leser willen aus der *theologischen* Sicht und durch *theologische* Begriffe zur Darstellung gelangen; denn diese Begriffe sind allen Lesern geläufig.

Unrichtig wäre es jedoch, wenn daraus der Schluß gezogen werden sollte, der Verfasser möchte damit die Bestätigung des philosophischen Schlüssels durch das theologische «Schloß» vorwegnehmen. Um keinen Irrtum aufkommen zu lassen, wird ausdrücklich erklärt, daß der Verfasser zwar voll und ganz hinter der philosophischen These des Schlüssels steht, daß er sich aber hinsichtlich der *theologischen* Beurteilung des zu diesem Schlüssel gehörigen *Siegels* voll und ganz der höchsten theologischen *Autorität des Hl. Vaters* unterstellt, welcher allein das Recht zusteht, die hier aufgezeigte *Siegelhypothese* zur theologischen *These* zu erheben.

Somit ist nun klar, um was es in diesem Kapitel geht: Um die *Bekanntgabe des apokalyptischen Siegels,* wie es dem philosophischen Schlüssel entspricht und wie es dem Hl. Vater als eine theologische *Hypothese,* als sogenannte *Siegelhypothese,* zur Kenntnis gebracht werden soll.

Natürlich werden manche Leser nach der persönlichen Legitimation des Verfassers als des Begründers der Siegelhypothese fragen.

Der Verfasser ist katholischer Laie und seine große Liebe gehört seit seiner Jugend der Philosophie. Daß dies genügt, um zur Erstellung der Siegelhypothese legitimiert sein zu können, bestätigt der große Theologe Kardinal Newman mit den Worten: «Leidenschaft und Vorurteil haben die gesunde Urteilskraft (in der Kirche!) so mitgenommen, daß es schwer zu sagen ist, wem die Deutung (der Apokalypse) anvertraut werden soll und ob nicht ein *privater Christ* dafür ebensogut in Frage kommt wie die, die sich dieser Aufgabe unterzogen haben.» (Siehe John Henry Newman, «Der Antichrist», Kösel-Verlag München, 1951, Seite 11!)

2. Das trinitarische Teilsiegel

Das hypothetische Siegel, nämlich die theologische Gegenentsprechung des philosophischen Schlüssels zur Apokalypse, ist, wie dieser, siebenteilig, d. h. es besteht aus *sieben Einzelsiegeln.*

Sie drücken in ihrer Gesamtheit die gottgewollte Ordnung aus, die durch *Jesus Christus* geoffenbart wurde. Darum kann auch nur Christus *Mittelpunkt* dieser göttlichen Ordnung sein, in die der Mensch als Gottes Ebenbild hineingestellt ist. Und Christus allein ist es auch, der das Geheimnis dieser göttlichen Ordnung enthüllen, d. h. der das Siegel lösen soll, wie Off. 5, 5 es ankündigt.

Daß dies nicht erst am Tage seiner Wiederkunft geschehen soll, geht, wie schon erwähnt, aus Off. 17 hervor. Also geschieht es noch innerhalb der menschlichen Geschichte, und zwar, wie aus dem gleichen Kapitel der Apokalypse hervorgeht, in der *Letztzeit.* Daraus folgt wiederum, daß nicht Christus selbst der Pseudoordnung der «Schlange» ein Ende setzt, sondern daß er diesen Akt der *Miterlösung* der «Frau» aus Gen. 3, 15 f.; J 2, 4; 19, 26 und Off. 12 vorbehalten hat, die «einst», d. h. auf Erden, «Maria war», und die sich deshalb *heute,* in der Letztzeit, als «Maria, die Frau aller Völker» bezeichnet. Mit der Offenbarung des apokalyptischen Siegels wird die «Frau» der «Schlange» in diesen unseren letztzeitlichen Tagen «den Kopf zertreten». Das ist der Sinn dieser biblischen Verheißung.

Die Siegeloffenbarung durch die Frau aller Völker erfolgt nicht in der Weise, daß Maria in den Amsterdamer Botschaften den philosophischen Schlüssel definiert. Philosophie ist allein Sache des *Menschen.* Was der Himmel, was Maria zu einem menschlichen Denkergebnis zu sagen hat, ist entweder ein Ja oder ein Nein. In den Amsterdamer Botschaften spricht sie zur philosophischen Schlüsselthese ein überzeugendes *Ja.* Dadurch ist der Verfasser der Sorge enthoben, daß der Hl. Vater, der vom gleichen Heiligen Geist geleitet wird wie die «Braut des Heiligen Geistes», anders über die Siegelhypothese entscheiden würde als Maria.

Weil es nun Christus ist, der das Siegel löst, muß nicht nur das Siegel, sondern auch der philosophische Schlüssel das *Zeichen Christi* aufweisen, nämlich das *Kreuz.* Somit ist das *Geheimnis des apokalyptischen Siegels* identisch mit dem Geheimnis des *Kreuzes,* in dessen Enthüllung wir nun eintreten wollen.

Wenn wir dabei neben theologischen Erwägungen auch einige philosophische hier einfließen lassen, so sollen die Leser keineswegs befürchten, daß sie überfordert werden würden. Die Wahrheit ist *einfach*, wie alles wahrhaft Große einfach ist. Das wird sich im folgenden erweisen:

Gott hat die Welt aus dem Nichts erschaffen. Diese erschaffene Welt nennen wir das *erschaffene Sein*. Da Gott ohne Anfang und Ende ist, bezeichnen wir ihn als das absolute, als das *unerschaffene Sein*.

Also muß sich die *Ordnung Gottes auf zwei Ordnungsbereiche* erstrecken, auf das unerschaffene *göttliche* und auf das erschaffene *menschliche* Sein.

Da wir selbst Mittelpunkt des erschaffenen Seins sind, können wir uns in diesem umsehen, in ihm orientieren. Was sich uns dabei offenbart, bezeichnet die Theologie als die *natürliche* Offenbarung.

In das Geheimnis des *göttlichen* Seins haben wir keinen Zutritt. Wir sind darauf angewiesen, daß es sich uns freiwillig offenbart, sei es durch die Menschwerdung Gottes selbst, sei es durch die Prophetie oder durch gelegentliche Sendboten Gottes, die sogenannten Erscheinungen. Obwohl diese Offenbarungen aus der *Übernatur* zu uns gelangen, gehören sie doch nicht alle zugleich der Ordnung des unerschaffenen Seins an. Engel und Heilige, auch Maria, entstammen der gleichen Ordnung wie wir, nämlich dem erschaffenen Sein, und sind in die Ordnung Gottes nur mit hineingenommen, wobei Maria allerdings eine Sonderstellung einnimmt. Nur die *Heilige Trinität*, der Dreifaltige Gott, verkörpert das unerschaffene Sein. Deshalb kommt der Heiligen Trinität im Siegel der Apokalypse auch der Ehrenplatz zu. Dies kommt dadurch zum Ausdruck, daß die ersten drei Einzelsiegel die Bezeichnungen der *drei göttlichen Personen* oder, was dem gleichkommt, die Bezeichnungen der *Attribute* derselben tragen. Da im *Vater* die vollkommene *Gerechtigkeit*, im *Sohn* die vollkommene *Wahrheit* und im *Heiligen Geist* die vollkommene *Liebe* geoffenbart ist, – obgleich jede der drei göttlichen Personen alle drei göttlichen Tugenden in gleicher Vollkommenheit besitzt –, stellen sich die ersten drei Einzelsiegel im Zeichen des Kreuzes wie unter Figur 1 dar.

Wie diese Darstellung des *trinitarischen Teilsiegels* zeigt, besteht es aus *drei Einzelsiegeln* und einem «leeren» vierten Siegelende, das wir mit einem *Fragezeichen* versehen haben. Natürlich wissen wir bereits, was an die Stelle des Fragezeichens zu setzen ist, nämlich das *erschaffene Sein*, ausgedrückt durch das Sein des *Menschen* und durch die ihm aufgetragene Verwirklichung der trinitarischen Ordnung auf der *Erde*.

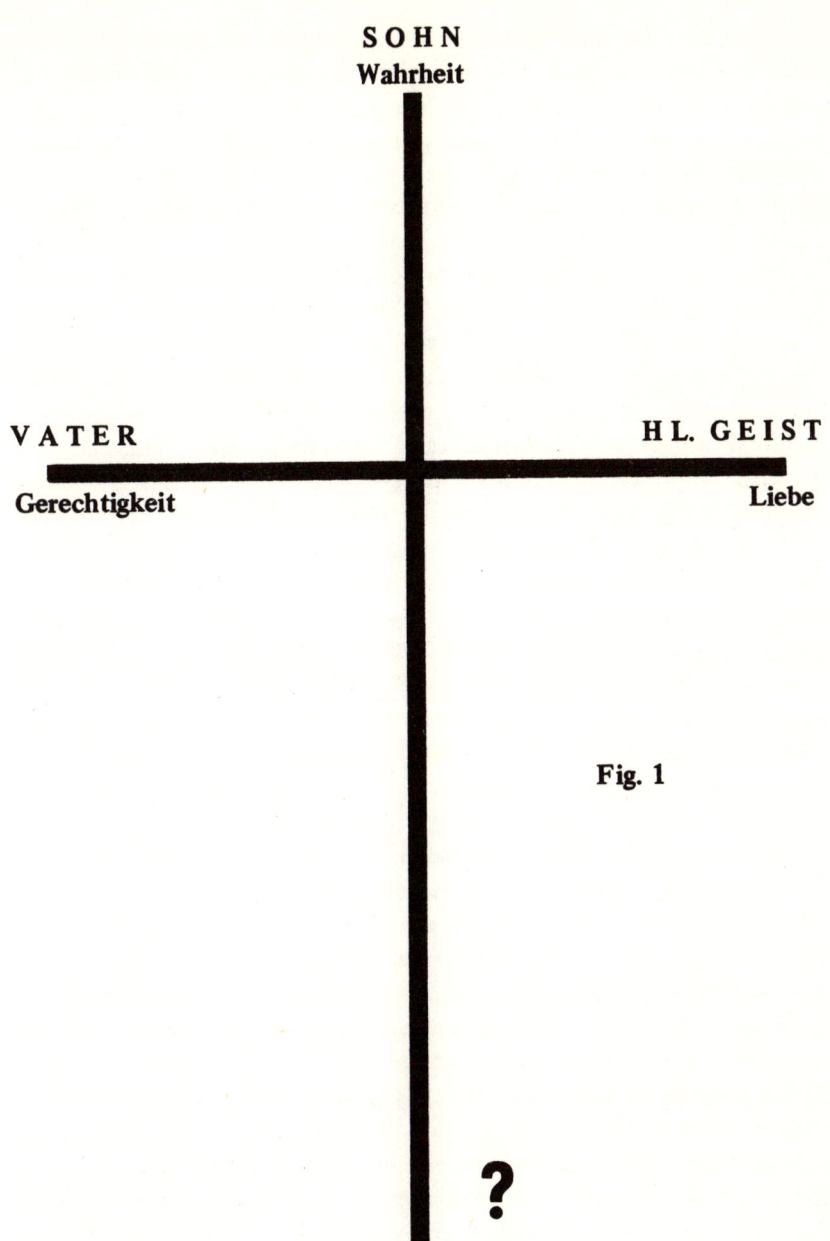

SOHN
Wahrheit

VATER

Gerechtigkeit

HL. GEIST

Liebe

Fig. 1

?

Also steht das trinitarische *Siegelkreuz* mit seinem unteren Ende auf der *Erde,* was allerdings nicht besagt, daß dies zur Zeit der Fall wäre. Fest steht nur, daß Gott von uns *erwartet,* daß wir die Ordnung des Kreuzes auf der Erde verwirklichen. Und zwar noch in der *Letztzeit!* Denn aus diesem Grunde wird das Siegel als das *Geheimnis des Kreuzes* ja in unseren letztzeitlichen Tagen *durch Maria* enthüllt!

Mit dem dreipoligen trinitarischen Siegel haben wir, wie schon erwähnt wurde, das trinitarische Teilsiegel oder Siegelkreuz, kurz auch *Primärkreuz* genannt, vor uns. Uns Christen der Letztzeit ist es aufgetragen, es auf der Erde aufzurichten, d. h. eine Ordnung zu errichten, die der trinitarischen Ordnung des unerschaffenen Seins *ebenbildlich* ist.

Mit diesem letztzeitlichen Auftrag legt uns Gott ein *Kreuz* auf die Schulter, denn diese Ordnung muß *erkämpft* werden. Die gegenwärtige Ordnung trägt das «Zeichen des Tieres», den satanischen «Würfel», das «Kreuz Satans» als Kennzeichen ihrer Herkunft. Zwar liegt das *Kreuz Christi* seit der Erlösung auf der Erde bereit, um als gottgewollte menschliche, d. h. christliche Ordnung aufgerichtet zu werden. Erst wenn es jemand aufhebt und in der «Erde», d. h. unter den Völkern verankert, kann die von Christus in der Apokalypse bezeugte Ordnung des (trinitarischen) Kreuzes allen Christen, und über diese hinaus allen Völkern, überbracht werden.

Die *Bekanntgabe der Ordnung Gottes,* der Aussage des apokalyptischen Siegels und damit der Apokalypse selbst, wurde durch *Maria, die Frau aller Völker,* in ihren Amsterdamer Botschaften vollzogen. Es ist nun an uns, diese Ordnung zur Kenntnis zu nehmen, um sie auf der Erde zu verwirklichen. Das ist der *marianische Ruf an unsere Zeit* mit ihren apokalyptischen Hilfen, Mahnungen und Katastrophen. Jede Geburt ist eine Schmerzkatastrophe, ist ein Kreuz, das den Frauen vor das Mutterglück gesetzt ist.

Auch die Geburt der Ordnung Gottes aus dem Gnadenschatz der «Frau» bedeutet für die Völker, die das Glück des wahren Völkerfriedens ersehnen, eine *Schmerzkatastrophe;* denn es bedarf sehr schmerzhafter Geburtswehen, bis die Bereitschaft zum *Kampf für das Kreuz* alle *Christen* und die *Ordnung des Kreuzes* alle *Völker* erfaßt haben wird. Daraus läßt sich ungefähr ablesen, was uns Gott an Überflüssigem noch aus der Hand schlagen muß, bevor wir uns dem allein Notwendigen, unserem irdischen und ewigen Heile, wie es allein in der Ordnung Gottes zu finden ist, zuwenden.

3. Das christozentrische Teilsiegel

Wie jeder einzelne Mensch Ebenbild Gottes ist, so ist auch die menschliche *Ordnung* der göttlichen ebenbildlich. Also steht auch die menschliche Ordnung im Zeichen der Gerechtigkeit, der Wahrheit und der Liebe, vorausgesetzt, daß diese Ordnung Christus, den Gottmenschen, zum *Mittelpunkt* hat. Wo dies der Fall ist, spricht man von der *christozentrischen* Ordnung, die sich darstellen läßt im *christozentrischen Siegel.*

Auch das christozentrische Siegel bringt das Geheimnis des Kreuzes zum Ausdruck, jedoch nicht in göttlicher, sondern in *menschenmöglicher,* also ebenbildlicher Vollkommenheit.

Da das christozentrische Siegelkreuz im Gesamtsiegel dort seinen Platz hat, wo das trinitarische Teilsiegel (Fig. 1) ein Fragezeichen aufweist, bildet jenes das zweite oder *Sekundärkreuz* im Gesamtsiegel. Um wenigstens einen vorläufigen Begriff davon zu erhalten, wie beide Teilsiegel zueinander stehen, möge sich der Leser das als Fig. 7 aufgezeigte Siegelkreuz ansehen. Dieses Siegelkreuz stellt nämlich das *hypothetische Gesamtsiegel* der Apokalypse dar.

Wie im trinitarischen Siegelkreuz, wird auch im christozentrischen die «Gerechtigkeit» *links,* die Wahrheit in der *Mitte* und die Liebe, das Attribut des Heiligen Geistes, *rechts* angezeigt. Wiederum erhalten wir auf diese Weise ein Teilsiegel mit drei Einzelsiegeln, und wie-

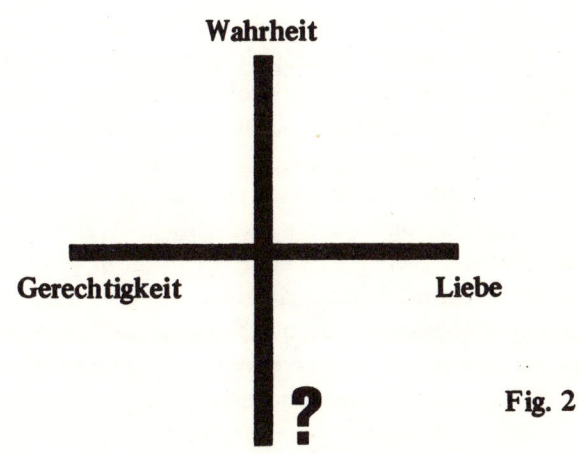

Wahrheit

Gerechtigkeit   **Liebe**

?   Fig. 2

derum müssen wir zunächst am unteren Ende dieses Teilsiegels ein Fragezeichen anbringen (Fig. 2). Wir müssen uns nun die Frage vorlegen: Gründet das Wahrheitsbemühen des Menschen ausschließlich im übernatürlichen Wahrheitsgut, in der Heiligen Schrift und ihrer *theologischen* Aussage, oder gibt es nicht noch eine zweite Quelle der Offenbarung für unser Wahrheitsstreben, die in der Natur des Menschen, in seinen Verstandes- und Seelenkräften angelegt ist und die es ihm ermöglicht, sich auch im Bereich des ihn umgebenden *erschaffenen Seins* zurechtzufinden?

Die Antwort auf diese Frage wurde bereits gegeben. Sie lautete: Das natürliche Wahrheitsgut, dessen sich der Mensch neben dem übernatürlichen bedienen kann, ist die *Philosophie.* Auch die Philosophie ist ein Vermächtnis Gottes an den Menschen und viele Völker, denen das übernatürliche Wahrheitsgut der Heiligen Schrift bis heute vorenthalten wurde, versuchten und versuchen sich auf dem indirekten Weg der Philosophie zu Gott hinzutasten. Das gilt insbesondere für die Kulturvölker Asiens, deren Philosophie wir nicht übersehen dürfen, wenn wir ihnen als Antwort auf ihr Suchen das Evangelium verkünden wollen. Kein Geringerer als Thomas von Aquin hat uns diese Ehrfurcht vor dem natürlichen menschlichen Denken gelehrt, als er die Philosophie des «Heiden» Aristoteles mit in die «Philosophia perennis», d. h. in die «immerwährende», aus Gott kommende Philosophie einbezog.

Diese immerwährende philosophische Wahrheit sieht der Christ dann gegeben, wenn sie mit der theologischen Wahrheit fundamental übereinstimmt. Das ist nach den Erfahrungen und der Überzeugung des Verfassers die Philosophie des hl. Thomas von Aquin, deren Zuendeführung der Verfasser sich zur Aufgabe machte. Mit der Vollendung der thomistischen Philosophie zum «dialektischen Trialismus» ergab sich ganz von selbst ein philosophisches Diagramm, dessen Aussage sich als das philosophische Geheimnis des Kreuzes, d. h. als der *Schlüssel* zur Apokalypse erwies.

Da sich nun Siegel und Schlüssel zueinander verhalten wie Theologie zu Philosophie, und da die menschliche Weisheit nur dann als ebenbildlich vollkommen gelten kann, wenn in ihr philosophische und theologische Erkenntnis widerspruchsfrei übereinstimmen, müssen der «*Wahrheit*» im christozentrischen Teilsiegel *zwei* Einzelsiegel zur Verfügung stehen, das der *Theologie* und das der *Philosophie.* Was in der göttlichen Weisheit als Einheit vorgegeben ist, tritt im Menschen doppelpolig in Erscheinung, da es diesem aufgegeben ist, aus *zwei* Seinsbereichen zu schöpfen: aus dem *übernatürlichen* und aus dem *natürlichen.*

Obwohl nun das christozentrische Siegel *vier,* das trinitarische *drei* Teilsiegel aufweist, enthalten beide doch den gleichen *Trialismus* von *Gerechtigkeit, Wahrheit* und *Liebe.*

Damit ist das Geheimnis der «Drei in der Vier», an dem die Freimaurer seit eh und je herumbasteln, auf einfache Weise gelöst.

Es fragt sich nun, ob die drei im Menschen angelegten Werte der Gerechtigkeit, der Wahrheit und der Liebe auch in der *Ordnung* angelegt sind, in welcher der Mensch lebt und wodurch die *Autorität* dieser Werte verkörpert und gewahrt wird. Das heißt, wir müssen nach Ordnungsinstitutionen suchen, denen Gerechtigkeit, Wahrheit und Liebe im besonderen anvertraut sind und die diese drei Werte daher als *Attribute* tragen. Natürlich muß es sich dabei um Institutionen handeln, die befähigt und von Gott ermächtigt sind, *allen* Völkern als Autoritäten zu dienen.

Institutionen dieser Art gab es zu der Zeit, da die überschaubare Menschenwelt verhältnismäßig klein war, also im christlichen Altertum und im Mittelalter. Es waren dies das *Heilige Sacerdotium* und das *Heilige Imperium.*

Sacerdos heißt Priester, Sacerdotium bedeutete also die höchste priesterliche Autorität, die *Papstkirche in Rom.*

Imperium bedeutete Großherrschaftsbereich, denn *das* Imperium umfaßte *alle Völker* in seinem Ordnungsbereich.

Seinen *personellen* Ausdruck fand das Heilige Sacerdotium im *Papst,* das Heilige Imperium im *Kaiser.* Beide treten in der Apokalypse als die «zwei Zeugen» in Erscheinung und sind damit endgültig von der Heiligen Schrift als *gottgewollte, überzeitliche Autoritäten* bestätigt. Von den beiden Wahrheitsinstitutionen ist die *Theologie* ausschließlich dem Papst, die *Philosophie* vorrangig dem Kaiser zugeordnet. In der Apokalypse werden die vier Einzelsiegel «Heiliges Sacerdotium» (Papsttum), «Heiliges Imperium» (Kaisertum), «Theologie» und «Philosophie» in den Symbolen der «vier Wesen», wie sie auch den Evangelisten als Attribute beigegeben werden, zum Ausdruck gebracht. Und zwar bedeutet *«Löwe»* das Heilige Imperium bzw. das König- und Kaisertum, *«Engel»* das Heilige Sacerdotium bzw. das Papsttum, *«Adler»* die Theologie und *«Stier»* die Philosophie.

In der gesamten Prophetie, einschließlich der nachbiblischen und damit auch der marianischen, werden außer diesen Symbolen auch die Bezeichnungen für die *Himmelsrichtungen* zur Kennzeichnung der vier Einzelsymbole des christozentrischen Siegels benützt.* So bedeutet *«Norden»* das Heilige Imperium, *«Süden»* das Heilige Sacerdotium, *«Osten»* die Theologie, *«Westen»* die Philosophie, wenn nicht stattdessen einfach kurz von «links», «rechts», «oben» und «unten» bzw. «Mitte» gesprochen wird.

Da sich alle diese Bezeichnungen am Siegelkreuz nicht gut auf einmal darstellen lassen, seien sie in einer Übersicht kurz zusammengefaßt.

Hl. Imperium	Hl. Sacerdotium	Theologie	Philosophie
Kaiser	Papst	Papst	Kaiser und Papst
«Löwe»	«Engel»	«Adler»	«Stier»
«Norden»	«Süden»	«Osten»	«Westen»
«links»	«rechts»	«Mitte oben»	«Mitte unten»

Aus Gründen der leichteren Überschaubarkeit tragen wir in das christozentrische Teilsiegel jeweils nur die *Institutionen* und *Personen* ein, so daß dieses Teilsiegel wie unter Fig. 3 dargestellt wird:

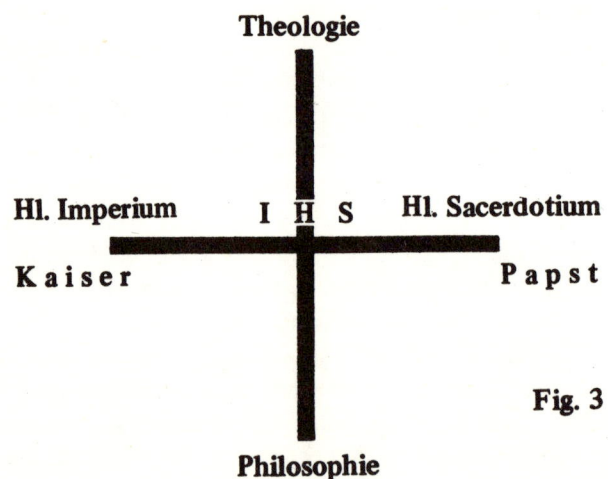

An dieser Stelle sei hinzugefügt, daß auch für das *trinitarische* Siegel Symbole, Himmelsrichtungen und Seitenbezeichnungen Verwendung finden. So bezeichnet die Apokalypse den Vater als den «Ur-

* Siehe u. a. Otto Karrer, Neues Testament, Ars Sacra Verlag, München 1949, S. 717!

alten», den Sohn als das «Lamm», und der Heilige Geist wird im Matthäusevangelium als «Taube» aufgezeigt. Die Plazierung der drei göttlichen Attribute im trinitarischen Siegelkreuz kennzeichnet die Frau aller Völker mit den Bezeichnungen «links», «rechts», «oben» oder «Mitte». Ein andermal sagt sie, das Unglück käme von «Norden», «Süden», «Osten» usw., wobei sie keineswegs die Himmelsrichtungen, sondern die von ihnen symbolisierten Institutionen meint. Dasselbe gilt auch für die sog. Apokalyptischen Reiter und begegnet uns auch sonst überall, wo die Sprache der Prophetie gesprochen wird.

Daß Kreuze einen Symbolwert ausdrücken, wurde schon bei der Untersuchung des «Kreuzes» Satans in Kapitel 2 festgestellt.

Als «Affe Gottes» versucht Satan sich ebenfalls dieses Symbols zu bedienen, um eine «satanische Trinität» vorzutäuschen und diese an die Stelle der göttlichen Trinität zu schmuggeln, wo immer es möglich erscheint. In der sogenannten sakralen Kunst ist ihm das bereits weitgehend gelungen.

Im Satanskreuz steht die den Teufel symbolisierende Zahl 666 im Mittelpunkt. Allerdings gibt es bereits «Kruzifixe», die statt des Leibes Christi eine realistisch-symbolische Darstellung Satans als «Corpus» aufweisen. Auch in der katholischen Kirche hängen mitunter solche «Kruzifixe», an denen ein Corpus befestigt ist, der zwar eine gewisse Ähnlichkeit mit den landläufigen Darstellungen des Gekreuzigten aufweist, der aber durch die besondere Symbolik, in der er sich dem Beschauer zeigt, einwandfrei als Darstellung Satans ausgewiesen ist. Am häufigsten erfolgt dieser Betrug über sogenannte phibionitische Darstellungen des Corpus Christi, die dem Pansexualismus zuzurechnen sind. Auch Nacktdarstellungen, d. h. Darstellungen ohne Lendentuch, beginnen sich mit dem auch in der Kirche im Vormarsch befindlichen Pansexualismus bereits einzuschmuggeln. Diejenigen, die diese Blasphemien steuern oder vornehmen, wissen sehr genau, was sie tun. Nur viele Geistliche wissen nicht, daß sie mit solchen satanistischen Machwerken den «Greuel der Verwüstung» über dem Altar ihrer Kirche «aufrichten».

Man könnte nun angesichts der Gefahr, daß man aus Unkenntnis einem modernistischen Kunstscharlatan aufsitzen könnte, dazu übergehen, den Corpus einfach wegzulassen und das *leere* Kreuz zum Gegenstand der Verehrung machen wollen.

Auch das würde einen Sieg Satans bedeuten, wie wir sehen werden; denn *erst der Corpus Christi* verleiht dem Kreuz Christi sein *mystisches Geheimnis. Jedes* leere Kreuz kann ebenso dem *Satanskult* dienstbar gemacht werden, wie es von Christen als Kultzeichen beansprucht wird.

Um das verstehen zu können, muß man sich in die *Symbolaussage des menschlichen Körpers,* wie ihn auch Christus besaß und besitzt, vertiefen, und zwar in die Symbolaussage eines durch seitwärts ausgestreckte Arme der *Kreuzesform* angepaßten menschlichen Körpers.

Mit den *Füßen* steht der Mensch fest auf der Erde und «in der Welt». Mit ihnen durchschreitet er die Welt der Erfahrung und der natürlichen Offenbarung, aus der er die Prämissen für sein *philosophisches* Denken gewinnt.

Mit dem *Kopf* ragt der Mensch – symbolisch – in die geistige Welt, in die Welt der Übernatur, zu der er ebenfalls Zugang hat, weil sie sich ihm auf mancherlei Wegen zu offenbaren vermag. Aus dieser Welt empfängt der Mensch die Prämissen seines *theologischen* Denkens. Die *rechte Hand,* die sich dem Beschauer links zeigt, ist die Hand des *aktiven* «Handelns», die «Schwerthand», die Hand, die Ordnung schafft und Werke hervorbringt, die Neues schaffende, die *schöpferische* Hand. Es ist auch die Hand, die sich zwei Menschen reichen, sei es zum Bund der Ehe oder der Freundschaft oder zur sonstigen Bekräftigung von Treu und Glauben. Nicht zuletzt ist die rechte Hand die Schwurhand, die dann erhoben wird, wenn es gilt, der *Gerechtigkeit* zum Siege zu verhelfen.

Die *linke Hand* ist auf der Seite des *Herzens,* und damit auf der Seite der *Liebe.* Sie ist mehr passiv, mehr empfangend als gebend, sie betont das Weibliche im Menschen, während die rechte Hand einen männlichen Akzent aufweist.

Denkt man sich nun durch diese der Kreuzesform angepaßte menschliche Gestalt eine Längs- und eine Querachse gelegt, so würde dieses *Achsenkreuz des Menschen* die gleichen Einzelsiegel symbolisieren, wie sie das christozentrische Siegel enthält.

Erst wenn man diese Übereinstimmung in der Symbolik von menschlichem Körper und von christlichem Kreuz in Rechnung stellt, wird man begreifen, warum Gott gerade das *Kreuz* als Marterwerkzeug für den Erlöser zuließ. Nur das Martyrium am *Kreuz* enthielt die Voraussetzungen dazu, daß der Erlöser an seinem heiligen Leib das *Siegel* der göttlichen Ordnung bestätigen konnte. Es erfolgte durch die Wunden der *Dornenkrone* am *Haupte,* durch die *Nagelwunden an Händen und Füßen* und durch die Lanzenwunde am *Herzen,* am «christozentrischen» Mittelpunkt dieses *lebendigen, leidenden* und *sterbenden,* dieses *fleischgewordenen christozentrischen Siegels.*

Darum ist das leere Kreuz nur der *begrifflich*-symbolische Ausdruck des christozentrischen Siegels. Erst mit dem daran gehefteten Corpus Christi zusammen wird dieses Teilsiegel *«lebendig»*. Doch sollten Kruzifixe, die den Corpus des Gekreuzigten in den Verzerrungen seines Leibes zeigen, mehr und mehr in den Hintergrund treten; denn die Wunden, die Christus bei seinem Leiden zugefügt wurden, sind nicht Symbole einer Niederlage, einer Vernichtung, sondern Gleichnisse eines *Sieges*. Mit diesen Wunden wird all das überwunden, was der Mensch wider die Ordnung Gottes in den Bereichen der Wahrheit oder der Gerechtigkeit oder der Liebe gesündigt hat, sei es auf dem Gebiete der Theologie oder der Philosophie, sei es in den natürlichen Gemeinschaften des Staates und der Ehe oder in den übernatürlichen Gemeinschaften der Kirche und des Priestertums. Für jedes dieser Einzelsiegel im christozentrischen Teilsiegel hat Christus an Haupt, Händen und Füßen die Siegel der Erlösung getragen, als er als *Sieger* auferstand und in den Himmel zurückkehrte. Alle diese «Siegelwunden» wurden ihm am lebendigen Leibe zugefügt. Nur die *Herzwunde* nicht! Der Stoß der Lanze traf das Herz des Erlösers erst *nach* getanem Liebeswerk. Bis zu dessen Vollendung hatte es geschlagen als Gleichnis für die Tatsache, daß Christozentrizität im Grunde nichts anderes bedeutet als Mittelpunkthaftigkeit der *Liebe*.

Darum ist die Verehrung des Heiligsten Herzens Jesu durch die Kirche keineswegs eine «Gefühlsverirrung», wie theologisch irrende Progressisten meinen, sondern zentrales Anliegen aller durch Christus Erlösten, zu denen diese Kategorie der Verneiner ebenso zählt wie jene, die Gott «aus ganzem *Herzen*» lieben.

4. Das Geheimnis des Kreuzes

Nachdem nun jedes der beiden Teilsiegel aufgezeigt und gewürdigt worden ist, steht der Darstellung und Würdigung des *Gesamtsiegels* nichts mehr im Wege.

Um des besseren Verständnisses willen kann man von folgender halbsymbolischen Veranschaulichung des Gesamtsiegels ausgehen:

Man sieht sich mitten in eine vom *kreisrunden* Horizont umgrenzte ebene Fläche auf unserer Erde hineingestellt, über welche ein Kreuz mit vier *gleich langen Balken* gelegt ist. An die Enden dieser vier Kreuzbalken denkt man sich, beginnend etwa im Norden, die Worte geschrieben: «Heiliges Imperium», «Theologie», «Hl. Sacerdotium», «Philosophie». Zum Zeichen dafür, daß diese vier Institutionen auf Christus hingeordnet sind, schreibt man in den Sand, auf dem man steht, die Buchstaben «IHS», also das Namenszeichen Christi. Über diesem Zeichen sieht man ein großes, bis in den gewölbten Himmel ragendes, zweites Kreuz errichtet, an dessen linkem Balkenende das Wort «Gerechtigkeit», an dessen oberem Ende das Wort «Wahrheit» und an dessen rechtem Balkenende das Wort «Liebe» zu lesen ist. Nun zählt man die Wortattribute und beziffert die «Gerechtigkeit» mit 1., die «Wahrheit» mit 2., die «Liebe» mit 3., die Wörter «Theologie» mit 4., «Philosophie» mit 5., «Heiliges Sacerdotium» mit 6. und «Heiliges Imperium» mit 7.

Daraufhin versucht man, diese sieben Einzelsiegel am *eigenen Körper* sinnfällig zu plazieren.

Für die Darstellung des großen, des *Trinitätskreuzes*, wählt man das sogenannte *«Kleine Kreuzzeichen»* und spricht dazu «Im Namen des *Vaters* und des *Sohnes* und des *Heiligen Geistes»*.

Für die Darstellung des *Christuskreuzes* erweist sich das *«Große Kreuzzeichen»* als geeignet. Während wir *vier* Berührungen unseres Körpers, nämlich «oben», «unten», «links» und «rechts» vornehmen, sprechen wir ebenfalls die Namen der *drei* göttlichen Personen aus, nicht anders als beim «Kleinen Kreuzzeichen».

Vielleicht entsinnen wir uns dabei einer Beobachtung, die wir bei manchen Katholiken aus südlichen Ländern machen konnten. Der Beobachtung nämlich, daß diese *beide Kreuzzeichen* unmittelbar hintereinander ausführen, so daß sie insgesamt *siebenmal* ihren Körper berühren.

Was wir und was sie mit diesem zweifachen Kreuzzeichen demonstrierten, war nichts anderes als das Zeichen des apokalyptischen Siegels, das *Zeichen des Geheimnisses des Kreuzes*.

Eingangs wurde behauptet, die katholische Kirche besäße zwar das Siegel, sie sei sich dessen aber nicht bewußt.

Hier wurde dafür ein Beispiel erbracht.

Aber es gibt einen noch viel überzeugenderen Beweis für diese Behauptung. Diese Beweisführung möchte der Verfasser jedoch den Lesern selbst anheimstellen. Zu diesem Zweck zeichne man das Gesamtsiegel auf ein Blatt Papier, setze die sieben Wortattribute der Einzelsiegel ein und ergänze sie durch die Bezeichnungen für die ihnen jeweils entsprechenden *sieben Sakramente*. Wer die wesentliche Aussage der einzelnen Siegel erfaßt hat, wird die Aufteilung der sieben

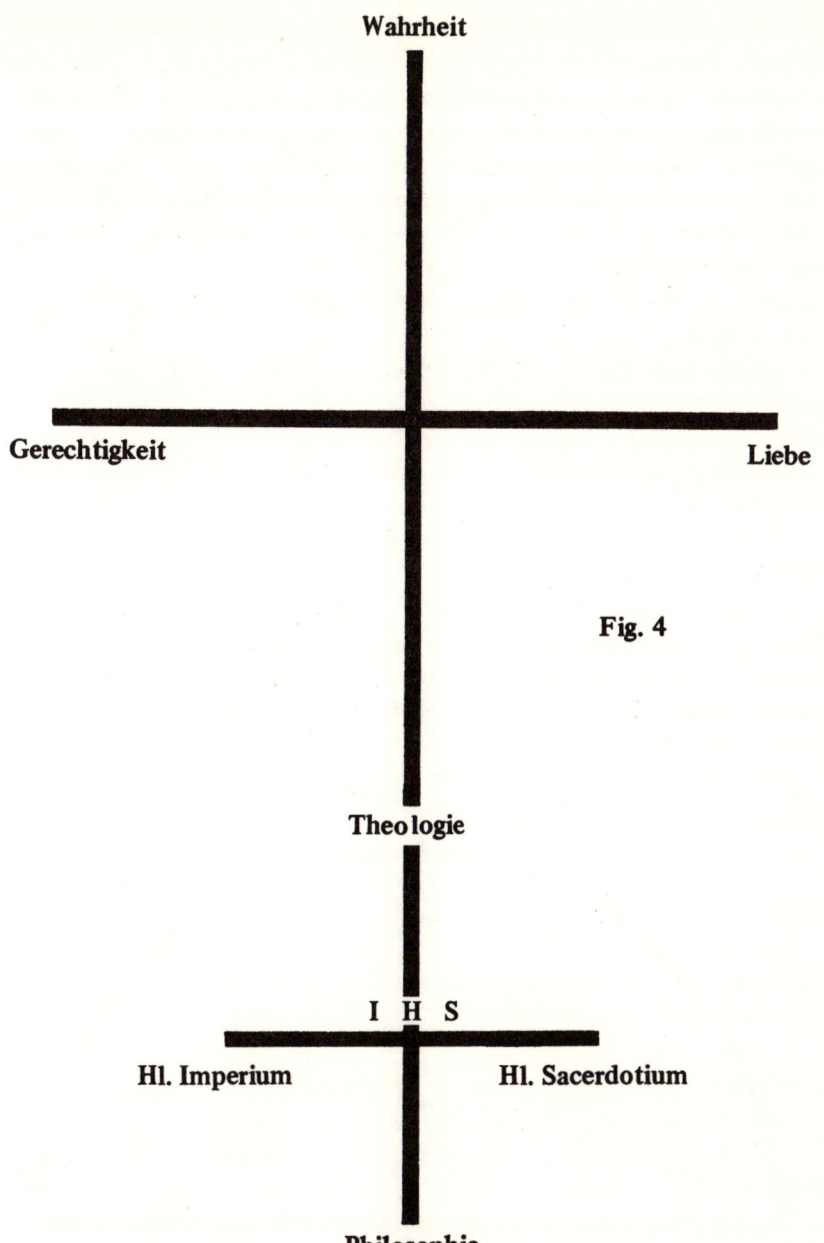

Fig. 4

79

Sakramentsbezeichnungen auf die Einzelsiegel ziemlich mühelos vornehmen können. (Siehe Fig. 4!)

Mit der bloßen Aneinanderfügung von trinitarischem und christozentrischem Teilsiegel haben wir das Gesamtsiegel zwar im wesentlichen zur Darstellung gebracht. Trotzdem fehlen dieser Darstellung noch zwei wichtige Bestandteile, die in Off. 6, 2 ausdrücklich als solche gekennzeichnet sind. Es sind dies der *«Bogen»* und der «Kranz», letzterer als Symbol für *«Kreis»* zu verstehen.

Diese beiden Symbole müssen noch kurz erläutert werden.

Der Bogen kann etwas *überspannen,* der Kreis etwas *umschließen.* Im Bogen liegt das, was er verbindet, *hintereinander.* Im Kreis kann das, was er verbindet, auch einander gegenüber, also *gegeneinander* bzw. *zueinander* gelegen sein.

Der Bogen verbindet *Gleiches,* der Kreis stellt *Ungleiches* einander gegenüber.

Diese symbolische Aussage von «Bogen» und «Kreis» ist für die beiden Teilsiegel charakteristisch.

Im *trinitarischen* Siegel werden *drei* Attribute miteinander verbunden, die in Wahrheit gar nicht voneinander geschieden sind, da jede der drei göttlichen Personen alle drei göttlichen Tugenden in gleichem Maße besitzt. Dies ist ein scheinbarer Widerspruch, da das, was hin-

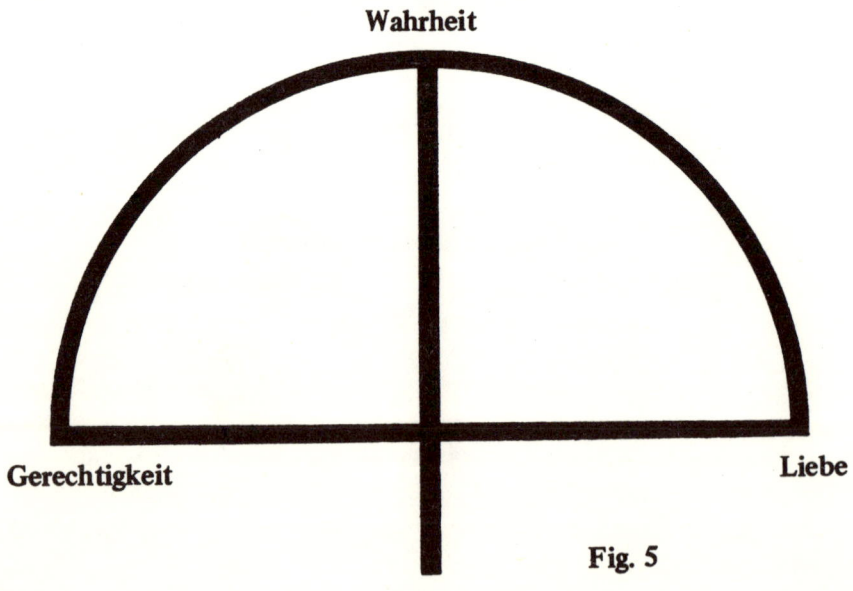

Wahrheit

Gerechtigkeit

Liebe

Fig. 5

tereinander steht, nicht gleichzeitig ineinander stehen kann. Trotzdem ist dies im dreifaltigen Wesen des einen Gottes der Fall und wir
wissen, daß wir dieses Geheimnis der göttlichen Weisheit ebenso wenig zu lösen vermögen wie das Geheimnis der Dreifaltigkeit selbst.
Der Bogen kennzeichnet also die *dreifaltige Weisheit* Gottes, die *göttliche Sophia* (= Weisheit). (Fig. 5!)

Im *christozentrischen* Siegel werden *vier* Attribute oder Institutionen im *Kreis* gegenübergestellt, und zwar «kruzifikar», wie man diese
Zuordnung von zwei Gegensatzpaaren bezeichnet. (Fig. 6!)

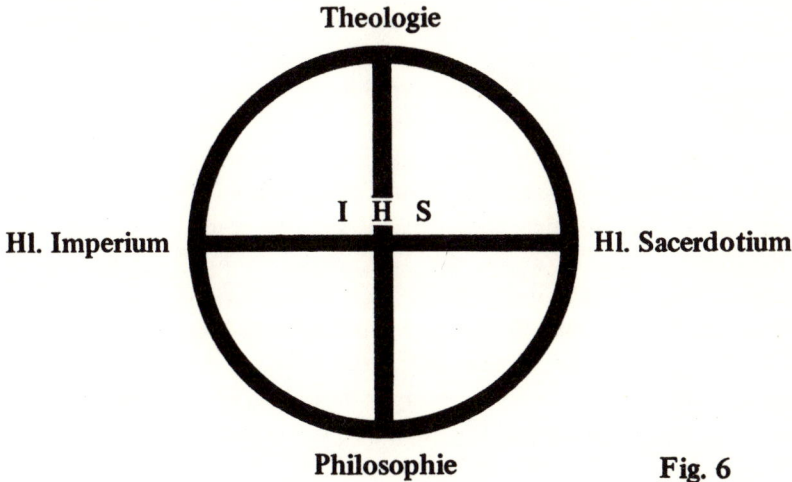

Theologie

Hl. Imperium   I H S   Hl. Sacerdotium

Philosophie   Fig. 6

Der Mensch in seiner Unvollkommenheit vermag diese Gegensätze
nicht voll zu versöhnen, wenn er nicht versucht, sie im *Geiste Christi*
zu überwinden. Wenn z. B. im Mittelalter Kaiser und Papst ihre Meinungsverschiedenheiten durch Mittel wie Krieg, Kirchenbann oder
andere unchristliche Maßnahmen austrugen, so lag dieser Verhaltens-
weise auf keinen Fall das Bemühen um die Nachfolge Christi zu
Grunde. Es wäre jedoch pharisäisch, dies nachträglich von den Menschen jener Zeit zu fordern; denn auch wir haben es bis heute nicht
geschafft, der Welt den Frieden in Christus bringen zu helfen.

Aber die Apokalypse fordert von uns und verheißt uns Menschen
der Letztzeit diesen Frieden in Christus, d. h. die *Verwirklichung des
christozentrischen Siegels,* des *Geheimnisses des Kreuzes,* auf dieser
Erde.

Die Weisheit ist nicht allein mit der Erkenntnis der Wahrheit gegeben. Die Weisheit ist ein *Dreiklang* aus Gerechtigkeit, Wahrheit und Liebe. In der sakralen Musik kam das früher darin zum Ausdruck, daß nur der *Dreiklang* würdig erschien, religiöses Empfinden musikalisch nachzubilden. *Vierklänge* wie Septimenakkorde oder gar *Fünfklänge* von der Art des Nonakkordes wurden als künstlerisches Sakrileg empfunden und blieben der profanen Musik vorbehalten, also der Musik im *vierpoligen* menschlichen Bereich.

Der «Bogen» gestattet, wie oben dargelegt wurde, die symbolische Darstellung der göttlichen Weisheit oder Sophia. Der *«Kreis»* jedoch ist Symbol menschlicher, d. h. *menschenmöglicher Weisheit,* weil er die *polare* Dialektik ermöglicht, die unserer menschlichen Weisheit notwendig innewohnt.

Dieser rein geistigen Deutung der Bogen- und Kreissymbolik ist die sinnfällige Deutung zugeordnet.

Unser menschlicher Gesichtskreis ist eingegrenzt vom «Himmelsbogen» und vom «Horizontkreis». Was immer wir unter den «Himmelsbogen» stellen oder über den «Erdkreis» legen: Wenn es nicht das *Geheimnis des Kreuzes,* das *Siegel der Apokalypse* ist, kann an den Gottesfrieden auf Erden nicht gedacht werden.

Darum müssen und werden wir die Ordnung Gottes schaffen, sobald die Theologie zum vorhandenen «Schlüssel» das «Schloß» bereitstellt, wie wir es in der Siegelhypothese aufgezeigt haben und wie es nun in Fig. 7 seine endgültige äußere Form erhalten soll:

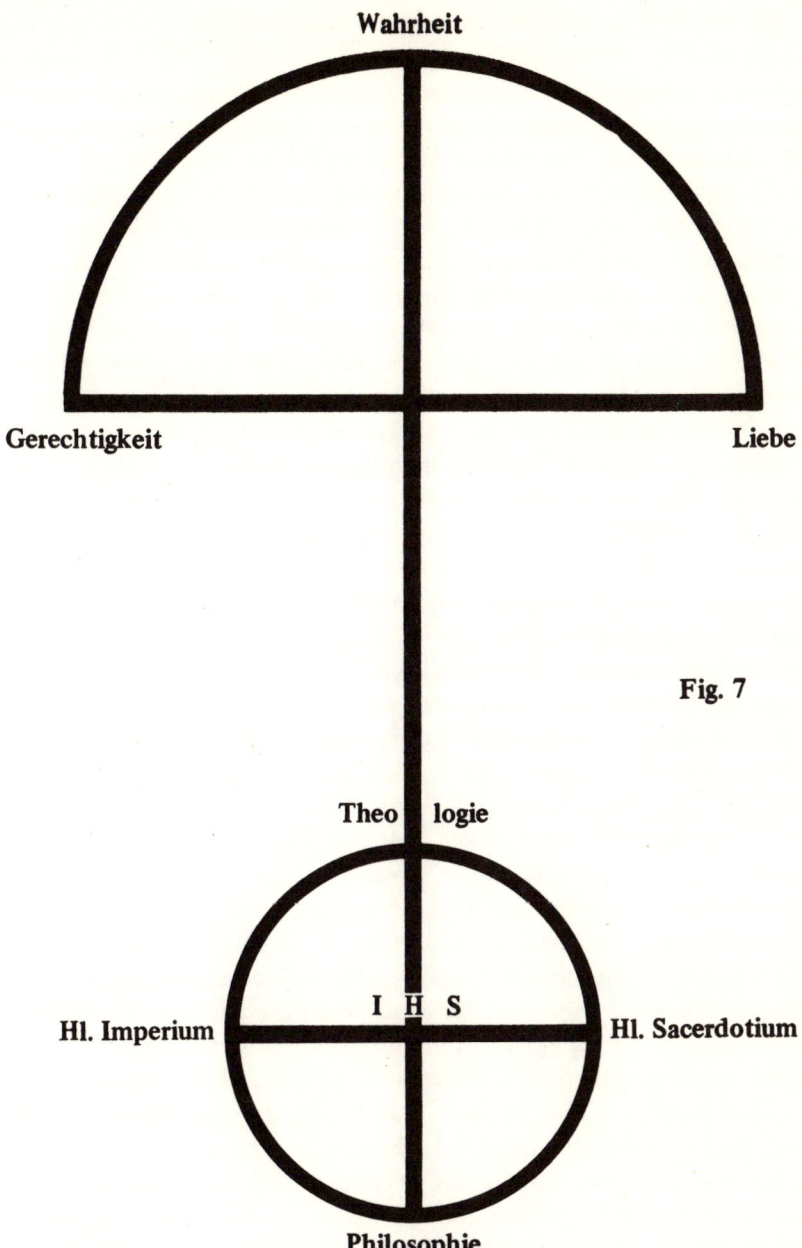

Wahrheit

Gerechtigkeit

Liebe

Fig. 7

Theo logie

Hl. Imperium

I H S

Hl. Sacerdotium

Philosophie

83

5. Die theologische Siegelbestätigung

Am *21. November 1955* setzte der Verfasser das von ihm erarbeitete philosophische Diagramm erstmals in der Apokalypse ein, um seine Eignung als eventuellen Schlüssel zu überprüfen.

Die Folge dieses Versuches war zunächst ein gewaltiger Schock, den der Verfasser erlitt, als er die ersten Entschlüsselungsergebnisse vor Augen hatte. Diese besagten nämlich, daß wir uns bereits *seit etwa 1940* in einer geschichtlichen Entwicklung befinden, die dem heilsgeschichtlichen Status der *Letztzeit* entspricht. Vor allem die plötzliche Gegenüberstellung des Verfassers mit den Katastrophenankündigungen der Apokalypse für die nächsten Jahre und die daraus bei einem in wissenschaftlicher Verantwortung stehenden Menschen hervorgerufene Gewissensbelastung mahnten zur sofortigen Aktion, wenn die Gnade der apokalyptischen Warnungen an die Kirche, und über diese an die Völker der Welt, noch rechtzeitig erkannt und genutzt werden sollte. Damals glaubte der Verfasser, die amtskirchlichen Stellen in Deutschland seien wissenschaftlich so weit auf der Höhe der Zeit, daß es binnen kurzem möglich sein müßte, über die zuständigen kirchlichen Behörden mit den wissenschaftlichen Gremien derselben ins philosophische und theologische Gespräch zu kommen. Diese Annahme erwies sich schon bald darauf als falsch. Aber erst als das Konzil beendet war und jene kleinen Geister, die man als Progressisten bezeichnet, aus ihren Schlupflöchern hervorkrochen, wurde dem Verfasser klar, warum sein Versuch, mit der Theologie ins Gespräch zu kommen, scheitern *mußte*. Leute, die in einer Art von verspäteter geistiger Pubertät das im philosophischen Bereich längst überwundene 19. Jahrhundert als geistige Fundgrube für theologische Entmythologisierungs- und Rationalisierungsversuche benutzten, konnten natürlich keine Gesprächspartner für eine philosophische These sein, mit deren Erarbeitung die gesamte philosophische Entwicklung des Abendlandes ihren Abschluß und Höhepunkt gefunden hat. Das ist heute, wo diese Kategorie von Denkern nahezu die gesamte Kirche in ihre Gewalt bekommen hat, zwar jedermann klar. Damals jedoch, als die Konzilsfreiheiten noch nicht zur Selbstdemaskierung des Progressismus einluden, bedeutete die Begegnung mit einer geistig verratenen und verdunkelten Kirche einen unvorstellbaren Schreck für den Verfasser; denn wie sollte eine derart mißbrauchte Kirche, ein derart verratenes Papsttum überhaupt je erfahren, daß die Apokalypse entsiegelt ist und auf ihren segensreichen Gebrauch durch den Hl. Vater wartet.

Diese Besorgnis erwies sich in der Folgezeit als begründet; denn die theologische Siegelbestätigung scheiterte immer wieder an der teils bewußten, teils unbewußten Abwehr aller «unbequemen» eschatologischen Situationsberichte, woher diese auch immer kommen mochten. Durch die Dornenhecke der Teilhardschen Pseudoeschatologie vermochte selbst Maria nicht zu dringen. Möge es ihr noch gelingen, bevor die Posaunen sprechen und das «gewaltige Beben» die Türen aufbricht, die ihr bis heute verschlossen waren!

6. Die marianische Siegelbestätigung

Schon bald nach der Erarbeitung der Siegelhypothese war sich der Verfasser darüber klar geworden, daß es ihm ohne die direkte Hilfe des Himmels nicht gelingen würde, dieses Kleinod der biblischen Prophetie zum Strahlen zu bringen. Ein Wunder müßte geschehen, so glaubte der Verfasser, wenn dies gelingen sollte.

Dieses Wunder aber *war* bereits geschehen, als es der Verfasser überhaupt erst zu erhoffen begann. Im Jahre 1957 begegnete er erstmals den Botschaften der Frau aller Völker, ohne Gelegenheit zum näheren Studium zu finden. Erst *Anfang 1958* gelangte er selbst in den Besitz dieser Botschaften. Eine erste gründliche Durchsicht derselben ergab, daß es sich um das obengenannte Wunder handelte: *Maria hatte die Siegelhypothese bereits bestätigt, als der Verfasser noch an ihr arbeitete. Kurz vor Kriegsende* geriet der Verfasser in sowjetische Kriegsgefangenschaft, aus der er im Winter 1949/50 entlassen wurde. Während dieser 4 $^1/2$ Jahre vollbrachte er jene Denkarbeit, die nach ihrer Wiederaufnahme um 1955 jenes philosophische Diagramm hervorbrachte, das sich als Schlüssel zur Apokalypse erwies.

Ebenfalls *kurz vor Kriegsende* begannen in Amsterdam die Erscheinungen der Frau aller Völker, bei welchen im Laufe der Jahre die Siegelbestätigungen erfolgten. Diese lagen also bereits vor, als der Verfasser auf philosophischem Weg in den Besitz der Siegelhypothese gelangte; allerdings ohne Wissen des Verfassers!

Einige der von der Frau aller Völker vermittelten *Siegelbestätigungen* seien hier im Wortlaut wiedergegeben.

a) Bestätigung des trinitarischen Siegels
Aus der Botschaft vom 25. Februar 1946:
«Die Frau sagt zu mir: ‹Schau!› Und sie macht *über der Welt* einen

halben Kreis, einen *Bogen,* und es ist, als schriebe sie darin. Ich lese laut die Worte: ‹*Wahrheit*›. Das steht in der *Mitte.* Dann schreibt sie *links* ein Wort, und ich lese: ‹*Glaube*›. Dann nach *rechts,* und ich lese: ‹*Liebe*›. Die Frau zeigt darauf und sagt: ‹Geht und *verbreitet!*› Dann zeigt die Frau wieder nach dem *Bogen* und sagt: ‹Das muß wiederkommen; scheinbar ist es da, aber in Wirklichkeit ist es nicht da!›»

Anmerkung: Daß die «Frau» mit «Glaube» den Glauben an die göttliche *Gerechtigkeit* meint, geht aus dem nächstfolgenden Text hervor.

Daß statt Gerechtigkeit, Wahrheit und Liebe in unserer Gegenwart die satanischen Attribute «Intellektualismus», «Funktionalismus» und «Progressismus» vorherrschen, wurde bereits im zweiten Kapitel näher dargelegt. Auch diese Feststellung wird hier von der «Frau» bestätigt.

Aus der Botschaft vom 29. März 1946:

«Dann entstehen um die Frau herum in einer *Bogenform* Worte. Ich muß laut lesen: ‹*Wahrheit*›. ‹Schon wieder!›, sage ich und sehe die Frau an. Diese nickt ‹ja› mit ihrem Kopf. Das steht in der Mitte. Dann lese ich *links:* ‹Gerechtigkeit› und *rechts* ‹Nächstenliebe›.»

b) Bestätigung des christozentrischen Siegels

Nachdem die «Frau» den «Kreis» mit der Zahl «vier» darin gezeigt hat, berichtet die Seherin weiter:

«Das Bild ist fort und dann kommt *ein Kreuz* vor mich mit *vier gleichen Balken.* Auch da kommt rundherum ein *Kreis* und in der Mitte lese ich: I.H.S. Das nehme ich gleichsam auf und lasse es rund um mich sehen, und jetzt sehe ich plötzlich eine Menge Menschen um uns stehen und sie schauen danach, doch viele *abwehrend.*»

Anmerkung: Dieses «abwehrend» ist bereits in Erfüllung gegangen und wird auch weiterhin in Erfüllung gehen; solange nämlich, bis die Sprache des Himmels so laut und so deutlich geworden sein wird, daß *alle* sie hören müssen, ob sie wollen oder nicht.

c) Bestätigung des Gesamtsiegels

Die Bestätigung des Gesamtsiegels erfolgte in der Botschaft vom 4. März 1951. In dieser Botschaft erläutert die «Frau» ihr Bildnis, dessen Gestaltung durch einen Maler sie an dieser Stelle wünscht. Dieses Bildnis bringt zugleich das *Gesamtsiegel der Apokalypse* und die Rolle, welche die «Frau» bei dessen Verwirklichung spielt, zum Ausdruck. Im vierten Kapitel wird darüber ausführlich berichtet werden.

Welche praktischen Schlußfolgerungen, so müssen wir uns fragen, müssen aus dem Geheimnis des Kreuzes, dem apokalyptischen Siegel, gezogen werden?

Das Siegel verlangt die Verwirklichung der *sozialen Gerechtigkeit* nicht nur innerhalb der einzelnen Völker, sondern auch im Verhältnis der Völker untereinander. Die Reichen und die Habenichtse von heute müssen in einer Welt der gerechten Güterverteilung verschwinden und damit auch die vielerlei Anlässe zu Wirtschaftskriegen und zum Krieg überhaupt. Ein aus allen Völkern der Welt bestehendes *Heiliges Imperium,* an dessen Spitze ein dem *Herrn der Geschichte* und der *kirchlichen Soziallehre* zutiefst verpflichteter und gehorsamer *Regent* steht, soll *Herr* und *Diener* dieser sozialen Gerechtigkeit sein. Außerdem soll das Heilige Imperium den *Schutz der Kirche* gegen ihre Feinde garantieren, so, wie ihm das von der Apokalypse aufgetragen ist.

Ferner verlangt das christozentrische Siegel die *Verbreitung des Evangeliums* auf der ganzen Erde und unter allen Völkern durch die unter dem *Papst* wiedervereinigte und zum *Heiligen Sacerdotium* wiedererneuerte christliche Kirche. Diese muß eine *Kirche der Liebe* sein, in der alle Menschen eine einzige, große und friedliche Herde unter dem einen Hirten bilden werden.

Von der *Theologie* verlangt die Apokalypse, und mit ihr die marianische Prophetie, die Treue zur traditionellen Lehre der Kirche und zum Papst, die Bejahung der Enzykliken und rege Mitarbeit am Dogma *«Maria Miterlöserin, Mittlerin und Fürsprecherin»,* mit dessen Verkündigung, wie das folgende Kapitel erkennen läßt, indirekt auch die Bejahung der Siegelhypothese verbunden ist.

Von der katholischen *Kirche* erwartet die Apokalypse die endgültige und letztmögliche Vollendung der *christlichen Liebe* unter den Völkern, die Absage an Kapitalismus, *ideologischen* Sozialismus und Humanismus, die Entlarvung der Freimaurerei und der gesamten modernen Gnosis, die Einbeziehung eines ideologiefreien Sozialismus in die kirchliche Soziallehre, die Beseitigung des «Greuels der Verwüstung», d.h. der satanistischen Kunst- und Kultentartungen in der heutigen Kirche, die Mitwirkung bei der Wiedererneuerung des Heiligen Imperiums und bei der Verwirklichung der im apokalyptischen Siegel aufgezeigten gottgewollten Ordnung, und zwar im Zeichen und im Schutz der *apokalyptischen «Frau».* Deshalb fordert auch die «Frau aller Völker» als *letztes marianisches Dogma* in der Heilsgeschichte die *baldige* Verkündigung des Dogmas «Maria Miterlöserin, Mittlerin und Fürsprecherin».

Von den Völkern Europas fordert die Apokalypse den erneuten Zusammenschluß unter dem Zeichen des Kreuzes und unter der *Krone* des Heiligen Imperiums. Deshalb fordert die «Frau», daß sie *«von Deutschland aus»* in die Welt gebracht zu werden wünsche. Dies kommt dem Auftrag an Deutschland gleich, auf *friedlichem* Wege und mit *geistigen* Mitteln für die Erneuerung des Heiligen Imperiums einzutreten, das dem Heiligen Sacerdotium den Schutz gewähren soll, den es zu seiner Regenerierung benötigt.

Die Apokalypse läßt keinen Zweifel darüber, daß Gott der heutigen Pseudoordnung in der Welt alle Machtpositionen aus der Hand schlagen wird, mittels welcher sie die Erneuerung und Vollendung der Ordnung Gottes auf der Erde zu verhindern sucht.

Erst wenn diese voll wiederhergestellt sein wird, wird Satan eine *letzte* Möglichkeit gegeben, *sein* «Kreuz» an die Stelle des Kreuzes Christi, des göttlichen Siegels, zu setzen.

Wir wissen aber, daß der *Antichrist* nur kurz herrschen wird und daß ihn «Jesus, der Herr, ... im Aufleuchten seines Kommens vernichten» wird.

Viertes Kapitel

Das Zeichen der Frau

1. Die beiden «Zeichen» in Offenbarung 12

In Offenbarung 12 berichtet der hl. Apostel Johannes von einem «großen Zeichen», das er «am Himmel» gesehen habe und das er so beschreibt, wie er es als Mensch seiner Zeit zu beschreiben vermochte. Die Beschreibung hat folgenden Wortlaut:

«Darauf erschien ein *großes Zeichen* am Himmel: eine *Frau,* von der *Sonne* bekleidet, der *Mond* zu ihren Füßen und auf ihrem Haupte ein *Kranz von zwölf Sternen.* Sie geht ihrer Stunde entgegen und *schreit* in Wehen und Schmerzen der Geburt.»

Anschließend berichtet Johannes über ein *«zweites Zeichen»,* einen «feuerroten *Drachen»,* der mit seinem Schwanz «ein Drittel der Sterne» vom Himmel fegt und der beabsichtigt, den von der «Frau» geborenen «Knaben» nach dessen Geburt zu «verschlingen». Aber das Kind «ward zu Gott und seinem Thron entrückt» und die Frau «floh in die *Wüste,* wo sie eine Stätte hat, von Gott bereitet, um dort ernährt zu werden durch *1260 Tage».*

Während die Deutung des «Drachen» und seines Tuns kaum Schwierigkeiten bereitete, stand das «große Zeichen», wie so viele verschlüsselte Bilder der Apokalypse, bisher erst im Halbstadium seiner Entschlüsselung. Vor allem ist es die Gestalt der *«Frau»* im «großen Zeichen», die in der theologischen Auseinandersetzung noch immer den verschiedenartigsten Deutungen ausgesetzt ist. Versucht man die Deutungsergebnisse zu klassifizieren, so wird man feststellen, daß sich im wesentlichen zwei Meinungen gegenüberstehen. Die eine, von der katholischen Tradition mitgetragene Lehrmeinung besagt, daß es sich bei der «Frau» um eine Person, nämlich um *Maria* handeln müsse, während die andere besagt, daß die «Frau» lediglich ein *Symbol* darstelle. Da für beide Meinungen jeweils ein gewisser Wahrscheinlichkeitsgrad vorzuliegen scheint, sprechen manche Theologen von einem «sowohl als auch», um, wie sie wohl glauben, damit eine Versöhnung der beiden Standpunkte herbeizuführen.

Sähen wir von der Tatsache ab, daß der Streit der Theologen inzwischen durch das Selbstzeugnis der «Frau» entschieden wurde, so würden wir gehalten sein, uns für eines dieser zwei bzw. drei Deutungsergebnisse zu entscheiden.

Die «Frau» als Person, d. h. als *Maria* zu deuten, liegt aus verschiedenen Gründen nahe. Maria gebar den Knaben Jesus, nach dessen jungem Leben der messiasfeindliche König Herodes trachtete, und den Gott später «zu seinem Thron entrückte».

Und doch *scheint* diese Deutung nicht völlig aufzugehen. Denn es ist weiter von der «Frau» gesagt, sie sei in die «Wüste» geflohen, um dort durch «1260 Tage» «ernährt» zu werden.

Nachdem die leibliche Aufnahme Mariens in den Himmel dogmatisch bezeugt und beglaubigt ist, muß sich, so könnte man schließen, Maria seit ihrer Himmelfahrt unentwegt im Himmel befinden, den die Apokalypse aber unmöglich mit dem Wort «Wüste» umschreiben könnte. Also, so folgern manche voreilig, ist die apokalyptische «Frau» nicht Person, nicht Maria, sondern *Symbol*.

Hier fragt es sich, *wofür* die «Frau» als Symbol dienen sollte. Die Antworten auf diese Frage stellen Vermutungen dar, denen keine zwingenden Argumente zur Seite stehen. So vermuten die einen, die «Frau» versinnbildliche das *Volk Israel*, aus dessen Schoß der Messias hervorgegangen war und das nach Christi Tod und Auferstehung in die «Wüste», in die Fremde geschickt worden sei, um gegen das Zeitenende wieder als Gottesvolk in Erscheinung zu treten. Dieser Deutung neigen vor allem jene Theologen zu, die dem Judaismus huldigen und dabei den universalen, *übervolklichen* Charakter des Christentums übersehen.

Eine andere, ebenfalls sehr verbreitete Symboldeutung ist die von der Identität der «Frau» mit der *Kirche*, diese verstanden als die «Gesamtheit der Erwählten», der Gläubigen. Sie weisen dabei auf die Symbole der «Frau» hin, leiten aus deren Vorhandensein, sowie aus dem Wort «Zeichen» den Schluß ab, daß das gesamte «große Zeichen» *nur* Symbole enthalten könne und glauben ihre Theorie vor allem in folgendem bestätigt zu sehen: Wenn «Frau» für Kirche steht, dann sei mit «Wüste» die die Kirche bedrängende, christusferne Welt, und mit dem Hinweis, «um dort ernährt zu werden durch 1260 Tage» die Hl. Eucharistie angesprochen.

Zweifellos haben beide Symboldeutungen einiges für sich, insbesondere die zweitgenannte. Aber voll zu befriedigen vermag schon deshalb keine, weil sie eigentlich nur historisierenden Charakter tragen und so aus dem großen Rahmen des «Evangeliums für die *Letztzeit*», als welches die Apokalypse gewertet werden muß, herausfallen.*

* Oft liegt auch nur eine Verwechslung der apokalyptischen «Frau» mit den Symbolen «erhabene Frau» in Off. 21, 9 und «Sionstochter» bei Is. 52, 2 vor!

Gegen die symbolische Deutung spricht aber auch die Tatsache, daß viele andere Bilder der Apokalypse, die bisher für Symbole gehalten wurden, nur deshalb als solche angesehen wurden, weil man die diesen Bildern entsprechenden letztzeitlichen Tatsachen noch nicht kennen konnte. *Jetzt*, wo diese Tatsachen sichtbar geworden sind, vermag man auch zu verstehen, warum der Seher Johannes zu ihrer Beschreibung so oft zum Mittel der *Umschreibung* greifen mußte. Sicherlich *sah* er das, was wir letztzeitlichen Menschen als Tatsachen erleben, z. B. Panzer, Geschützzüge, Bomben, Atomexplosionen, moderne Kriege usw., in realistischen Bildern vor sich. Wie aber sollte ein Mensch vor 2000 Jahren Dinge beschreiben können, deren Namen und Wesen seiner Zeit völlig unbekannt und rätselhaft erscheinen mußten? Mußte ihm ein rollender Panzer, ein Fahrzeug ohne Zugtier nicht als dämonisches Fabelwesen erscheinen? Mußten Meteore nicht zu «Sternen» oder zu «Zentnerstücken» werden in einer Zeit, in der eine Sternschnuppe noch für einen «schweifenden Stern» und ein auf die Erde fallender Meteor für einen «steinernen *Stern,* der mit leuchtender Spur zur Erde fliegt», gehalten wurde? Man vergißt bei der Deutung prophetischer Bilder oft allzu leicht, daß ein Seher das von ihm Geschaute nicht selbst produziert, sondern daß es sich bei echter Prophetie um außerhalb seiner selbst gelegene *Objektivationen* zukünftigen Geschehens handelt, zu deren Beschreibung ihm jedoch nur die Vorstellungen und der Wortschatz seiner Zeit zur Verfügung stehen. Übersieht man diese Tatsachen, oder verwechselt man Prophetie mit Phantasien, mit Halluzinationen oder sonstigen innermenschlichen Kräften, verfällt man leicht einem Symbolismus und einer Überbetonung sprach- und kulturgeschichtlicher Faktoren, überbewertet man bei der Beurteilung von Personen Wissenschaften wie die Parapsychologie, die Psychiatrie und Psychopathologie, und verliert man zwangsläufig am Ende das Objekt seiner Bemühungen samt dem gesteckten Ziel aus dem Auge. Schließlich kommt derjenige, der ein Musikstück, statt es mit den Ohren und dem Herzen zu erleben, nach mathematischen und physikalischen Nebenerscheinungen abtastet, auch nicht auf seine Rechnung. Besser wäre es, man versuchte, das Stück selbst zu spielen, denn dies ist so ziemlich das einzige an ihm, was erlernbar ist. Mit der Prophetie verhält es sich ähnlich. Will man an ihre Deutung herangehen, muß man sich nicht nur den Schlüssel zu den sieben Siegeln aneignen, sondern auch noch einige «kleinere» Schlüssel, wie z. B. die verschiedenen Symbolschlüssel und die Handhabung sogenannter Zeitschlüssel.

Nachdem bekannt ist, daß die drei Symbole für die «satanische Trinität» die drei göttlichen Personen satanisch nachäffen, daß also «Tier» dem Vater, «Lügenprophet» dem Sohn und «Drache» dem *Hl. Geist* als satanische Scheinpersonen gegenüberstehen, so darf auch nicht übersehen werden, daß der «Frau», im «großen Zeichen» der Teufel in der Maske des *«Drachen»* im «zweiten Zeichen» gegenübergestellt wurde.

Der «Drache» ist *Person*, wenn auch die *gleiche* wie «Tier» und «Lügenprophet». Er stellt weder die «Gegenkirche» noch die Feinde des Volkes Israel dar. Wäre Satan der von ihm nachgeäfften göttlichen Person ranggleich, müßte ihm als «Drachen» der *Hl. Geist* gegenüberstehen. Dieser aber ist Gott und damit der *Herr* Satans. Satan aber ist nur *Geschöpf*, wie auch die Engel und die Menschen Geschöpfe Gottes sind. Somit kann dem «Drachen» des «zweiten Zeichens» wiederum nur eine *Person*, nur ein *Geschöpf Gottes* als Gegenspieler gegenüberstehen. Da dieses Geschöpf, diese *Person* nicht mit Namen genannt, sondern in leichter Verschlüsselung gehalten ist, bildet das Wort «Drache» für sie den *Symbolschlüssel*. Mittels desselben «schließen» wir das Symbol «Frau» als *Person* auf, und zwar wie folgt: Da das Symbol die Bezeichnung «Frau» trägt und da es nur eine *einzige* Frau gibt, die dem satanischen Intellekt als die von ihm unbefleckt Gebliebene in völliger Freiheit und geschöpflicher Ebenbürtigkeit begegnen kann, kann es nur *Maria* als die Verkünderin der göttlichen Weisheit, als die *«Braut des Hl. Geistes»* sein, die dem Widerpart des Hl. Geistes, dem «Drachen», mit der Erwartung des Sieges gegenüberzutreten vermag. Mit dieser Feststellung ist freilich noch nichts darüber gesagt, *wann* und *wie* Maria diesen Sieg herbeizuführen vermag, *wo* ihr Gott in der fraglichen Zeit der «1260 Tage» eine besondere «Stätte» bereitet hat, *wodurch* und *wieso* sie, als mit ihrem Auferstehungsleib Ausgestattete, «ernährt» werden sollte und was die ihr im «großen Zeichen» beigegebenen *Symbole* wie «Sonne», «Mond» und «zwölf Sterne» über die Durchführung ihres letztzeitlichen Auftrages auszusagen vermögen.

2. Die Symbole im «großen Zeichen»

Bei der Deutung prophetischer Symbole ist ein Dreifaches zu berücksichtigen: Die *Umstände,* unter denen ein Symbol *von der Prophetie* in Anspruch genommen wurde, die *Symbolbedeutung* zum *Zeitpunkt seiner Verwendung* und die symbolische *Aussage* in der *Zeit seiner Realisierung,* im vorliegenden Fall also in *unserer* Zeit.

Propheten sind nicht nur *Seher* von Erscheinungen, sie sind ebenso «*Hörer*» übernatürlicher Aussagen, wobei sich dieses Hören entweder als innere Stimme oder als innere Erleuchtung oder Eingebung erweisen kann. In den meisten Fällen gehen prophetisches Schauen und prophetisches Hören entweder gleichzeitig oder nebeneinander bzw. unmittelbar hintereinander vonstatten.

Für die letztgenannte Form prophetischer Offenbarung, also für das *Hintereinander* von Sehen und Hören, stellt Off. 12 geradezu ein Musterbeispiel dar. Insofern nämlich, als das von Johannes *Geschaute* mit den Worten: «Darauf *erschien* . . .», das von ihm *Gehörte* mit den Worten: «Da *hörte* ich . . .» klar voneinander abgegrenzt wird. Was sich vor den Augen des Propheten wie ein Panorama lebender und beweglicher *Bilder* am Himmel abspielte, umfaßt Off. 12, 1–9 und 13–18. Was «eine gewaltige *Stimme*» zwischenhinein sprach, gibt Off. 12, 10–12 eindeutig als nur *Gehörtes* wieder.

Somit ist klar, daß Johannes das, was er von den beiden «Zeichen» berichtet, nur *gesehen* hat, und daß der Bericht hierüber nicht gleichzeitig Gehörtes, sondern seine *persönlichen Eindrücke* von dem Gesehenen wiedergibt.

Nachdem nun die Umstände geklärt sind, unter denen die Symbole von Off. 12 in Anspruch genommen wurden, muß untersucht werden, welche symbolische Bedeutung der «Sonne», dem «Mond» und den «12 Sternen» zur Zeit des Apostels zukam, und was sie in unserer Zeit zu versinnbildlichen vermögen.

Für die Zeitgenossen des Apostels Johannes stand das Symbol «*Sonne*» für *Licht* schlechthin. Als Lichtbringerin ging die Sonne aus der frühen Mythologie der Völker, die in der Sonne noch die Gottheit erblickte, hervor, und als die große und unerreichte Lichtspenderin erfreut sie auch heute noch alles, was unter ihr lebt. Zugleich war und ist die Sonne aber auch die große und unerreichbare Spenderin der *Lebenswärme.* Übersetzt man diese beiden realen Wirkungen der Sonne, die Licht- und Wärmewirkung, ins Religiöse, also Geistige, so erhalten sie Symbolcharakter. Die Sonne erweist sich hierbei als die Quelle des «Lichtes der *Wahrheit*» und der «wärmenden *Liebe*», die sie allen Geschöpfen in *Gerechtigkeit* zuteilt. Daß es nur *Gott* sein kann, der die große und unerreichbare *Weisheit oder Sophia* ausstrahlt, bezeugt Johannes selbst im I. Brief 1, 5 mit den Worten: «Gott ist *Licht* und in ihm ist keine Finsternis.» Insbesondere aber erkennen wir in den Worten «Weisheit», «Liebe» und «Leben» die Attribute des Hl. *Geistes,* der vom Vater und vom Sohne ausgeht. Wenn es z. B. in Ps 103, 2 heißt: «Mit Licht ist der Herr *bekleidet»,* so bedarf es keines weiteren Herumkramens im Fundus der Mythologie und der alten Sonnenkulte, um für wahrscheinlich zu halten, daß Johannes, der *Theologe* unter den Aposteln, beim Anblick der vom Licht des Hl. Geistes umflossenen apokalyptischen «Frau» sich der Worte des Psalms erinnert haben dürfte und auch die «Frau» als mit dem «Licht», mit der *«Sonne»* des Hl. *Geistes* «bekleidet» bezeichnete.

Wenn aber die «Sonne» die göttliche *Weisheit* versinnbildlicht, drückt sie das gleiche aus wie das, was wir als das *«Geheimnis des Kreuzes»* erkannt haben, nämlich die vollkommene *Gerechtigkeit, Wahrheit* und *Liebe.* Also ist das *Symbol «Sonne»* gleichbedeutend mit *dem Geheimnis des Kreuzes,* mit dem *trinitarischen Siegel.* (Siehe 3. Kapitel, S. 86, Fig. 5!)

Der *Mond* galt für Johannes und seine Zeit als das einzige Gestirn, das Form- und damit auch Lichtveränderungen aufweist. Da sich diese Veränderungen in einem bestimmten Rhythmus, in einer festgelegten *Ordnung* vollziehen, glaubte man, daß sich diese Ordnung auch auf das *irdische* Geschehen übertragen ließe.

Der Apostel Johannes war mit den hellenistischen Vorstellungen über das messianische Zukunftsreich vertraut. Also dürfte auch ihm der Mond als Sinnbild dieses Reiches, dem die Wandelbarkeit alles Irdischen untertan werden würde, erschienen sein. Dieses messianische Reich, diese sich ankündigende Völkergemeinschaft unter den Ordnungsinstitutionen «Hl. Sacerdotium» und «Hl. Imperium» hat ihren Sitz auf der Erde. Darum hätte das, was Johannes als «Mond», und damit als sonnenebenbildlich bezeichnete und empfand, ebenso die *Erde* sein können, da sie als Gestirn die gleichen scheinbaren Licht- und Formveränderungen aufweist wie der Mond, lediglich in einem anderen Rhythmus. Wir Menschen der Letztzeit, die wir die Licht- und Wärmeabhängigkeit der Erde *und* des Mondes von der Sonne kennen, würden als Symbol für das werdende und vergehende Leben, das zwischen Geburt und Tod verläuft, nicht den Mond, sondern die *Erde* wählen und sicher hätte auch Johannes das, was er damals als «Mond» deutete, als Erde bezeichnet, wenn sich ihm und seiner Zeit der Mond als das zu erkennen gegeben hätte als was *wir* ihn kennen: Als Inbegriff der *Leblosigkeit.* Deshalb müssen wir das Mondsymbol aus dem geozentrischen Weltbild des hl. Johannes in das heliozentrische unserer Zeit *übersetzen* und in diesem Symbol die *Erde,* die sie bevölkernden *Menschen* und deren *gottebenbildliche Ordnung* wiedererkennen. Wir sind daher genötigt, die *Erde* an die Stelle des Mondsymbols zu setzen, und zwar die in der Ordnung des *Kreuzes,* also in der Ordnung von Gerechtigkeit, Wahrheit und Liebe stehende Erde. Diese der «Frau» zu Füßen liegende Erde aber stellt nichts anderes dar als das christozentrische Teilsiegel, so daß wir abschließend feststellen dürfen: Die der apokalyptischen «Frau» beigegebenen Symbole «Sonne» und «Mond» bringen das aus dem *trinitarischen* und dem *christozentrischen* Teilsiegel zusammengesetzte *Gesamtsiegel der Apokalypse* zum Ausdruck.

Vor diesem von der apokalyptischen «Frau» geoffenbarten Siegel steht also Maria als «Braut des Hl. Geistes», deshalb von der «Sonne», dem trinitarischen Siegel, «bekleidet», das «Mond»-Erde-Symbol als Symbol des christozentrischen Siegels zu ihren Füßen, und «auf ihrem Haupte ein Kranz von zwölf Sternen».

Mit dem letztgenannten Symbol müssen wir uns noch kurz befassen. Die «Zwölf» galt von altersher als das Symbol der *Lückenlosigkeit* und *Vollständigkeit.* Sie war das Zahlensymbol für das Gottesvolk des Alten Testaments (12 Stämme Israels), und sie wurde zum Zahlensymbol des Gottesvolkes im Neuen Testament (12 Apostel). In der Person des hl. Paulus, des «Apostels der Völker», weitet sich dieses Zahlensymbol bereits zum *Symbol aller Völker* aus, und der hl. Augustinus bekräftigt diese frühchristliche Erkenntnis wie folgt: «Warum sind es *zwölf* Apostel? Weil die Erde vier Teile hat und der *ganze Erdkreis* durch das Evangelium (zum Glauben) berufen wurde. Darum sind vier Evangelien geschrieben. Die *ganze Welt* wird im Namen der *Dreifaltigkeit* gerufen, damit die Kirche sich versammle. Dreimal vier ergibt *zwölf.*» (Zitiert aus Dorothea Forster, Die Welt der Symbole, S. 74.)

In der Tat stellt das Zahlensymbol «Zwölf» das Vielfache aus den Ordnungszahlen des trinitarischen (= 3) und des christozentrischen (= 4) Teilsiegels dar. Und wenn man bedenkt, daß die vier Evangelisten (Johannes der *Theologe,* Lukas der *Arzt und «Philosoph»,* Markus der Untertan des römischen *Kaisers* und Matthäus der Evangelist des *Papsttums)* tatsächlich die *vierteilige* Ordnung der Erde versinnbildlichen, so kann man nur staunen über die Treffsicherheit biblischer Symbole, die nicht dem dürren Intellekt, sondern dem Hinhören auf das Wehen des Hl. Geistes entstammen. Denn was in den *zwölf* Söhnen Israels und den *zwölf* Aposteln durch die Symbolzahl «12» vorweggenommen war, war nichts anderes als das, wofür Christus den Kreuzestod erlitten hat, nämlich das neue Gottesvolk, zu dem, wie Augustinus sagt, «der ganze Erdkreis», also die Gesamtheit aller Völker aller Zeiten zählt. Daß sich die Symbolzahl «12» im «großen Zeichen» der Apokalypse zugleich auch auf die Vollzahl der Gnaden und der Tugenden der apokalyptischen «Frau» bezieht, läßt sich aus einer Bemerkung eines Zeitgenossen des Apostels Johannes zum Symbol «Sterne» erschließen. Philon von Alexandrien, der jüdische Philosoph und Theologe (25 v. Chr. bis 50 n. Chr.) bezeugt, daß die gesamte heidnische Antike in den Gestirnen «vernunftbegabte Wesen, die *um die Welt Sorge tragen* und *von allem Bösen unberührbar sind*», gesehen habe. In diesem vermeintlichen kosmischen «Gottesvolk» der Sterne symbolisiert sich das *irdische* Gottesvolk von den «12 Sternen» aus Off. 12, d. h. in den gottgefälligen Menschen und *Völkern*, «die um die Welt Sorge tragen und von allem Bösen unberührbar» *sein sollten* nach dem Vorbild der «Frau», die diese Tugenden und Gnaden schon besaß, als sie «einst Maria war». Damit ist auch das dritte Symbol, das die apokalyptische «Frau» als «Kranz von zwölf Sternen» nicht etwa um, sondern *auf* oder *über* ihr Haupt gelegt bekam, aufgelöst, und wir können nun in einem Satz zusammenfassen, was die sternenbekrönte, von der «Sonne» bekleidete und den «Mond» mit ihren Füßen berührende «Frau» darstellt. Es ist *Maria, die Braut des Hl. Geistes und Mittlerin aller Gnaden, erfüllt von der Weisheit und Liebe des Hl. Geistes und des Geheimnisses des Kreuzes, stehend auf der ihrer Heilsvollendung entgegengehenden Erde, mit dem Titel: Frau aller Völker.*

3. Die «Frau» im «großen Zeichen»

In der Hl. Schrift wird die «Frau» oder das «Weib» erstmals in der Genesis, dem ersten Buch des Moses, erwähnt. In Gen. 3, 15 bezeugt Gott seinen schon vor dem Beginn der Schöpfung gefaßten Plan, Satan die «Frau» als dessen «Feindin» und dereinstige Besiegerin entgegenzusetzen. «*Feindschaft* will ich setzen zwischen dir und dem Weibe», spricht Gott, und den Sieg der «Frau» kündigt er für den Zeitpunkt an, da Satan die «Frau» «in die Ferse stechen» will. Denn dann, so verheißt es Gott, wird sie Satan *den Kopf zertreten*».

Vielfach wird ein Zweifaches in diesem Zusammenhang außer acht gelassen. Einmal ist es die Tatsache, daß Gott bereits vor dem ersten

Menschenpaar das große Thema von Off. 12 aufgreift, daß er also schon vom Paradiese aus den Bogen von der Genesis bis zum «Evangelium der Letztzeit», der Apokalypse, spannt. Und ein zweites ist zu bemängeln: Daß man auch hier, bei der Exegese der Genesis, oftmals nicht auf die Analogie der Symbole achtet, nach welcher der *Person* «Schlange» oder *Satan* die *Person* «Frau» oder *Maria* gegenüberstehen muß.

Oben wurde behauptet, daß Gott die Feindschaft zwischen Satan und Maria bereits *vor* dem Schöpfungsakt beschlossen hätte. Dafür gibt es das eindeutige Zeugnis von Off. 12, wo die «Frau» dem Johannes «am *Himmel*», also nicht auf der Erde gezeigt wird mit den Insignien ihrer göttlichen Beauftragung als Verkünderin der göttlichen Sophia und der Besiegerin des reinen Intellekts Satans. Johannes sieht hier natürlich nicht geschichtliche Abläufe «am Himmel», aber er schaut deren *Urbilder,* und damit zugleich deren *Vorwegnahme* in Bildern. Erst nach dem Aufzeigen dieser Bilder «flieht» die «Frau» in die «Wüste», d. h. erst nachher wird sie die Jungfrau Maria oder Miriam im Lande der Juden, wo sie wiederum in die (ägyptische) Wüste flieht. Zwar mit dem Kind! Dieses aber ist im Plane Gottes zur Zeit der Flucht bereits vorbestimmt, «zu Gott und seinem Thron entrückt» zu werden. Man darf bei der Gegenüberstellung göttlicher Urbilder und geschichtlicher Bilder nicht übersehen, daß die ersteren vom Hintereinander der Zeit unabhängig sind, da es im Himmel keine Zeit gibt, während die Realisierung dieser Bilder in der menschlichen Geschichte den Umweg über die Zeit gehen muß. Das mag manchen Lesern nicht ganz leicht verständlich erscheinen, da wir uns ein zeitloses Geschehen nicht vorstellen können. Aber können wir uns denn die Größe und Majestät Gottes vorstellen, an die wir doch glauben, und die wir immer erleben und erfahren?

Im übrigen versucht die Apokalypse dem Leser von Off. 12 diesen Gegensatz von Zeitlosigkeit und Zeit dadurch zu verdeutlichen, daß sie für die irdische Zeit das Zahlensymbol «1260 Tage» setzt. Im Himmel gibt es weder Tage, noch kann die Ewigkeit, d. h. die ewige Gegenwart, in Zahlen ausgedrückt werden. «1260 Tage» ist ein Doppelsymbol für eine *irdische* Zeit, und zwar für eine *begrenzte* irdische Zeit. Denn «1260 Tage» sind nach alter Zeitrechnung 3 1/2 Jahre und 3 1/2 ist, im Vergleich zur Schöpfungszahl *sieben* («sieben Schöpfungstage»), nur eine «halbe Zeit», d. h. eine irdische Zeit von bestimmter Dauer. Da sich die der «Frau» von Gott bestimmte Zeit mit der Zeit, die die «Frau» als *Maria* auf der Erde verbrachte, deckt, besagt das

Zeitsymbol «1260 Tage» nichts anderes als den Zeitraum, in dem die «Frau» *«einst Maria war».*

In diesem Zeitraum hat sich das, was im Urbild der Apokalypse wie in einem zeitunabhängigen Drehbuch vorgezeichnet war, später im Hintereinander eines Filmes abgespielt. Maria, die Verkörperung des Urbildes aus Off. 12, ging «ihrer *Stunde* entgegen». «Ihre Stunde» war einerseits die Stunde der *Geburt,* andererseits aber auch die Stunde des *Todes Jesu.* Daß dies so zu verstehen ist, bezeugte Jesus selbst bei der Hochzeit zu Kana, wo er mit den Worten «Frau, *meine Stunde* ist noch nicht gekommen» zugleich bekundete, daß damit auch die «Stunde» der «Frau» noch ausstünde, in der sie «schreien» wird «in Wehen und Schmerzen der Geburt» des *mystischen* Leibes Christi. Erst der von Maria *seelisch* mitvollzogene Erlösungsakt Christi ließ sie zur *«Mutter der Kirche»,* zur «Frau aller Völker» und zur *Miterlöserin* werden. Erst *unter dem Kreuz* wird die «Frau» der «1260 Tage» zur «Frau» der «3 1/2 Zeiten» der Kirchengeschichte, als die sie sich *jetzt,* in der Letztzeit, selbst bezeugt als «Frau aller Völker».

Während Christus bei der Hochzeit von Kana Marias Rolle der «Mittlerin» und «Fürsprecherin» als noch nicht gekommen bezeichnet, *bezeugt* er diese Rolle vom Kreuz herab nun mit den Worten: *«Frau,* siehe dein *Sohn.»* Denn dieser «Sohn» ist *Johannes,* der *Prophet der Kirche,* und damit des *mystischen Leibes* Christi. Die Stunde der Geburt des mystischen Leibes Christi ist aber auch die Stunde des *Kreuzes* und des *Siegels,* das Christus am Kreuz durch seine Wunden *bezeugt* und *öffnet.* Maria ist Zeuge dieser Siegelöffnung, und deshalb kennt sie auch dessen Geheimnis. In den «3 1/2 Zeiten» der Letztzeit wird sie das «Siegel Satans» mit dem «Geheimnis des Kreuzes» überwinden und Lügen strafen.

Daß der Hl. Vater Paul VI. nach der Weisung des gleichen Hl. Geistes, als dessen Sprecherin die «Frau» begnadet wurde, Maria als *«Mutter der Kirche»* bezeichnete, lässt erwarten, dass die Kirche auch den zweiten Schritt vollziehen wird, der unmittelbar zum Dogma «Maria Miterlöserin, Mittlerin, Fürsprecherin» hinführen muß.

Was Maria zum Zeitpunkt der Hochzeit zu Kana noch nicht für sich in Anspruch nehmen durfte, erwarb sie sich erst bei der «Geburt» des mystischen Leibes Christi, nämlich den Titel *«Mutter* der Kirche». Da Christus *alle* Menschen erlöst hat, weitet sich dieser Titel von selbst aus in den Titel *«Frau aller Völker».*

Heute ist für Maria wiederum ihre «Stunde» gekommen. Aber nicht eine schmerzvolle «Stunde der Geburt», sondern die Stunde des *Sie-*

ges, die ihr Gott am Anfang der Geschichte in Gen 3, 15 verheißen hat.

Nur wenn man die Apokalypse und die übrige Hl. Schrift befragt, wird man die Botschaften der «Frau aller Völker» verstehen.

Aber man muß die heiligen Bücher befragen als das, was *sie sind,* nicht als das, wozu man sie zu *verfälschen* im Begriffe steht. Wer in den Urbildern der Bibel und ihrer Prophetie menschliche Projektionen und Konjekturen sehen möchte, weiß mit der Eschatologie, der Mariologie und der Prophetie so wenig anzufangen wie ein Kind mit den Kleidern seiner Eltern.

Darum sollte man den mariologischen Minimalismus und die eschatologische Ignoranz im Hause der Kirche nur als das nehmen, was sie in Wahrheit sind: Als Ausdruck der Unwissenheit auf den einschlägigen Gebieten.

4. Das Bild der «Frau aller Völker»

Aus biblischen Quellen wurde im Vorausgegangenen der Nachweis erbracht, daß es sich bei der biblischen «Frau» um eine prophetische Umschreibung der Person Marias handelt. Dabei wurden alle jene Begründungen zu dieser Behauptung, die von promarianischer theologischer Seite in älterer und neuerer Zeit vorgebracht wurden, unerwähnt gelassen, da sie vielen Lesern sicherlich bekannt sind. Der Verfasser hat diesen Begründungen lediglich einige neue hinzugefügt, die sich bei der durch ihn vorgenommenen Erstentsiegelung der Apokalypse ergaben. Hier muß überhaupt darauf hingewiesen werden, daß durch das Siegel nicht nur der Exegese der Apokalypse, sondern der gesamten Hl. Schrift völlig neue Möglichkeiten erschlossen worden sind. So klärt diese «Siegelexegese», wie der Verfasser feststellen konnte, vieles, wenn nicht sogar alles, was bisher noch Gegenstand theologischer Meinungsverschiedenheiten sein mußte. Wo menschliche Spekulation nur zu Meinungen gelangen konnte, führt das Siegel und seine Anwendung *Gewißheiten* herbei. Darum ist ohne die Inanspruchnahme des apokalyptischen Siegels eine Wiedervereinigung im Glauben aussichtslos, wie umgekehrt der gemeinsame Gebrauch des Siegels mit absoluter Sicherheit zu gemeinsamen Auslegungen der bisher strittigen Fragen führen müßte, und zwar binnen *kürzester Frist.* Hätte man die Siegelhypothese schon vor dem Konzil aufgegriffen und verabschiedet, hätte das Konzil tatsächlich ein im Vollsinne des Wortes *ökumenisches* werden können. Statt dessen wurde es zum Anlaß einer noch viel größeren und tieferen Zersplitterung des christlichen Lagers und zur ungewollten Berufungsinstanz für zahlreiche Häresien und Apostasien.

Es besteht kein Zweifel darüber, daß Maria diese Entwicklung verhindern wollte und daß es der Himmel gefügt hatte, daß der philosophische Schlüssel und die marianische Beglaubigung desselben schon Jahre vor Konzilsbeginn vorlagen. Allerdings macht Maria in Amsterdam kein Hehl daraus, daß es sich dabei um «Rufe in die Wüste» handeln würde, daß man ohne handgreifliche Letztzeitbeweise nicht dazu zu bringen sei, die Last des Kreuzes in die heutige Welt hineinzutragen.

Daß Papst Paul VI. diese Last bereits auf seine Schultern nahm, ist seit der Enzyklika «Humanae vitae» immer deutlicher erkennbar geworden. Er wird weiterhin «über Orkane» hinwegschreiten müssen, wie es ihm die «Frau» verheißen hat; denn noch weit Schwereres, als das, was ihm schon jetzt auf die Schultern geladen wurde, hält die Zukunft für ihn bereit. Es ist dies vor allem die *Erhöhung des Kreuzes* über der Welt, der Kampf für die Errichtung der *christlichen Weltordnung* nach den Weisungen des apokalyptischen Siegels.

Wie Maria dieses von ihr geoffenbarte Siegel beschreibt und deutet, soll nun mittels Zitaten aus den Amsterdamer Botschaften aufgezeigt werden. Die *Siegelbeschreibung* erfolgt in der Weise, daß die «Frau» der Seherin wiederholt präzise Anweisungen gibt, wie sie ihr *Bild* als Frau aller Völker gemalt wissen möchte. Denn dieses Bild der «Frau» ist, wie sich aus folgendem ergeben wird, nichts anderes als der *Schlüssel zur Apokalypse,* und damit zugleich das *apokalyptische Siegel.*

a) *«Von der Sonne bekleidet»* (Off. 12)

I.

«Siehe gut zu! Ich stehe vor dem *Kreuz* des Erlösers, mein Kopf, meine Hände und Füße wie von einem Menschen, wie vom Menschensohn! Der Leib wie von dem *Geist.*» (31. 5. 1951)

II.

«Ich sehe wieder das große, helle *Licht.* Es ist, als ob die Frau ganz langsam *aus dem Licht* nach vorn käme.» (15. 4. 1951)

«Ich stehe auf der *Weltkugel* und meine beiden Füße stehen fest darauf. Meine Hände siehst du auch deutlich und mein Gesicht, Haare
und Kopftuch. Das andere ist wie in einem *Dunst* (d. h. durchscheinend). Schaue gut, was in Schulterhöhe an beiden Seiten und über meinem Kopf herausragt!» Die Seherin antwortet der Frau: «Das ist ein
Kreuz, ich sehe die Seiten- und Längsbalken herausragen!» (4.3.1951)
   Anmerkung: Die «Frau», bekleidet vom «großen hellen Licht», der
«Sonne», in dem ihr Leib durchscheinend wird, damit der Inhalt des
Sonnensymbols sichtbar wird: *Das Kreuz*, das *trinitarische Siegel* mit
den drei Einzelsiegeln «Gerechtigkeit», «Wahrheit» und «Liebe».

b) «. . . der Mond zu ihren Füßen . . .»

I.

«Ich sehe die ‹Frau› vor mir stehen und höre: ‹Rom bedroht!› Danach kommt eine große ‹4› vor mich zu stehen und rundherum kommt
ein *Kreis*. Das Bild ist fort, und dann kommt ein Kreuz vor mich mit
vier *gleichen* Balken. Auch da kommt rundherum ein *Kreis*, und in
der Mitte des Kreuzes lese ich: ‹I. H. S.› Das nehme ich gleichsam auf
und lasse es rund um mich sehen, und jetzt sehe ich plötzlich eine
Menge Menschen um uns stehen und sie schauen danach. Doch viele
abwehrend!» (7. 12. 1947)
   Anmerkung: Dieser Text wurde schon im 3. Kapitel zitiert. Hier
wird er jedoch von einer anderen Seite beleuchtet, wie sogleich gezeigt
werden wird.

II.

«Dann sehe ich plötzlich die ‹Frau› stehen, wieder auf der *Erdkugel*.
. . . und ich sehe jetzt, daß die ‹Frau› die Erdkugel (auf der sie soeben
stand!) wie eine flache Karte vor mir niederlegt. Dann legt die ‹Frau›
etwas auf die Karte nieder, und ein entsetzlicher *Schmerz* überfällt
mich. Ich sehe, daß die ‹Frau› ein ganz *großes, schweres Kreuz* über
die Karte (Erdkugel) hingelegt hat.»
   Die Seherin schildert weitere Schmerzeindrücke und macht auf Ge-
heiß der «Frau» mit der einen Hand das christliche Heilszeichen, mit

der anderen das widerchristliche Unheilszeichen, die Faust. Danach fährt die Seherin fort: «Während ich das tue, sehe ich plötzlich hinter der *Erdkugel mit dem Kreuz* verschiedenartige Menschen erscheinen von *allen Nationen.*» (10. 12. 1950)

III.

Die «Frau» spricht zu der Seherin: «Ich stehe auf dem Erdball. Rund um die Erdkugel hin glaubtest du, Kind, Wolken zu sehen. Schau jetzt aber gut hin, was ich dich sehen lasse.» «Nun sehe ich, wie sich die ‹Wolken› in *Schafe* verwandeln. Von links und rechts, rund um den Erdball, kommt wie aus der Tiefe von beiden Seiten eine Herde Schafe. Ich sehe hie und da *schwarze Schafe* dazwischen.» (31. 5. 1951)

Anmerkung: Diese drei Texte stammen aus den Botschaften der Jahre 1947, 1950 und 1951. Sie ergänzen einander und müssen deshalb aufeinander bezogen werden, wenn sich ihr voller Sinn ergeben soll.

In *Text I* offenbart die «Frau», daß die Kirche «bedroht» würde durch ein *falsches* Siegel, nämlich die «4» im Kreis, auf dessen Bedeutung wir noch in einem anderen Zusammenhang zu sprechen kommen werden. Diesem falschen Siegel setzt sie das *Siegel des Kreuzes,* und zwar das christozentrische (I. H. S.) entgegen, auf das zwar «eine Menge Menschen» sieht, «viele aber abwehrend».

In *Text II* steht die «Frau» auf der *Erdkugel,* auf die sie ein großes, schweres Kreuz» legt. Daß es sich dabei um das Siegelkreuz aus Text I handelt, wird bekräftigt durch den erneuten Hinweis auf das ablehnende Verhalten vieler Menschen.

In *Text III* klärt die «Frau» einen Irrtum der Seherin auf. Diese hatte auf dem von ihr geschauten Bild der «Frau aller Völker» die im unteren Bildteil befindlichen Schafe mit Wolken verwechselt. Diese Verwechslung ist psychologisch verständlich, da die «Frau» auf dem «Erdball» steht und dieser doch selbst die Wohnung der «Schafe», d. h. der *Menschheit,* darstellt. Man sieht sich deshalb unwillkürlich zu der Frage veranlaßt, warum hier die Erde und ihre Bewohner räumlich auseinandergehalten werden. Diese scheinbare Unlogik zwingt dazu, in diesem «Erdball» nicht die Erde schlechthin, sondern, wie schon aufgezeigt wurde, das *christozentrische Teilsiegel,* also den Erd-*Kreis* mit dem *Kreuz* zu sehen. Das bedeutet, daß die hier gezeigte «Erde» Bestandteil des *«großen Zeichens»* ist, und damit zugleich des *Gesamtsiegels,* vor bzw. in dem die sonnenbekleidete «Frau» steht. Diese «Erde», auf welche die «Frau» (siehe Text II) ein «großes, schweres *Kreuz*» gelegt hatte, wird den «Schafen», den Völkern als *Leitbild* gezeigt, als Erde im Zeichen des Kreuzes. Da dieses zweite oder Sekundärkreuz das Geheimnis des Trinitätskreuzes lediglich widerspiegelt, und zwar im irdisch-ebenbildlichen Bereich, wird auf dem Bilde selbst *nur das erstere* gezeigt. Die *«schwarzen* Schafe», die auf Weisung der «Frau» unter die weißen gemischt wurden, lassen den Schluß zu, daß sie auch *nach* dem Sieg der Frau noch vorhanden sein werden, wenn auch in weit geringerer Zahl als vorher. Zugleich geht daraus hervor, daß die kommenden Katastrophen, so bedrohlich sie auch in Erscheinung treten mögen, nicht bereits die «neue Erde» gemäß Off. 21, 1 erstehen lassen. Die Bewohner der «neuen Erde», d. h. der «Erde» *nach* dem Weltgericht, weisen keine «schwarzen Schafe» mehr auf. Insoweit dürfte diesen u. a. der Zweck eines prophetischen *Zeithinweises* zukommen.

c) «... *auf ihrem Haupte ein Kranz von zwölf Sternen ...*»

I.

«Die ‹Frau› sagt zu mir: ‹Schau›, und sie macht über die Welt einen *halben Kreis,* einen Bogen. Es ist, als schriebe sie darin. Ich lese laut: ‹Wahrheit..., Glaube..., Liebe...›» (25. 2. 1946)

II.

«Die ‹Frau› wartet wieder eine Weile und sagt: ‹Ich stehe auf dem Erdball, weil dies die *ganze Welt* angeht.› Dann ist es, als ob die ‹Frau› mit der Hand einen *Halbkreis* zöge und sie sagt: ‹Sieh gut zu!› Und nun sehe ich von dem einen Seitenbalken zum andern einen Halbkreis sich bilden. Es ist, als wäre der Halbkreis von einem ganz *eigenartigen* Licht (ähnlich etwa dem irisierenden Licht der Sterne, deren ‹Kranz› der ‹Bogen› hier nachzeichnet?) und ich sehe darin schwarze Buchstaben erscheinen. Links: ‹De Vrouwe› – in der Mitte oben: ‹van alle› – rechts: ‹Volkeren›.» (4. 3. 1951)

Anmerkung: Der den Lesern aus dem 3. Kapitel schon bekannte *Text I* deutet den «halben Kreis» zunächst als Hinweiszeichen für die Hl. Trinität, deshalb die von der Frau in den Halbkreis geschriebenen Trinitätsattribute «Wahrheit», «Glaube» (zugleich für «Gerechtig-

keit») und «Liebe».Diese Attribute sind uns bekannt als die drei göttlichen Tugenden, als die Attribute der göttlichen Weisheit oder Sophia. *Text II* berichtet, wie die «Frau» ein zweites Mal Worte in den
Halbkreis schreibt, und zwar die Worte: «Die Frau aller Völker».
Dies kann nur bedeuten, daß sie als das vollkommenste und begnadet-
ste Geschöpf Gottes gewürdigt wurde, als Sendbotin der Hl. Trinität
zu den Völkern zu kommen, um diesen den Willen und die Weisheit
Gottes aufs neue offenbar zu machen, indem sie als «Tochter des Vaters», «Mutter des Sohnes» und «Braut des Hl. Geistes» das apokalyptische Siegel offenbart. Da der «Halbkreis» mit den «zwölf Sternen» identisch ist, ist die «Frau» nicht nur die Vollkommenste unter
den himmlischen «Wesen, die von allem Bösen unberührbar sind». Sie
ist auch die Erste aller «vernunftbegabten Wesen, *die um die Welt
(die Völker) Sorge tragen».* Trug sie in der Kirche schon immer den
Titel der «Königin der *Engel»,* so erweist sie sich im entsiegelten «großen Zeichen» zugleich als Königin, als «Frau aller *Völker».* Daß ihr
auch dieser zweite Titel zukommt, wissen wir aus eigener und allge-
meiner Erfahrung. Die Völker, denen diese Erfahrung noch fehlt,
werden in naher Zeit ausreichend Gelegenheit erhalten, das unver-
schuldet Versäumte nachzuholen. Das geht aus den Worten der «Frau»
hervor: «Wir», d. h. Maria und ihre himmlische Gefolgschaft, «werden für sie (die nichtchristlichen Völker) *sorgen.»*

d) *Weitere Selbstzeugnisse der «Frau aller Völker»*

I.

«Ich frage: ‹Bist Du Maria?› Und dann lächelt sie mich an und sagt:
‹Sie werden mich die *Frau* nennen, Mutter!› ... Dann wird ein *Kreuz*
vor mir niedergelegt, und ich muß es aufnehmen. Ich nehme es ganz
langsam auf, denn es ist *schwer.»* (25. 3. 1945)
    Anmerkung: Dieser Text stammt aus der *ersten* Botschaft der
«Frau» und zeigt, daß sie gekommen ist, das *Kreuz,* dessen Geheimnis
sie in den darauffolgenden Botschaften offenbart, wieder in die Welt
zu bringen.

II.

«Die Gestalt sieht mich an ... und sagt: ‹Ihr Menschen werdet den
Frieden bewahren, wenn ihr an *Ihn* glaubt. Dies (sollst du) verbrei-

ten!› Bei diesen Worten legt die ‹Frau› ein *Kreuz* in meine Hand, und ich muß es rund um mich sehen lassen.» (21. 4. 1945)

Anmerkung: Text II ist der *zweiten* Botschaft entnommen. Die beiden ersten Botschaften stellen also das grosse Thema von Amsterdam: Die *«Frau und das Kreuz»*, als Leitmotiv allen übrigen Botschaften voran.

III.

Worte der «Frau»: «Diese Zeit ist die *Zeit des Hl. Geistes.*» (15. 6. 1952)

IV.

Worte der «Frau»: «Das neue Dogma, das kommen wird, ist das *letzte* marianische Dogma: Die Frau aller Völker als Miterlöserin, Mittlerin und Fürsprecherin. Beim *Kreuzesopfer* verkündete der Sohn diesen Titel der ganzen Welt. *Wer* oder *was* ihr auch seid: *Ich bin für euch ‹die Frau›!*» (6. 4. 1952)

V.

Worte der «Frau»: «Das *Zeichen* der ‹Frau aller Völker› wird später gesehen werden *über die ganze Welt hin.*» (17. 2. 1952)

Mit diesen Selbstzeugnissen der «Frau aller Völker» zu ihrem Bild darf als erwiesen gelten, daß sich die Amsterdamer Botschaften in Übereinstimmung mit der Lehrmeinung jener Theologen befinden, die schon immer für die Identität der biblischen «Frau» mit Maria eingetreten sind. Man könnte dagegen einwenden, eine Privatoffenbarung könne keine verbindlichen Argumente für theologische Entscheidungen liefern. Es fragt sich jedoch, ob es sich hier noch um bloße Privatoffenbarung handelt! Wir können diese Frage hier zwar nicht ausführlich erörtern, wohl aber auf einiges hinweisen, was die theologische Diskussion über dieselbe nicht übersehen sollte.

Zu klären wäre die Frage, ob die nachchristliche Epoche der Kirchengeschichte nicht ebenso *biblische Zeit* genannt werden darf wie die Zeit von der Genesis bis zur Geburt Christi. Denn durch das prophetische Zeugnis der Apokalypse und ihrer Kommentarprophetie ist auch die Zeit von den Aposteln *bis zum Zeitenende* mit in die Hl. Schrift hineingenommen. Im Fall Amsterdam handelt es sich zweifellos um eine solche Kommentarprophetie.

Ferner wäre zu überlegen, ob Maria, die in Amsterdam anfangs das Äußere der jugendlichen «Miriam» aus jüdischem Blut, später deren verklärte Gestalt aufwies, dort nicht in ihrem Auferstehungsleib, also in voller *Leibhaftigkeit* gegenwärtig gewesen war. Ist Maria, die als letztzeitlich wieder in Erscheinung tretende Person biblisch bezeugt und durch ein Dogma der Kirche als leiblich Auferstandene bestätigt ist, nicht ebenso *lebendiger biblischer Zeuge* wie jene Maria, von deren irdischem Dasein die Hl. Schrift berichtet?

Sollte die Kirche bei einer neuerlichen Überprüfung des Amsterdamer Geschehens diese Frage bejahen, so müßte die Theologie tatsächlich «schweigen vor der Sache meines Sohnes», wie die «Frau» die «Sache» des «Kreuzes», des Siegels, bezeichnet. Denn wo Christus durch seine *leibliche* Mutter so klar gesprochen hätte wie in den Amsterdamer Botschaften, dürften sich theologische Bedenken wohl erübrigen.

Kehren wir nun zu den Fragen zurück, deren Beantwortung wir bisher versucht haben. Es sind vor allem *zwei* Fragen, auf die nun eine Antwort gewagt werden darf: Was will die «Frau aller Völker» mit ihrem *Bild* zum Ausdruck bringen? Und was ist unter dem *«Zeichen der Frau»* zu verstehen?

Zur *ersten* Frage: Das Bild der «Frau aller Völker» erwies sich in unserer Untersuchung als die bildliche *Entschlüsselung des «großen Zeichens»* in Off. 12, und mit diesem zusammen als die ins Bild gefaßte *Offenbarung des apokalyptischen Siegels* durch *Maria*.

Die *zweite Frage* ist in dieser Antwort bereits mitbeantwortet. Nachdem das (hypothetische) Siegel nichts anderes darstellt, als das Geheimnis des *Kreuzes,* kann auch nichts anderes als das «Zeichen der Frau» in Frage kommen, wie das *Kreuz Christi.* Auf diese beiden Ergebnisse der Deutung dürfte die «Frau» hingewiesen haben, als sie an anderer Stelle von ihrem Bildnis sagte: «Mit diesem Bildnis habe ich meine *besondere Absicht* und darüber wirst du *später hören.* Sage deinem Seelsorger: ‹Es ist so!›»

Mariologische Hypothese
von der Offenbarung des apokalyptischen Siegels
durch die apokalyptische «Frau»

Erster Nachweis

Paust man das obige *Siegelkreuz* auf durchscheinendes Papier und legt man diese Pause so über das Bild der «Frau aller Völker», daß sich das *untere* (christozentrische) Teilsiegel mit der *Erdkugel* deckt, so deckt sich gleichermaßen das *obere* (trinitarische) Teilsiegel mit *Kreuz und «Bogen»* auf dem Bilde der «Frau».

Zweiter Nachweis:

Folgt man dem Beispiel der «Frau» in der Botschaft vom 10. 12. 1950 und legt oder zeichnet man auf bzw. in die «flache Karte» der

Erdkugel ein *Kreuz*, so vervollständigt sich das Bild der «Frau aller Völker» zum (hypothetischen) *Siegel der Apokalypse.*

Dritter Nachweis:

Da das apokalyptische Siegel durch das Bild der «Frau aller Völker» zum Ausdruck gebracht wird und dieses Bild mit dem «großen Zeichen» in Off. 12 identisch ist, stellt das «große Zeichen» die *Bildverschlüsselung,* das Bild der «Frau aller Völker» die *Bildentschlüsselung des apokalyptischen Siegels dar.*

5. Das Gebet der «Frau aller Völker»

Man kann den Zweck des Gebetes der «Frau aller Völker» natürlich auch dann voll erfüllen, wenn man seine einzelnen Formelemente nicht näher kennt.

Trotzdem kann eine kurze Betrachtung über Inhalt und Form dieses Gebetes dazu beitragen, seinen Sinngehalt zu vertiefen und heller aufleuchten zu lassen.

In ihrer Botschaft vom 11. 2. 1951 betete die Frau der Seherin das Gebet zum erstenmal vor. Sie betont, daß es nach Möglichkeit immer vor einem *Kreuz* gebetet werden sollte. Da dies für christliches Beten im allgemeinen gilt, fällt in den Worten, die die «Frau» an die Seherin richtet: «Sprich mir nach, *bete doch vor dem Kreuz:* ...», der eindringliche Hinweis auf das *Kreuz* besonders auf.

Man könnte vermuten, daß zwischen dem Gebet und dem «Geheimnis des Kreuzes» ein bestimmter Zusammenhang bestehen könnte.

Das ist in der Tat der Fall.

Nimmt man das Amsterdamer Andachtsbildchen zur Hand, so zeigt sich auf der Vorderseite das *Bildnis,* auf der Rückseite das *Gebet* der «Frau aller Völker». Auf dem *Bildnis* sehen wir oben das *trinitarische Siegelkreuz.* Die *über* den «Schafen», den *Völkern* schwebende Erdkugel mit dem von der «Frau» darauf gelegten, im Bilde aber nur *gedanklich* mitzusehenden «großen und schweren Kreuz» erwies sich uns als das *christozentrische Siegelkreuz für alle Völker.* Vor dem trinitarischen Siegelkreuz aber steht *«die Frau»,* die «einst», d. h. in den «1260 (symbolischen) Tagen» ihres irdischen Daseins, *«Maria war».* Es sind also *drei* Hauptelemente in diesem Bild enthalten: Die trinitarische Ordnung *in Gott,* die christozentrische Ordnung *der Völker* und die *«Frau aller Völker»* als Miterlöserin, Mittlerin und Fürsprecherin.

Die gleichen drei Hauptelemente finden sich auch im Gebet der Frau wieder, das aus *drei* Sätzen besteht.

Der erste Satz bezeugt die dreifaltige Ordnung *in Gott,* der zweite enthält die Bitte um Eingießung des Hl. Geistes und damit der christozentrischen Ordnung in die «Herzen *aller Völker»,* und der dritte wendet sich an die *«Frau aller Völker»* mit der Bitte um ihre Fürsprache.

Zur Verdeutlichung bringen wir das Gebet der «Frau» mit entsprechenden Hervorhebungen zur Darstellung:

Herr *Jesus Christus,* Sohn des *Vaters,* sende jetzt Deinen *Geist* über die Erde. (Hl. Trinität)

Laß den Heiligen Geist *wohnen in den Herzen aller Völker,* damit sie bewahrt bleiben mögen vor Verfall, Unheil und Krieg. (Christozentrische Ordnung der Völker)

Möge die *«Frau aller Völker»,* die einst Maria war, unsere Fürsprecherin sein. Amen. (Maria als «die Frau»)

Als mit der Verbreitung dieses Gebetes von Amsterdam aus begonnen wurde, kam es mitunter vor, daß in manchen Nachdrucken die Einschaltung «die einst Maria war» weggelassen wurde. Dies veranlaßte die «Frau» über ein Jahr nach ihrer Einführung des Gebets, der Seherin folgendes aufzutragen: «Sage den Theologen, daß ich über die Veränderung des Gebetes nicht zufrieden bin. ‹Möge die Frau aller Völker, *die einst Maria war,* unsere Fürsprecherin sein›, *das soll so bleiben!»*

Die Weglassung der erwähnten Einschaltung wurde u. a. damit begründet, daß die «Frau» nicht nur Maria *war,* sondern es auch heute noch *ist.* Man könnte diesem Einwand kaum etwas Stichhaltiges entgegensetzen, wenn man drei Tatsachen unberücksichtigt ließe.

Erstens schließt das «einst» hier ebensowenig eine spätere Änderung ein wie etwa das Wörtchen «bis» in Mt. 1, 25. Dort heißt es z. B.: «Er (Josef) nahm seine Frau zu sich, ohne sich ihr ehelich zu nahen, *bis* sie ihren Sohn gebar...» Man könnte daraus schließen, Maria hätte nach der Geburt Jesu ihre Jungfräulichkeit aufgegeben, da überdies auch noch von «Brüdern Jesu» die Rede ist. Letztere werden aber in mehreren Schriftstellen ausdrücklich als Verwandte, nämlich als Vettern Jesu gekennzeichnet.

Zu diesem biblischen Sachverhalt liegt eine gewisse Parallele vor, wenn es im Gebet zwar heißt, «die *einst* Maria *war»,* die «Frau» aber in einer anderen Botschaft von sich sagt: «Ich *bin* die Frau, *Maria,* Mutter aller Völker.» (11. 2. 1951) Wenn Maria von den Theologen trotzdem forderte, die von ihr vorgenommene Formulierung beizubehalten, so dürfte das einen sehr einfachen Grund haben, der den Theologen – und uns allen – damals allerdings noch kaum bekannt gewesen sein dürfte.

Wenn nämlich die «Frau aller Völker» mit der «Frau» der Genesis, der Evangelien und der Apokalypse identisch ist, dann bedarf es einer besonderen Betonung ihrer einstigen Verkörperung in der jüdischen Jungfrau Miriam oder Maria.

Treten wir aus der provinziellen Enge, in der sich unser abendländisches Denken und Empfinden noch immer weitgehend bewegt, heraus und berücksichtigen wir die große Zahl der Nichtchristen und Angehörigen anderer kulturtragenden Religionen und Völker, so werden wir erkennen, daß diesen der Name «Maria» kaum etwas sagen würde, wenn er ihnen in den kommenden Katastrophenjahren unvermittelt begegnen würde. Dagegen ist das *Urbild der «Frau»* so alt wie die Menschheit selbst und es gibt kaum eine Religion, in der dieses Urbild nicht in irgendeiner Form Gegenstand religiöser Verehrung wäre. Um die *gesamte Menschheit* binnen kurzer Frist zu evangelisieren – und diese Aufgabe kommt auf uns Christen zu –, müssen wir alles aufgreifen, was an positiven Vorstellungen von der «Frau» in anderen Religionen vorhanden ist. Das dürfte die «Frau» auch meinen, wenn sie sagt: «‹Die einst Maria war› bedeutet, daß viele Menschen Maria (zwar) als *Maria* gekannt haben. Nun aber will ich in diesem *neuen* Zeitabschnitt, *der anbricht,* ‹die Frau *aller* Völker› sein. *Das versteht jeder!»* Nämlich jeder Angehörige irgend einer Religion und irgend eines Volkes. Deshalb erscheinen die Worte «die einst Maria war» nur dem problematisch, der sich nicht bereitfinden kann, den letztzeitlichen Status unserer Zeit zu bejahen. Wir werden morgen von manchem Abschied nehmen müssen, was uns heute vertraut ist und manches mit ins Haus der Kirche aufnehmen müssen, was uns ungewohnt erscheint; denn die Zeit der «Frau» ist *Missionszeit!* Letztere soll nach Weisung der «Frau» bei uns, in den sich christlich nennenden Ländern, ihren Anfang nehmen und sich von hier aus in den übrigen Völkern und Ländern fortsetzen, damit allen das Evangelium verkündet worden ist, bevor sie und uns das Zeitenende überrascht. Mag Maria im Hinblick auf ihre weltweite Mission auch fordern, mit dem *Titel* ihres Urbildes, der «Frau», in die Welt gebracht zu werden: Der Zusatz «die einst Maria war» wird es verhindern, daß man diesem Titel eines

Tages Inhalte unterstellen könnte, die heidnischen Vorstellungen von der «Frau» entstammen. Die «Frau» ist nicht jene *«Göttin»* des Doctor Marianus aus Goethes «Faust», die jener nach der Regieanweisung «anbetet». Sie ist die «Frau» der Bibel, die einst *Maria* war und es auch unter ihrem neuen, letztzeitlichen Titel *bleiben* wird.

6. Die «Frau» und die Siegelhypothese

Obwohl versucht wurde, möglichst alles, was an Deutungen zu den Amsterdamer Botschaften vorgetragen wurde, durch Worte der «Frau» zu belegen, könnte bei den Lesern doch noch manche Ungewißheit über einige wesentliche Deutungsergebnisse bestehen. Vor allem könnte eingewendet werden, daß die «Frau» doch sicherlich darauf hingewiesen hätte, wenn tatsächlich in der gleichen Zeit, da sie ihre Botschaften an die Amsterdamer Seherin richtete, der *Schlüssel* zum Siegel der Apokalypse erarbeitet bzw. ermittelt worden wäre.

Ferner könnten Zweifel über die Richtigkeit und Brauchbarkeit des Schlüssels aufkommen, weil bis zur Stunde (Februar 1970) keine Verlautbarung darüber veröffentlicht wurde, daß die Siegelhypothese dem Hl. Vater bekannt ist.

Und schließlich könnte von progressistischer Seite bezweifelt werden, daß Maria, der das Evangelium «nur» Demut und Zurückhaltung bescheinigt, sich selbst als *Sendbotin der göttlichen Weisheit*, als geschöpfliche Verkörperung der göttlichen Sophia, bezeichnet bzw. bestätigt habe.

Auf diese drei wichtigen Fragen liegen die prophetischen *Antworten der «Frau»* vor. Sie werden deshalb als prophetisch bezeichnet, weil die Fragen noch gar nicht laut geworden waren, als diese Antworten gegeben wurden und weil diese Antworten in die Sprache der Prophetie gekleidet sind. Letzteres muß natürlich berücksichtigt werden, wenn man die folgenden einschlägigen Texte richtig verstehen will.

I.

«Ich muß jetzt auf den Boden schauen und sehe dort Gebeine und Helme liegen unter diesem *Kreuz.* Dann kommt gleichsam ein großer *Schlüssel* in meine Hand. Ich lasse diesen sofort *fallen.*

Dann sehe ich ganze Reihen junger Männer an mir vorbeiziehen, das sind *Soldaten*. Ich höre die Stimme sagen: ‹Steht unseren Jungen doch bei mit *geistlicher Hilfe!*› Ich sehe *weiße Gräber* erstehen, lauter weiße Kreuzchen.» (26. 12. 1947)

Die Textbedeutung: Die Helme und die Gebeine ihrer ehemaligen Träger, der Soldaten, liegen unter dem *«Kreuz».*

Wie festzustellen war, gebrauchte die «Frau» das Wort «Siegel» in keiner ihrer Botschaften. Sie sprach auch dann, wo sie seinen Inhalt und seine Form aufzeigte, immer nur vom *«Kreuz».* Also waren die Toten eines Krieges, von dem hier die Rede ist, in das Geheimnis des Kreuzes mit hineingenommen, d. h., dieser Krieg stand bereits unter dem Siegel der *Apokalypse* als «apokalyptischer Krieg». Deshalb wohl auch die *«weißen»* Kreuze, die auf die Bluttaufe der Gefallenen dieses Krieges hinzuweisen scheinen. Denn der Zweite Weltkrieg, ausgelöst von den «drei Fröschen» der Apokalypse, also durch den Satanismus, war das Werk Satans, bei dem dieser sich der «Synagoge Satans» und der «drei Frösche» bedient hatte. Das ergab schon die Erstentschlüsselung der Apokalypse im Jahre 1955, zu einem Zeitpunkt, da dem Verfasser Amsterdam noch gar nicht bekannt war. Zehn Jahre vorher, im Jahre 1945, hatte in sowjetischer Kriegsgefangenschaft jener Denkprozeß seinen Anfang genommen, der im Herbst 1955 zur Ermittlung des Siegels führte (wobei hier unter «Siegel» natürlich immer die Siegelhypthese zu verstehen ist). Damals lagen die Gebeine der Toten des «apokalyptischen Krieges» noch in vielen russischen Wäldern, nebst verrosteten Helmen und Waffen. Und damals schon «fiel» unter sie bereits der *«Schlüssel»,* von dem die Seherin spricht.

Dieser Schlüssel erbrachte den Beweis dafür, daß es sich bei den apokalyptischen «Fröschen» um Hitler und seine gleich ihm dämonisierten Helfer gehandelt hatte, die gemäß Off. 16, 13 f. ausziehen würden «zu den Königen der ganzen Welt, sie zum Kampfe zu sammeln auf den großen Tag Gottes, des Allherrschers».

1945 wurde der Kampf der «Könige der ganzen Welt» nicht etwa beendet, sondern nur auf einen günstiger scheinenden Zeitpunkt *verschoben.* Als die «Frösche» der Achsenmächte tot waren, zeigte es sich, daß sie nur die Auslöser eines Kampfes waren, der laut Apokalypse den heilsgeschichtlichen Zweck hat, daß sich die satanischen Mächte gegenseitig aufreiben würden. Was dann mit der Ersterprobung der Atombombe auf die Menschheit zukam, ist die Gefahr eines Weltverbrechens, gegen die sich die von den «Fröschen» hervorgerufenen Gefahren in der Tat als «froschhaft» erweisen würden.

Vor dieser zweiten und weit größeren Gefahr warnt die «Frau», wenn sie die Seherin angesichts der Gebeine der Toten des letzten Krieges auf das Entstehen neuer Gräber mit «weißen Kreuzchen» hinweist und ihr bereits die Soldaten eines neuen Krieges zeigt, von dem sie sagt, daß er *vermeidbar* wäre *«durch geistliche Hilfe»*.

Worin, so muß man fragen, müßte diese geistliche Hilfe bestehen? Doch nur darin, daß der *«Schlüssel»* zum *«Kreuz»*, die hier beide im Bilde erneut drohenden Unheils gezeigt werden, *aufgehoben* und die Apokalypse unter Zuhilfenahme der Offenbarungen der «Frau» nun auch von der Theologie, also der *Kirche*, entsiegelt würde.

Die Entsiegelung ergibt, wie der Verfasser feststellte, daß der 1939/40 begonnene Weltkrieg fortdauert und nur mit anderen Mitteln und in anderen Konstellationen weitergeführt wird. Die Entsiegelung der Apokalypse und der sie kommentierenden marianischen Prophetie zeigt weiterhin, daß die Friedensbemühungen des Hl. Vaters in der Form, in der sie zwangsläufig unternommen werden müssen, nicht zum Ziele führen können, weil ohne die Entlarvung der Initiatoren des Unfriedens deren hintergründiges Spiel auch weiterhin verborgen bleibt und ungehindert weitergespielt werden kann.

Nicht die im Vordergrund agierenden Politiker und Staatsmänner sind es nämlich, die «die Vernichtung der Welt wirken und planen», wie die «Frau» sagt, sondern die mit gewissen mächtigen Finanzkreisen «brüderlich» verschworenen *Großmanager* der Freimaurerei und des Kommunismus, denen diese Politiker und Staatsmänner verpflichtet sind. *Hitler*, der selbst «aus dem Munde des Lügenpropheten», der Freimaurerei (im weitesten Sinne verstanden), hervorgegangen war, ahnte etwas von diesem Spiel. Daß er in demselben selbst nur eine Marionette war, wußte er wahrscheinlich nicht. Aber das Reich Satans ist in sich uneins, und Hitler erweist sich der Forschung immer mehr als ein betrogener Betrüger der modernen Hochgnosis. Die Großmanager der Hochgnosis suchen weiter nach einem Pulverfaß, mittels dessen sich ein neuer, ein nuklearer Vernichtungskrieg entzünden lassen könnte. *Graf Bernadotte* (zwar selbst Freimaurer) suchte seinerzeit das glimmende Feuer im Nahen Osten auszutreten; er starb durch ein Attentat. *Dag Hammarskjöld* versuchte das gleiche im Kongo; er kam durch einen angeblichen Unfall ums Leben. *Kennedy* verhinderte die Entstehung eines durch die Kubakrise vorbereiteten großen Krieges und nahm Berlin unter die Fittiche der USA. Seine Mörder sind bis heute nicht gefunden, weil sie niemand zu finden wagt. *Robert Kennedy* hätte Vietnam den Frieden gebracht, wenn er Präsident geworden wäre. Er wurde erschossen, und es bleibt abzuwarten, wie diesmal die Spuren der Initiatoren dieses Mordes verwischt werden oder wurden. Warum denn unterscheidet sich der sogenannte «politische Mord» insofern von einem gewöhnlichen Mord, als bei ersterem nur selten die Kette nachzuweisen ist, die von den Initiatoren zum Täter oder zu den Tätern führt?

Bisher glaubte man diejenigen, die über die Existenz solcher Großmanager Vermutungen aussprachen, lächerlich machen zu können. Die Apokalypse und die «Frau» aber geben ihnen recht. Sie leuchten hinein in die Brutstätten der Weltverbrechen und der «modernen» Kriege und sie zeigen dem Papst die Gefahren auf, die der Kirche und den Völkern von diesen Satanisten drohen. Ihre Entlarvung durch die Kirche wird den Soldaten der zur «Verheizung» ausersehenen Völker jene «geistliche Hilfe» bringen, die ihnen und uns Tod und Verderben erspart.

Diese geistliche Hilfe kann die Kirche aber erst leisten, wenn dem Hl. Vater die Siegelhypothese zur Verbescheidung und Nutzung vorgelegen hat. Erst wenn dies geschehen ist, kann er das ihm von der «Frau» verheißene *Zeichen* sinnvoll deuten und befolgen.

Der Verfasser wird später einmal Rechenschaft darüber abzulegen haben, ob er alles in seinen Kräften Stehende getan habe, den Schlüssel zur Kenntnis des Hl. Vaters zu bringen. Möchten jene, die seine diesbezüglichen Bitten immer wieder unerfüllt ließen, sich über die Folgen im klaren sein, die sich ergeben haben und die sich weiterhin ergeben würden, wenn inzwischen keine anderen «Wege nach Rom» gefunden worden wären!

Es wäre nun noch auf den *dritten* möglichen Einwand einzugehen, der aus den Reihen der sogenannten mariologischen Minimalisten erwartet werden könnte. Auf den Einwand, daß die «Frau», die einst *«nur»* die «unauffällige» Miriam oder Maria aus Nazareth war, («wie kann aus Nazareth etwas Gutes kommen?», fragten auch die Minimalisten im Glauben an die messianische Sendung Christi von damals), wie kann diese Frau vom dreifaltigen Gott als geschöpfliche Verkörperung der göttlichen Sophia erwählt und begnadet worden sein? Daß dem so ist, bezeugt die «Frau» in einer symbolisch eingekleideten Schau der Seherin über die Offenbarung des Siegels durch eine «weiße Dame», welche die Seherin in ein «Schloß» und in einen «Garten» hineinführt. Wir bringen den einschlägigen Text unter Weglassung dessen, was für die Beantwortung der vorliegenden Frage nicht von unmittelbarer Bedeutung ist.

II.

«Ich sehe einen langen, schönen *Weg*. Ich *muß* diesen Weg gehen, aber es ist, als ob ich keine Lust dazu hätte. Ich stelle die *Menschheit* vor. Dann gehe ich auf diesem Weg und bin so müde, muß aber doch voran, *ganz langsam*. Ich bin am Ende dieses Weges und stehe vor einem großen *Schloß* mit Türmen. Die Pforte wird von *innen* geöffnet. Eine Hand fordert mich auf, einzutreten, aber ich will nicht. Es ist, als müßte ich zurücktreten. Doch ich gehe hinein. Meine Hand wird gefaßt und ich sehe die *weiße Dame*, die ‹Frau›. Sie lächelt mich an und sagt: ‹Komm!› Meine Hand fühlt einen Schmerz, der nicht auszuhalten ist ... Wir kommen gleichsam in einen *prächtigen Garten*. Die ‹Frau› bringt mich an einen Ort und sagt: ‹Das ist die *Gerechtigkeit*, die müssen sie *draußen* (und sie zeigt nach draußen) suchen. Sie muß wiedergefunden werden, sonst geht die Welt verloren› ... Wir gehen nach einem anderen Teil des Gartens und sie sagt: ‹Das ist die *Wahrheit.*› ‹Höre gut›, sagt die ‹Frau›, während sie mit dem Finger hin und her geht, als ob sie warnte: ‹Auch die Wahrheit ist hier drinnen, aber da draußen nicht, *ganz und gar nicht*›, sagt sie nochmals.»

(Nachdem die «Frau» u. a. auf die Notwendigkeit von *Enzykliken* hingewiesen hat, die aber *«leider nicht gelebt»* würden (!), und auf «ganze Reihen von Geistlichen, Studenten, Klosterschwestern usw.», von denen sie «mit Nachdruck» sagt, es sei sehr schlimm, aber davon *«taugt nichts»* (wohl mit Anspielung auf gewisse Auswüchse bei diesen Personengruppen in unserer Zeit), berichtet die Seherin weiter:

«Dann nimmt sie mich mit, wir gehen weiter, ganz tief in den Garten hinein, und wir kommen zu einem *großen Kreuz*. ‹Nimm es auf! Er ist dir vorausgegangen›, sagt die ‹Frau›. Ich weigere mich und fühle mich so, wie wenn alle Menschen der ganzen Welt dieses täten und dem Kreuz den Rücken kehrten. Ich werde an der Hand gezogen und sehe wieder die ‹Frau› vor mir stehen ... Sie sagt wieder: ‹Komm!›, und dann sehe ich eine *leuchtende Gestalt* mit langem Kleid vorausgehen. Er schleppt ein sehr großes *Kreuz*, es schleift über den Boden. Sein Gesicht sehe ich nicht, das Ganze ist ein *Lichtstrahl*. Er geht in die Welt hinein mit dem Kreuz, aber niemand folgt ihm. ‹Allein›, sagt die ‹Frau› zu mir. ‹Er geht da allein, allein in dieser Welt. Es wird noch schlimmer (mit der Welt), bis in einem gegebenen Moment etwas *sehr Schlimmes* geschieht. (Die Warnkatastrophe?) Und plötzlich steht das Kreuz mitten in der Welt. Jetzt *müssen* sie sehen, ob sie *wollen* oder *nicht!*›» (26. 12. 1947)

Die Textdeutung: Die Menschheit geht den «langen, schönen Weg» der Suche nach der *Weisheit* und gerät gegen Ende desselben in eine große Müdigkeit. In diesem (spätzeitlichen) Zustand gelangt sie überraschend an ein «*Schloß*», dessen «Pforte» «*von innen*» geöffnet wird, und zwar von einer «*weißen Dame*».

Das «*Schloß*» begegnet uns unter den Weisheitssymbolen alter orientalischer Völker, vor allem der Ägypter. Nach einer vorliegenden Quelle bedeutete es «Tempel der Weisheit», wobei vor allem an die den Mysterien innewohnende *Weisheit* gedacht worden war.

Im «*Garten*», der ebenfalls ein uraltes Weisheitssymbol darstellt, befand sich der «Baum der Weisheit», das *Mysterium* selbst. Unter dem Zeichen der «Schlange» war der «Baum der Weisheit» zum «Baum der *Erkenntnis*», also zum Symbol des reinen *Intellekts* geworden, von dessen «Früchten» zu «essen» Gott dem ersten Menschenpaar verboten hatte. Mit dem Erlösungstod Christi aber wurde im «Garten», im Paradies, der «Baum der Erkenntnis» verdrängt und ersetzt vom «Baum des Lebens», vom *Kreuz* und seinem Geheimnis. Diesen «Garten», d. h. diese Stätte des *Gottesfriedens* und der Annahme der Erlösung durch *alle*, kann die Menschheit nur erreichen, wenn ihre theologische und philosophische Reife es gestattet, daß ihr der «Tempel der Weisheit» von *innen*, und zwar durch die «weiße Dame», geöffnet werden kann. Der Menschheitsweg zu dieser Reife des Geistes und des Herzens ist im Grunde nichts anderes als der Um- oder Rückweg ins *Paradies*, das Christus den Erlösten zurückerobert hat.

Worin aber besteht oder bestätigt sich diese geistige und seelische Reife der «spätzeitlichen», d. h. *letztzeitlichen* Menschheit?

Die Apokalypse antwortet auf diese Frage in Off. 13, 18 und 17, 9. Im ersten Fall heißt es, daß sich «die Weisheit» darin bestätigen werde, daß man in der fraglichen Zeit das Geheimnis des Bösen, das «Zahlzeichen des Tieres» 666 zu «errechnen» vermöchte, und im zweiten Fall sagt die Apokalypse das gleiche von jenen Menschen, welche die sieben (bzw. acht) «Könige» zu ermitteln vermöchten.

Beides aber, die «Errechnung» der Zahl 666 und die Ermittlung der sieben Verfälscher der sieben Einzelsiegel, setzt voraus die Kenntnis des *Geheimnisses des Kreuzes*, des Siegels.

Jetzt, wo dieses Geheimnis *philosophisch* ermittelt und von der «Frau» *übernatürlich* bestätigt worden ist, öffnet die «Frau» im Gewande der göttlichen *Sophia*, als «*weiße Dame*», die Pforte zum Tempel der Weisheit für *alle* Menschen.

Es bedurfte langer und gründlicher Studien, um dieses symbolische

Bild von der Siegelbestätigung durch Maria, die «weiße Dame», analysieren und mit der Apokalypse und der Genesis in Parallele setzen zu können.

Zu dem *Geschehen* im «Garten» bedürfen die Leser wohl keiner längeren Erläuterung. Die Seherin findet in dem «Garten» die Attribute der Hl. Trinität, wobei sie diesmal nur die beim Namen nennt, die «draußen», d. h. bei den noch auf die kirchliche Siegelenthüllung wartenden Menschen, verlorengegangen sind, nämlich die *Gerechtigkeit* und die *Wahrheit.* Daß die «Frau» die *Liebe* unerwähnt ließ, ist erklärlich: denn diese ist keineswegs verlorengegangen, wenn man die Hilfsbereitschaft der Völker bei Katastrophen, Kriegsfolgen, Hungerepidemien usw., oder die moderne Entwicklungshilfe berücksichtigt. Was den Menschen fehlt, ist allein das *Zeugnis der Autoritäten* für das Siegel, für das *Kreuz.* Die Bestätigung hierfür gibt die «Frau» im Zusammenhang mit Ereignissen, über die das nächste Kapitel berichten wird.

Was von dem Geschehen im «Garten» noch einer besonderen Erwähnung bedarf, ist die das Kreuz tragende Gestalt, die offenbar *Christus* selbst darstellt. Christus «schleppt» das Kreuz, *«allein»*, ohne jede Hilfe von «draußen», also auch von der *Kirche!* Auch diese läßt es ihn möglicherweise so lange allein tragen, «bis in einem gegebenen Moment etwas *sehr Schlimmes* geschieht» und das Kreuz, d. h. das ihm innewohnende *Siegel,* durch ein von der biblischen und marianischen Prophetie angekündigtes *Katastrophengeschehen* als echt bestätigt wird. *Jetzt,* und zwar ganz «plötzlich», «steht das Kreuz mitten in der Welt. Jetzt *müssen* sie sehen, ob sie *wollen* oder nicht.»

Aus dieser Schilderung könnte die Behauptung herausgelesen werden, die Kirche würde nicht das Maß an Geist aufzubringen vermögen, die Siegelhypothese zu verstehen, zu prüfen und gegebenenfalls als richtig zu bestätigen. Derlei wird von der «Frau» nicht ausgesprochen. Dagegen sagt sie klipp und klar: «Jetzt müssen sie sehen, ob sie *wollen* oder nicht.»

Nicht die philosophischen und theologischen Fähigkeiten der Bischöfe und Theologen stellt die «Frau» in Frage, sondern allein ihren *guten Willen.* Sollte sich dieser vor dem «schlimmen» Geschehen nicht einstellen, so würden sie, die Führer der Kirche, ebenso «plötzlich» vor vollendete Tatsachen gestellt wie alle übrigen Menschen.

Dazu eine ernste Frage an die genannten kirchlichen Führungskreise: Was würde, wenn man es auf diesen handfesten und erzwungenen Gottesbeweis für das «Geheimnis des Kreuzes» ankommen ließe, noch von der Hirtenglaubwürdigkeit der heutigen kirchlichen Hierarchie übrigbleiben? Was würden die Menschen, Christen wie Nichtchristen, von einer Hierarchie halten, wenn sie zum *zweitenmale* – siehe Fatima und der Zweite Weltkrieg! – einem mariologischen Minimalismus zum Opfer fielen? Dieser Frage, die zugleich eine Bitte an die kirchlichen Behörden enthält, soll der nächste und letzte Abschnitt dieses Kapitels gewidmet sein.

7. Das «Zeichen» gegen den «Stern»

Das der Seherin von Amsterdam gezeigte Bild vom kreuztragenden Christus, dessen Antlitz sie nicht erkennen kann, weil ihr «das Ganze» wie ein «Lichtstrahl» erscheint, kann nicht symbolischen Charakter tragen, da Christus Gott ist und für nichts Symbol sein kann. Also muß eine *realistische* Deutung in Frage kommen.

Ein bloßes Erinnern an die Passion Christi wäre anzunehmen, wenn Christus in seiner irdischen Leiblichkeit gesehen worden wäre. Aber die lichte und «leuchtende Gestalt», einem «Lichtstrahl» vergleichbar, weist auf den *mystischen* Leib Christi hin. Dieser aber ist die *Kirche*.

Sie, die Kirche, wird in diesem Bild beauftragt, das *mystische* «Kreuz», das *Siegel*, in die Welt zu bringen.

Was aber ist «die Kirche»?

Sie wird realisiert, gebildet und geleitet durch Menschen und eine menschliche Institution, die Hierarchie.

Sie wird aber erst dadurch Kirche Jesu Christi, daß sie sich als mystischer Leib Christi erkennt und bekennt.

Wenn nun Christus seine Mutter, die «Frau», in diese letztzeitliche Welt schickt, um mittels des Siegels alle Menschen zum Evangelium und zur Ordnung Gottes hinzuführen, so müssen die irdische Institution «Kirche» und die Kirche als mystischer Leib Christi eine *Einheit* bilden. Verschließt sich die irdische Kirche dem letztzeitlichen Miterlösungswerk der «Frau», so tut sie dem mystischen Leib Christi Gewalt an, so muß Christus, wie die «Frau» an einer anderen Stelle sagt, «seinen Leidensweg aufs neue» beginnen.

Diese von der «Frau» angekündigte neue Passion Christi wird so lange andauern, bis die irdische Kirche das «Zeichen der Frau», das *Siegelkreuz*, annimmt, um es «mit Christus» in die Welt zu bringen. Als äußeres Zeichen für diese Bereitschaft der Kirche möge diese, so bittet die «Frau», das Dogma «Maria Miterlöserin, Mittlerin, Fürsprecherin» verkünden.

Aber selbst wenn die irdische Kirche die Ordnung des Kreuzes unter und mit den Völkern verwirklichen wollte, stünde ihr ein unüberwindlich scheinendes Hindernis entgegen: Die *«Kirche»* Satans und das *«Imperium»* Satans.

Unter der «Kirche» Satans verstehen wir die *Gnosis,* vereinfacht ausgedrückt: Die *Freimaurerei.*

Als apokalyptische «Hure» reitet sie auf dem «Tier», dem *Gewaltstaat,* und erst nach Hitlers Tod begann sich dieses Zusammenspiel von Freimaurerei und Weltmachtsanspruch der Stärkeren zu lockern, bis es in den letzten Jahrzehnten zur offenen Fehde zwischen beiden satanischen Mächten kam. Der sogenannte «Ost-West-Konflikt» wird von der «Frau» des öfteren als ein Zweikampf der antichristlichen Mächte gedeutet, der sich überall dort als solcher erkennen ließe, wo ganze Länder unter den beiden «Sternen» halbiert und aufgeteilt würden. Die «Frau» nennt als Beispiele Korea, Deutschland und den Nahostkonflikt. Sie geht sogar so weit, daß sie auch den Wettlauf der Großmächte zum Mond in diese Zusammenhänge hineinstellt.

Äußeres Zeichen der Zugehörigkeit zu einer der beiden Machtpositionen der modernen Gnosis ist der «Stern», und zwar der vom Satanszeichen «Baphomet» abgeleitete *Fünfeckstern,* mag dieser als Emblem des kommunistischen «Ostens» oder des freimaurerisch-liberalistischen «Westens» in Erscheinung treten. Ob amerikanische und andere Natosoldaten in den Kampf ziehen oder Soldaten aus dem kommunistischen Machtbereich: Sie kämpfen und sterben für den «Stern» und sind des Glaubens, und zwar auf *beiden* Seiten, sie opferten sich für eine gute Sache auf.

Über das Symbol des Pentagramms, seine Geschichte, seine vielfachen Nebenbedeutungen usw. ließe sich vieles sagen. Es mag hier genügen, auf die Apokalypse hinzuweisen und aus Off. 9 zu zitieren, wo Satan als fallender «Stern», d. h. als gefallener Engel, charakterisiert ist. Die Textstelle lautet: «Es blies der fünfte Engel. Da sah ich einen *Stern* vom Himmel niederstürzen. Ihm ward der Schlüssel zum Schlunde des Abgrunds gegeben. Er schloß den Schlund des Abgrunds auf. Da stieg ein Qualm aus dem Schlunde empor wie der Qualm eines mächtigen Ofens, so daß Sonne und Luft (Glaube und Wahrheit) verfinstert ward von dem Rauch aus dem Schlunde.»

In dieser Schilderung der letztzeitlichen Freilassung der Dämonen, die Satan durch ein Zeichen Gottes, das «Blasen» des fünften Engels, gestattet wird, tritt Satan im Zeichen des «*Sterns*» in Erscheinung. Die Pseudoapokalyptik der Gnosis hat sich dieses Symbols bemächtigt und hat versucht, es in das Licht der Humanität zu stellen, es zu verharmlosen.

Maria aber kommt denen zu Hilfe, die dieses Symbol als Satanszeichen erkannt haben und setzt es für den «Drachen» des «zweiten Zeichens». Wie das «große Zeichen» der «Frau» gegen das «zweite Zeichen», das Zeichen Satans, als Waffe eingesetzt wird oder werden soll, zeigt die «Frau aller Völker» an vielen Beispielen auf. Will man diesen letztzeitlichen Kampf der «Frau» gegen Satan auf die kürzeste Formel bringen, so würde diese lauten: *Das «Zeichen» gegen den «Stern».*

Seit dem zweiten, dem «apokalyptischen» Weltkrieg wird aus vielen Teilen der Welt, auch aus Ländern des kommunistischen Machtbereiches, über Marienerscheinungen berichtet. Da die kirchlichen Behörden dieser «Erscheinungswelle» ziemlich hilflos gegenüberstehen, scheint es ihnen schwerzufallen zu unterscheiden, welche Anspruch auf Echtheit besitzen und welche nicht.

Als typisches Beispiel für diese Phänomene sei eines derselben herausgegriffen, das als *Botschaft von Marienfried* bekannt ist und das sich in Deutschland, in der Nähe von Ulm, zugetragen hat.

In dieser Botschaft von Marienfried weist die Erscheinung auf den «Stern» hin, der durch das «Zeichen» besiegt werden würde. Und wie sich bei den aus östlichen Ländern berichteten Marienerscheinungen die *Kommunisten* als die Betroffenen gegen das «Zeichen» zur Wehr setzen, so waren es im Falle Marienfried die Satanisten der *westlichen* Gnosis, die durch die Worte der Erscheinung in Panik versetzt wurden und versuchten, durch List und Gewalt in den Besitz weiterer Geheimnisse zu gelangen, welche nach ihrer Meinung der Seherin vielleicht noch anvertraut worden waren.

Was die Erscheinung der Seherin tatsächlich mitgeteilt hatte, wurde von dieser selbst nicht verstanden und mit den Worten apostrophiert: «Es sind recht dunkle, unverständliche Sachen.»

Eine kleine Auslese aus dieser «dunklen, unverständlichen» Botschaft von Marienfried sei hier beigefügt:

«... wenn *alle* Menschen an meine Macht glauben, wird Friede sein.» (Auch hier das Motiv «Frau aller Völker», nur in sprachlicher Umschreibung!) «Ich drücke mein Zeichen meinen Kindern auf die Stirne» (das Siegel).

«Der *Stern* des Abgrunds wird wütender toben *denn je* und furchtbare Verwüstungen anrichten, weil er weiß, daß sich schon viele um mein *Zeichen* geschart haben.»

«Der *Stern* wird mein *Zeichen* verfolgen. Mein *Zeichen* aber wird den *Stern* besiegen.»

Solche Worte mußten die «Mariologen» der Gegenkirche, deren Literatur vom Haß, aber noch mehr von der Furcht vor Maria geprägt ist, auf den Plan rufen. Sie lieferten durch ihre panikartige Reaktion, über deren nähere Umstände vorerst nicht gesprochen werden soll, den bis heute wohl *eindeutigsten* Beweis für die Echtheit einer Marienerscheinung. Neben diesem ungewollten Zeugnis der *«Engel Satans»* für die Anwesenheit Marias in Marienfried gibt es aber auch einen Beweis der *Engel Marias,* der die Erscheinung als *Botschafterin der Hl. Trinität* bezeugt, und zwar in dem nach Form und Inhalt schlechthin unübertrefflichen «Preisgebet zur allerheiligsten Dreifaltigkeit», das man ebenso als einen Lobgesang der Engel zu Ehren der «wunderbaren Mutter» bezeichnen könnte.

Mit diesem Gebetszeugnis der Engel für Marias letztzeitliche Beauftragung als *Sendbotin der Hl. Trinität* beenden wir dieses Kapitel. Das Gebet der Engel lautet:

> HEIL DIR, ewiger Herrscher,
> lebendiger Gott, allzeit Gewesener,
> furchtbarer und gerechter Richter,
> immer gütiger und barmherziger Vater!
> Dir werde neu und allzeit Anbetung,
> Lobpreis, Ehre und Herrlichkeit
> durch Deine *sonnengehüllte Tochter,*
> unsere wunderbare Mutter!

> HEIL DIR, geopferter Gottmensch,
> blutendes Lamm, König des Friedens,
> Baum des Lebens, Du unser Haupt,
> Tor zum Herzen des Vaters,
> ewig aus dem Lebenden Geborener,
> in Ewigkeit mit dem Seienden herrschend!
> Dir werde neu und allzeit Macht
> und Herrlichkeit und Größe
> und Anbetung und Sühne und Preis
> durch Deine *makellose Gebärerin,*
> unsere wunderbare Mutter!

HEIL DIR, Geist des Ewigen,
allzeit Heiligkeit Strömender,
seit Ewigkeit wirkend in Gott!
Du Feuerflut vom Vater zum Sohn,
Du brausender Sturm,
der Du wehest Kraft und Licht und Glut
in die Glieder des ewigen Leibes,
Du ewiger Liebesbrand,
gestaltender Gottesgeist in den Lebenden,
Du roter Feuerstrom
vom Immerlebenden zu den Sterblichen!
Dir werde neu und allzeit Macht
und Herrlichkeit und Schönheit
durch Deine *sternengekrönte Braut,*
unsere wunderbare Mutter!

Lesung aus dem Buch Joël.

So spricht Gott, der Herr:
Es wird geschehen,
      daß ich meinen Geist ausgieße über alles Fleisch.
Eure Söhne und Töchter werden Propheten sein,
eure Alten werden Träume haben,
und eure jungen Männer haben Visionen.
Auch über Knechte und Mägde
      werde ich meinen Geist ausgießen in jenen Tagen.

Ich werde wunderbare Zeichen wirken
      am Himmel und auf der Erde:
Blut und Feuer und Rauchsäulen.
Die Sonne wird sich in Finsternis verwandeln
      und der Mond in Blut,
      ehe der Tag des Herrn kommt,
      der große und schreckliche Tag.

Und es wird geschehen:
Wer den Namen des Herrn anruft, wird gerettet.
Denn auf dem Berg Zion und in Jerusalem gibt es Rettung,
      wie der Herr gesagt hat,
und wen der Herr ruft,
      der wird entrinnen.

Joël, 3; 1—5

Fünftes Kapitel

Das Geheimnis der Bosheit

1. Die «Söhne Kains»

Die Frage nach dem Geheimnis der Bosheit wirft eine Reihe von Einzelfragen und -problemen auf. Die schwerwiegendsten hiervon seien kurz aufgeführt.

Zunächst wird man fragen, wieso man von einem *Geheimnis* der Bosheit spricht, da es doch offenkundig sei, daß das Böse unmittelbar neben dem Guten stünde und allenthalben gegen dieses kämpfe.

In dieser Fragestellung offenbart sich das Mißverstehen dessen, was man als Geheimnis des Bösen, der Bosheit bezeichnet.

Nicht die Frage nach dem Vorhandensein der Bosheit ist gestellt, sondern die Frage, ob es in der von einem *allgütigen* Gott geschaffenen Welt überhaupt Böses geben *kann*. Als der allmächtige Gott hätte er doch die Welt so erschaffen können, daß das Böse in ihr unmöglich wäre. Und als Herr der Vorsehung wußte er doch von Ewigkeit her, daß er eine Welt erschaffen würde, in der das Böse wüten und zeitweise derart überhand nehmen würde, daß vorübergehend sogar am Sieg des Guten gezweifelt werden würde. Sowohl den Sündenfall der Engel wie jenen der ersten Menschen sah Gott voraus, und trotzdem schuf er die Engel und den Menschen. Sogar die Hölle hat in dieser von ihm geschaffenen Welt ihren Platz und – was noch schwerer zu begreifen ist – ihre Bewohner, die sich aus fühlenden und denkenden, unvorstellbaren Qualen überantworteten Geschöpfen Gottes rekrutieren.

Gewiß können wir eine Reihe von Argumenten dafür anführen, warum Gott seinen Geschöpfen die Freiheit des Willens und des Handelns mit auf den Weg gab. Wir können darauf hinweisen, daß das den Menschen bedrängende Böse den Rahmen der göttlichen Zulassung niemals überschreiten darf und daß dieses Böse sogar weitgehend, und zwar zwangsläufig, dem Guten die Wege zu bahnen hat.

Aber eine letztgültige Antwort auf die Frage nach dem *Warum* des Bösen in der Welt können wir mittels unseres Denkvermögens nicht geben. Wir können uns auch nicht vorstellen, daß Menschen, denen die Furchtbarkeit der Höllenstrafe vor Augen steht, diese der Seligkeit im Himmel vorziehen, und zwar für immer und ewig.

Weil es einem normalen menschlichen Gehirn nicht gegeben ist, dies zu begreifen, werden letzte Ursache und letzter Zweck der Existenz des Bösen, d. h. des *bewußt* und aus innerem Bedürfnis *erstrebten,* ja sogar kultisch *verehrten* Bösen so lange *Geheimnis* für uns bleiben, als wir in Zeit und Raum eingeschlossen und der unmittelbaren Anschauung Gottes nicht teilhaftig sind. Da diese Existenz des Bösen eine Tatsache ist, müssen wir sie nicht nur als solche hinnehmen, sondern auch ihre *Folgeerscheinungen* im irdischen Lebensbereich des Menschen zu erforschen und zu bekämpfen suchen, wo immer dies möglich erscheint.

Wo dies nicht geschieht, behilft man sich mit Umschreibungen des Bösen. Manche versuchen sich das Problem dadurch zu erleichtern, daß sie das Böse als bloßen moralischen Irrtum, als reine Triebbezogenheit, als bloßes Nichterkennen des Guten ausgeben. Solche Mißdeutungen beruhen zumeist auf völliger Unerfahrenheit mit den Erscheinungen des Bösen, sind also nicht weiter diskutabel.

Andere wieder erkennen zwar hinter manchen Tatsachen eine treibende Kraft des Bösen, aber sie vermögen nicht, dieser Kraft einen Namen zu geben.

So spricht man heute von «Trojanischen Pferden» in der Kirche, und zwar mit Recht!* Was aber vielfach noch nicht erkannt wurde, das ist die Tatsache, daß es sich im Grunde nur um ein *einziges* «Trojanisches Pferd» handelt, das zwar eine bunte Vielfalt von eingeschmuggelten Seelenmördern enthält, aber nicht etwa von diesen selbst gelenkt und bedient wird.

Was heute in und mit der Kirche, in der internationalen Politik, durch die Verbreitung einer entarteten und entartenden Zivilisation mit den Völkern der Welt geschieht, ist gezieltes, in seiner Grundanlage seit Jahrtausenden geplantes und seit Jahrhunderten einexerziertes *letztzeitliches Geschehen.* Wir haben es mit dem ersten *Generalangriff* der «Synagoge Satans» auf die Kirche Jesu Christi zu tun, der, wie der Prophetie zu entnehmen ist, zwar abgewehrt werden wird, aber nicht den endgültigen Sieg des christlichen Lagers erhoffen läßt. Was diesen Angriff von allen früheren Versuchen dieser Art unterscheidet, ist die weltweite *Geschlossenheit der Angreifer* und die *Einheitlichkeit ihrer Führung.*

Was die Gefährlichkeit dieses Generalangriffs aber ins Unvorstell-

---

* Dietrich von Hildebrand, «Das Trojanische Pferd in der Stadt Gottes», Co-Produktion Habbel-Verlag Regensburg und Christiana-Verlag Stein am Rhein.

bare hinein steigert, ist die *Zerrissenheit, Unentschlossenheit,* ja *Führungslosigkeit* des christlichen Lagers in diesem Kampf.

Man könnte einwenden, der Hl. Vater habe doch die Führung schon kraft seines Amtes in der Hand.

Das trifft in vollem Umfange zu. Aber was soll ein Führer mit einem wirr durcheinanderlaufenden, kampfungewohnten und überzeugungsschwachen Heer gegenüber einem solch entschlossenen und mit modernsten geistigen Waffen ausgerüsteten Gegner, wie ihn die Letztzeit hervorbrachte, anfangen? Wie soll ein Papst heute noch die Wölfe von den Schafen trennen können, wo erstere in der Kirche längst das große Wort führen und niemand da zu sein scheint, der ihnen die Maske des Schafes vom Gesicht reißt?

Agenten des Gegners, wie sie heute auch unter Theologen und Bischöfen zu finden sind, haben die Konzilsatmosphäre dazu mißbraucht, einen mariologischen Minimalismus, gefolgt von zahlreichen anderen Glaubens-Minimalismen, in die Kirche zu schmuggeln. Tausende und Abertausende von Priestern und Laien, von ihren Bischöfen vielfach nur achselzuckend beraten, überließen sich seitdem willenlos dem Sog des gegen das schwach bemannte Schifflein der Kirche ansteuernden hochgetakelten Piratenschiffs der «Wölfe». Heute heißt die Frage nicht mehr: Wie stark ist der äußere Feind, der das christliche Lager berennt? Sie lautet vielmehr: Wie stark ist die Gefolgschaft des Feindes *in der Kirche selbst? Nur diese* Frage hat Bedeutung.

Deshalb mußte es das besondere Anliegen der «Schlangentöterin» sein, der in die Irre gehenden Kirche zu zeigen, wer ihr auf diesem Wege in den Abgrund unter der Tarnkappe vorangeht. Sie, Maria, sagte nach dem Ende des Zweiten Weltkrieges die damals noch unmittelbar bevorstehende Entwicklung in Kirche und Welt voraus. Und weil sie den «Leitwolf» kennt, der nun seine Stunde für gekommen hielt, nahm sie ihm die Tarnkappe vom Kopf. Was aber zeigte sich denen, die das zur Kenntnis nahmen? Es war – und ist – die *Gnosis,* die uralte Gegenspielerin der Heilsgemeinde Gottes, die von Satan gegründete, der Kirche Jesu Christi raffiniert angepaßte, schon in der Genesis als wirksam bezeugte und vom Volksmund etwas vereinfachend und verallgemeinernd als *Freimaurerei* bezeichnete «Synagoge Satans» (Off. 2, 10).

Diese «Kirche» des Widersachers der «Frau», des «Drachen», wird in den Amsterdamer Botschaften so restlos entlarvt, daß damit ihr Ende gekommen zu sein scheint.

Der «Baum der Erkenntnis», von dessen Früchten die Stammeltern des Menschengeschlechtes aßen, ist das Zeichen der Gnosis, der «Kirche» der «Schlange». Als «Lebensbaum» begegnet er uns in der jüdisch-rosenkreuzerischen Kabbala, einer Zusammenfassung gnostischer Lehren des Judentums.

Gnosis ist das griechische Wort für *Erkenntnis*.

Natürlich ist nicht Erkenntnis schlechthin unter Gnosis zu verstehen. Unser Verstand ist auf Erkenntnis angelegt, und wenn er das Erkannte nicht dazu mißbraucht, der Offenbarung Gottes in der Hl. Schrift und der Erlösung durch Jesus Christus eine vom Menschen konstruierte, erdachte oder erfühlte *Scheinoffenbarung* und *Selbsterlösung* entgegenzusetzen, kann von Gnosis keine Rede sein. Bisher bezeichnete man als Gnosis nur gewisse Arten solcher Versuche in der Geistesgeschichte, besonders in der Kirchengeschichte.

Aber Gnosis ist mehr als die eine oder andere zufällige Entäußerung der «Synagoge Satans»; Gnosis gab es im Alten Testament ebenso wie im Neuen, und manche heidnischen Götter, deren Existenz von der *echten* Synagoge und ihrer Nachfolgerin, der christlichen Kirche, widerlegt worden war, entarteten mangels Glaubwürdigkeit zu Gebilden und Symbolen der Gnosis, der bloßen *menschlichen* Erkenntnisbemühungen um Gott und die Wahrheit. So bedeutete z. B. der griechische Gott Apollo ursprünglich nichts anderes als die Verkörperung und Vergöttlichung menschlicher Tugenden, unter welche auch manche menschliche Schwächen gemischt waren. Dieser mangels Offenbarung notwendige religiöse Glaubensbehelf war an sich noch nicht Gnosis. Erst mit dem Mißbrauch, der mit diesem Gott und seinen olympischen Genossen getrieben wurde, und mit der Zuhilfenahme der Magie bei dem Versuch, Existenz und Glaubwürdigkeit dieser vermeintlichen Gottheiten nachzuweisen, setzte die eigentliche Dämonisierung derselben ein, wurden aus den Göttern in zunehmendem Maße Verkörperungen von Dämonen, wurde Gnosis zum Satanismus. Ein ähnlicher Bedeutungswandel ist ja auch bei der Überwindung des germanischen Götterglaubens durch die christliche Lehre zu beobachten: Aus Wotan wurde der mit einem Bocks- oder Pferdefuß versehene Teufel, und auch die übrigen nordischen Götter nahmen immer mehr dämonischen Charakter an, je tiefer das Christentum bei uns vordrang und die germanische Gnosis enthüllte.

Den heilsgeschichtlichen Modellfall dieser Götter- und Kultdämonisierung alter Religionen stellt jedoch die *altägyptische* Religion dar. Mit ihr kamen die rechtgläubigen Juden vor und während der ägyptischen Gefangenschaft in enge und offenbar nachhaltige Berührung.

Von Ägypten brachten die Juden das «Goldene Kalb» als Götzen der Fruchtbarkeit und des Strebens nach Gold und Macht mit in ihre weitere Geschichte, und in der Folge wurde auch ihre *Messiasvorstellung* von diesem geschichtlichen Anfangserlebnis mitgeprägt. Diese irrige Vorstellung vom irdischen Gottkönig wird sogar noch im Neuen Testament offenbar, wo sich Christus nur mit Mühe dem Versuch seiner jüdischen Zuhörer, ihn zum König zu machen, entziehen kann. Das in den jüdischen Glauben mit eingebettete, vom Widerstand gegen die Messianität Christi ins Idolhafte gesteigerte Messiasbild der jüdischen Priesterschaft dürfte beim Schuldspruch des Hohen Rates die entscheidende Rolle gespielt haben. Auch die, die sich heute «Juden» nennen, «ohne es zu sein», nämlich die «Auserwählten» in den freimaurerischen Bünden und Gemeinschaften, berufen sich in ihrer Symbolik und ihrer Ursprungsgeschichte immer wieder auf das alte Ägypten und die ihm entstammende jüdische Gnosis. Warum eigentlich sollten wir, die «Profanen», den Freimaurern nicht glauben, was sie selbst über das Zweifelhafte ihrer Herkunft zu berichten bemüht sind? Warum sollten wir, die Christen, der Gegenkirche widersprechen, wenn diese von sich sagt, daß sie ihren Ursprung sogar bis ins Paradies zurück verfolge, bis zur «Schlange», dem Teufel selbst?

Und warum sollten die alten freimaurerischen Paßworte «Jubela», «Jubelo» und «Tubalkain», von denen die beiden ersten Verballhornungen des biblischen «Jabal» und «Jubal» darstellen, von uns nicht ernstgenommen werden, nachdem wir aus dem 4. Kapitel der Genesis wissen, daß Jabal, Jubal und Tubalkain Söhne jenes Lamech waren, der ein Nachkomme des Brudermörders Kain war und der in seinem «Rachelied» sang: «Für meine Wunde kann ich Männer jetzt erschlagen, für meine Beulen ihre Söhne. Wird Kain schon siebenfach gerächt, dann Lamech siebenundsiebzigfach!»

Weist der Stammbaum Jesu die Zugehörigkeit Marias und ihres leiblichen Sohnes Jesus zur Linie Sets, also zu den Setiten aus, so berufen sich die Freimaurer mit den obigen Paßworten ausdrücklich *auf* die geistige Linie *Kains*. Freilich versuchten sie später mitunter, diese geistige Zugehörigkeit zu den Kainiten dadurch zu verdecken, daß sie besonders auffällig ihre angeblich setitische geistige Herkunft betonten. Aber hier kann man mit gutem Grund sagen: «Wer sich verteidigt, klagt sich an.» Hätten sogenannte Verräterschriften die obengenannten Paßworte nicht ausgeplaudert, wäre wohl niemand auf den Gedanken gekommen, in der Freimaurerei eine Gemeinschaft der «Söhne Kains» zu sehen, außer ihnen selbst.

Diese wenigen Hinweise auf die satanistische Herkunft der Gnosis, deren spätzeitlicher Hauptträger die Freimaurerei (im weitesten Sinne verstanden) ist, genügen natürlich bei weitem nicht, das Wesen der Freimaurerei stichhaltig nachzuzeichnen. Dies bleibt der Phänomenologie der Gnosis, der *Gnosiologie,* vorbehalten. Für die Leser der Weissagungen der Frau aller Völker dürfte das Geschilderte ausreichen, um sie die Worte der «Frau» verstehen zu lassen, die sie in der Botschaft vom 21. April 1945, also bereits bei ihrem zweiten Erscheinen, zu der Seherin sprach. Dort lesen wir:

«Danach ... sehe ich eine unendliche *Leere* vor mir. Aber während ich in diese Leere sehe, erblicke ich *Menschenköpfe* darin. Von diesen muß ich gleichsam hier und da einen herausnehmen, und dann sagt die Gestalt (die «Frau») zu mir: ‹Es sind führende Personen, die schon wieder *etwas ausdenken.*› Dann sehe ich den Auszug der Juden aus *Ägypten* und sehe darüber gleichsam ein Bild Gottes des Vaters in den Wolken. Er hält Seine Hand vor die Augen und die ‹Frau› sagt zu mir: ‹Und Jahwe schämt sich über sein Volk.› Und dann sehe ich ganz deutlich die Vorstellung von *Kain und Abel.* Den *Eselskinnbacken* sehe ich ganz deutlich vor mir liegen und sehe Kain flüchten. Danach werde ich erneut vor den Altar gestellt und sehe in der Ferne eine Prozession vorbeiziehen, die *Mirakelprozession* in Amsterdam.»

Zum besseren Verständnis muß vorausgeschickt werden, daß die Seherin sich in eine Kirche versetzt sah, daß die «Frau» ein *Kreuz* in ihre Hand gelegt hatte (das Siegel!), und daß die Frau die Erhaltung des sich soeben ankündigenden Friedens (April 1945!) vom Glauben an den Gekreuzigten, vom *Kreuz* abhängig gemacht hatte. Im Kontrast hierzu zeigt sie eine «unendliche Leere», eine Andeutung des Nichts, für das Satan seine Pläne schmiedet. In diesem satanischen Nichts erscheinen plötzlich «Menschenköpfe», die sich «schon wieder etwas ausdenken».

Wir fragen, von welchen Menschen hier die Rede sei. Und wir erhalten die Antwort in Bildern. Es sind Menschen, deren Ziel es ist, den Unfrieden Kains zu verewigen. Sind es Politiker? Oder sind es auch andere «führende Köpfe»? Fragen wir die Bilder weiter. Der Seherin wird der Auszug der Juden aus Ägypten gezeigt und Gott Vater, der sich «über sein Volk schämt». Das Volk Gottes des Alten Testamentes waren die *Juden,* deren Tanz um das «Goldene Kalb» der ägyptischen Gnosis Gott gewissermaßen mit Scham beobachtet. Der Einbruch der Gnosis in das Volk Jahwe's während der ägyptischen Gefangenschaft wird hier durch die «Frau» bestätigt. Diese Infizierung durch die Gnosis hatte, wie schon erwähnt, nicht. nur für das jüdische Volk, sondern darüber hinaus für die gesamte Heilsgeschichte entsetzliche Folgen, nämlich den rund dreizehnhundert Jahre später erfolgenden Gottesmord an Jesus Christus, dem Sohne Gottes, durch die Priesterschaft dieses Volkes.

Bis zu jenem Ereignis, dem Auszug aus Ägypten, war das jüdische Volk von der Gnosis verschont geblieben, die durch Kain in die Heilsgeschichte gebracht worden war. Die geistigen Nachkommen Sets waren nun der Arglist der Kainiten zum Opfer gefallen, denn die «Frau» fügt dem Bilde der aus Ägypten ausziehenden Juden sogleich das Bild von der Bluttat Kains an, um so die geistige Verbindung zwischen «Ägypten» und «Kain» herzustellen. Kain wird als Flüchtender gezeigt, der an der Stelle der Mordtat einen *Eselskinnbacken,* das Mordwerkzeug, liegen ließ.

Die .Genesis berichtet nichts Näheres über die von Kain benützte Mordwaffe. In der allgemeinen Auslegung des Mordgeschehens wird als solche ein Stein vermutet. Die «Frau» aber spricht von einem «Eselskinnbacken», also von einem wenig gewichtigen Skeletteil eines ziemlich kleinen Tieres, dessen Eignung als Mordwaffe wenig wahrscheinlich ist. Deshalb kann es sich hier nur um eine *symbolische* Waffe handeln, um einen Hinweis auf ein ganz bestimmtes Mordwerkzeug. In der Tat geht es um nichts anderes; denn der Kinnbacken von Säugetieren wird in der Sprache der Tieranatomie auch heute noch als «Hammer» bezeichnet.

Dieses *Hammersymbol* aber ist eines der Grundsymbole der *Gnosis,* von der es die Freimaurerei übernommen hat. Aus ihm leiten sich die verschiedenen Formen gnostischer Kreuze ab, vorweg das Hammerkreuz, das uns u. a. auch im altägyptischen *Ansatakreuz* begegnet.

Es würde zu weit führen, die Symbolgeschichte der Hammerkreuze ausführlicher zu behandeln. Darum mag es mit diesem kurzen Hinweis sein Bewenden haben. Erstaunlich ist auf jeden Fall die Prägnanz, mit der die «Frau» die Entstehung des kainitisch geprägten Satanismus zur Darstellung bringt. Ein einziges Wort der Prophetie genügt mitunter, um einer Unsumme wissenschaftlicher Bemühungen die himmlische Bestätigung ihrer Richtigkeit zuteil werden zu lassen. So das Wort «Ägypten», «Kain», «Leere» und das soeben gedeutete Wort «Eselskinnbacken» als Symbol für den «Hammer» der Gnosis und der Freimaurerei, das, wie beiläufig erwähnt werden soll, im hebräischen Urtext des Buches der Richter (15. Kap. 15. Vers) auch dem heldenhaften Simson als Waffe zugeschrieben wird.

Zu ergänzen wäre noch, daß «Hammer» oder «Hammerkreuz» auch für «Faust» steht, also für das Zeichen der Gewalttat und der Gewaltsamkeit überhaupt. Wie Kain sich des «Hammers» als eines Werkzeuges der Gewalttätigkeit bedient, so bedienten sich die Hohenpriester im Prozeß gegen den Messias des «Hammers» Pontius Pilatus, des Trägers der Macht. Die Apokalypse drückt diesen Zusammenhang aus in dem Bilde der auf dem «Tier» reitenden «Hure», wobei *Tier* für den *Gewaltstaat* und die Gewalttätigkeit, *«Hure»* für die der «Stadt Gottes» feindlich gegenüberstehende «Stadt Babylon», die gnostische *Gegenkirche*, steht.

Wie das Gottesvolk im Alten Testament, wird auch das Volk Gottes des Neuen Testaments von der «Hure», der Gnosis, und dem ihr dienstbaren Pseudoimperium in Bedrängnis gebracht. Letzteres bedrängt heute die «Stadt Gottes», die christlichen Völker, vom *Osten* her, während die Pseudoordnung der «Hure» vor allem dem *Westen* ihren Stempel aufdrückt. Heute haben sich, gemäß der Apokalypse (Off. 17, 16), das «Tier» und seine «Hörner», nämlich der östliche Imperialismus, gegen die westliche «Hure» erhoben und wir sind Zeugen ihres Endkampfes um die Beherrschung der Völker.

Soll dieser Endkampf zugunsten des Westens entschieden werden, muß sich dieser zuerst der «Hure», der Pseudoordnung des Liberalismus und des Kapitalismus entledigen und die Ordnung Gottes an ihre Stelle setzen.

Diese Grundbedingung Gottes in der Letztzeitprophetie übersieht die heutige christliche Politik in den westlichen Staaten. Deshalb ist es das große Anliegen der apokalyptischen «Frau», die Ordnung Gottes, die Ordnung des *Kreuzes* zu lehren, damit diese Endauseinandersetzung mit dem «Tier» nicht ins große Chaos hineinführt, das sich einige «Menschenköpfe» seit 1945 ausgedacht haben. Der «Eselskinnbacken» dieser modernen Söhne Kains ist allerdings kein steinerner Hammer mehr, sondern die Nuklearenergie nebst den ihr zugeordneten sog. BC-Waffen.

Jene «Menschenköpfe» stehen an der Spitze der modernen Gnosis; sie gehören den mächtigen Exponenten der sogenannten *Kerngnosis*, einer über und jenseits der Hochgradfreimaurerei stehenden, satanistischen *Leitstelle*, von der die Impulse ausgehen, die Welt ins letztzeitliche Chaos zu stürzen.

Diesen von der «Frau» enthüllten Plan des Weltverbrechens werden wir furchtlos nachzeichnen, wobei uns die marianische Prophetie voranleuchten wird. Schließlich geht es hier in erster Linie um die

Entlarvung einer Verschwörung gegen den Weltfrieden, um die Durchkreuzung dessen, was «führende Personen» gegen Ende des Zweiten Weltkrieges *schon wieder*», wie die «Frau» sagt, auszudenken begannen. Dieser dritte Weltkrieg, in dem die Bewohner zweier Erdhälften aufeinanderprallen sollen, kann verhindert werden, wenn die Kirche und die christlichen Politiker sich der Führung und den Weisungen der Frau aller Völker anvertrauen.

Da dies bis heute großenteils unterblieb, dürften es vor allem die unermüdlichen Friedensappelle des Hl. Vaters und die Gebete der «Geringsten der Meinen» gewesen sein, die den Ausbruch des seit 1945 vorgeplanten dritten Weltkrieges bisher verhindern halfen. Und dies, obwohl im Auftrag der Manager dieses neuen Krieges in den verschiedensten Teilen der Welt ständig kleine Brandherde geschaffen wurden, von denen sich der eine oder andere eines Tages zum großen Weltbrand ausbreiten sollte.

2. Der «Schritt über die Schwelle»

Im Bericht über die Botschaft vom 7. Mai 1949 heißt es u. a.: «Danach wird vor mir eine *große Pforte* geöffnet. Ich muß da hineingehen. Vor dieser Pforte steht *jemand* mit einem langen Gewand. Mir *schaudert* vor diesem Schritt über die Schwelle. Plötzlich sehe ich die Frau. Sie sagt: ‹*Tue diesen Schritt!*› Ich trete ein und sehe einen großen Raum in *Kreisform*. ‹Das ist ein dunkler Flecken›, sagt die ‹Frau›. ‹Da mußt du ganz tief hineingehen, das ist die *Tiefe* und die *Dunkelheit der Zeiten*.›»

Die Gnosis, im engeren Sinne also die freimaurerische Esoterik (= Geheimlehre der Eingeweihten), unterscheidet zwei «Hüter der Schwelle», den «kleinen» und den «großen».

Die «Frau» zeigt die *«große»* Pforte auf, also stellt die Gestalt «mit einem langen Gewand» den *«großen* Hüter der Schwelle» dar.

Was bedeutet nun dieses merkwürdige Bild?

Jeder halbwegs geschulte Freimaurer kennt das Bild vom Rundtempel (der Stupa oder Rotunde) mit der «verschlossenen Pforte». Es handelt sich um den Tempel der freimaurerischen Mysterien, genauer gesagt, des freimaurerischen Geheimnisses, also um ein reines *Bildsymbol*. Kein Nur-Eingeweihter vermag die Schwelle der Pforte, die den Weg in das freimaurerische Geheimnis freigibt, zu überschreiten. Auch dem den oberen Einweihungsgraden angehörenden Freimaurer bleibt der «Schritt über die Schwelle» vorerst noch versagt. Um es aber gleich vorwegzunehmen: Im Grunde genommen dürfte wohl überhaupt kein gewöhnlicher Inhaber eines freimaurerischen Grades jemals ins Innere des Geheimnisses der Gnosis eindringen. Erst wenn es sich in einem Falle erwiesen hat, daß jenes Ausmaß von eiskaltem Intellekt, von moralischer Unbedenklichkeit und von Gotteshaß vorliegt, das eine «Initiation», eine Einweihung in das *Grundgeheimniss* der Freimaurerei gestattet und jede Gefahr des Verrats dieses Geheimnisses ausschließt, kann ein Träger der höheren Grade zu den wenigen «Gradlosen» aufsteigen, welche im Freimaurerjargon als die «Unbekannten Oberen» bezeichnet werden, von deren Existenz man bisher zwar nicht immer überzeugt war, die man aber allenthalben zu spüren schien, wenn man sich im Zuge der Einweihung der geheimnisvollen Schwelle genähert hatte. Eine Gewißheit über das Wirken geheimer «Menschenköpfe» besteht für die meisten Freimaurer wahrscheinlich nicht; denn in dem meisterhaft geknüpften und mit zahllosen Sicherungen versehenen Spinnennetz der Freimaurerei gibt es zwar Gewißheiten «nach unten», selten aber solche «nach oben». Völlig Ahnungslose versichern sogar, daß es keine unbekannten Lenker gebe. Diese Unwissenheit ehrt sie und beweist nur ihre Harmlosigkeit. Die «Frau» wies deshalb ausdrücklich auf die «Menschenköpfe» hin, in denen die großen Welt- und Menschheitsverbrechen, vor allem die mörderischen Weltkriege der Letztzeit, «ausgedacht» werden. Damit liegt nun der eindeutige *Beweis des Himmels* für die Existenz der «Unbekannten Oberen» vor und niemand vermag dieses Zeugnis mehr aus der Welt zu schaffen.

Über den «Hüter der Schwelle» bestehen in Freimaurerkreisen die verschiedensten Meinungen. Manche halten die freimaurerische Sekte der *Rosenkreuzer* nebst den *«Wissenden»* unter den Hochgraden für den «großen», die übrige Freimaurerei für den «kleinen» Hüter des Geheimnisses.

Vieles deutet darauf hin, daß diese Meinung den Tatsachen sehr nahe kommt, so daß man die übrigen Versionen zu diesem Symbol übergehen kann. Allerdings muß bezüglich der sogenannten Einweihungen gesagt werden, daß diese weitgehend geheim vollzogen werden und an eine Reihe von Graden gebunden sind. Die Anthroposophie, gewisse Sekten und humanitäre Vereinigungen zählen zu der sogenannten *Randgnosis*, stellen also ein gnostisches Saatfeld, aber noch kein schnittreifes Ährenfeld dar. Anzunehmen ist allerdings, daß die eigentlichen Geheimnisträger der Randgnosis über einen wesentlich höheren Einweihungsgrad verfügen als die große Zahl der Mitglieder dieser extravagant und exklusiv auftretenden Bünde.

Vom «großen Raum in Kreisform» sagt die «Frau», er sei «ein dunkler Flecken», in den man «tief hineingehen» müsse, denn hier könnte man «in die Tiefe und Dunkelheit der Zeiten» blicken.

Die Summe der Zeiten, die das Menschengeschlecht durchlebte, heißt man die *Geschichte*. Sie beginnt im biblischen Bilde mit dem *Sündenfall*, mit dem Eintritt des Menschen in die außerparadiesische Welt. Die Erlösung der erbsündigen Menschen durch Jesus Christus ist der *Höhepunkt* der menschlichen Geschichte. Sie gibt den Weg frei zur Errichtung der Ordnung des Kreuzes, also des *Siegels*, wie sie bereits aufgezeigt wurde.

Nun führte die Exegese von Off. 6, 2, die mittels des hypothetischen, von der apokalyptischen «Frau» bestätigten Siegels vorgenommen wurde, zu dem alarmierenden Ergebnis, daß sich außer Maria und, wie aus der Apokalypse des weiteren erschlossen werden kann, den Engeln noch ein anderer im Besitze des Siegelsgeheimnisses befunden haben bzw. befinden muß, nämlich *Satan*, der oberste der gefallenen Engel. Setzen wir diese Annahme als richtig voraus, dann muß es Satan und seiner «Kirche», der überzeitlichen Gnosis, seit dem Kreuzestod Christi möglich sein, den Fortgang der Geschichte bzw. der Heilsgeschichte an der Hand der entsiegelten Apokalypse nicht nur vorauszusehen, sondern sogar in gewissem Umfang *zu beeinflussen*. Daß dies nur im *Gegensinne* zur apokalyptischen Ordnung des Kreuzes, also mit negativem Vorzeichen erfolgt sein kann, liegt auf der Hand.

Heute sieht sich die gnosiologische Forschung in der Lage nachzuweisen, daß es das Hauptziel der Freimaurerei von Anfang an gewesen und bis heute geblieben ist, die der Ordnung des Kreuzes dienstbaren Institutionen wie das Hl. Sacerdotium (= katholische Kirche) und das Hl. Imperium (= das Reich und damit zugleich Deutschland) *außer Funktion* zu setzen. Es soll hier nicht versucht werden, die Zerstörung des Reiches von außen und von innen her lückenlos nachzuzeichnen. Sie begann ja nicht erst zu dem Zeitpunkt, da sich der freimaurerische Großmeister Friedrich II. von Preußen gegen Ihre Apostolische Majestät, die Kaiserin Maria Theresia, erhob und so die Voraussetzungen zur späteren ersten Teilung Deutschlands unter Napoleon schuf. Diesem Anschlag der Gnosis, speziell der Freimaurerei, gegen das Hl. Imperium war die Spaltung des Hl. Sacerdotiums vorausgegangen und damit zugleich die *geistige* Spaltung Deutschlands in Katholiken und Protestanten. Welche Rolle hierbei die Gnosis spielte, soll zu einem späteren Zeitpunkt dargelegt werden. Jetzt kommt es darauf an, die Einheit aller Christen wiederherzustellen. Sie erscheint vordringlicher, als eine Rückschau auf Vergangenes, für das die heutige Christenheit nicht verantwortlich ist.

Für eine weitere Untersuchung soll auch die Tatsache zurückgestellt werden, daß der Zweite Weltkrieg nur vordergründig durch Hitler ausgelöst wurde. Hitler oblag nur die Rolle einer «Zündkerze», wie aus der Apokalypse zu ermitteln war. Die eigentlichen Initiatoren dieses furchtbaren, zur vermeintlich endgültigen Spaltung Deutschlands und zur vermeintlich endgültigen Ausrottung des Imperiumsprinzips der Apokalypse führenden Zweiten Weltkrieges befinden sich nicht in Deutschland oder sonst einem deutschsprachigen Land. Darüber wird das nächste Kapitel ausführlicher berichten. Was noch zu erwähnen nicht vergessen werden soll, ist die große Wahrscheinlichkeit, daß auch die meisten von denen, die der Zerstörung des Hl. Imperiums und Sacerdotiums durch die Gnosis in die Hand arbeiteten und heute noch arbeiten, nur zu einem geringen Teil wußten und wissen, was sie tun oder taten. Es wäre z. B. falsch, den Preußenkönig Friedrich II. als einen bewußten Vollzieher gnostischer Reichszerstörungspläne anzusehen. Schließlich müßte man dies dann auch vom Hause Habsburg behaupten; denn der Gemahl Maria Theresias und spätere Kaiser Franz I. gehörte bekanntlich ebenfalls der Freimaurerei an. Damals wie heute spielte man immer wieder das gleiche Spiel: *Infiltriere, teile* und *herrsche!* In diesem Spiel war die Freimaurerei Meister, und auch heute erweist sie diese Kunst in so hohem Maße, daß man sich nicht zu wundern brauchte, wenn im nächsten Konklave der bereits weitgehend gespaltenen Kirche ein Freimaurer den Stuhl Petri bestiege. Die Vorbereitungen zu diesem Coup sind getroffen. Auch an der Liquidation Papst Pauls VI. wird mit wachsendem Erfolg außerhalb und innerhalb der katholischen Kirche gearbeitet.

Es geht Satan und seiner «Kirche» also darum, die Apokalypse und mit ihr die Ordnung Christi zu *verfälschen.* Dazu bedarf es der «Veränderung» des Kreuzes in «andere Kreuze», wie es die Frau ausdrückt.

Wenn heute die Progressisten darangehen, das Kreuz zu einem Symbol der bloßen Humanität zu manipulieren, so arbeiten sie genau nach dem Plan der Freimaurerei, die man endlich als ihre Herren und Meister erkennen sollte. Nimmt man der Kirche das irdische Haupt des mystischen Leibes Christi, das unfehlbare Papsttum, so bringt man die Völker um wichtige Früchte der Erlösung. Diese müßte gewissermaßen zum zweiten Male erfolgen. Diesen Gedankengang bestätigt die «Frau» als den Tatsachen entsprechend, wenn sie die Seherin anschließend an das Bild vom Hüter der Schwelle folgendes sehen läßt:

Die «Frau», sitzend, im Trauergewand, vornübergebeugt, mit weißem Schleier um ihr Haupt. Das Gesicht trägt «ganz alte Züge», während sie spricht: «Wir sind hier in der Dunkelheit, es ist der *Verfall* der Menschheit.»

Die Seherin fährt in ihrem Bericht fort: «Dann sehe ich ein *Kreuz* vor mir und der *Corpus gleitet herunter*, so daß das Kreuz *leer* übrigbleibt. ‹Der *Leidensweg* beginnt *aufs neue*›, sagt die ‹Frau.›»

Die Aussichten, gewisse Reformisten in der Hierarchie und Theologie von bereits beschrittenen falschen Wegen noch zurückzuhalten, sind leider gering. Damit wachsen die Aussichten für das Hereinbrechen eines göttlichen Strafgerichtes zusehends. Hätten wir in der Kirche genügend Führerpersönlichkeiten, die der «Frau» beim Überschreiten der «Schwelle» zu folgen wagten, stünde es schon binnen kurzem besser um die Situation der letztzeitlichen Kirche. Wir einfachen Laien oder Priester, die diesen Mut aufbrachten, besitzen nicht den amtskirchlichen Auftrag, den Kampf gegen die «Synagoge Satans» zu führen. Erst wenn die Amtskirche mariologisch und eschatologisch erwacht, wird Marias Sieg gesichert sein, wird ihre *Miterlöserschaft* allen Völkern voll offenbar gemacht werden können.

3. Der «Logenpapst»

Vieles in der Freimaurerei weist auffällige Parallelen zur katholischen Kirche auf. Es gibt dort priesterähnliche Funktionen und Titel, ein Ritual nach festliegendem Schema, einen nach Osten «orientierten» Kult- oder Versammlungsraum (Loge), Organisationen, «Bekenntnisse» und Sekten usw., so daß sich vor allem in der Vergangenheit öfter die Frage erhob, ob es nicht auch einen freimaurerischen Oberen gebe, der mit dem Papst der katholischen Kirche vergleichbar wäre.

Ob das relativ kleine Gremium der Kerngnosis, also der «Unbekannten Oberen», aus seiner Mitte einen hauptverantwortlichen und mit besonderen Vollmachten ausgestatteten Amtsträger beruft, ist nicht bekannt. Und wenn es ein solches Amt gäbe, wäre es auf keinen Fall hinsichtlich seiner Rechtsvollmachten mit dem des Hl. Vaters der

katholischen Kirche vergleichbar. Von einem «Logenpapst» im obengenannten Sinne zu sprechen, ist also nach dem Stand der bisherigen
Ermittlungen kein Anlaß gegeben.

Trotzdem besteht das Vorhandensein dieser Bezeichnung zu Recht.
Es ist nämlich eines der großen Ziele der «Loge», wie man die Freimaurerei nach allgemeinem Sprachgebrauch zu bezeichnen pflegt,
ihren Einfluß auf die katholische Kirche zusehends zu vergrößern
und, wenn möglich, mit der *Inbesitznahme des päpstlichen Amtes*
durch einen Eingeweihten oder sogar Wissenden im Kardinalsrang für
alle Zeiten sicherzustellen.

Da bei allen derartigen Unternehmungen eine heftige Konkurrenz
zwischen der sogenannten regulären und der irregulären Freimaurerei, vor allem zwischen den Großlogen und den Rosenkreuzern sichtbar wird, ist es verhältnismäßig leicht, hinter den Anlaß solcher Auseinandersetzungen zu kommen.

1903 starb Papst Leo XIII. Im darauffolgenden Konklave zog
eine Gruppe von Kardinälen u. a. auch eine Kandidatur des Kardinal-
staatssekretärs des verstorbenen Papstes, Kardinal Rampolla, in Erwä-
gung. Dieser galt in gewissen freimaurerischen, vor allem rosenkreuzerischen Kreisen als entente-freundlich und man erhoffte sich von
ihm eine allmähliche Abwendung der Kirche von der Politik der sog.
Dreibundsmächte Deutschland, Österreich und Italien. Kaiser Franz
Josef von Österreich verfügte damals noch über ein Mitspracherecht
bei der Papstwahl, d. h. er konnte als Nachfolger habsburgischer Kaiser gegen einen ihm nicht genehmen Papstkandidaten sein Veto ein-
legen, was er im Falle Rampolla auch tat. Wenn auch keineswegs feststeht, daß Kardinal Rampolla die Mehrheit der Kardinäle hinter sich
gebracht hätte, so steht doch außer Zweifel, daß auch eine solche
Mehrheit am Veto des Kaisers gescheitert wäre.

Jedenfalls dürfte der rosenkreuzerische Versuch von der regulären
Freimaurerei seinerzeit schon deshalb toleriert oder sogar begrüßt worden sein, weil sie vom Rampolla-Papst Unterstützung für ihr politisches Schoßkind, den Dreiverband und die aus ihm später hervorgegangene Entente cordiale erwarten zu dürfen glaubte. Erwähnenswert
erscheint in diesem Zusammenhang, daß der Nichtfreimaurer Zar Ni-
kolaus II. zunächst nicht recht in das freimaurerische Klischee der
Entente paßte und daß deshalb Rosenkreuzer und reguläre Freimaurerei alles aufboten, ihn unter ihren jeweiligen Einfluß zu bringen.
Als der russische Freimaurer Jussupoff dem «Rosenkreuzer» Raspu-
tin zu unterliegen drohte, ermordete jener seinen Konkurrenten kur-

zerhand und ging außer Landes. Ein Jahr später fiel der Zar den Bolschewiki zum Opfer, deren Führer Lenin dem Katz-und-Maus-Spiel der «nützlichen Idioten» freimaurerischer Prägung um den Zaren auf brutale Weise ein Ende setzte.

Wer den Mißbrauch der Konzilsbeschlüsse durch sogenannte Progressisten aufmerksam verfolgt, wird das freimaurerische Gedankengut, dessen sich die bewußten und unbewußten Totengräber der Kirche heute bedienen, nicht übersehen können.

Was in diesem pseudotheologischen Progressismus zutage tritt, muß aber keineswegs immer einer direkten Inspiration durch freimaurerische Agenten oder Infiltranten entspringen, obgleich deren Vorhandensein im Klerus nachgewiesen werden konnte.

Die Gnosis kennt in ihrer Symbolik u. a. die Bezeichnungen «Sämann», «Weizen» oder «Korn», «Aussaat» und «Vollreife».

Der «Sämann» ist sie selbst, sind ihre verschiedenartigen Bünde und Aktionszentren. Diese «säen» das «Korn» oder den «Weizen», d. h. die gnostisch-antichristlichen und antikirchlichen Ideen aus, die im Laufe der Entwicklung, gefördert durch die gnoseigene Presse, Literatur, Kunst usw., «von selbst» aufgehen und zur «Vollreife» gelangen. Ist dies der Fall, bedarf es nur noch einer behutsamen Fernsteuerung der Infizierten, ohne daß diese um ihr Gelenktsein zu wissen brauchen. Was sich heute als Neuhumanismus, als Außerparlamentarische Opposition, als sozialistischer Humanismus, vor allem aber als Progressismus und Pluralismus so aufdringlich empfiehlt, ist nichts weiter als aufgehende Saat der Freimaurerei, ist ihr «wogendes Korn», das ihr als dem «Sämann» nach einigen hunderten von Jahren fleißigen Säens nun in fast unübersehbarer Fülle zuwächst. Vor allem aber geht jene Saat auf, die nach 1945 aus den USA zu uns herüberkam, die Saat der «Zeugen Jehovas», der «Christlichen Wissenschaften», die Saat der «Gott-ist-tot-Theologie», die Saat aber auch der Lions und Rotaries, der UNESCO, und wie diese gnostischen Samenkörner alle heißen mögen. Diese Invasion der Gnosis durch die Amerikaner meint die «Frau», wenn sie die Seherin in der Botschaft vom 7. 5. 1945 folgende Handlung vollführen läßt: «Dann greife ich», so heisst es dort, «mitten in Amerika hinein und streue aus diesem Griff über Europa hin. Ich weiß nicht, was das ist.»

Was die Seherin hier symbolisch nachzuvollziehen hatte, war nichts anderes als das gnostische Symbol «Ut surgat in ortum», das die Aussaat des gnostischen «Weizens» oder «Korns» durch den «Sämann» (die Gnosis) zum Ausdruck bringen soll und vor dem die Frau das christliche Europa warnt. Inzwischen ging diese Saat in Form der obengenannten Institutionen nur allzu üppig in Europa auf. Von diesen Verbänden und Ideenträgern ließ sich die Kirche Zug um Zug das Heft aus der Hand nehmen. Niemand sollte doch die Kirche an Humanität, an sozialer Gerechtigkeit, an Sorgfalt in der Reinhaltung der Lehre des Evangeliums und an der Liebe zum Nächsten im Geiste Jesu Christi übertreffen können. Niemand sollte in dieser letztzeitlichen Welt überhaupt noch einen Winkel finden können, in dem nicht Priester- und Ordensleute, Laien und junge Christen allem Nurhumanitären den Rang in der christlichen Sorge für den Mitmenschen abnehmen. Und niemand sollte in der Exegese der Apokalypse und in der mariologisch-eschatologisch fundierten Weisheit weiter vorangeschritten sein, als die katholische Theologie. Aber man sehe sich diese doch nur einmal daraufhin an! Von amerikanischen Sektierern geschulte Laien vermögen heute Zutreffenderes über den eschatologischen Status der Gegenwart auszusagen, als eine von der Pseudo-Eschatologie Teilhard de Chardins irregeführte Theologie, die ihre Zeit daran verschwendet, den Baum der Kirche von allem zu «befreien», was früher von ihm an Hoffnung, Liebe, Wahrheit und Glauben ausstrahlte. Und von den jungen Leuten, die als Schüler oder als junge Priester aus den Schulen dieser Theologenschaft hervorgehen, sagt die «Frau»: *«Das taugt nichts!»*

Was also soll morgen aus der Kirche werden? Wo bleiben die Schulen der Kirche, aus denen die Kämpfer gegen den «Reiter» aus dem «Osten», den *Antichrist,* «der auszog um zu siegen», hervorgehen sollen?

Die Gnosis und ihre Hilfsorganisationen müßten eschatologisch ebenso versagen wie so viele Leitstellen der Kirche, wenn sie nicht die einmalige heilsgeschichtliche Gelegenheit erkennen und ergreifen würden, in dieses Durcheinander von theologischem Wirrwarr hineinzufahren, und zwar, wie es täglich zu beobachten ist, bereits in aller Offenheit und ohne die geringste Zurückhaltung. Sie, die Gnosis, konnte unbemerkt den biblisch angekündigten «Greuel der Verwüstung» in der Kirche etablieren. Wie sollte sie heute nicht auch imstande sein, endlich ihren «Logenpapst», d. h. den für das nachpaulinische Konklave bereits seit längerem vorpräparierten Hochgrad-Kardinal unter die Tiara zu bringen?

Als sich die Hinweise, daß dieser Coup der Freimaurer angelaufen sei, häuften, zog der Verfasser die Botschaften der Frau aller Völker zu Rate. Denn ein solches Unterfangen Satans mußte auf jeden Fall durch Maria Erwähnung finden.

Diese Annahme erwies sich als richtig.

Folgendes ist der Botschaft vom 25. Februar 1946 zu entnehmen: «Es wird plötzlich hell um mich hin, und ich sehe die ‹Frau› gleichsam nach *unten* kommen. Sie zeigt auf die drei Worte: ‹*Wahrheit, Glaube, Liebe*›. Sie lächelt und sagt dann zu mir: ‹Aber es wird noch *sehr* viel gelernt werden müssen!› Sie weist mich plötzlich nach *rechts*, und da sehe ich *jemand* sitzen mit einem *Bart*. Er sitzt mit zwei geschlossenen erhobenen Fingern und unter seinem Ellenbogen liegt ein *dickes Buch*, vor ihm ein großer *Schlüssel*. Das Bild verschwindet und die ‹Frau› sagt wieder: ‹Schau›, und sie läßt mich wieder etwas anderes sehen: Es ist ein großer *Stein*, darauf liegt ein *Lamm*. Ich höre plötzlich sagen: ‹Ecce homo›. Und plötzlich ist die ‹Frau› und das Licht weg.»

Welche Aussage wird durch dieses Bild vermittelt?

Die «Frau» kommt nach «*unten*». Da man bei den jeweils angegebenen Himmelsrichtungen nichts anderes als Siegelhinweise vor sich hat, bedeutet «unten» das christozentrische Siegel, «*rechts*» das auf der rechten Seite desselben gelegene Hl. Sacerdotium, also die *katholische Kirche*, der die Verwirklichung von «Wahrheit, Glaube, Liebe» obliegt. Diesem Siegelhinweis folgt das Bild mit dem Bärtigen, der als ein «Jemand» bezeichnet wird. Mit diesem «Jemand» umschreibt die «Frau» jeweils Personen, die der Gnosis angehören, und zwar einer ganz bestimmten Gruppe derselben. Sie unterstreicht diese Tatsache außerdem noch mit dem Hinweis auf den «Bart» dieser Person, wobei zu bemerken ist, daß der «Barbatus» oder «Bärtige» wiederum eine symbolische Kennzeichnung eines Hochgrades darstellt.

Dieser «Jemand» sitzt und hält zwei *geschlossene* Finger in die Höhe. Diese Geste scheint im Widerspruch zu stehen mit den vorher genannten Hinweisen auf einen Gnostiker; denn als solcher müßte der Bärtige die Finger, im Gegensatz zu den geschlossen gehaltenen Fingern der päpstlichen Segenshand, *gespreizt* emporstrecken. Aber gerade die Anwendung einer päpstlichen Geste durch einen Hochgrad gibt eindeutig zu erkennen, daß es sich hier um einen *falschen Papst*, um einen in päpstlicher Funktion auftretenden Freimaurer, kurz, um den «*Logenpapst*» handelt.

Was dieser unter seinem Ellenbogen festhält, ist ein «dickes Buch», zu dem ein «Schlüssel» bereitliegt. Daß es der *echte* Schlüssel ist, geht daraus hervor, daß die «Frau» vorher die Attribute des *echten* Siegels gezeigt hat. Zu erwähnen ist noch, daß der «Schlüssel Petri» im Grunde mit dem Schlüssel zur Apokalypse identisch ist, wie dies z. B. Albrecht Dürer auf seinem Bilde der «vier Apostel» zum Ausdruck bringt, wenn er den Apostel Petrus den Schlüssel, den hl. Johannes die Apokalypse in der Hand halten läßt.

Im Bild mit dem «Bärtigen» haben wir einen Hinweis auf das freimaurerische Ziel der Inbesitznahme des päpstlichen Stuhls durch einen Hochgrad vor uns. Gelänge dieser Coup, so würde die Gnosis verhindern können, daß die in der Apokalypse geoffenbarte Ordnung Gottes verwirklicht würde; denn der «Logenpapst» gäbe der Gnosis die Garantie, daß ihre Pseudoordnung erhalten oder sogar noch weiter von der Ordnung Gottes gerückt werden könnte als bisher, und daß das «Lamm» erneut «geschlachtet» werden müßte auf dem «Stein» (dem Cubus mysticus) der Gnosis. Aus diesem «Stein» hatte diese ja, wie wir wissen, ihr «Kreuz» geformt, an das sie Christus schlagen ließ. Auch hier wieder das schon erwähnte Motiv einer zweiten Erlösung, einer Wiederholung des Leidensweges des Erlösers.

4. Die «schwarze Taube»

Die «Frau» spricht mehrmals von der «schwarzen Taube». In der Botschaft vom 7. Oktober 1945 zeigt sie diese der Seherin unmittelbar nach dem oben schon erwähnten Hinweis auf den heutigen Priesternachwuchs. Wegen ihrer Wichtigkeit sei diese Textstelle aus jener Botschaft nun vollständig wiedergegeben. Sie lautet:

«Dann sehe ich andere Kirchen vor mir, von verschiedenen Konfessionen. Die ‹Frau› hebt warnend den Finger auf und sagt, während sie mich wieder die ganze katholische Kirche sehen läßt: ‹Die katholische Kirche kann sicher größer werden, aber . . .› und dann hört sie auf, und ich sehe ganze Reihen von Geistlichen, Studenten, Klosterschwestern usw. an mir vorbeiziehen. Die ‹Frau› schüttelt wieder ihren Kopf und sagt mit Nachdruck: ‹Es ist sehr schlimm, aber davon *taugt nichts!*› Sie sieht *streng* vor sich hin und weist nach den Studenten und Geistlichen und sagt: ‹Eine *bessere Ausbildung!* Mit der *Zeit mitgehen! Moderner, sozialer!*› Diese Worte sagt die ‹Frau› mit *Nachdruck.* Dann sehe ich über unsere Kirche eine *schwarze Taube* fliegen und die ‹Frau› zeigt auf diese Taube und sagt: ‹Das ist der *alte* Geist, der *muß verschwinden!*› Und dann sehe ich, wie sich *plötzlich* die Taube in eine *weiße* verwandelt.»

Beim Lesen dieses Textes aus dem Jahre 1945 wird man heute mit Sicherheit nicht mehr zu fragen brauchen, ob hier echte Weissagung vorliegt. Alles, was die «Frau» hier ankündigte, hat sich in unserer Gegenwart erfüllt, bis auf die Verheißung, mit welcher dieser Text endet. Diese besteht in der Feststellung der Seherin, daß sich die schwarze Taube *«plötzlich»* in eine *weiße* verwandeln würde. Zu dem Zeitpunkt, da dieses Buch herausgegeben wird, ist die Taube so *rabenschwarz,* daß ihre Verwandlung in eine weiße erst noch bevorsteht.

Das Konzil vermochte es nicht, die Taube, den Heiligen Geist, in der Kirchenpraxis zum Strahlen zu bringen, weil die, die sich am meisten auf es berufen, gerade die eigentlichen Schwarzfärber der Kirche darstellen. Nirgends in den Konzilsdekreten ist z. B. etwas davon zu lesen, daß die Hl. Kommunion «auf die Hand» zu spenden ist, wie das bisher nur in der Satansmesse üblich war. Nirgends ist Bischöfen und Priestern erlaubt, mit der Hl. Liturgie, mit der Liturgiesprache, mit der Hl. Eucharistie und ihrer sakramentalen Bewertung zu *experimentieren,* wie das zur Zeit geschieht und wie dies bisher dem okkult-magischen Bereich überlassen blieb. Nirgends wurde Bischöfen und Priestern nahegelegt, die Kirche zu demokratisieren, und zwar bis hinein in ihr geistiges Fundament, die Verkündigung des Evangeliums und die diesem entwachsenen Dogmen und sittlichen Grundsätze. Mit keinem Wort ist in den Konzilsbeschlüssen die Rede vom marianisch-mariologischen Minimalismus und von einer Geringschätzung der Eschatologie, wie sie vor allem aus der Tolerierung und Förderung der Teilhardschen Irrlehren durch Theologen und sonstige Vertreter der Kirche spricht. Vor allem aber enthalten die Konzilsdekrete nichts über einen Burgfrieden mit der modernen Gnosis und dem modernen Satanismus, mit denen heute Bischöfe, Theologen und Laien, teils aus Unwissenheit, teils im Auftrag der Gegenkirche konspirieren und paktieren, als gäbe es zwischen Himmel und Hölle überhaupt auch nur die leiseste Spur einer Verständigungsmöglichkeit. (Wobei zu ergänzen ist, daß damit der *menschliche* bzw. *geistige* Brückenschlag zu den irrenden Opfern der Gnosis keineswegs übersehen werden sollte, sobald im kirchlichen Lager hierzu die Voraussetzungen geschaffen sind, die bis heute noch fehlen.) Man könnte die Liste der Verfallserscheinungen in der nachkonziliaren Kirche noch weiter fortsetzen, aber das wäre verlorene Zeit und Mühe, weil ohnehin kein Mensch und keine menschliche Maßnahme mehr in der Lage wäre, den Untergang des Schiffes Petri zu verhindern. Wie unsere Situation erkennen läßt, vermag die Autorität und die umsichtige Navigationskunst des Hl. Vaters diesen Untergang nur hinauszuzögern.

Aber endgültig wird dieser nur verhindert werden können, wenn am Hauptmast des Schiffes Petri die *Flagge der «Frau aller Völker»* hochgezogen wird, und zwar durch den *Papst selbst!*

Ob dies jetzt schon gewagt werden wird, ist ungewiß. Verstanden würde diese Flaggenhissung am besten wohl dann, wenn sich der Sturm zum Orkan zu steigern beginnt oder gesteigert hat. Es wird ganz dem Steuermann überlassen werden müssen, den geeignetsten Zeitpunkt zu erkennen und zu nutzen. Die «Frau» läßt jedenfalls keinen Zweifel darüber, daß der Papst dem gleichen Heiligen Geist gehorchen wird, der aus den Botschaften gesprochen hat, wenn sie sagt: *«Der Heilige Vater kennt seine Zeit!»* und wenn sie dem Papst verheißt: *«Der Heilige Vater wird sein Zeichen erhalten!»* Deshalb besteht für uns kein Grund und kein Recht zur Kritik an den Maßnahmen des Papstes, an seinem vermeintlichen Zögern und an seinen Bemühungen, die Kirche solange noch über Wasser zu halten, bis ihm das «Zeichen» gegeben ist. Daß dieses Zeichen einem Papst gegeben und zur Wende hinführen wird, geht aus den Worten der Seherin hervor, daß sich die schwarze Taube *«plötzlich»* in eine weiße verwandeln würde.

Im Bilde der «schwarzen Taube» darf man ein Zweifaches sehen. Einmal dürfte mit diesem Bild, das durch die «Dunkelheit der Zeit» verdrängte Licht des Heiligen Geistes in der Kirche gemeint sein, zum andern aber kann es sich zugleich um einen Hinweis auf das Symbol der «schwarzen Taube» in manchen gnostischen Gruppen handeln, deren Einflußnahme auf die nachkonziliare Fehlentwicklung bereits angedeutet wurde.

Die gnostische Infiltration von «Geistlichen, Studenten, Klosterschwestern» usw. ist keineswegs beschränkt auf die Lektüre der Werke des de-facto-Gnostikers Teilhard de Chardin. Sie bedient sich darüber hinaus noch einer Reihe anderer Kanäle, die wir hier im einzelnen nicht aufzuzählen brauchen. Nur einer sei noch kurz erwähnt, der Kanal der heutigen Philosopheme, dieser pseudophilosophischen Nachgeburten des neunzehnten Jahrhunderts. Der Einfluß dieser «Pubertätsliteratur» auf manche Theologen scheint sich in der ihnen anvertrauten Jugend widerzuspiegeln. Wenn wir älteren, am Geistesgut und an den Erfahrungen christlicher Kultur gebildeten Laien sehen, wie manche unserer Altersgenossen auf theologischen Lehrstühlen auf einmal in die Irrtümer und Kurzschlüsse unserer eigenen Jugend geraten, sind wir mitunter versucht, über die Komik dieser Erscheinung zu lächeln. Aber das Lächeln vergeht uns, wenn wir berücksichtigen, welche furchtbaren Folgen diese geistige Nachpubertät einseitig gebildeter Theologen bei der ihrem Einfluß ausgesetzten Jugend haben muß. Die Kirche sollte aus diesem Versagen eines Großteils ihrer Theologen den Schluß ziehen, daß sie sich nur dann der Welt öffnen kann und darf, wenn sie über wetterfeste, allseitig gebildete und erprobte Lehrer ihrer Priesterjugend verfügt. Wer in seiner Jugend nicht Gelegenheit hatte, sich mit dem Teufel und seinem Intellekt herumzuraufen, fällt ihm dafür später zum ·Opfer, besonders in einer Zeit, in der jener «losgelassen» ist. Zumeist ist es pure Unerfahrenheit, bloße Unkenntnis unserer modernen Welt und ihrer spät-letztzeitlichen Gegebenheiten, was diese Theologen straucheln läßt. Die Argumente ihres Progressismus sind zumeist veraltet und längst ad absurdum geführt. Vielleicht fehlte manchen dieser Theologen das erschütternd-heilsame Erlebnis des Frontsoldaten, des Kriegsgefangenen und KZ-Insassen der vergangenen «apokalyptischen» Jahrzehnte. Was sie heute zu überwinden haben, konnte die damalige Jugend, die sich diesen Schrecknissen ausgesetzt sah, zumeist schon in statu nascendi hinter sich bringen. Weil diese den progressistischen Lehrern der Kirche zumeist fehlen und die jüngeren unter ihnen selbst noch unausgegorenem Wein gleichzustellen sind, kam das Aggiornamento Papst Johannes XXIII. für die Kirche zu früh. Man kann mit kleinen spezialisierten Kampfeinheiten zwar einigermaßen verteidigen. *Angreifen* aber kann man nur mit gut geführten, angriffserprobten und am Feinde selbst geschulten Truppen. Diese fehlen der Kirche heute in verhängnisvollem Ausmaß.

Deshalb fordert die «Frau» eine «bessere Ausbildung», ein Mit-der-Zeit-Gehen, eine modernere Bildung für die Priester und Theologen, und zwar *«im guten Sinne»,* wie sie an einer anderen Stelle ausdrücklich betont. Natürlich ist diese Bildungsenge nicht der Hauptgrund für das Überläufertum in der heutigen Kirche. An erster Stelle steht nach wie vor die Auflehnung gegen den Glauben, gegen den unveränderlichen Aspekt der Wahrheit, den man vielfach mit dem veränderlichen in einen Topf wirft. Dogmen sind nicht Menschenwerk. Menschen haben sie zwar entdeckt und freigelegt, aber ihre *Garantie* erhielten sie durch das Christuswort an Petrus vom «Fels», auf dem die Kirche mit ihren Dogmen ruht. Der Papst, der im Begriffe stünde, einem falschen Dogma den Weg freizugeben, könnte durch Gott jederzeit daran gehindert werden, es auszusprechen. Dazu bedarf es wahrhaftig nicht unseres Menschenwitzes, auch nicht jenes von Theologen. Niemand würde es den Zweiflern verübeln, wenn sie offen bekennen würden, daß sie nicht bedingungslos zu glauben vermögen. Ehrlichkeit haben wir zu achten, wie wir auch das Gewissen derer zu achten haben, die ihm Folge leisten und sich von der Kirche trennen. Ihr menschlicher Wert bliebe davon unberührt.

Was aber unsere strikte Ablehnung herausfordert, das ist die Feigheit derer, die sich auch nach der Preisgabe der von der Kirche durch zwei Jahrtausende hindurch entfalteten und gelehrten Wahrheit noch als Theologen dieser Kirche bezeichnen. Wären sie wirklich modern und gebildet, verstünden sie soviel von Geschichtsphilosophie und -morphologie, daß ihnen das in der marianischen Prophetie und in der Apokalypse verborgene geschichtsphilosophische Potential nicht entgangen wäre. Wenn man schon nicht gewillt ist, sich mit der schlichten Gläubigkeit des Kirchenvolkes zu vereinigen, dann sollte man sich wenigstens die Voraussetzungen zu einem wissenschaftlichen Gespräch über eschatologische, mariologische, philosophische und geschichtsmorphologische Fragen erarbeiten. Zu dem, was vordringlich «gelernt werden» müßte, was die «Frau» unter modern und unter zeitgemäß (nämlich *letztzeitgemäß!*) verstanden haben will, reicht es in der heutigen Schultheologie zumeist nicht hin. Es ist daher zu befürchten, daß es auch für die meisten Theologen erst jener handgreiflichen Argumente der Katastrophen, des politischen Chaos usw. bedarf, damit sie erkennen, daß das Öl in ihren Lampen erloschen ist und sie das Kommen des «Bräutigams», des *Heiligen Geistes,* verschlafen haben.

Die «schwarze Taube» wird wohl noch eine Weile über der Kirche schweben. Wir sollten sie ohne Furcht im Auge behalten. Die «Frau» wird den «alten Geist», zu dem sie auch den Mangel an sozialer Mitverantwortung im kirchlichen Bereich zählt, zum Verschwinden bringen. Hier muß noch hinzugefügt werden, daß nicht nur der Progressismus diesen «alten Geist» repräsentiert, sondern daß auch der sture Traditionalismus nicht berechtigt erscheint, sich der «weißen Taube» zuzuordnen. *Jeder* Ismus ist *veraltet.* Wer den Glauben bewahrt hat, huldigt keinem Ismus, sondern bekennt sich zum Unveränderlichen der ewigen Wahrheit. Wer aber dessen Grenzen zum Veränderlichen, zum Modernen im guten Sinne übersieht, tritt auch dort auf der Stelle, wo er gehen und sogar laufen sollte. Extremer Traditionalismus und extremer Progressismus tragen *beide* das Vorzeichen der Rückständigkeit und es bedarf jeweils einer umsichtigen Analyse, echtes Beharren von falschem, echtes Voranschreiten von blindem Dahinlaufen zu unterscheiden. Dem Glauben ist das Beharren, dem Denken das Voranschreiten zugeordnet. Geschieht beides mit offenen Augen und aus warmem Herzen, dann finden beide in der einen großen Wahrheit den ihnen von Gott zugewiesenen Platz.

Würde dieser Grundsatz heute von *allen* Theologen, den katholischen wie den nichtkatholischen, befolgt, wäre die Wiedervereinigung im Glauben gesichert. Denn dann wäre man gewillt und imstande, sich zusammenzusetzen und auf der Grundlage des gemeinsamen *Trinitarismus* und des aus dem Thomismus hervorgegangenen philosophischen Äquivalentes hierzu, des dialektischen *Trialismus,* die Exegese der Apokalypse in Angriff zu nehmen und unter Zuhilfenahme der marianischen Kommentarprophetie zu vollenden.

Weil es laut Apokalypse und marianischer Prophetie *nur diesen einen Weg* zum Zusammenschluß der Christenheit in die *eine* von Jesus Christus gestiftete Kirche gibt und geben kann, erweisen sich alle Versuche eines andersgearteten theologischen Brückenschlages zwischen den Konfessionen als *aussichtslos.* Es sei denn, daß man den makabren Versuch fortsetzen würde, auf beiden Seiten die Wahrheit zu beschneiden und das sich dabei ergebende Resultat eines *gemeinsamen Irrtums* als einigendes Band gelten zu lassen. Dieser Versuch würde, so sagt die «Frau», die katholische Kirche zwar «größer werden» lassen, aber – und hier folgen im schriftlichen Bericht der Seherin Punkte statt Worte, die wir hier ergänzen wollen – aber wie sähe eine solche «katholische» Kirche dann aus?

Letzten Endes scheiterte die Wiedervereinigung bis heute also nicht am Fehlen eines von Gott bereitgestellten Generalnenners der Theologie und der Konfessionen, sondern an der Ungewilltheit und dem Unvermögen der Theologie, diesem seit vielen Jahren vorliegenden Generalnenner das erforderliche Interesse entgegenzubringen. Wir können das bedauern und beklagen. Ändern können wir es nicht, weil der heutigen Theologie vielfach die *Demut* fehlt, ohne die es weder einen Weg zur Mariologie noch zur wahren Eschatologie gibt.

5. Die «falschen Propheten»

Was unserer Zeit ihr ganz besonderes, dem normal denkenden und empfindenden Menschen absurd und grotesk erscheinendes Gepräge gibt, das ist das ihr zugemessene Übermaß der *Dämonie.*

Wenn wir als Christen von Dämonie sprechen, so gebrauchen wir dieses Wort nicht als ein Symbol für etwas Ungreifbares, der Wirklichkeit und der Beobachtung Entzogenes, sondern als die Folge des

Wirkens von geistigen Wesenheiten, die von Gott als Engel geschaffen und durch eigenen Willensakt zu *Dämonen* entartet sind.

Waren die Dämonen bisher auf eine verhältnismäßig geringe Bewegungsfreiheit eingeschränkt, so sind sie laut Apokalypse heute für eine Zeitlang «losgelassen», nämlich für die Dauer der *Letztzeit*. In der eigentlichen Endzeit wird *einem* Dämon sogar die *volle* Freiheit, und zwar für noch kürzere Zeit, zugebilligt: Dem einem Menschen, dem *Antichrist*, einwohnenden Satan selbst.

Allen Überängstlichen sollte es zu jeder Zeit eine Beruhigung sein zu wissen, daß es eine Loslassung der Dämonie ohne göttliche Zulassung nicht gibt und daß Gott der apokalyptischen «Frau» die Verheißung des Endsieges über den «Drachen» gegeben hat.

Daß die aus der Apokalypse erschlossene Loslassung der Dämonen inzwischen erfolgt ist, bestätigt die «Frau» durch die Worte der Seherin: «Es kommen gleichsam *Dämonen* auf mich zu.» Man sollte sich deshalb als wacher und gläubiger Christ nicht über Zeiterscheinungen verwundern wie das «absurde Theater», den «phantastischen Realismus», über «Beat», «Jazz», «Sex», über «Rauschgift», «APO» und Studentenkrawalle, vor allem nicht über die außerordentlich stark zutage tretende dämonische Bedrängtheit der *Jugend*.

Was wir heute, und zwar wahrscheinlich zum ersten Male in der menschlichen Geschichte, erleben, ist die *totale dämonische Umsessenheit* der Menschheit. Aus dieser Tatsache resultiert das Übereinstimmen aller Verfalls- und Entsittlichungserscheinungen in allen Teilen der Welt. Da die dämonische Einwirkung vom Grade der Sensibilität eines Menschen abhängig ist, darf es nicht verwundern, wenn sich diese Einwirkung am deutlichsten bei *Künstlern* und bei der *Jugend* zeigt.

Am krassesten äußert sich die Umsessenheit bei *jungen Künstlern*, weil sich in ihnen die Feinnervigkeit der Jugend mit jener des Künstlers summiert. Wenn uns heute so ein junger Mensch im grotesken Habitus eines unfreiwilligen Clowns begegnet, sollten wir nicht den Kopf schütteln und über die «heutige Jugend» schimpfen. Diese Jugend ist im Grunde nicht um ein Jota anders als die Jugend früherer Epochen. Was sie im besonderen zu tragen und zu bewältigen hat, das ist der *Dämonismus der Letztzeit*. Und dieser wird wieder verschwinden, sobald Gott unsere Gebete und die Fürbitte der «Frau» erhört haben und der Heilige Geist in die «Herzen aller Völker» eingegossen sein wird. Die Menschheit wird auf die turbulenten Jahre, in denen wir zur Zeit leben und die ihrem Ende entgegengehen, zurückblicken wie auf einen gespenstischen Traum, und wer von unseren Jungen später einmal die Bilder betrachtet, die er und seinesgleichen in dieser Zeit des Verfalls dargeboten haben, der wird es mit Lachen und Weinen tun. Satan wird dann nur noch *eine* Hoffnung verbleiben: Die Chance des *Antichrists*. Aber es ist ja einer der Hauptzwecke der Letztzeit, die Menschheit mit der Dämonie so nachhaltig in Berührung zu bringen, daß es ausreicht, den sich ankündigenden Antichrist bereits «im Aufleuchten seines Kommens» zu erkennen und zu entlarven.

Wir sollten an dieser Stelle nicht schamhaft darüber hinweggehen, in welchem Maße auch die Kirche auf den letztzeitlichen Dämonismus hereingefallen ist. Man sehe sich viele unserer neuerbauten Kirchen an; man beobachte das Treiben vieler Priester und Ministranten vor dem Altar und dem Tabernakel, ihren Mangel an Ehrfurcht und an Ehrfurchtsbezeigungen; man bedenke die Unsicherheit so vieler Bischöfe in Fragen, auf die es überhaupt keine doppeldeutige Antwort geben kann, und man wird erkennen, daß die Menschen für das, was sie heute tun oder unterlassen, nicht im gleichen Maße verantwortlich gemacht werden dürfen wie in Zeiten, in denen die Dämonie nur ein eng begrenztes Feld zur Verfügung hatte. Auf diesen Ansturm des Bösen waren die Menschen nicht vorbereitet, nachdem sie diesen mit dem letzten Krieg hinter sich gebracht zu haben glaubten.

Wir könnten auch den Satanismus im scheinchristlichen Gewande nicht verstehen, wäre nicht das Faktum der dämonischen Losgelassenheit gegeben. Von den Gnostikern innerhalb und außerhalb der Kirche sagt die Apokalypse in Off. 3, 9: «Ich werde sie dazu bringen, daß sie kommen und sich vor dir niederwerfen und erkennen, daß ich dich liebe.» Diese Worte sind gemäß dem hypothetischen Siegel an den *Papst der Letztzeit* gerichtet.

Und im gleichen Sinne sagt die «Frau» einmal von den Feinden der Kirche, daß man sie nicht zu «vernichten», sondern zu «gewinnen» trachten soll.

Auch Katharina Emmerich kündigte das letztzeitliche Losgelassensein der Dämonie an, indem sie auf die freimaurerischen Umtriebe zu dieser Zeit in der Kirche und auf die Gefährdung der Jugend durch die «Schlangen», d. h. die Dämonen, die Gnosis und die ihren Einwirkungen entstammenden Ideen hinwies.

Wer diese ungewöhnlichen und widermenschlichen Zeiterscheinungen für Grundlagen von Zukunftsprognosen hält, wird ungewollt zum falschen Propheten. Denn was wie ein Spuk auftaucht und wieder verschwindet, kann nicht als Denkvoraussetzung für Zukunfts-prognosen bewertet werden. Von solcher Art von Falschprophetie ist nahezu alles, was heute geplant wird. Wie die Menschen und ihre Welt *nach* der Ausgießung des Heiligen Geistes über alle Völker aussehen werden, können wir nur ahnen. Was wir bestimmt wissen, ist nur das eine, daß sie wieder zum eigentlichen Menschsein zurückgefunden haben werden. Und darüber dürfen wir uns freuen.

Vielleicht haben manche Leser beim Lesen der Überschrift dieses Kapitels etwas anderes erwartet als eine Schilderung ungewollter und unbewußter Falschprophetie, bei der es sich im engeren Sinne ja nicht um Weissagung, sondern um falsche Schlüsse aus irrealen Gegebenheiten handelt. Deshalb wollen wir auch noch einen Blick auf die Falsch-prophetie im eigentlichen Sinne, auf die unechte Weissagung und die sie tragende Pseudomystik werfen. Auch hier zeichnet sich das Phä-nomen der totalen Umsessenheit deutlich ab; denn was z. B. ein *Michel Collin* – um einen der interessantesten Vertreter dieser Gattung herauszugreifen – an falscher Mystik und Pseudo-Prophetie demon-striert, würde in Zeiten eines «normal» auftretenden, d. h. gebunde-nen Dämonismus kaum Beachtung finden.

Da begegnen diesem sensiblen Expater – neben vielleicht vorausge-gangenen wahren mystischen Erlebnissen – plötzlich dämonische Ma-nipulationen, die er anfangs noch als solche erkennt und fürchtet. Im Gasthaus eines Wallfahrtsortes sieht ihn ein Bekannter auf der Treppe kauern, und auf die Frage, ob er krank sei, antwortet Collin, daß er in seinem Zimmer dämonischen Bedrängnissen ausgesetzt sei, vor de-nen er sich hierher geflüchtet habe.

Nun widerfahren solche Bedrängnisse bekanntlich auch Heiligen und echten Mystikern, wobei den Dämonen bekannt ist, daß diese Zulassungen meist nicht von Dauer sind und durch echte mystische Erlebnisse wieder verdrängt werden.

Im Falle Collin deutet vieles darauf hin, daß ihm weitere dämoni-sche Erlebnisse von scheinechtem Charakter zustießen, auf die er al-lerdings nicht wie ein erfahrener Mystiker, sondern wie ein heiligkeits-süchtiger Dilettant reagierte, indem er vor dem, was sich mit echter Mystik nicht zusammenreimte, einfach die Augen verschloß.

Von dem Zeitpunkt an, da seine labile und von Wahnideen inspi-rierte Mentalität in solch scheinechter Weise angesprochen worden war, gehörte Collin seinem Inspirator von Tag zu Tag mehr, den er vor sich selbst unter Hintanstellung theologischer Bedenken zuletzt sogar als «Christus» akzeptierte, um so immer tiefer in die Fänge seines Herrn und Meisters zu geraten.

Von gnostischer Seite wurde das Dämonische dieses Menschen schon frühzeitig erkannt. Als es sich aber gezeigt hatte, daß dieser in der lächerlichen Maskerade eines Papstes («Klemens XV.»!) einhergehende Phantast niemals in die Rolle eines «Logenpapstes» hineinwachsen würde, ließ man ihn fallen. Später landete Collin bei den «Planetariern», einer rosenkreuzerischen Gruppe in den USA, die auch in Europa starke «Zweige» zu bilden verstand und in den deutschsprachigen Ländern unter der Bezeichnungen «UFONEN» ihr Unwesen treibt.

Diese «Planetarier» behaupten, mit außerirdischen planetarischen Wesen in Verbindung zu stehen und von diesen Rat und Hilfe in den letztzeitlichen Auseinandersetzungen, deren Vorhandensein der Gnosis ja bekannt ist, erwarten zu dürfen.

Es würde zu weit führen aufzuzeigen, was in den Köpfen dieser «Planetarier»-Freunde alles umgeht. Wahrscheinlich ist den meisten von ihnen gar nicht bekannt, daß sie von einer freimaurerischen Gruppe, die sich mit den Möglichkeiten und Grenzen des «utopischen Bewußtseins» befaßt, als Versuchskarnickel mißbraucht werden. Daß dem so ist, bekannte der amerikanische Planetarier-«Experte» Adamski vor Jahren Journalisten gegenüber. Diese hatten ihn nach einem in Holland gehaltenen Vortrag über eine angebliche UFO-Fahrt zum Mond gefragt, ob denn die UFONEN (oder Planetarier) auch Christen seien wie wir. Adamski gab darauf die lakonische Antwort: «Am Sonntag gehen sie in die Kirche, am Montag greifen sie sich an die Kehle.»

Natürlich wußten die Journalisten, d. h. die Nichtmaurer unter ihnen, nicht, was Adamski damit sagen wollte. Dabei entsprach seine Antwort bereits den Ansprüchen eines Freimaurers der unteren drei Grade. Denn der – angeblich – christliche Freimaurer geht am Sonntag in die Kirche, am Werktag in die Loge, wobei ihm der freimaurerische Kehl- oder Halsgriff als Nachweis seiner Freimaurereigenschaft dienlich sein kann. Vom freimaurerischen Jargon der «Planetarier» dürften allerdings Leute vom Schlage Collins und seiner Gefolgschaft keine Ahnung haben.

Für die Kirche stellt dieser Pseudopapst kaum eine nennenswerte Gefahr dar. Aber das ist der Gnosis zur Genüge bekannt. Da die Planetarier-Rosenkreuzerei ihr Hauptziel in der Ausschaltung *Marias* als der «Schlangentöterin» sieht, kann ihr Collin mit seinem pseudomarianischen Umtrieben trotzdem unschätzbare Dienste erweisen. Denn überall dort, wo jemals eine kirchlich beglaubigte Marienerscheinung stattgefunden hat, tritt Collin als «frommer» Vollzieher der marianischen Forderungen in Erscheinung. Im Hofe eines seiner Häuser in Hagenau im Elsaß fehlte denn auch die Lourdesgrotte nicht und es muß den satanistischen Spaßvögeln unter seinen Hintermännern diabolische Freuden bereiten, wenn Collin immer dort auftaucht, wo sich Anzeichen mystischer bzw. marianischer Ereignisse erkennen lassen. Daß er es dabei mit der Unterscheidung der Geister nicht genau nimmt, ist bei seinem theologischen Indifferentismus nicht weiter zu verwundern. Wenn es ihm – allerdings in sehr geringem Maße – trotzdem gelungen ist, auch Priester zu übertölpeln, so dürfte sich hier gleich zu gleich gesellt haben. Die Priesterschaft als solche durchschaute die pseudotheologischen Blödeleien dieses gefoppten Betrügers von Anfang an, versäumte es jedoch zumeist, ihm dort entgegenzutreten, wo er versuchte, marianische oder marianisch scheinende Phänomene für sich in Beschlag zu nehmen.

Heute sollte eigentlich kaum mehr zu befürchten sein, daß ein Bischof sein Urteil über die Echtheit eines solchen Phänomens von der Haltung Seiner obskuren «Heiligkeit» «Klemens XV.» abhängig machen könnte. Denn dieser erteilt *allem* seinen Segen, was ihm unterkommt, um auf jeden Fall sicherzustellen, daß ihm nichts entgeht, was der Gnosis diffamierenswert erscheint. Und wo immer Maria eine Kirche gebaut wird, wird Collin bemüht sein, dem Teufel eine Kapelle daneben zu setzen. Er hält es so, weil er längst nicht mehr anders kann!

Eine Diskussion mit Collinanhängern hat wenig Aussicht auf Erfolg. Die für amerikanisch-gnostische Sekten typische «Meldepflicht nach oben» ist auch im Collinkreis eingeführt und wird, so weit die Beobachtungen reichen, mit ähnlicher Peinlichkeit befolgt wie bei den «Zeugen Jehovas». *

Es gäbe noch manch Interessantes über Falschprophetie in unserer Zeit zu berichten. Aber da es fast immer die gleichen Tricks sind, denen die bedauernswerten Opfer der Dämonie aufsitzen, mag es mit dem obigen Beispiel sein Bewenden haben.

---

* Anmerkung zur 6. Auflage 1982: Collin starb noch während des Pontifikats Pauls VI. Ein Spanier namens Clemente Dominguez von Palmar de Troya setzte Collins Narrenspiel fort.

Die folgenden Zitate aus den Botschaften der «Frau aller Völker» dürften nach dem Gesagten keinen weiteren Kommentar notwendig machen. Sie sprechen für sich und zugleich für die Richtigkeit der Darlegungen über die Umtriebe Satans, seiner «Kirche» und «Propheten». Darüber sagt die «Frau»: «Dieser Geist wird stets versuchen, in allerlei Form vorzudringen, langsam, raffiniert. Er wird *so* raffiniert vordringen, daß die Völker ihn nicht erkennen werden.» (16. 12. 49)

«Christenheit, du kennst deine große Gefahr *nicht!* Es existiert ein Geist, dich zu untergraben!» (15. 8. 1950)

«Die Menschen werden suchen, hier und da. Denke an die falschen Propheten! Suche und bete nur um den wahren Heiligen Geist!» (11. 2. 1951)

«Weiß Rom wohl, welcher Feind lauert und wie eine *Schlange* in der Welt herumkriecht? Und damit meine ich nicht nur den Kommunismus! Es kommen noch andere Propheten, falsche Propheten!» (28. 3. 1951)

«Der Feind unseres Herrn Jesus Christus hat langsam, aber sicher gearbeitet. Die Posten sind ausgesetzt. Seine Arbeit ist *beinahe fertig!* Völker, seid *gewarnt!*» (8. 12. 1952)

6. «Verfall, Unheil und Krieg»

In den vorangegangenen Kapiteln wurde schon des öfteren darauf hingewiesen, daß es sich bei dem in der Weissagung angekündigten Katastrophengeschehen nicht nur um Naturkatastrophen handelt, sondern daß Wirtschaftskatastrophen, Währungskrisen, politische und kulturelle, moralische und religiöse Krisen und Exzesse gleichzeitig und gleichwertig neben den Naturkatastrophen stünden. Wer das berücksichtigt, wird feststellen, daß wir uns schon seit Jahren in einer permanenten Krise in fast allen Lebensbereichen befinden und daß der darüber gebreitete Wohlstand nichts weiter als eine billige Tünche über diesem allgemeinen Unheil und Verfall darstellt.

Äußeres sichtbares Zeichen des Verfalls ist der die heutige Menschheit beherrschende *Pansexualismus*, den man etwas dümmlich und verniedlichend als «Sexwelle» bezeichnet.

Der Pansexualismus aber gehört zum Satanismus, wie der Aasgeruch zu verwesendem Fleisch. Seine Inspiratoren sind daher eindeutig in der *satanistischen Gnosis* zu suchen und zu finden.

In der «modernen» Satansmesse wird der Pansexualismus zwar vorerst «nur» symbolisch praktiziert. Dafür aber wurde er von den gleichen Kreisen unter dem Leitspruch: «*Tu was du willst*, soll sein das ganze Gesetz» um so rigoroser und zielstrebiger in die von Gnostikern jeglicher Art gesteuerte, angeblich «moderne» Kunst und Literatur eingeschleust, so daß er seitdem zu einem *Tabu der Kritik* geworden ist. Von hier aus gelangte er dann in die Massenmedien und wurde so Bestandteil eines lukrativen Geschäfts, das heute eine wichtige Steuerquelle für Staat, Gemeinden und – über die Kirchensteuer – indirekt sogar der Kirchen geworden ist.

Diese zwangsläufige Verfilzung von moralischem Ausverkauf, Geschäft und Steueraufkommen bildet die Ausgangssituation für eine opportunistische Gesetzgebung und für die allmähliche Gleichstellung der menschlichen Intimsphäre mit jeglicher Art von Bedürfnisbefriedigung. Eine glaubhafte Begrenzung der Intimbeziehungen durch das Lebensalter ist kaum noch gegeben, da die Sexualisierung des Kindesalters bereits Gegenstand von Volksschullehrplänen geworden ist. Kirche und Staat unternehmen nichts Entscheidendes gegen die auf unsere Jugend eindringende Schlammflut und die Eltern selbst empfinden sich vielfach als «unmodern», wenn sie von ihrem Gewissen dazu gemahnt werden, von ihrem Elternrecht Gebrauch zu machen und ihre Kinder in Schutz zu nehmen. Schließlich haben sie ja diejenigen, die den Pansexualismus mit scheinpädagogischen Begründungen und Methoden öffentlich und mit staatlicher Vollmacht legalisieren, mit ihrem Stimmzettel auf die Stühle gesetzt, die für diese Mentalitäten oft viel zu hoch sind, als daß sie mit ihren Füßen noch den Boden der Kultur- und Sittentradition der Menschheit zu erreichen vermöchten. Mit einer jugendgemäßen Hinführung zum Mysterium der Gattenliebe hat dieses Treiben nur sehr bedingt etwas zu tun. Es handelt sich hier um das wohl folgenschwerste Experimentieren mit der Jugend auf moralischem Gebiet, und wer das heute auszusprechen wagt, wird mit der Behauptung zurückgewiesen, daß Sexualität von Moral und Sitte längst «emanzipiert» sei, da sie, wie etwa auch Essen und Trinken, im wesentlichen der Steigerung des «modernen» Wohlbehagens zu dienen habe. Ähnliche indifferente Bewertungen erfahren Begriffe und Begriffspaare wie Autorität und Gehorsam, Glaube und Demut, Urteil und Strafe, Schule und Erziehung, Familie und Elternhaus, Kirche und Papst, kurz alles, was dem menschlichen Zusammenleben *Struktur, Form, Sinn* und *Wert* verleiht.

Da nicht anzunehmen ist, daß sich aus dieser totalen Wertverneinung noch eine glaubwürdige *Autorität* personaler oder institutionaler Art erheben könnte, muß zugewartet werden, bis diese *von Gott selbst* bezeugt und gerufen wird. Die Apokalypse spricht, wie aus dem letzten Kapitel dieses Buches hervorgeht, eine solche Verheißung klar aus, also kann ihre Verwirklichung erhofft werden, und zwar noch bevor es dazu zu spät ist.

Die Frage, welche Züchtigungen und Strafen die Neuordnung der Völker erfordert, ist längst durch die Letztzeitprophetie der Bibel beantwortet. Die Frage, in welchem Umfange die Fürbitte Marias die angekündigten göttlichen Strafmaßnahmen zurückzuhalten vermag, müssen wir selbst zu beantworten versuchen. Die biblische Prophetie *droht* die göttlichen Maßnahmen lediglich an. Die «Frau» jedoch zeigt auf, wie diese *gemildert* oder *überflüssig gemacht* werden könnten. Letzterdings haben es also doch die *Menschen* in der Hand, ob sie auch künftighin Spielball der «Synagoge Satans» und göttliches Strafobjekt bleiben oder wahrhaft freie Mitgestalter der *Ordnung Gottes* sein wollen.

Weil somit das kommende Geschehen als vom menschlichen Verhalten mitbedingt anzusehen ist, kann die Frage, ob und wann dieses oder jenes apokalyptische Ereignis eintreten könnte, jederzeit nur *bedingt* gestellt und *bedingt beantwortet* werden. Die Frage stellen heißt noch lange nicht, die unbedingt richtige, d. h. *letzte* Antwort aus der Prophetie zu erhalten. Diese gibt allein Gott, wenn auch in sichtbarem Zusammenhang mit den uns übermittelten prophetischen Bildern.

Wollen wir die widerchristliche Gnosis und ihr unheilvolles Treiben bekämpfen, so muß dieser Kampf *bei uns selbst* beginnen. Das verlangt die Prophetie vom letztzeitlichen Menschen und die «Frau» weist auf diese göttliche Forderung immer wieder in großer Eindringlichkeit hin. Erst wenn wir uns *selbst* von dem befreit haben, was zur Pseudo-Ordnung Satans gehört, erscheint es sinnvoll, uns gegen die «Kirche Satans» zu wenden, um ihrem bösen Treiben ein Ende zu bereiten.

Das gilt auch und vor allem auf dem Gebiete der *christlichen Politik*. Da es diese offiziell kaum mehr gibt, wird seit vielen Jahren versucht, sie aus dem Geist der apokalyptischen Frau in dem Umfange zu praktizieren, in dem es nach Lage der Dinge möglich erscheint.

Über die letztzeitlichen Pläne der Gnosis auf politischem Gebiet gibt die Apokalypse nur in großen Zügen Auskunft. Erst die marianische Kommentarprophetie zur Apokalypse zeigt die Einzelereignisse auf, die zum Hauptziel der Gnosis, *zum dritten Weltkrieg*, hinführen sollen. Die Ratschläge der «Frau» zur *Verhinderung* dieses von der Gnosis geplanten Vernichtungsunternehmens sind außerordentlich klug verschlüsselt und nur unter Berücksichtigung einer Reihe von Einzelschlüsseln in sogenannte Klartexte übersetzbar.

Die erarbeiteten Klartexte werden jeweils für die politische Praxis ausgewertet und es wird anschließend versucht, das Ergebnis dieser Auswertung so rasch wie möglich an die zuständigen Stellen weiterzureichen. Dabei kann die Frage, ob und wie weit diese Ergebnisse zur Kenntnis genommen oder politisch genutzt werden, vorerst nur unzureichend beantwortet werden. Die «*Frau*» ist jedoch Garantie genug dafür, daß ihre letztzeitlichen politischen Impulse in dem Maße aufgenommen werden, in dem sie aufgenommen werden sollen. Andernfalls hätte sie diese Impulse ja nicht gegeben.

Sobald die kritischen Jahre, die sogenannten «Amsterdamer Jahre» ihr Ende erreicht haben, wird der Verfasser über das Rechenschaft ablegen, was er aus der Kenntnis des Schlüssels zur Apokalypse und zur marianischen Prophetie auch im politischen Bereich unternommen hat. Er wird es nicht zu seiner Rechtfertigung tun, sondern um des *Zeugnisses für die «Frau»* willen. Vorerst muß im Interesse der weiteren Verwertung der politischen Weisungen und Warnungen der «Frau» davon Abstand genommen werden, über die angedeuteten Unternehmungen zu berichten.

Politische Erfolge sind zumeist von zwei Fähigkeiten abhängig, von der Fähigkeit zu *handeln* und von der Fähigkeit zu *schweigen*. Was die Leser über das Treiben der Gnosis im *kirchlichen* Bereich aus diesem Buch erfahren haben, stellt nur die *Hälfte* dessen dar, was mit Hilfe der Weisungen und Warnungen der «Frau aller Völker» ermittelt und bekämpft werden konnte. Dieser *politische* Kampf gegen die Gnosis steht auf einem anderen Blatt und ist nicht minder erregend wie der geistige und religiöse. Nur dürfte ersterer um einiges *gefährlicher* sein.

7. Die Soldaten der «Frau»

Es ist seit eh und je das Bestreben Satans und seiner «Kirche», der Gnosis, die Geschichte und die Heilsgeschichte im *Gegensinne* des apokalyptischen Siegels zu beeinflussen, um in der Letztzeit als der Epoche der Loslassung der Dämonie die Völker völlig unter deren Gewalt zu bekommen. Da dieses Ziel aber nur dann erreicht werden kann, wenn bis zu diesem Zeitpunkt die Schutzmacht der Kirche, das *Hl. Imperium*, ausgeschaltet ist, setzte die Gnosis in den vergangenen

Jahrhunderten alles daran, jenes zu beseitigen. Dies gelang ihr in mehreren Etappen und die letzte derselben war das politische «Trojanische Pferd» im Hl. Imperium, Adolf Hitler. Über diesen Coup der Gnosis wird im nächsten Kapitel ausführlicher berichtet.

Nachdem das Hl. Imperium, wie die Gnosis annimmt, bis in seinen Kern hinein verwundet und diffamiert wurde, glaubt sie es wagen zu dürfen, nun auch das Hl. Sacerdotium, und mit ihm den Papst, zur Strecke zu bringen.

Diejenigen, die sich in den Dienst der Erneuerung von Hl. Imperium und Hl. Sacerdotium zu stellen bereit sind, bezeichnet die «Frau» als ihre *Soldaten.*

Der mächtige Gegenspieler der christlichen Ordnung wurde hier beim Namen genannt. Er heißt *Gnosis!*

Da das Reich Satans in sich uneins ist, bedarf es nicht des Versuches, es zu spalten. Es ist bereits gespalten, und zwar in die *Ost-* und die *Westgnosis,* also in einen freimaurerisch-liberal-kapitalistischen und einen atheistisch-kommunistischen Pseudo-Messianismus, die beide zum Entscheidungskampf um die Alleinbeherrschung der Welt angetreten sind.

Die «Frau» bringt diese Tatsache in der Botschaft vom 15. 8. 1950 wie folgt zum Ausdruck:

«Sie (die ‹Frau›) zeigt auf den *Osten* und *Westen . . . spreizt die Hände* und macht dann eine *Faust.* Danach sagt sie: ‹Merke gut auf, wieviel mal ich diesen Stoß mache! Auch du sollst das tun!› Ich mache mit ihr die Fäuste und die ‹Frau› zählt mir vor, während wir die Fäuste kräftig gegeneinander bringen. ‹Bis zu *dreimal*›, sagt die ‹Frau.› ‹Die *Hälfte* hiervon ist der *Osten.*›»

Dann zeigt die «Frau» im Hintergrund eine Gestalt, die den Kopf in die Hand gestützt hat, und die Stimme (der «Frau») sagt wieder: «Die Männer, die die Vernichtung der Welt *wirken* und *planen.*»

Dieser Text sagt folgendes aus: Das «Handzeichen» der Westgnosis und das «Faustzeichen» der Ostgnosis bedeuten im Grunde das gleiche. Diese Symbolgleichheit zeigt sich auch bei den drei *Klopfzeichen,* bei denen «Faust» für «Hammer» steht. *Dreimal* die gleiche Bewegung weist, falls es sich nicht um ausgesprochen christliche Segensgesten handelt, auf die *Gnosis* hin, von der nach den Worten der «Frau» der Osten «die *Hälfte*» darstellt. Die Gestalt «im Hintergrund» von Ost und West, die zu denen zählt, «die die Vernichtung der Welt wirken und planen», stellt einen «Unbekannten Oberen» dar, von denen Ost- und Westgnosis gegeneinander ausgespielt und aufeinandergehetzt werden.

Diese Tatsache zeigt die «Frau» auch in einer anderen Botschaft auf. Dort berichtet die Seherin: «Dann sehe ich plötzlich zwei Linien mit einem Pfeil an den Enden, und es steht bei dem einen ‹Rußland› und bei dem andern ‹Amerika›. Dann sehe ich die ‹Frau› vor mir stehen und den *Mond*. Ich sage: ‹Da kommt *etwas dran,* an den Mond!› Danach ist es, als ob mich die ‹Frau› auf die Weltkugel bringe. Es ist so seltsam um mich hin und ich sage: ‹Eine Art *Naturerscheinung!*›»

Diese prophetische Ankündigung der «Frau» aus dem Jahre 1946 mußte damals unverstanden bleiben. Heute wissen wir, daß es sich um den Wettlauf der Amerikaner und der Russen zum Mond handelt. Bis zur Stunde aber wußte noch kein Amerikaner oder Russe zu sagen, was diese Monderoberung bezwecken soll. Der allgemeinen Erfahrung zufolge werden Riesenbeträge, wie sie für die Mondfahrt aufgewendet werden, zumeist nur für Rüstungszwecke ausgegeben und es würde zweifellos gut in die Völkervernichtungspläne der Gnosis passen, wenn man mit dem Mond eine neue Art von militärischem Bereitstellungs- bzw. Operationsraum erobern möchte. Vor einer solchen Mondstrategie möge Gott die Völker der Welt bewahren!

Was die «Frau» vom verbrecherischen Treiben der Gnosis und der ihr ausgelieferten Völker aus dem politischen und militärischen Bereich enthüllte, soll – neben anderen Botschaften der «Frau» an die Völker – «von *Deutschland* aus in die Welt gebracht werden». Das erfordert vor allem Mut, Klugheit und taktisches Vorgehen, kurz: Geistiges und moralisches *Soldatentum*.

Die «Frau» ruft uns nicht zu den Vernichtungswaffen der Gnosis, sondern zu den Waffen des *Heiligen Geistes*.

Sechstes Kapitel

Bannerträger des Antichrists

Wenn in diesem Kapitel die Aussagen der «Frau» gegenüber denen der Apokalypse etwas in den Hintergrund treten, so hat das seinen guten Grund. Schließlich möchte der Leser ja erfahren, ob der von der «Frau» geoffenbarte Schlüssel auch «paßt», d. h. ob und wie mit seiner Hilfe die versiegelte Tür zur Apokalypse aufgeschlossen werden kann.

Diese exegetische Brauchbarkeit des marianischen Schlüssels soll nun an einigen Beispielen erprobt werden, wobei ausdrücklich zu bemerken ist, daß die Ergebnisse dieser Entschlüsselung solange als Hypothesen zu bewerten sind, bis das kirchliche Lehramt sie überprüft und beurteilt hat.

1. Die vier apokalyptischen «Reiter»

Im 6. Kapitel der Apokalypse berichtet der Seher und Apostel Johannes über die Öffnung des Siegels durch das Lamm, also durch Christus. Die Siegelöffnung erstreckt sich zunächst auf die vier Einzelsiegel im *christozentrischen* Siegel, deren Bezeichnungen noch einmal in Erinnerung gebracht werden sollen:

THEOLOGIE
«Osten» (= weiß)
«Adler»

HL. IMPERIUM
«Norden» (= rot)
«Löwe»

HL. SACERDOTIUM
«Süden» (= schwarz)
«Engel»

PHILOSOPHIE
«Westen» (= fahlgelb)
«Stier»

Da man die «Himmelsrichtungen» im kleinen Siegelkreuz auch in Farb-Symbolen wiedergeben kann, wurden diese in Klammern hinzugefügt.

Nach diesen Hinweisen dürfte es keine Schwierigkeiten bereiten, die vier apokalyptischen «Reiter» in das christozentrische Siegel einzusetzen, da die *Farben* der vier Pferde erkennen lassen, welchem der vier Einzelsiegel jeder «Reiter» zuzuordnen ist.

Nun wird jeder dieser vier «Reiter» von je einem der «vier Wesen» gerufen, deren symbolische Namen «Adler», «Engel», «Stier» und «Löwe» zugleich die vier Einzelsiegel kennzeichnen. Das bedeutet, daß diese «vier Wesen» *Schutzgeister* der vier Einzelsiegel darstellen, die in der Engelshierarchie eine besonders hohe Stellung einnehmen dürften und die deshalb über die Macht verfügen, die vier «Reiter» zu «rufen»; denn bei diesen «Reitern» handelt es sich um *Dämonen*, die ebenfalls als «Hochgestellte», allerdings mit negativem Vorzeichen, anzusehen sind. Aufgabe dieser Dämonen ist es, in den letztzeitlichen Tagen ihrer Freilassung alles daranzusetzen, die Menschen an der Unterordnung unter das christozentrische Siegel, das *Kreuz*, zu hindern. Da wir diese Zeit soeben durchleben, sind wir Augenzeugen des Wütens der vier apokalyptischen «Reiter», wie wir gleichermaßen Augenzeugen der von der «Frau aller Völker» getroffenen und gewünschten Gegenmaßnahmen gegen die freigelassene Dämonie sind. Die «Frau» möchte erreichen, daß wir die Existenz Satans und der Dämonen aus ihren letztzeitlichen Untaten erschließen und von dieser Erkenntnis aus Rückschlüsse ziehen auf die Unleugbarkeit der dämonischen Beeinflußbarkeit des Menschen, auf den Sündenfall, die Erbsünde und damit auf die Notwendigkeit und die hohe Bedeutung der Erlösung durch Jesus Christus, welch letztere heute von manchen Theologen geleugnet wird.

Die letztzeitliche Loslassung der Dämonen wird in Off. 6 wie folgt geschildert:

Der erste Reiter

«Da sah ich, während das Lamm das *erste* der sieben Siegel öffnete, und hörte eines der vier Wesen wie mit Donnerstimme rufen: Komm! Ich sah auf – da siehe, ein *weißes* Pferd; der auf ihm saß, trug einen *Bogen,* und es ward ihm ein *Kranz* gereicht; und er zog aus, ein *Sieger um zu siegen.*»

Die weiße Farbe des Pferdes bedeutet «Osten», also *Theologie*. Das «Wesen», das den Dämon des «Ostens» gerufen hat, trägt demnach die Symbolbezeichnung *«Adler»*. «Osten» bezeichnet positiv den Logos, also *Christus*, negativ-gnostisch den *Antichrist* und einige seiner Vorläufer. Der Antichrist besitzt zwar den «Bogen» und den «Kranz»,

d. h. also den (dialektischen) *Rahmen* des Siegels, aber er kann ihn nicht mit der Wahrheit des Siegels, dem *Kreuz*, füllen. So zeigt z. B. eines der bekanntesten Embleme der Rosenkreuzer zwar «Bogen» und «Kranz», das Kreuz jedoch hängt unter dem «Kranz» nach unten, d. h. es wird ihm *in* «Bogen» und «Kranz» kein Platz gewährt. Satan *kennt* wohl das echte Siegel, aber er kann es aus seiner Satansnatur heraus nicht verkünden, da er damit zugleich die Ordnung Gottes verkünden müßte.

Wenn der Antichrist samt seinen Vorläufern «ausgezogen» ist, um über Christus zu siegen, so kann ihm dabei natürlich nicht unterstellt werden, daß er auch heute noch an die Möglichkeit der Verdrängung Gottes durch ihn, den Antichrist, glaubte. Der Engelsturz hat ihm die Macht Gottes so nachhaltig gezeigt, daß er sich seiner Geschöpflichkeit ebenso bewußt ist wie der Unerreichbarkeit Gottes durch eines seiner Geschöpfe. Um was es Satan in der Letztzeit vielmehr geht, das ist die *Ernte der Bosheit*, d. h. die Zahl der durch ihn gewonnenen und für Christus verlorenen *Seelen*.

Der erste «Reiter» erweist sich somit als der unermüdlich tätige *Pseudo-Theologe*, der die Sprache und den Habitus des «Lammes» annimmt, um mit diesem verwechselt zu werden. Als «Wolf im Schafspelz» tritt er bereits jetzt in hunderterlei Mitläufern der Gnosis in Erscheinung und versucht er mit diesen zusammen die Kirche auf legal erscheinendem Wege aufzuspalten, um dann am Zeitenende jenes große Chaos zur Verfügung zu haben, über das er sich als «wiedergekommener Christus» und als «Öffner des Siegels», d. h. als scheinbarer Erretter aus den Nöten der Endzeit erheben möchte. Was er im einzelnen im Schilde führt, das haben uns die «Könige» und die «Frösche», mit denen wir uns noch ausführlich befassen müssen, gewissermaßen in geschichtlichen Etappen vordemonstriert.

Der zweite Reiter

«Als es (das Lamm!) das *zweite* Siegel öffnete, hörte ich das zweite Wesen rufen: ‹Komm!›

Da zog ein anderes Pferd aus, *feuerrot;* der auf ihm ritt, dem ward gegeben, den Frieden von der Erde zu nehmen, daß sie einander hinschlachteten und es ward ihm ein großes *Schwert* gereicht.»

«Rot» bedeutet «Norden», also ein Hinweis auf das *Hl. Imperium* bzw. auf seine Verkehrung in den satanistischen *Macht- und Gewaltstaat,* auf den ideologisch bedingten und vom Willen zur Macht getragenen Imperialismus letztzeitlicher Völker oder Staaten. Diese

Völker und Staaten sollen in der Letztzeit dazu mißbraucht werden, «den Frieden von der Erde zu nehmen», d. h. *Weltkriege* zu führen. Als ersten *apokalyptischen* Krieg bezeichnet die Apokalypse, wie noch dargelegt werden wird, den sogenannten Zweiten Weltkrieg. Die Planung des dritten begann, wie die «Frau» mitteilte, bereits gegen Ende des letzteren. Prototyp des Pseudoimperiums ist die Sowjetunion mit ihren Satelliten, den «10 Königen» in Off. 17, 12, deren gnostische Gegenentsprechung im Westen nicht übersehen werden sollte.

Die Bereitstellung zum *Dritten Weltkrieg* begann, ebenfalls nach Hinweisen der «Frau», mit dem Einmarsch der Streitkräfte der Staaten des Warschauer Paktes in die Tschechoslowakei. Darüber kann z. Zt. noch nichts Näheres berichtet werden, damit die Verheißung der «Frau», daß es *nicht* zu diesem Dritten Weltkrieg zu kommen braucht, sich ohne störende Zwischenfälle erfüllen kann. Zu ergänzen ist, daß auch der *innere* staatliche Friede durch den «Reiter» auf dem «roten Pferd» gestört werden soll, und zwar durch Revolten, Revolutionen, Beseitigung legaler Regierungen usw., was alles *heute* zur täglichen Kost des Zeitungslesers gehört.

Ursache dieser letztzeitlichen Tendenz zum totalen Unfrieden ist neben den gnostischen Ideologien und dem Willen zur Macht die dämonische *Umsessenheit*, mitunter sogar Besessenheit von Politikern und Staatsmännern in unseren Tagen, – ein Phänomen, das wir am Beispiel Adolf Hitler näher erläutern werden.

Erst mit der letztzeitlichen Wiedererneuerung des *Hl. Imperiums* wird der zweite apokalyptische «Reiter» von Gott zurückgerufen und den Völkern der Welt der *Friede* geschenkt werden.

Der dritte Reiter

«Als es das *dritte* Siegel öffnete, hörte ich das dritte Wesen rufen: ‹Komm!›

Ich sah auf. Da siehe, ein *schwarzes* Pferd; sein Reiter trug in seiner Hand eine *Waage*. Ich hörte etwas wie eine Stimme aus dem Raume der vier Wesen rufen; ‹Ein Maß Weizen ein Denar! Drei Maß Gerste ein Denar! – dem *Öl* und dem *Wein* jedoch sollst du nicht schaden!»

«Schwarz» ist die dämonische Farbe des «Südens», weist also in blasphemischer Weise hin auf das *Hl. Sacerdotium* mit dem «Engel» als Kennzeichen.

Die Waage ist das alte Symbol des Mangels an Lebensnotwendigem, dieses im geistig-religiösen Sinne ebenso verstanden wie im materiellen. Ein Denar für ein Maß Weizen bzw. drei Maß Gerste bedeutete zur Zeit des Johannes etwa das *Zehnfache* des normalen Preises. Hier liegt sonach ein deutlicher Hinweis auf unsere sogenannte Marktwirtschaft vor, innerhalb deren sich jede Mangelware verteuert, und zwar auch dann, wenn es sich um so lebensnotwendige Waren wie Brot oder Mehl handelt. Der sich als christlich bezeichnende Westen wird in dieser Hinsicht vom kommunistisch-heidnischen Osten insofern beschämt, als in letzterem die Grundnahrungsmittel jeglicher Spekulation und jeglichem Marktmißbrauch entzogen bleiben. Da der dritte «Reiter» unbedingt aus der Kirche vertrieben sein muß, bevor der vierte herannaht, nämlich die *Hungerkatastrophen*, sollte die Kirche mit der Leidenschaft der christlichen Liebe und Gerechtigkeit bemüht sein, dem Beispiel Christi nachzufolgen und die feilschenden Krämer aus dem Hause Gottes vertreiben. Dividendenerträge, Zinseinnahmen, Kapitalinvestitionen und sonstige Praktiken der heutigen Wirtschaft stehen der christlichen Vorstellung von einer gerechten Gütererzeugung und Güterverteilung derart diametral gegenüber, daß nur das Beispiel der *freiwilligen Armut* der Kirche imstande sein wird, ihre Nachfolge Christi allen Völkern glaubhaft zu machen. Das ist auch eines der großen Anliegen der «Frau», was die Parallelität der apokalyptischen Forderungen mit den Weisungen der marianischen Kommentarprophetie auch hier wieder deutlich werden läßt.

Daß gewisse Fehlentwicklungen in der Kirche auch die Gefahr einer geistig-religiös zu verstehenden «Mangelware» heraufbeschwören, bedarf sicherlich keines Beweises. Je anmaßender sich die heutige Intellekttheologie herauszuputzen versucht, um so mehr leiden die Gläubigen Mangel am religiös Lebensnotwendigen. Aber die Apokalypse beruhigt die Gläubigen der Letztzeit mit dem Hinweis, daß diese Krämer des Intellekts dem «Wein und dem Öl», d. h. der mit diesen Sakramentalien angedeuteten *Sakramentenspendung*, «*nicht schaden*» würden.

Der vierte Reiter

«Als es das *vierte* Siegel öffnete, hörte ich die Stimme des vierten Wesens rufen: ‹Komm!›

Ich sah auf – da siehe, ein *fahles* (= fahlgelbes) Pferd; sein Reiter trug den Namen ‹Tod›, und ihm folgte der Herrscher des Totenreichs nach. Ihnen ward Gewalt gegeben über den vierten Teil der Erde, zu töten durch Schwert, Hunger, Pest und durch die wilden Tiere der Erde.»

«Fahl» ist die Farbe des «*Westens*» und zugleich des *Seuchentodes*. Das «vierte Wesen» wird durch das Symbol «Stier» zum Ausdruck gebracht. Wir haben es also mit jenem Einzelsiegel zu tun, das die Bezeichnung «*Philosophie*» trägt, wobei hier unter Philosophie zugleich die Summe und die Quintessenz *aller* Profanwissenschaften zu verstehen ist, Naturwissenschaften ebenso wie Naturphilosophie, Anthropologie und Medizin ebenso wie Erkenntnistheorie und Pädagogik usw. Der vierte «Reiter» weist aber nicht nur auf den geistigen, sondern gleichermaßen auf den physischen Seuchentod hin, der den letztzeitlichen Menschen – von Seiten des Bios her – bedrohen würde.

Eine offizielle Philosophie im Sinne einer Staatsphilosophie existiert für die heutigen Universitäten nicht. Was die heutige akademische Jugend vorgesetzt bekommt, sind Bazillengerichte der verschiedensten Art, deren vergiftende Wirkung sich in den Exzessen einer dämonisch umsessenen und erregten Jugend niederschlägt. Der geistige Seuchentod ist eine Begleiterscheinung der Letztzeit, und wer ihn nicht wahrzunehmen vermag, beweist lediglich ein hohes Maß an Selbstinfektion. Erst die *Schocktherapie Gottes* wird dem vierten «Reiter» die Wege zu den Gehirnen und Herzen der Menschen versperren. Man sollte alles, was heute an dämonologischem Beobachtungsmaterial anfällt, sorgfältig sammeln, damit man in den späteren endzeitlichen Wirren auf dasselbe zurückgreifen kann; denn auch dann werden «die wilden Tiere der Erde», der «Gehirntrust» des Antichrists, wieder, und zwar zum letztenmal in der Geschichte, in Erscheinung treten.

Der vierte «Reiter» gibt auch dem *physischen* Seuchentod den Weg frei. Er nimmt Naturwissenschaften, Technik, vielleicht auch die Raumfahrt in seine Dienste oder versucht dies wenigstens, und zwar auf mannigfache Weise.

Die «Frau» berichtet u. a. über die Herstellung und Anwendung von Raketen, die der Verbreitung tödlicher Bakterien dienen sollen, insbesondere von Cholerabakterien. Sie weist auf Anlagen in der Sowjetunion hin, in denen zum Teil sogar unterirdisch «chemische Stoffe» hergestellt werden. Man plant also den Großeinsatz von BC-Waffen, falls ein internationales Abkommen den Atomkrieg ausschalten sollte. Fachleute warnen vor der Gefahr der Einschleppung von Bakterien von fremden Himmelskörpern, auf deren natürliche Abwehr der menschliche Organismus nicht vorbereitet ist und gegen die naturgemäß auch keine Impfstoffe zur Verfügung stünden.

Alle diese Bedrohungen des letztzeitlichen Menschen sind von der Apokalypse und von den Botschaften der «Frau aller Völker» prophetisch vorweggenommen worden.

Aber die Prophetie ist nicht dazu da, daß sich ihre Androhungen erfüllen, sondern daß wir Gelegenheit nehmen können, die *Milderung* oder *Abwendung* des Angedrohten zu *erdienen* und zu *erbeten*.

2. Die Namen der sieben «Könige»

In Off. 17, 9–11 heißt es:

«Hier ist (d. h. bewahrheitet sich) der Geist, der die *Weisheit* (des Geheimnisses des Kreuzes, des Siegels) besitzt: Die sieben *Köpfe* (des apokalyptischen ‹Tieres›), sieben *Berge* sind's, auf denen das Weib (die «Kirche» Satans) seinen Thron aufgeschlagen, und sind zugleich sieben *Könige:* Die ersten *fünf* sind hingegangen, der eine (d. h. *sechste) ist da,* der andere (d. h. *siebente)* ist noch nicht gekommen, und *wenn* er kommt, wird er nur *kurz* bleiben. Das *Tier,* das war und nicht ist, ist zugleich der *achte.* Es gehört zu den sieben und geht ins Verderben!»

Das höchste, was die menschliche Weisheit anzustreben vermag, ist die Verwirklichung der im göttlichen Siegel zum Ausdruck gebrachten göttlichen Ordnung in der Heilsgeschichte der Menschen. Wegen der Fortdauer der Sünde bis zum Ende der Geschichte werden wir diese Ordnung zwar erst nach dem Gericht in Vollkommenheit erreichen. Aber lt. Apokalypse sollen wir sie im Rahmen unseres guten Willens zu verwirklichen trachten, sobald Satan und seine «Kirche» in der *Letztzeit* entlarvt und ersterer für eine gewisse Zeit «gebunden» sein wird. Erst nach seiner *zweiten* Loslassung wird er noch einmal erscheinen, und zwar als *Antichrist.*

Erkennen werden wir diesen u. a. an den sieben bzw. acht ihm vorausgegangenen satanisch mißbrauchten *«Königen».*

Der siebente dieser «Könige» könnte laut Apokalypse am Auftreten gehindert werden, da zum Zeitpunkt seines Erscheinens die Namen der sechs anderen «Könige» bereits mittels des Siegels ausfindig gemacht sein würden. Darum heißt es vom siebenten: «wenn», d. h. *falls* «er kommt». Dieses «wenn er kommt» bedeutet nach der Leseart der Prophetie nichts anderes als: Wenn wir ihn kommen lassen infolge Nichtbeachtung des zu dieser Zeit bereits geöffneten Siegels.

Der *Zeitpunkt,* zu dem der sechste «König» erscheint und der fünfte gerade «dahingegangen» ist, war zugleich der Zeitpunkt der *Öffnung des Siegels.* Die Ermittlung der Siegelhypothese erfolgte am *21. November 1955,* also rund vier Jahre *nach* der marianischen Siegeloffenbarung in Amsterdam.

Das hypothetische Siegel war nicht auf theologischem, sondern auf *philosophischem* Wege erarbeitet worden.

Die Philosophie ist dem geistigen Ordnungsbereich des *Hl. Imperiums,* also des Staates, primär zugeordnet, während die Theologie ausschließlich Sache des Hl. Sacerdotiums, der Kirche, ist. Deshalb umfaßt die christliche Theologie alles, was an theologischen Erkenntnissen von der alten (jüdischen) und neuen (christlichen) Kirche hervorgebracht wurde, während die Philosophie als natürliche menschliche Weisheit auf alles zurückgreift, was die natürliche menschliche Erkenntnis aller Zeiten und Völker, der jüdisch-christlichen wie der heidnischen, zur natürlichen Weisheit des Menschen beigetragen hat. *Thomas von Aquin* trug der letztgenannten Tatsache z. B. dadurch Rechnung, daß er Bestandteile der griechischen Philosophie in seiner christlichen Philosophie assimilierte, und zwar unter Zustimmung des Papstes und trotz des Unmutes seiner Gegner. Man kann es gewissermaßen als symbolisch bezeichnen, daß dieser christliche Denker ein Neffe des *Kaisers* und somit seiner Herkunft nach ein Mitglied der führenden Familie des *Hl. Imperiums* gewesen war.

Die Tatsache der Erstexegese der Apokalypse auf philosophischer Basis entspricht voll und ganz der Ankündigung der Apokalypse in *Off. 5, 5,* daß das Siegel im Zeichen des *«Löwen»,* also des *Imperiums,* geöffnet werden würde.

Als Geheimnis des Kreuzes hat es der sterbende Erlöser auf mystische Weise *Maria* geoffenbart, wie die «Frau» berichtet.

Und als das *allen Völkern* zugängliche Weisheitszeichen soll dieses Kreuz, das Siegel, heute *«von Deutschland aus»* an alle Völker weitergegeben werden auf der Brücke des ihnen gemeinsamen *natürlichen* Denkens, der *Philosophie.* Von dieser Basis aus werden die führenden Geister der Völker dann von selbst die *theologische Frage* an die Kirche stellen.

Christus starb nicht nur als König der *Juden,* sondern als *König aller Völker.*

Maria ist nicht nur die Mutter der Kirche, sie ist darüber hinaus auch die «Frau», die *Königin aller Völker.* Deshalb auch erscheint sie in Amsterdam u. a. mit dem steinernen *Löwen,* dem Symbol des *Imperiums,* zu ihren Füßen.

Die Philosophie ist primär die «Königin» der *weltlichen* Wissenschaften, der natürlichen Weisheit der zum Weltimperium aufgerufenen Völker der Erde. Als solche bereitet sie der Theologie heute den Weg, ist sie deren Diener und bescheidene Vorhut.

Außerdem gibt es noch ein anderes gewichtiges Argument für die Beauftragung des Imperiumsaspekts mit der Siegelöffnung. Es bleibt ja nicht bei der Öffnung allein, sondern die Öffnung des Siegels stellt die Heilsgemeinde auch vor die sehr schwierige und gefährliche Aufgabe, die *Gnosis* niederzukämpfen, die sich mit allen ihr zu Gebote stehenden Mitteln gegen Versuche der *Siegelverkündigung* zur Wehr setzen wird, vor allem mit Hilfe der von ihr auf den höchsten Stand gebrachten *Hermetischen Philosophie*, einem dem Thomismus in gefährlicher, d. h. gnostischer Weise angenäherten *Pseudo-Trialismus*.

Diesen Kampf würde die Kirche schon rein kompetenzmäßig nicht bestehen können; denn zu diesem bedarf es der *Politik* ebenso wie der im Siegel koordinierten *Profanwissenschaften,* der Metaphysik, der Politologie und Anthropologie, der Sozialwissenschaften, Nationalökonomie usw.

Die Bekehrung der Völker binnen kurzem, d. h. in der bis zum Zeitende noch verbleibenden Zeit, bedarf anderer Wege als den der bloßen Katechese. Letztere muß, wenn sie rasch zum Ziele führen soll, ein *natürliches Bedürfnis des menschlichen Geistes,* das sich nach den bevorstehenden Ereignissen und dem darauffolgenden geschichtsphilosophischen Vakuum ergeben wird, vorfinden.

Die «Frau» sagt zu diesem Thema, daß «die Zeit *drängt»,* daß ein *politisch* christlicher Kampf bevorstünde, daß die Ordensgenossen des hl. Thomas von Aquin, die *Dominikaner,* sich in den besonderen Dienst der Weltmission auf der angegebenen Grundlage stellen sollen, daß diese Zeit die Zeit des Kampfes um den *Geist* sei und als solche die *«Zeit des Hl. Geistes».* Um diesen Kampf siegreich bestehen zu können, fordert die «Frau» die Kirche und die Gläubigen zu *Gebet und Buße* auf, vor allem aber zum offenen Sichbekennen zur «Frau aller Völker», der Wiederbringerin des *Kreuzes* in Gestalt des *Siegels,* und zur Verkündigung des Dogmas «Frau aller Völker, Miterlöserin, Mittlerin, Fürsprecherin».

Wenn nun vorausgesetzt ist, daß die Siegelöffnung im Zeichen des Hl. Imperiums erfolgt, muß auch vorausgesetzt werden, daß die Namen der apokalyptischen «Könige» aus Off. 17 in der Sprache bzw. den *Sprachen des Hl. Imperiums* zum Ausdruck gebracht werden. Da diese Namen, nachdem sie mittels des Siegels erkundet wurden, in einer dieser Sprachen die Zahl 666 ergeben müssen, wurde zunächst das Siegel an die nachchristliche Geschichte angelegt und anschließend die Überprüfung der ermittelten Namensträger durch die apokalyptische Zahl vorgenommen.

Auszugehen war, wie bereits im 2. Kapitel dargelegt wurde, von den Namen und dem Titel des Kaisers *Nero,* welche die apokalyptische Zahl in vollendeter Weise wiedergeben.

Wenn man im Zusammenhang mit den «Königen» aus Off. 17 häufig vom «wiederkommenden Nero» spricht, so ist damit keineswegs eine Wiederverkörperung dieses Menschen, sondern die *Wiederkehr seiner «Zahl» (666)* in den Namen der übrigen «Könige» gemeint.

Sprachen des Imperiums waren im Laufe der christlichen Geschichte die lateinische, die deutsche, die italienische und die spanische Sprache, wobei die *deutsche* Sprache gemäß der deutschen Herkunft der christlichen Kaiser seit Karl dem Großen bzw. Otto dem Großen an erster Stelle zu nennen wäre. Das bedeutet, daß auch die Namensprobe solcher apokalyptischer «Könige» bzw. satanisch mißbrauchter geschichtlicher Personen, deren Namens- und Titelbezeichnung aus dem von der Apokalypse vorgegebenen sprachlichen Rahmen fallen, in den Sprachen des Imperiums und in *lateinischer Schrift* vorzunehmen ist.

In Fällen, in denen für den gleichen Laut verschiedene Schriftzeichen möglich sind, wie z. B. bei Umlauten oder lautgleichen Konsonanten, wird jeweils dasjenige Schriftzeichen gewählt, das die Buchstabenzahl 36 ermöglicht.

In Fällen, in denen mehrere Namen oder Titel für ein und dieselbe Person bekannt sind, wird jeweils demjenigen der Vorzug gegeben, den sich der *Träger selbst* zuschrieb, weil darin die Zielrichtung seines Wollens und die blasphemische Selbsteinschätzung am besten zum Ausdruck gebracht ist.

Zahlen werden ebenso wie die Namen in der heutigen Schreibweise, also in arabischen Ziffern wiedergegeben.

Falls *mehrere* der für eine Person gebräuchlichen Namens- und Titelbezeichnungen die apokalyptische Zahl ergeben, werden *alle* derartigen Namen und Titel aufgeführt.

Mittels des von der «Frau» geoffenbarten Siegels erwiesen sich

a) im *christozentrischen* Siegel

Kaiser Nero als Mißbraucher des Einzelsiegels *«Hl. Imperium»,*
Kaiser Julian als Mißbraucher des Einzelsiegels *«Theologie»,*
Papst Alexander VI. als Mißbraucher des Einzelsiegels *«Hl. Sacerdotium»,*
Friedrich Nietzsche als Mißbraucher des Einzelsiegels *«Philosophie»;*

b) im *trinitarischen* Siegel

Joseph W. Stalin als Mißbraucher des Einzelsiegels «*Glaube und Gerechtigkeit*», also des Vater-Prinzips im Aspekt «*Tier*»,

Nikita Chruschtschow als Mißbraucher des Einzelsiegels «*Wahrheit*», also des Sohn-Prinzips im Aspekt «*Lügenprophet*»,

Mao Tse-tung als Mißbraucher des Einzelsiegels «Liebe», also des Geist-Prinzips im Aspekt «*Drache*». Letzterer jedoch nur dann, «wenn er kommt», d. h. wenn er zur ideologischen und *militärischen* Welteroberung schreiten würde,

L. I. Breschnew als Epigone Stalins und zweiter Mißbraucher des Einzelsiegels «*Gerechtigkeit*».

3. Die vier ersten «Könige»

Am Beispiel der apokalyptischen «Reiter» sollte gezeigt werden, wie leicht sich der Inhalt der Apokalypse dem zu erschließen vermag, der sich des von der «Frau» geoffenbarten Siegels, des Geheimnisses des Kreuzes, bedient.

Noch leichter verliefe die Entsiegelung allerdings, wenn die Einzelsiegel in der Apokalypse jeweils in der gleichen Reihenfolge wie im Siegel selbst aufeinanderfolgten, im christozentrischen Siegel also in der Reihenfolge «Osten – Westen – Süden – Norden». Die «Reiter» z. B. weisen die Reihenfolge «Osten – Norden – Süden – Westen» auf, was sich aus den Farbensymbolen ergab. Daraus folgt, daß die Kenntnis des Siegels allein noch nicht genügt, um einen versiegelten Text zu «öffnen». Es bedurfte dazu noch einer Reihe von Symbolstudien, wie sie manche Exegeten vorgenommen haben und wie sie der Verfasser u. a. auch am Symbolfundus der Gnosis durchführte. Neben den hierbei ermittelten *Symbolschlüsseln* stehen noch sog. *Zeitschlüssel* zur Verfügung, deren sich die Gnosis mit besonderer Aufmerksamkeit bedient, wenn sie ein Phänomen auftauchen sieht, das sich, wie z. B. Hitler oder Stalin, zusehends als «apokalyptisch» zu erweisen beginnt.

Bevor wir uns den für die Gegenwart verfügbaren marianischen und «apokalyptischen» Hilfen zuwenden, wollen wir einen Blick in die «Tiefe und Dunkelheit der Zeiten» werfen und an der Hand der «Frau» den «Schritt über die Schwelle» tun, um die vier ersten «Könige» aus Off. 17 näher in Augenschein nehmen zu können.

Wie schon festzustellen war, bezieht sich «die Zahl eines Menschen» – 666 – zunächst auf den römischen Kaiser *Nero*. Der «Berg», den dieser «König» besetzt hielt und zu widerchristlichen Zwecken miß-brauchte, war das römische *Imperium.*

Es fragt sich nun, welche «Berge» oder Einzelsiegel die weiteren drei «Könige» mißbrauchten und in welcher Reihenfolge dies geschah. Hier weist uns die Gnosis, wenn auch unbeabsichtigt, den Weg.

Da es dem Satanismus nicht möglich ist, sich der Reihenfolge des Kreuzes zu bedienen, verbleibt ihm nur die Möglichkeit, in *einer* Richtung auf dem Siegelkreis oder «Kranz» voranzuschreiten. Die Richtigkeit dieses Schlusses bestätigt die «Frau» dadurch, daß sie die Seherin in der Botschaft vom 7. Dezembr 1947 zuerst «eine große ‹4›» mit einem Kreis «rundherum» sehen läßt, um ihr unmittelbar darauf den gleichen Kreis mit einem *Kreuz* zu zeigen. Mit diesen beiden Bildern lehrt sie uns den Unterschied zwischen dem *gnostisch-linearen* und dem *christlich-kruzifikaren* Gebrauch des christo-zentrischen Siegels bei der Entsiegelung der Apokalypse.

Da kein weiterer Hinweis vorliegt, in *welcher* Richtung man, beginnend beim Einzelsiegel «Imperium», zeitlich weiterzuschreiten hat, versucht man zunächst eine geschichtliche Person ausfindig zu machen, die nach Nero den zweiten Versuch der Beseitigung des jungen Christentums, und zwar entweder auf pseudotheologischem oder auf pseudophilosophischem Weg, unternahm. Man wird so auf den *Pseudotheologen* Julian Apostata stoßen und somit auf den Weg nach «rechts», d. h. auf das Voranschreiten im *Uhrzeigersinn*, hingewiesen.*

Sonach müssen die vier ersten «Könige» zeitlich so aufeinanderfolgen, daß der erste das Hl. Imperium, der zweite die Theologie, der dritte das Hl. Sacerdotium und der vierte die Philosophie mißbrauchte.

Der erste «König»

Nero, dessen Titel und Namen die «Errechnung» des «Zahlzeichens des Tieres» ermöglichen, mißbrauchte jenes Einzelsiegel und jenes von Gott geschaffene heilige Amt, von dem Christus sagte, daß man dem Kaiser geben soll, was des Kaisers ist, gleichwie man Gott geben möge, was Gottes ist.

Nero mißbrauchte das *Imperium.*

Sehen wir uns diesen ersten apokalyptischen «König» etwas näher an. Geboren wurde Nero am 15. Dezember des Jahres 37 n. Chr. als Sohn des Cnaeus Domitius und der Agrippina. Nach Verheiratung

---

* Es empfiehlt sich, bei Hinweisen auf das Siegel oder auf Teilsiegel immer die entsprechenden zeichnerischen Darstellungen im 3. Kapitel zu Hilfe zu nehmen.

der Agrippina mit Kaiser Claudius von diesem adoptiert, wurde Nero nach der Vergiftung des Claudius durch Betreiben seiner Mutter römischer Kaiser. Er heiratete die Tochter seines Stiefvaters, Octavia, ermordete diese im Jahre 62, nachdem er vorher auch seine Mutter getötet hatte, und heiratete sodann die sittenlose Poppaea, ließ auch noch seinen Erzieher und Berater, den Philosophen Seneca, umbringen und beschuldigte die Christen der Brandstiftung an der Stadt Rom. Diese Beschuldigung nimmt er zum Anlaß zu der ersten großen *Christenverfolgung,* die den Versuch der physischen Vernichtung der aufkeimenden jungen Apostelkirche darstellt. Im Jahre 68 gibt sich der von den aufgebrachten Häschern des Senats verfolgte Wüstling selbst den Tod durch einen Stich in den Hals.

Als Sohn eines Mannes, der durch Ehebruch, Inzest, Brutalität und Verrat ebenso bekannt wurde wie seine Frau durch Sittenlosigkeit, war Neros Lebensweg bereits von Geburt an mit einem schlimmen Erbe belastet. «Unmöglich kann von mir und der ein gutes Früchtchen stammen», soll Neros Vater zur Charakteristik seines nichtsnutzigen Sohnes gesagt haben.

Obgleich das römische Imperium die Pflicht hatte, die christliche Religion gleich den übrigen damaligen Religionen zu tolerieren und zu schützen, ließ Nero den ersten Papst der Kirche, den Apostel Petrus, und den ersten christlichen Apellanten an das römische Imperium, den Apostel Paulus, hinrichten. Darüber hinaus soll der Apostel und Seher Johannes nach der Legende unter Nero gefoltert worden sein. So wurde Nero buchstäblich zum Mörder der ersten «zwei Zeugen» gemäß Off. 11 und vielleicht auch zum Wunschmörder des späteren Sehers von Patmos.

Durant schreibt im III. Band seines Werkes «Die Geschichte der Zivilisation» (Seite 332), Nero habe versucht, den Staat in seiner eigenen Person zu vergöttlichen, — ein blasphemisches Motiv, dem wir bei Hitler wieder begegnen werden.

Wörtlich schreibt Durant:

«Nero war nun selbst ein Gott. Nach Agrippinas Tod hatte ein Konsul vorgeschlagen, dem ‹deifizierten› Nero einen Tempel zu errichten. Als Poppaea ihm im Jahre 62 eine Tochter gebar, die bald nach der Geburt starb, wurde dem Kind durch Abstimmung die Göttlichkeit zuerkannt. Als Tiridates vor den Kaiser kam, um die Krone Armeniens zu empfangen, kniete er nieder und betete den Kaiser als Mithras an. Als Nero sein goldenes Haus erbaute, stellte er ein vierzig Meter hohes Kolossalstandbild davor auf, dessen Kopf seine Züge trug und von einem Strahlenkranz umgeben war, der ihn als Phoibus Apollon erkennen ließ.

Von einigen Exegeten der Apokalypse wurde gegen die These, daß Nero den ersten apokalyptischen «König» verkörpere, der Einwand erhoben, daß die Christenverfolgungen unter Diokletian weit schlimmer gewesen seien als unter Nero, und daß Nero diese Verfolgungen lediglich eingeleitet habe.

Dieser Einwand wäre beachtenswert, wenn im Mittelpunkt der Auswahl Neros die Tatsache dieser Verfolgung stünde.

Ausschlaggebend für die These Nero ist jedoch neben dem Umstand, daß mit den Apostelfürsten und den ersten Christen die Wurzeln der irdischen Kirche getroffen werden sollten, eine ganz andere Überlegung. Entscheidend ist hier nicht der Grad der Verfolgungen, sondern die Tatsache, daß durch Nero die Dämonie des Gottkaisertums unmittelbar in die *Vergötzung* des Staates, des Imperiums hineinführen sollte. Auf Seite 328 lesen wir bei Durant: «Nero war sein ganzes Leben lang ein Verächter *aller* Religionen ... Später behandelte er auch sie (nämlich eine von ihm eine Zeitlang verehrte syrische Göttin) so verächtlich, daß er sie mit Urin besudelte.»

Das Gottkaisertum mag als ein aus der zunehmenden Dämonisierung des antiken Götterglaubens hervorgegangener Irrtum verstanden werden. Aber die Beanspruchung der Göttlichkeit durch einen *Verächter der Religion ist Blasphemie und Satanismus.*

Auf keinen der römischen Kaiser jener Epoche trifft daher das von der Apokalypse angegebene Merkmal, daß mit ihm Satan auf dem «Berg» (Imperium) seinen Thron aufgeschlagen habe, so eindeutig zu, wie auf den ersten der vier «Könige», dessen «Name» lautet:

NERO CLAUDIUS CAESAR AUGUSTUS GERMANICUS = 36 Buchstaben.

Der zweite «König»

Auf *Kaiser Julianus* stößt man, wenn man vom Einzelsiegel «Hl. Imperium» im Uhrzeigersinn weiterschreitet und so zum Einzelsiegel *«Theologie»* gelangt.

Zwar gab es zu Lebzeiten des Kaisers Julianus noch zahlreiche andere Gegner des jungen Christentums, aber der Kaiser war von ihnen der einzige, der die *Macht* besaß, die von ihm betriebene Verkehrung des in Christus Fleisch gewordenen Logos in den Pseudologos der Neuplatoniker zu erzwingen. Was Julian der neuplatonischen Philosophie entnahm, trat über den Rahmen einer Philosophie weit hinaus,

stellte den *gnostischen* Versuch dar, den von Christus geistig über-
wundenen griechisch-römischen Götterhimmel wieder zu erneuern.
Diese, wie wir wissen, vergeblichen Bemühungen brachten Julian den
Zunamen «Apostata», d. h. der Abtrünnige, in der Geschichte ein.

Die Persönlichkeit Julians ist viel zu vielschichtig und zu interessant, als daß man sie hier erschöpfend zur Darstellung bringen könnte. Wir müssen uns daher auf das Wesentlichste beschränken.

Geboren 332 als Neffe Kaiser Konstantins des Grossen, entging
Julian mit seinem Halbbruder Gallus dem Verwandtenmord der Söhne Konstantins. Seine außerordentliche Intelligenz ließ ihn schon früh
die Gegensätze zwischen der Philosophie seiner Zeit und dem christlichen Glauben erkennen. Als Julian nach dem Tode seines Vetters
Konstantius Kaiser geworden war, glaubte er sich dazu berufen, dem
ohnehin durch Meinungskämpfe geschwächten Christentum die Rolle
der Staatsreligion wieder zu nehmen, um sie dem klassischen Heiden-
tum wieder zurückzugeben. Daß ihm dies für eine gewisse Zeit auch
gelungen wäre, wenn er nicht bereits nach zweijähriger Regierungs-
zeit den Tod auf dem Schlachtfelde gefunden hätte, ist kaum zu bezweifeln. Für den Fortgang der christlichen Kirchen- und Heilsgeschichte war deshalb der frühe Tod des einunddreißigjährigen, von
seinen Soldaten geliebten und vergötterten, bescheiden und einfach lebenden und auch sonst von seinen christlichen Vorgängern angenehm
abstechenden Kaisers von entscheidender Bedeutung. Julian war ge-
tauft und als *Christ* erzogen worden und zählte zu der christlichen
Intelligenz, bis er sich zum Abfall entschloß. Zu diesem Entschluß
trieben ihn nicht zuletzt die Zustände in der jungen Kirche selbst, vor
allem aber die Bluttaten seiner christlichen Verwandten aus der kai-
serlichen Familie. Man wird überhaupt gut daran tun, Julian mehr als
ein tragisches Opfer der damaligen Zeitverhältnisse und weniger als
einen böswilligen «Abtrünnigen» anzusehen, trotz seines wenig
schmeichelhaften Beinamens. Es steht uns Christen nicht zu, den Richter zu spielen, weder über Nero noch über Julian und die übrigen der
sieben «Könige».

Die Legende legt dem sterbenden jungen Kaiser die Worte in den
Mund: «Du hast gesiegt, Galiläer!» Selbst wenn dieser Ausspruch des
Sterbenden eine Erfindung seiner Zeit gewesen sein sollte, würde er
erkennen lassen, daß man Julian nicht als einen bis in den Tod hinein
verstockten Leugner Christi ansah, wie überhaupt ein mit außerordentlichen religiösen und theologischen Fähigkeiten begabter, an
den Unzulänglichkeiten der irdischen Kirche leidender Mensch nicht

als «Abtrünniger» abgetan werden sollte. Jedenfalls hat die Bezeichnung «Apostata» in der objektiven geschichtlichen Namens- und Titelbezeichnung Julians nichts zu suchen und sie spielt daher auch bei der Ermittlung der apokalyptischen Zahl keine Rolle.

Aus den Schriften Julians blieben 8 Reden, 2 satirische Schriften, 3 größere Sendschreiben, 79 Briefe und 5 Epigramme erhalten.

Das *Weltbild* Julians wies folgende Grundzüge auf:

I. *Das Eine* (der *erste* Schöpfer).
II. *Die intelligible* (= denkbare) *Welt.*
   Der Geist an sich. Die denkbaren Götter, Formen und Urbilder.
   Dies zusammengefaßt in und von dem denkbaren *zweiten Schöpfer* (Demiurg) *und der Göttermutter* (Pseudomotiv der «Frau», die gemeinsam mit «Helios» die *Sonne* bedeutet!).
III. *Die intelligente* (denkende) *Welt.*
   Die intellektuellen und schöpferischen Götter.
   Die denkende Seele an sich.
   Die intellektuellen Formen (Ideen, Teilseelen).
   Zusammengefaßt vom denkenden Helios als dem *dritten Schöpfer* (Pseudo-Trinität!).
IV. *Der fünfte Körper.*
   Der Äther. Die sichtbaren Götter (Körper!). Der *sichtbare* Helios (Pseudo-Christus!), inmitten der *sieben* Sphären der Planeten (Pseudo-Siegel): Kronos, Zeus, Ares, Helios, Aphrodite, Hermes, Selene.
V. *Die unter dem Mond liegende Welt* (des Werdens!).
   Die Teilseelen und Teilnaturen. Darin wirksam die drei höheren Ordnungen der Engel, der Dämonen und der Heroen, sowie die Elementargötter des Feuers, der Luft, des Wassers und der Erde.

Dieses zeitgenössische Weltbild Julians stellte eine Vermischung philosophischer Ideen mit pseudo-theologischen Entsprechungen dar, d. h. dieses Weltbild anerkannte keine Offenbarung durch Gott, sondern nur eine Offenbarung durch den *menschlichen Geist*. Die Götter Julians waren nichts als menschliche Denkgebilde und können nur gedeutet und verstanden werden aus dem Erfahrungsbereich der Menschen jener Zeit. Wir Menschen der Spätzeit wissen, daß es keine «sieben Sphären» der Planeten gibt, daß das Feuer kein Element ist und daß Wasser, Luft und die Materie der Erde aus einer Vielzahl von

Elementen bestehen, wobei die endgültige Zahl der möglichen Elemente noch gar nicht abzusehen ist. Wollten wir in einer Zeit, in der sich die naturwissenschaftlichen Erkenntnisse über Erde und Kosmos schon allein wegen ihrer Fülle nicht mehr in einen geordneten Symbolismus bringen lassen, wo der Mond als lebloser Lichtreflektor und die Planeten als unbewohnbare Kolosse der schweifenden Phantasie kaum noch Raum lassen, wollte man in dieser ernüchternden Gegenwart etwas dem Weltbild des Julian Ähnliches schaffen, müßte man dieses schon nach kurzer Zeit wieder umstoßen und sich eingestehen, daß auch jeder weitere Versuch einer Neu- bzw. Nacherschaffung der Wahrheit durch den menschlichen Geist schon in absehbarer Zeit wiederum ins Schattenreich der Hypothesen eingehen würde. Was bleibt, ist allein die von Gott selbst geoffenbarte Wahrheit, an der sich auch die «Juliane» unserer Tage, mögen sie ihre Pseudotheologie noch so sehr als Lehre der Heiligen Schrift zu tarnen versuchen, die Zähne ausbeißen werden, so daß auch sie eines Tages werden ausrufen müssen: «*Du* hast gesiegt, Galiläer!»

Wie das Pseudo-Imperium in der Geschichte seinen «wiederkehrenden Nero», so kennt die Pseudo-Theologie ihren «wiederkehrenden Julian». Wer diese Erkenntnis in sich aufgenommen hat, der hat aus der göttlichen Zulassung der apokalyptischen «Könige» gelernt, was er daraus lernen sollte: Daß man von nun an *jedem* «Wiederkehrenden» gegenüber Hirn und Herz verschließen soll, mag es sich um einen Irrenden unserer unmittelbaren Gegenwart oder um den letzten «Wiederkehrenden», den alle sieben «Könige» zusammen verkörpernden Antichrist handeln.

Julians «Name» lautet:
CÄSAR FLAVIUS CLAUDIUS JULIANUS AUGUSTUS
= 36 Buchstaben.

Der dritte «König»

Papst Alexander VI. – an diesen Namen denkt man unwillkürlich, wenn man versucht, die kirchengeschichtlichen Mitursachen der *Reformation* zu ergründen.

War Alexander VI. auch nicht der einzige in der Geschichte der Päpste, der dieses höchste kirchliche Amt mißbrauchte, so war er doch der *größte* und *erschreckendste* Mißbraucher des Petrusamtes in der Kirchengeschichte. Gerade für die kühleren und distanzierter denkenden und wägenden Menschen des europäischen Nordens mußte dieser Mensch auf dem päpstlichen Thron einen Schock bedeuten, der durch

Jahrhunderte nachwirkte und der bei den Schockierten noch bis vor kurzem eine Wiedervereinigung unter dem geschichtlichen Nachfolger Petri als fraglich, wenn nicht sogar als fragwürdig erscheinen ließ.

Natürlich muß man sich vor der Vereinfachung hüten, daß mit Alexander VI. als apokalyptischem «König» nun der Sündenbock für alles gefunden worden sei, was die Kirche und ihre reformatorischen Abspaltungen zur Kirchenspaltung beigetragen haben. Schließlich gab es ja schon vor Alexanders Erscheinen so handfeste reformatorische Ansätze wie die unter Wiclif und Hus, und außerdem dürfte ein Heinrich VIII. kaum an Alexanders erotischen Neigungen verspätet Anstoß genommen haben, als er sich 1534 von Rom lossagte und die Anglikanische Kirche ins Leben rief.

Trotzdem ist es Tatsache, daß Papst Alexander VI. als der «Nero der Kirche» in die Kirchengeschichte eingegangen ist und daß es kaum einen Kritiker des Papsttums gab, der in diesem Faktum nicht den schlüssigsten Beweis für die «Fehlbarkeit» des Papsttums zu sehen glaubte.

Abgesehen davon, daß es Alexander versagt geblieben war, in der Dogmengeschichte tätig zu werden und Unheil zu stiften, zeigt gerade seine Zulassung als Papst, wie unmöglich es den «Pforten der Hölle» ist, die Kirche zu überwältigen. Nicht einmal jener apokalyptische «König», dessen als *einzigem* unter allen Päpsten in den «Kollekten» der gnostischen Satansmesse gedacht wird, vermochte der Kirche den ihr von Christus verliehenen Status der «Petruskirche» zu nehmen und es besteht daher auch kein Grund zu befürchten, daß es anderen «Königen» im anmaßenden Schmuck der Tiara gelingen könnte, die Kirche an die «Synagoge Satans» zu verkaufen.

Zur Persönlichkeit Papst Alexanders VI. ist anzuführen, daß er am 1. Januar 1431 in Xativa bei Valencia (Spanien) geboren, als Rodrigo Lanzol y Borja mit 25 Jahren Kardinal, mit 27 Jahren Bischof, um 1492 Erzbischof und im gleichen Jahre Papst wurde. Die päpstliche Macht mißbrauchte er vor allem dazu, die Macht der italienischen Fürsten zu brechen und sich ihrer Besitzungen zur Bereicherung seines Hauses zu bemächtigen. Er exkommunizierte Savonarola, den «Heiligen von San Marco», der auch unter ihm gefoltert und verbrannt wurde. Alexander ging als kluger und berechnender, ehrgeiziger und habsüchtiger, treuloser und wollüstiger Renaissancemensch in die Geschichte ein. Von seinen vier Kindern brachten es Lukrezia und Cesare zu einer traurigen Berühmtheit. Alexander starb am 18. August 1503, wahrscheinlich durch Gift.

Mit der Entlarvung des Borgia-Papstes als apokalyptischen «König» dürfte der von der «Frau» geoffenbarte Schlüssel einen weiteren wichtigen Beitrag zur kirchlichen Wiedervereinigung geleistet haben. Wenn die Ergebnisse des Schlüssels der «Frau» die kirchliche Bestätigung erlangen, dürfte auch für die Christen der übrigen Kirchen der Meinungsstreit vorbei und die Stunde der Erhörung des Hohepriesterlichen Gebetes durch den Vater gekommen sein. Spät zwar, aber nicht zu spät, wenn man bereit ist, diese heilsgeschichtliche Stunde zu nützen und gemeinsam an die Exegese der Apokalypse heranzugehen.

Wenn es *menschliche* Schuld im Ablauf der Reformationsgeschichte gegeben hat, so war es eine *gesamtkirchliche* Schuld. Das wichtigste Gegenkriterium gegen das Papsttum, die Schändung des Stuhles Petri durch einen satanisch Mißbrauchten, hat sich als eine von Gott zugelassene *Prüfung der ganzen Kirche* erwiesen.

Alle Christen sollten vor diesem Faktum in ihrem Bemühen um Selbstrechtfertigung einhalten, sich um den gleichen Altar scharen, den die petrinische Kirche bis heute reingehalten hat, und Scham und Reue empfinden vor ihrem gemeinsamen Mangel an Liebe, an Demut und auch an – Geist!

Der Mißbraucher des Petrusamtes bzw. des Hl. Sacerdotiums nannte sich

PAPA RODERIGO LENZUOLA Y BORJA ALEXANDER VI. (6.)
= 36 Buchstaben.

Der vierte «König»

Friedrich Wilhelm Nietzsche, der Philosoph «mit dem *Hammer*» und des «Willens zur *Macht*», des «*Jenseits* von *Gut* und *Böse*» und der «*Götzendämmerung*», der sich als «*Antichrist*» und als «*Zarathustra*», zuletzt sogar als «der *Gekreuzigte*» sah und bezeichnete, schuf in den letzten Jahrzehnten des neunzehnten Jahrhunderts die *philosophischen Grundlagen des apokalyptischen zwanzigsten Jahrhunderts* und mußte, weil kein menschliches Gehirn oder Herz solcher Art von «Übermenschentum» standzuhalten vermag, sein Leben im *Wahnsinn* beschließen.

Was immer dieses zwanzigste Jahrhundert, von dem Nietzsche gerade noch die ersten acht Monate erlebte, an philosophischen Versuchen zum Selbstverständnis und zur Mitgestaltung dieses Jahrhunderts aufzuweisen hatte: Nichts vermochte den blutigen Schein der ihm von Nietzsche mit auf den Weg gegebenen «Morgenröte» in das milde

Licht einer herbstlich-spätzeitlichen Sonne, wie sie sich das Wunschdenken der übrigen Philosophie vorzutäuschen versuchte, zu verwandeln. Dieses Jahrhundert wurde mit eiserner Konsequenz zur Epoche der blutigsten Kriege, die die Menschheit je gesehen und erlebt hatte. Es wurde zur Epoche der «Umwertung der Werte», neuerdings sogar der totalen *Entwertung* derselben; es entfesselte den Willen zur Macht bis an die Grenze der *Selbstvernichtung* der Menschheit, es brachte die Stunde des «*letzten Kaisers*» und es droht, wenn die Saat Nietzsches so üppig weiterwuchert wie bisher, auch noch die Stunde des «*letzten Papstes*» einzuläuten.

Es hat sich gezeigt, daß weder Hegel noch Marx, weder Sozialismus noch autonomer Humanismus unser Jahrhundert entscheidend zu prägen vermochten, sondern daß der ihm *eschatologisch* vorbestimmte, von Nietzsche mit nahezu seherischer Prägnanz philosophisch untermauerte *Satanismus der letzten drei «Könige»* der Apokalypse alles in seine Dienste nahm und noch nimmt, was an philosophischen Heils- und Verbrüderungslehren, zusammen mit der Philosophie Nietzsches, die Schwelle des Jahrhunderts überschritten hatte.

Ob moderne Staatsmänner «ihren» Marx, «ihren» Kant oder «ihren» Hegel usw. im Kopfe zu haben glauben: In Wahrheit ist es das geistige Erbe *Nietzsches*, das ihnen das Handeln diktiert, sei es mit dem Ziele von Machtballungen, sei es in Richtung der Abwehr von oder der Koexistenz mit diesen Machtkonzentrationen. Um die «Philosophie mit dem Hammer» und des «Willens zur Macht» kommt kein Politiker und Staatsmann herum, auch dann nicht, wenn er diese Philosophie entweder gar nicht näher kennt oder sogar ablehnt. Feststeht: Das zwanzigste Jahrhundert hat sich bis heute als das *Jahrhundert Nietzsches* erwiesen und es braucht daher niemanden zu verwundern, daß wir es bei Nietzsche mit jenem *vierten* «König» zu tun haben, der das Einzelsiegel «Philosophie» blasphemisch mißbrauchte.

Aus dem *Leben* Nietzsches ist zu berichten, daß er 1844 geboren wurde, 1869, also fünfundzwanzigjährig, bereits eine Professur an der Universität Basel innehatte, seine Lehrtätigkeit 1879 aufgab und sich ganz seiner schriftstellerischen Tätigkeit widmete, bis er 1889 geisteskrank wurde und 1900 in Weimar verstarb.

Versucht man, Nietzsche losgelöst von all seinen Irrtümern und geistigen Exzessen zu beurteilen, so wird man in ihm eine der tragischsten Gestalten der neueren, ja der gesamten Geistesgeschichte erblicken müssen.

Wir wissen nicht, ob der *Philosoph* Nietzsche und der *Mensch*

Nietzsche immer ein und derselbe waren. Vieles spricht dagegen, vor allem wenn man den inneren Zusammenbruch ins Auge faßt, nach welchem Nietzsche sich selbst als einen «Gekreuzigten» bezeichnete. In den Tiefen der Seele vernimmt Nietzsche ganz andere Stimmen, als es die sind, die aus seinen Werken hervorbrechen.

Aus seinen Gedichten und aus manchen der von ihm überlieferten Notizen spricht mitunter alles andere, als ein vom Willen zur Macht besessener Prophet des Antichrists. Hier, d. h. außerhalb seines philosophischen Werkes, erweist sich Nietzsche als ein Gequälter, als Heimatloser und als ein sich von der Macht des Bösen bedroht und bedrängt Fühlender. Wenn er sich im Kriege 1870/71 als Sanitäter freiwillig meldet oder bei einem Spaziergang einem von einem erzürnten Fuhrmann geschlagenen Pferd weinend um den Hals fällt, so spricht das für alles andere, als für einen kalt berechnenden Vollzieher des von ihm gepriesenen Willens zur Macht.

Und was den Atheismus Friedrich Wilhelm Nietzsches betrifft, so steht keineswegs fest, daß jener den *ganzen* Menschen für sich in Beschlag zu nehmen vermochte; denn wenn es richtig ist, daß der, der sich durch den Teufel beunruhigen läßt, zum mindesten noch den Saum von Gottes Mantel in der Hand hält, dann trifft letzteres bei Nietzsche sicherlich zu.

In seinem Nachlaß fand sich eine Notiz, die Nietzsche vor seiner Übersiedlung nach Basel aufgezeichnet hatte.

Sie lautet:

«Was ich fürchte, ist nicht die schreckliche Gestalt hinter meinem Stuhle, sondern ihre Stimme; auch nicht die Worte, sondern der schauderhaft unartikulierte und unmenschliche Ton jener Gestalt. Ja, wenn sie noch redete, wie *Menschen* reden . . .» (Zitiert aus Walter Nigg, Prophetische Denker, Stuttgart 1957.)

Ein Mensch, der derlei erlebte und in sich zu verarbeiten genötigt war, dürfte sich Mächten gegenüber gesehen haben, deren Realität und Anwesenheit der Intellekt vergeblich zu leugnen versuchte. Was Nietzsche einem Blatt Papier anvertraute, hatte er gewissermaßen seinem innersten Selbst anvertraut, um dieses gegen den unerbittlich weiterschreitenden Denkprozeß in seinem mißbrauchten Gehirn abzuschirmen. Und was in der Tiefe seines Wesens vorging, als sein zerrütteter Geist ihm zuflüsterte, daß er ein «Gekreuzigter» sei, können wir nur erahnen.

Der *Denker* Nietzsche zeichnete die Gedankengänge dessen nach, der sein Jahrhundert kommen sah und der durch Gottes Zulassung kurz vor Beginn dieser Epoche sein Werkzeug in diesem Menschen erkannte und rücksichtslos mißbrauchte.

Im *Menschen* Nietzsche leuchtet das Geheimnis des Bösen in seiner ganzen Zwielichtigkeit auf und wer möchte so vermessen sein, sich durch einen voreiligen Schuldspruch darüber hinwegsetzen zu wollen. Niemand, der jemals unverdiente Gnaden von Gott empfangen hat – und das sind wir alle! –, hat ein Recht, diesen Spruch zu fällen. Wer es im vollen Wissen um die Tragik dieses Menschen trotzdem wagen würde, begäbe sich in die Gefahr derer, die schon so oft «Kreuzige ihn» gerufen haben und mit diesem pharisäischen Geschrei selbst zum Werkzeug Satans wurden.

Friedrich Wilhelm Nietzsche, der zur Schändung des Einzelsiegels *«Philosophie»* Mißbrauchte, wurde durch das Siegel und die apokalyptische Zahl als vierter apokalyptischer «König» bestätigt. Wie bei keinem anderen der vier «Könige» zeigt es sich gerade bei diesem, daß die Probe mittels der Zahl 666 mehr ist als bloßes spielerisches Probieren mit Zahlen, daß diese Probe vielmehr nur eine *allerletzte* Gewißheit aus einer Vielzahl von Einzelgewißheiten darstellt und darstellen *darf*. Ohne gründliches Nietzschestudium hätte es der Verfasser niemals gewagt, den *Philosophen* Nietzsche unter die ersten vier «Könige» einzureihen. Damit zugleich den *Menschen* Nietzsche unter die Satanisten zu rechnen, steht uns nicht zu. Die letzten Ursachen einer Schuld bleiben uns verborgen; denn sie ruhen ebenso im Geheimnis Gottes wie die Ursachen der Gnade und der Vergebung, denen wir auch die «Könige» samt und sonders anempfehlen sollten.

Die apokalyptische Zahl ergibt sich sowohl aus dem offiziellen «Namen» wie aus der Selbstbezeichnung Nietzsches:
PROFESSOR DR. FRIEDRICH WILHELM NIETZSCHE
= 36 Buchstaben
oder
FRIEDRICH WILHELM NIETZSCHE-ZARATHUSTRA
= 36 Buchstaben.

4. Die drei «Frösche»

Die Kirchengeschichte des Altertums, des Mittelalters und des größten Teiles der Neuzeit ist im wesentlichen *europäische* Geschichte. Demgemäß mußten auch die vier ersten «Könige» im europäisch-christlichen Kultur- und Lebensraum gesucht und gefunden werden.

Inzwischen wandelte sich dieser Kulturraum zum Mittel- und Ausgangspunkt einer die ganze Erde erfassenden *Zivilisation,* zu einer Art Spätkultur für alle Völker. Mit dieser Entwicklung ist nun die übervolkliche und interkontinentale Brücke für die *Evangelisation aller Völker* gegeben. Diesem Positivum entspricht das Negativum, daß zugleich mit dem Christentum auch die es bedrängende *Gnosis* über die Völker verbreitet wurde, die von nun an auf immer höheren «Bergen» ihren «Thron aufzuschlagen» vermochte.

Die Apokalypse kündigt diese weltweite letztzeitliche Ausbreitung der Gnosis und ihrer unheilvollen Weltaktionen an mit den *drei «Fröschen»,* welche «ausziehen zu den Königen der ganzen Welt, sie zum *Kampfe* zu sammeln auf den großen Tag Gottes des Allherrschers».

Aus der heutigen Sicht der Heilsgeschichte kann man die Situation der Völkermissionierung folgendermaßen umreißen:

Gott hat der irdischen Heilsgeschichte ein Ziel gesetzt, das uns die Apokalypse und ihre marianische Kommentarprophetie bereits als in nächste Nähe gerückt erkennen lassen. Nachdem die Kirche aus mancherlei Ursachen nicht imstande war, die Völker in ihrer überwältigenden Mehrheit zu Christus zu führen, spannt Gott in der Letztzeit die *Gegenkirche* vor den Wagen der Heilsgeschichte, um auf diese Weise das Versäumte beschleunigt nachholen zu lassen. Die Völker der Erde werden von den zwei großen Machtblöcken der Gnosis zugleich umworben und bedrängt, von dem der *Ostgnosis* (Kommunismus) und dem der *Westgnosis* (freimaurerisch geprägte Erdhälfte).

Bevor die letzten drei «Könige» ihre Weltaktion begannen, tauchten im Bereich der alten Menschheitskulturen, in Europa und Asien, drei «Könige» geringeren Formats auf, «Frösche», die dazu bestimmt waren, die Kirche und uns die Unterscheidung der Geister neu zu lehren und zur Entscheidung für die Ordnung Gottes aufzurufen. Auch das meint die «Frau», wenn sie sagt, daß es uns «die Heiden» lehren würden. Manches haben sie uns bereits gelehrt; aber was uns die drei «Frösche» lehren sollten, müßte eigentlich gereicht haben, die christlichen Staaten Europas und der übrigen Welt zur Annahme der Ordnung des Kreuzes, des *Siegels,* hinzuführen. Stattdessen beantwortete man den Anruf Gottes mittels der drei *«Frösche»* mit einer Rückkehr zur gleichen gnostischen Pseudo-Ordnung, welche diese «Frösche» gerufen hatte. Mit einem Wort: Der von den drei «Fröschen» ausgelöste *Zweite Weltkrieg* rief zwar die «Könige der ganzen Welt» zum Endkampf, reichte aber hinsichtlich seines Züchtigungs- und Belehrungscharakters nicht aus, wenigstens die Völker Europas zur Um-

kehr zu bewegen. Man kehrte zurück zu den «Fleischtöpfen» der Vor-
kriegszeit und schwelgt in Konjunkturneurosen und in einem oppor-
tunistischen Reformismus, mit denen man die Blößen zu verdecken
versucht, die man auf religiösem, ethischem und gesellschaftspoliti-
schem Gebiet nach wie vor aufzuweisen hat.

Außer diesem Zweck einer gründlichen Belehrung und Ermunte-
rung der Kirche und der Völker hatten die «Frösche» laut Apokalypse noch die Aufgabe, die in der Weltgnosis vorhandenen Spannun-
gen zu aktivieren und der Entladung entgegenzuführen. Denn ohne
die gegenseitige militärische *oder geistige* Entlarvung der beiden Zer-
störungskomponenten der Weltgnosis in Ost und West ist deren endgültige Ausschaltung nicht abzusehen, und mit der Gnosis als Zivili-
sationsträger kann die Kirche die heutige Weltzivilisation nicht als
Brücke für die Mission benützen. Die Verchristlichung der Zivilisation setzt daher die *Überwindung der Gnosis* voraus. Deshalb wird
diese heute sowohl durch die Apokalypse, als auch durch die «Frau»
bis in ihr *letztes Geheimnis*, nämlich den *Mißbrauch des Siegels zur
Herbeiführung verbrecherischer Weltkriege*, entlarvt.

Es dürfte nun an der Zeit sein, die einzelnen «Frösche» bei ihrem
geschichtlichen Namen zu nennen. Diese Namen wurden ebenfalls
mittels des Siegels ermittelt und von der apokalyptischen Zahl im
Nachhinein bestätigt.

Sie lauten:
Erster «Frosch»:   *Benito Mussolini*   (Italien)
Zweiter «Frosch»:   *Adolf Hitler*   (Deutschland)
Dritter «Frosch»:   *Hideki Tojo*   (Japan)

Diese drei Staatsmänner werden von der Apokalypse als *«Frösche»*
bezeichnet, weil sie sich gleich diesen aufblähten, weil sie eine Macht
vorzutäuschen suchten, die ihnen gar nicht gegeben war und weil sie
sich in der Stunde der Bewährung verkrochen, um aus vermeintlich
sicherem Versteck weiter zu quaken.

Die Bezeichnung «Frösche» hat aber auch einen biblisch-symboli-
schen Bezug, nämlich zu der zweiten ägyptischen Plage (Ex 8, 1), der
sogenannten Froschplage, vor welcher der Pharao kapitulieren sollte.
Doch diese Plage erwies sich als viel zu gering, als daß er die Kinder
Israels hätte ziehen lassen.

Auch die «Froschplage» unseres Jahrhunderts vermochte es bis
heute nicht, eine Änderung der Dinge herbeizuführen. Denn ein Zu-

rückweichen in alte Fehler ist kein Akt der Besinnung, sondern ein Beweis für noch immer vorhandene Mißverständnisse und für Bequemlichkeit im politischen Denken und Tun. Wie treffend die Apokalypse die Persönlichkeiten der «Frösche» Mussolini, Hitler und Tojo charakterisiert, zeigt sich in dem auf sie Bezug nehmenden Text.

Wir lesen in Off. 16, 13–14:

«Nun sah ich aus dem Munde des *Drachen,* aus dem Maule des *Tieres* und aus dem Maule des *Lügenpropheten* drei unreine Geister herauskommen wie *Frösche: Dämonengeister,* die Wunderzeichen vollbringen und ausziehen zu den Königen der ganzen Welt, sie zum *Kampfe* zu sammeln auf den großen *Tag Gottes,* des Allherrschers.»

Die Entsiegelung dieses Textes beginnt mit der Ordnung der «Frösche» durch das *trinitarische* Siegel: *Vater* (Gerechtigkeit), *Sohn* (Wahrheit), *Heiliger Geist* (Liebe). Satan mißbraucht dieses Siegel durch blasphemische Nachäffung des Vaters als *«Tier»,* des Sohnes als *«Lügenprophet»* und des Heiligen Geistes als *«Drache».* In dieser Reihenfolge, die der satanischen Scheintrinität entspricht, wollen wir die «Frösche» nun näher analysieren.

Der erste «Frosch»

Benito Mussolini kam aus dem «Maule des *Tieres»,* des Pseudo-*Imperiums* und der Pseudo-*Gerechtigkeit.* Durch die Lateranverträge vom Jahre 1929 versuchte er den Eindruck zu erwecken, als vollzöge sich etwas wie die Neuerhebung der katholischen Kirche zur Staatsreligion des von Mussolini angestrebten Imperiums nach konstantinischem Vorbild.

Aber die Imperiumspläne Mussolinis erwiesen sich schon bald als ein Versuch am untauglichen Objekt und drängten Italien immer mehr in die Isolierung des Außenseiters und des Gernegroßes.

Mussolini war ein Mann der großen Gesten und der phrasenhaften Pathetik, hinter denen er seine innere Unsicherheit und Wankelmütigkeit zu verbergen versuchte. Er, der einfache Unteroffizier vom Ersten Weltkrieg, legte nun allergrößten Wert auf den Titel «Marschall des Imperiums», den er, nachdem er ihm vom König verliehen worden war, am liebsten an die Stelle der hergebrachten Bezeichnung «Duce» gesetzt hätte.

1939 schloß Mussolini mit Hitler ein militärisches Bündnis, das unter der Bezeichnung «Achse Berlin–Rom» bekannt wurde und dem sich 1940/41 auch Japan zugesellte. Dieses *Dreierbündnis* der *«Achsenmächte»* stellte die Realisierung der apokalyptischen *drei* «Frö-

sche» dar, wobei hinsichtlich Mussolinis zu sagen wäre, daß er den
«Tier»-Aspekt in ziemlich milder und betont «froschhafter» Weise
zur Darstellung brachte. Man könnte eher versucht sein, *Hitler* die
«Tier»-Charakterisierung zuzusprechen. Aber so sehr auch Hitler die
Feldherrnrolle herauszustellen versuchte: Sein «Tausendjähriges Reich»
entsprang *pseudoapokalyptischen* Vorstellungen und diente *gnostischen* Zielen, die ihn zwar anspornten, sich des Aspekts «Tier», d. h.
der Gewalttätigkeit, ausgiebig zu bedienen, deren Erreichung der «Lügenprophet» in Hitler jedoch um vieles höher bewertete, als die Rolle
des «Gröfaz». Hitler war Mussolinis Mentalität besonders deshalb
willkommen, weil er im Duce ein brauchbares Werkzeug für seine
Pläne erblickte, und er brachte dies symbolisch zum Ausdruck, indem
er ihm anläßlich eines Geburtstages eine Prachtausgabe der Werke
Nietzsches überreichen ließ. Das alles waren jedoch nur Gesten und
Schmeicheleien. In Wahrheit spielte Mussolini für Hitlers nächste
Umgebung ja doch nur die Rolle des «Gauleiters von Rom», was Mussolini später aus dem Munde Hermann Görings, wenn auch auf Umwegen, in Erfahrung brachte und was den inneren Bruch der Achse
Berlin–Rom hervorrief, dem erst gegen Kriegsende der äußere nach-
folgte.

Die apokalyptische Zahl realisiert sich im «Namen» Mussolinis in
vielfältiger Weise, wie folgende Übersicht zeigt:
In der *italienischen* Selbstbezeichnung Mussolinis:
MARESCIALLO DELL' IMPERO BENITO MUSSOLINI
= 36 Buchstaben.
Mit der *deutschen* Wiedergabe des Titels:
MARSCHALL DES IMPERIUMS BENITO MUSSOLINI
= 36 Buchstaben.
In der *deutschen* Bezeichnung des Politikers:
MINISTERPRÄSIDENT DUCE BENITO MUSSOLINI
= 36 Buchstaben.

Der zweite «Frosch»

Adolf Hitler kam aus dem «Maule des *Lügenpropheten»*, d. h. des
Pseudoerlösers, des Verkünders von *Pseudo-Wahrheiten* wie des Rassismus und des «tausendjährigen Reiches» der Apokalypse. Er selbst
sah sich als eine Art Gottkönig in zeitgemäßer Form und wer Hitler
unter dem Aspekt des «Lügenpropheten», also im Lichte der Apokalypse, betrachtet, wird überhaupt erstmals das *richtige* Bild dieses
Menschen vor sich haben. Das Zweckbild Hitlers, das die gnostisch

gesteuerte Weltmeinung als angebliches Leit- und Spiegelbild der Deutschen auszugeben versucht, *wird von der Apokalypse Lügen gestraft*. Mit dieser Feststellung ist nicht etwa die Behauptung verbunden, Hitler sei gar nicht der Initiator der Rassendiskriminierung, der Konzentrationslager, der Judenverfolgungen und der Überfälle auf die Tschechoslowakei, auf Polen usw. gewesen. Selbstverständlich war er dies alles gewesen und selbstverständlich war dieser «Frosch» der bei weitem aufgeblähteste, unberechenbarste und verbrecherischste unter seinen Bündnisfreunden von der «Achse».

Aber wenn man weiß, daß er aus dem «Maule des Lügenpropheten» und damit aus der *Gnosis* kam, muß man diese Tatsache an den *Anfang* der Beurteilung Hitlers setzen, wobei sich das Rätsel dieses Menschen in einer überraschenden Weise löst.

Hitlers *Herkunft* ist zum Teil noch immer ungeklärt. Deshalb ist es schwierig, ihn psychologisch in den Griff zu bekommen. Für die Beurteilung eines Menschen, der aus persönlichem Rassenhaß Millionen von Juden ermorden ließ, muß es neben anderen Erklärungen auch solche aus seiner Persönlichkeit, aus seiner Psyche hervorgehende gegeben haben.

Noch immer ist offiziell ungeklärt, ob Hitler der Enkel des jüdischen Kaufmanns Frankenberger war, dessen Vater der damals noch unverheirateten Großmutter Hitlers, der Köchin Schicklgruber, im gegenseitigen Übereinkommen die Alimente zahlte.

Ebenso fehlt bis heute, trotz entsprechender Hinweise und Begründungen literarischer Art, eine ausreichende Klärung der Frage, ob der Vater Hitlers, der bis kurz vor seiner Einstellung in den staatlichen Zolldienst den Mädchennamen seiner – inzwischen verheirateten – Mutter getragen hatte, im Jahre 1870 tatsächlich Insasse einer Nervenheilanstalt gewesen war, was immerhin Rückschlüsse auf gewisse psychische Anomalien beim Sohne dieses Mannes gestatten würde.

Desgleichen müßte es nicht allzu schwierig sein, eine amtliche Überprüfung der Frage vorzunehmen, wer Hitler der ärztlichen Behandlung des Dr. Morell anempfahl, der Hitler mit Drogen traktierte, die jener aus dem Ausland bezog und die eine derart verheerende Wirkung auf den Behandelten ausgeübt haben sollen, daß eine ärztliche Studie zu dieser Frage den Titel trägt: «Hitler – die Zerstörung einer Persönlichkeit».

Obwohl der *dämonischen* Beeinflussung Hitlers der erste Rang unter den ihn und sein Tun bestimmenden Kräften zukommt, ist es doch nicht ohne Belang zu wissen, ob und in welchem Maße diese Beein-

flußbarkeit mitbestimmt wurde durch oftmals zu beobachtende Haß-
gefühle eines «Mischlings» gegen eine der Herkunftsrassen (hier der
jüdischen), durch unterschwellig bedingte Bewußtseinsstörungen eines
Erbträgers seelischer Anomalien oder auch durch Überdosen bzw.
fehlgesteuerte Dosen von stimulierenden Drogen, mittels deren man
den «Führer» dahinzubringen versuchte, wo «man» ihn haben wollte.

Daß nicht nur die *Absicht* der Fernsteuerung bestand, sondern daß
diese auch systematisch *verwirklicht* wurde, ergibt sich auch aus einer
Reihe von anderen Indizien, deren wissenschaftliche Klärung eben-
falls noch immer auf sich warten läßt. Wenn Hitler nämlich «aus dem
Maule des Lügenpropheten» kam, dann war es dessen «Kirche», die
Freimaurerei, die ihn leitete bzw. mißleitete.

Hitler bekämpfte die Freimaurerei in all ihren Schattierungen, oder
glaubte es wenigstens zu tun. In Wahrheit aber war er ein willenloses
Werkzeug der Kerngnosis, die diesen «Frosch» hinzuschieben verstand, wo immer er das *Reich,* d. h. das *Restimperium* Deutschland
zu *diskriminieren* und zu *zerstören* vermochte.

Man darf nicht übersehen, daß es der Gnosis um die endgültige
Ausschaltung von Hl. Imperium und Hl. Sacerdotium geht. Solange
aber *Deutschland* nicht restlos beseitigt ist, besteht für die Gnosis wenig Aussicht auf die Erreichung dieses Zieles. Hitler sollte der letzte
Totengräber des Imperiumsgedankens werden. Auf dieses Ziel wurde
er schon von seiner Jugend an hingesteuert.

Der antikatholische bzw. antichristliche Affekt in Hitler wurde
genährt durch den abgefallenen Priester *Grill,* den Sohn eines pol-
nisch-russischen Rabbiners. Mit diesem Grill diskutierte der junge
Hitler längere Zeit, vor allem über die *«Ostara»-Hefte* des Lanz von
Liebenfels, eines dem Kloster entlaufenen ehemaligen Zisterzienser-
mönches.

Die «Ostara»-Hefte, die Hitler damals mit großem Eifer las, ver-
traten einen radikalen Antisemitismus, verstiegen sich in Auserwäh-
lungslehren rassistischer Art, verkündeten die Pflicht zur rassischen
Reinhaltung der «Blonden», bezeichneten diese als «Heldlinge», die
Nichtblonden als «Äfflinge», und was der Narreteien mehr waren.
Der junge Hitler geriet voll und ganz in das Fahrwasser der sog. «Neutempler» um Lanz von Liebenfels und damit unter den für seine weitere Entwicklung entscheidenden Einfluß der *germanischen Gnosis.*

Ein Kenner dieser Zusammenhänge schreibt, und zwar im Hinblick
auf den in Hitler vorhandenen Antichrist-Aspekt, daß Lanz von Liebenfels letztlich zum «Johannes dem Täufer Hitlers» geworden sei.

Obgleich die Freimaurerei den Rassismus offiziell ablehnt, mußte dieser der Kerngnosis im Falle Hitlers schon deshalb willkommen sein, weil die selbstzerstörerische Kraft dieses Wahns geeignet schien, den vom Versailler Diktat zwangsläufig in einen Minderwertigkeitskomplex gestoßenen Deutschen einen plötzlichen Umschlag in rassistische Verirrungen zu vermitteln.

In der Person *Stalins* hatte die Gnosis zweifellos den fünften «König» erkannt, so daß sie wissen mußte, daß damit auch die *Zeit der «Frösche»* gekommen war. Nach diesen «Fröschen» hat sie mit Argusaugen Ausschau gehalten und es mußte ihr ein leichtes gewesen sein, in Hitler den angehenden «Frosch» zu erkennen und entsprechend zu mißbrauchen.

Folgende auf Hitler angesetzte «Ketten» wurden bis jetzt entdeckt, wenn auch noch nicht voll aufgedeckt: Die schon erwähnte «Kette» Grill/Lanz von Liebenfels, die «Kette» Kabbala/Hanussen, die «Kette» Churchill/Crowley/Fuller, die «Kette» Crowley/Gurdjeff/Professor Haushofer sowie einige weniger bedeutsam erscheinende gnostische «Ketten», deren einzelne Glieder noch ziemlich im Dunkeln liegen.

Es würde ein ganzes Buch füllen, wollte man versuchen, einigermaßen erschöpfend über diese gnostische Einkreisung Hitlers, und mit ihm Deutschlands, zu berichten.

Aus der Fülle des Vorhandenen sei nur eine «Kette» herausgegriffen, die den Lesern zeigt, in welch gespenstisch anmutender Weise die Gnosis ihre Opfer umkreist und zur Strecke bringt.

In seinem – inzwischen vergriffenen – Buch «Die Lösung des Rätsels Adolf Hitler» bringt Dr. Johannes von Müllern-Schönhausen einen ausführlichen Bericht über «die seltsame Geschichte von *Adolf Hitlers Alräunchen*». Das Wesentliche aus dieser Geschichte sei hier kurz zusammengefaßt.

Hitler war durch «Zufall» in einer Gesellschaft in Berlin mit dem Magier Steinschneider, der sich *Hanussen* nannte, bekannt geworden. Hanussen rühmte sich eines besonders guten Verhältnisses zu «übersinnlichen» Mächten, was man einem Kabbalisten seines Schlages kaum abstreiten könnte.

Bald darauf wurde Hanussen Hitlers Hausmagier und Haus-Astrologe und da Hitler auch mit dem Schriftsteller Hanns Heinz Ewers, dem Verfasser des Romans «Alraune», eng befreundet war, wurde in ihm der Wunsch wach, selbst Besitzer einer solchen – vermeintlichen – Glückswurzel zu werden. Hanussen, dem er diesen Wunsch vortrug, erklärte sich bereit, die Alraune zu beschaffen.

Unter einer Alraune versteht man ein wurzelartiges Gebilde von menschenähnlichem Aussehen, das man angeblich aus dem Boden ehemaliger Richtstätten gräbt und als Talisman benutzt.

Hanussen sagte also zu und brachte Hitler eines Abends – es war an Silvester 1932/33 – ein in Papier gehülltes Alräunchen von 60 cm Länge, an dessen «Hals» eine verschlossene kleine Silberkapsel befestigt war. Mit Hilfe dieser Alraune wollte Hitler die Aussichten auf seine baldige Machtübernahme verbessern, nachdem die vorausgegangenen Wahlen dazu wenig Hoffnung geboten hatten. Die um Hitler versammelten Parteigrößen spöttelten über diesen Aberglauben ihres Chefs und hielten angesichts ihrer hoffnungslosen Situation wenig oder nichts von derlei Glücksmagie. Aber das «Wunder» geschah bereits wenige Wochen darnach. Am 30. Januar 1933 wurde Hitler überraschend vor den Reichspräsidenten von Hindenburg gerufen und von diesem zum Reichskanzler ernannt. Die weitere Entwicklung der Dinge ist den Lesern bekannt und kann übergangen werden.

Die Alraune mit der verschlossenen Silberkapsel fand später auf dem Obersalzberg einen Platz in Hitlers Tresor. Als Rudolf Heß, der ebenfalls übersinnlichen «Ratschlägen» zu gehorchen pflegte, im Sommer 1941 nach England flog, um dort für seine politischen und militärischen Vorstellungen zu werben, verbot Hitler allen seinen Paladinen jeden weiteren Umgang mit Büchern und Personen, die sich mit Magie und ähnlichem befaßten. Goebbels wurde mit dem allgemeinen Vollzug dieses Verbots beauftragt und er benützte die günstige Gelegenheit dazu, das ihm aus verschiedenen Gründen verhaßte Alräunchen aus Hitlers Tresor zu entfernen und verbrennen zu lassen. Zwar wurde ihm Vollzugsanzeige erstattet, aber der für Hitlers Besitztümer auf dem Obersalzberg zuständige SS-Offizier verschenkte das Alräunchen insgeheim an einen Sammler von Hitlerandenken, und nach mancherlei Umwegen gelangte die «Glückswurzel» eines Tages – es war am 7. Mai 1953 – auf den Schreibtisch eines Wiener Notars, der die Silberkapsel im Auftrage des Überbringers öffnete und den Vorgang amtlich protokollierte.

In der Kapsel befand sich ein von Hanussen beschriebener Zettel mit folgendem Inhalt:

Wem das Alräunchen ist zu eigen,
Der wird die Ruhmesleiter steigen!
Das Schwerste immer leicht vollbringen,
Sich eine Welt zu Füßen zwingen,

Mit Geistern in den Lüften schweifen
Und überall erfolgreich bleiben,
Solange er auf dieser Welt
Dem «Bund der Drei» die Treue hält.
Doch wehe, wird der Bund gebrochen,
Das böse Wort einmal gesprochen!
Dann sinkt der Geist der riesengroße
Zum Orkus ab ins Bodenlose.
Das Werk vergeht in Rauch und Flammen,
Sobald der Zyklus 12 beisammen.
Der große Zauber flicht als Binder
Den Eigentümer an den Finder
Und wenn auch beide untergehn,
Bleibt das Alräunchen doch bestehn.

Hanussen 1. I. 1933

Die Hanussen'sche Niederschrift wurde hier mit allen rechtschriftlichen und sonstigen Eigenheiten wiedergegeben. Das Faksimile des handschriftlichen Originals ist in dem erwähnten Buch von Dr. von Müllern-Schönhausen enthalten.

In diesem Ende 1932 verfaßten und niedergeschriebenen Gedicht wird vorweggenommen, daß der Aufstieg Hitlers mit der Aushändigung der Alraune gesichert sei, daß er mühelos vonstatten gehen und zu großen Erfolgen in der Welt führen würde.

Was uns aber besonders zum Aufhorchen zwingt, das ist der Hinweis auf den *Bund der drei,* nämlich auf die *«Achse* Berlin–Rom–Tokio»,* deren Verwirklichung erst 1940/41, also rund acht Jahre später, erfolgte.

Noch gespenstischer wirkt der Hinweis auf das *«böse Wort»,* das, wie oben erwähnt, von Göring gesprochen und zum inneren Anlaß der allmählichen Auflösung des «Bundes» wurde.

Wenn man sich die Frage vorlegt, wie es zur Abfassung dieses Gedichtes kommen konnte, so wird man zwei Wahrscheinlichkeiten Raum geben müssen.

Erste Wahrscheinlichkeit:
Das Gedicht stammt überhaupt nicht von Hanussen, sondern von einem oder mehreren «Wissenden» der Kerngnosis. Aus der Kenntnis des Schlüssels wußten diese, daß das Erscheinen der drei «Frösche» bevorstand. Hitlers Gespräche mit Grill mußten, falls Grill – was

naheliegt – Kabbalist gewesen war, zur Kenntnis der «Wissenden» gelangt sein und diese zur weiteren Beobachtung dieses Adepten der germanischen Gnosis veranlaßt haben. Später, d. h. nach dem Ersten Weltkrieg, konnte man Hitler den Kabbalisten Hanussen als «Berater» zugewiesen haben, der sich ihm unentbehrlich zu machen hatte. Man konnte Hitler – und man hat es getan – über ein deutsches Bankgremium mit den nötigen Geldmitteln zur raschen Vollendung seines Weges zur Macht verhelfen und ihm auch politisch die Wege öffnen, vor allem zum Ohr des Reichspräsidenten. In der Tat geht aus einem weiteren Gedicht, das Hanussen an Hitler weiterleitete, hervor, daß man beides bis ins kleinste vorbereitet und gesteuert hatte. Man konnte aus der Apokalypse, den Gesetzmäßigkeiten der Magie und des Dämonismus erschließen, daß der Dämon, unter dessen Einfluß der «Frosch» Hitler (laut Apokalypse) stehen mußte, den Mißbrauchten dem *«großen»* magischen Zahlenzyklus, nämlich dem *Zyklus 12,* untertan machen würde und man konnte sich in diesem Falle gegen einen etwaigen späteren Verrat des «Eingeweihten» Hanussen dahingehend gesichert haben, daß man ihn seinen Gegenspielern aus der Gefolgschaft Hitlers (Goebbels und Graf Helldorf) preisgab, bevor es zu solchem Verrat kommen konnte. Denn daß Hanussen der «Finder» der Alraune gewesen war, ist doch wohl eine reine Erfindung. Das Ammenmärchen vom Ausgraben der Alraune auf dem Schindanger zu Braunau nimmt Hanussen doch wohl keiner ab, der um solche gnostischen Appelle an das «utopische Bewußtsein» weiß. Und was das «böse Wort» anlangt, so konnte dieses dem redseligen Göring jederzeit suggeriert werden, vielleicht sogar gegen gewisse Rückversicherungen für den Fall eines Zusammenbruches der Hitlerbewegung.

Für die erste Wahrscheinlichkeit spricht vor allem der Umstand, daß der Verfasser des Gedichtes nicht nur Hitler selbst, sondern auch den «Finder» untergehen läßt. Wäre Hanussen dieser «Finder» gewesen, hätte er dieses Todesurteil für den «Finder» sicherlich nicht niedergeschrieben. Bekanntlich wurde Hanussen alias Steinschneider im Mai 1933 im Grunewald zu Berlin auf Betreiben von Goebbels und Graf Helldorf *ermordet,* während sich der «Eigentümer» der Alraune, Adolf Hitler, genau 12 Jahre später selbst den Tod gegeben haben soll.

Zweite Wahrscheinlichkeit:

Alraune und Gedicht wurden in einem *Ritual* «Wissender» «erarbeitet» und das Ergebnis Hanussen zur Weiterleitung an Hitler anvertraut, wobei Hanussen wiederum sich als Finder der Alraune aus-schließen und den Auftrag ohne Bedenken übernehmen konnte.

Die Alternative der Herkunft des Gedichtes lautet also: Entweder wollte man Hitler in Richtung der «Frösche» manipulieren durch *Mißbrauch der Apokalypse,* oder man «erarbeitete» die Daten in ei-nem *satanischen Ritual* der Kabbalisten von Prag, woher Hanussen gekommen war.

Das Vorhandensein echter Weissagung scheidet in dieser Umgebung von vornherein aus.

Wer sich an der Absurdität der obengenannten Wahrscheinlichkei-ten oder an der Kaltblütigkeit, mit der Hanussen in jedem der beiden möglichen Fälle geopfert wurde, stoßen zu müssen glaubt, würde da-mit *für* diese Wahrscheinlichkeiten sprechen. Denn eiskalte Verach-tung aller nichtwissenden Werkzeuge und ein bis zum Wahnwitz ge-steigerter «phantastischer Realismus» sind ja gerade die besonderen Erkennungsmerkmale der Kerngnosis, die den «aus dem Maule des Lügenpropheten» gekommenen «Frosch» Hitler wie einen eitlen Hampelmann am «Tau» der «Wissenden» tanzen ließ, wobei sich der Mißbrauchte als ein von der «Vorsehung» gelenkter und begünstigter «Erlöser» der «arischen Rasse» wähnte.

Wie sehr sich Hitler als «Erlöser» sah und wie wenig ihm daneben der von ihm mitpraktizierte «Tier»-Aspekt bedeutete, geht noch aus folgendem hervor.

In dem schon genannten Buch veröffentlichte dessen Verfasser – ebenfalls in Faksimile – ein Schriftstück, das den Vermerk «Ohne Durchschlag – Streng reservat! Nur für den Führer bestimmt» sowie das Datum «14. August 1943» trägt. Einige Sätze aus diesem «Vor-schlag» eines «Eingeweihten» Hitlers (namens Bauer) seien hier zitiert:

«Sofortige und bedingungslose Abschaffung sämtlicher Religions-bekenntnisse nach dem Endsieg . . . mit gleichzeitiger Proklamierung Adolf Hitlers zum neuen Messias.»

«Der Führer ist dabei als ein Mittelding zwischen Erlöser und Be-freier hinzustellen (!) – jedenfalls als ein Gottgesandter, dem göttliche Ehren (!) zustehen.»

«Die vorhandenen Kirchen, Kapellen, Tempel und Kultstätten der verschiedenen Religionsbekenntnisse sind in ‹Adolf-Hitler-Weihestät-ten› umzuwandeln.»

«Als Vorbild des Gottgesandten möge die Figur des Gralsritters Lohengrin dienen, die, keltisch-germanischer Phantasie entsprungen, bereits ein gewisses traditionelles Ansehen genießt.»

«Durch entsprechende Propaganda müßte die Herkunft des Führers noch mehr als bisher verschleiert werden (!), so wie auch sein künftiger Abgang einmal spurlos und in vollständiges Dunkel zu erfolgen hätte (Rückkehr in die Gralsburg).»

Daß dieses Schriftstück Hitler vorlag und seine Billigung fand, geht aus einer handschriftlichen Anmerkung des «Gottgesandten» hervor. Sie lautet: «Der erste brauchbare Entwurf! Zur Bearbeitung an Dr. Goebbels. Adolf Hitler.»

Eines schlagenderen Beweises für Hitlers Zugeordnetsein zum Aspekt *Lügenprophet* bedarf es nach dieser Kostprobe wohl nicht mehr. Zugleich beweist dieses Schriftstück die Mitwisser- und Mittäterschaft der nächsten Umgebung Hitlers um solche Pläne und das Ausmaß des Betruges, der hinter den Kulissen des Regimes mit dem deutschen Volk getrieben wurde, das diesem Regime gutgläubig und aus irregeführtem Idealismus Gehorsam leistete.

Die apokalyptische Zahl führt auch bei Hitler zu einem einwandfreien Ergebnis. Der «Name» dieses «Frosches» klingt uns allen noch in den Ohren in dessen Selbstbezeichnung als
DER FÜHRER UND REICHSKANZLER ADOLF HITLER
= 36 Buchstaben.

Der dritte «Frosch»

Hideki Tojo bekleidete ab 1941 das Amt des japanischen Ministerpräsidenten, nachdem er vorher das Verteidigungsministerium geleitet hatte. Daß er trotz Übernahme eines zivilen Staatsamtes seinen Rang als General beibehielt, war für japanische Verhältnisse ungewöhnlich. Aber Tojo war eben ein ungewöhnlicher Mann, wenn auch in etwas anderem Sinne als Mussolini und Hitler. Unter den drei «Fröschen» war er derjenige mit dem schärfsten Verstand. Wegen dieses ausgezeichneten *Intellekts* hatten ihm seine Offiziere in der Armee den Spitznamen «Rasiermesser» gegeben. Aus dem, was uns Europäern von der Persönlichkeit Tojos bekannt ist, geht hervor, daß er dem japanischen Nationalismus unerhörten Auftrieb verliehen hat und daß er sein hohes Amt im souveränen Stil eines *Schoguns* früherer Zeit ausübte.

Unter einem Schogun verstand man im alten Japan einen dem Tenno (Kaiser) rangmäßig zwar untergeordneten, machtmäßig aber zumeist überlegenen Würdenträger mit zugleich zivilen und militärischen Vollmachten. Das Schogunat war erblich und einigen auserwählten Familien vorbehalten. 1867 war es offiziell abgeschafft worden.

Tojo versuchte, in seiner Person das Schogunat wieder ins Leben zu rufen. Als Spitzenexponent einer nationalistischen Volksbewegung, in der vor allem die patriotische Geheimgesellschaft des «Schwarzen Drachen» den Ton angab, verstand er sich darauf, nicht allzusehr in den Vordergrund gerückt zu werden und trotzdem seinen Willen und seine Absichten durchzusetzen. Letztere waren auf die Ausweitung Japans zu einer imperialen Macht in Ostasien gerichtet, und die Soldaten des fernöstlichen Inselstaates hielten damals fast ein Viertel des Globus in Atem.

Den Angriff auf die amerikanische Flotte in Pearl Harbour am 7. Dezember 1942 wagte Tojo trotz dieser Kräfteverteilung auf den weiten ostasiatischen und pazifischen Raum. Man hatte so etwas wie den Mythos des japanischen Helden geschaffen und manchmal fragten Kinder ihren Vater, warum er sich nicht freiwillig als Soldat meldete, sie möchten doch mit ihm (als gefallenen Helden!) im Yakusunischrein eines Tages Wiedersehen feiern. Das bedeutete, daß Gefallene im damaligen Japan in einem shintoistischen Ritual eine Art von Heiligsprechung erfuhren und daß man die toten Helden unter die «Vollendeten» in Gottesnähe rechnete. Eine gewisse Todessehnsucht, um nicht zu sagen Todessucht hatte die jungen Männer Japans ergriffen und ließ viele den Soldatentod suchen. Die sich mit bombenbelastetem Flugzeug auf feindliche Schiffe stürzenden Todesflieger sind nur aus diesem pseudoreligiösen Wahn, dem der «Schogun» Tojo Vorschub leistete, zu verstehen.

Daß dieser Staatsmann mit seiner militärischen Erfahrung und seinem hohen Bildungsniveau seine eigenen Möglichkeiten und die seines Volkes derart überschätzen konnte, läßt sich nicht allein aus seiner Perönlichkeit heraus erklären. Erst wenn man unterstellt, daß auch er einem *Dämon* überantwortet war, vermag man zu verstehen, was ihn vorantrieb und letztes Endes (1948) an den Galgen der Sieger brachte, nämlich der reine *Intellekt des «Drachen»*, dem er als «Frosch» Ausdruck zu geben hatte.

Die apokalyptische Zahl ergibt sich aus Titel und Namen wie folgt:
MINISTERPRÄSIDENT DES TENNOS HIDEKI TOJO
= 36 Buchstaben.

5. Die drei bzw. vier letzten «Könige»

Während im Bilde der vier apokalyptischen «Reiter» die Personen der vier ersten «Könige» und ihr unheilvoller Einfluß auf die menschliche Geschichte charakterisiert werden, umschreibt die Apokalypse das Auftreten der *letzten «Könige»* durch die Aufzählung von *Begleiterscheinungen* ihres Auftretens.

So schildert Off. 6, 9–11 den Versuch der Ausrottung der Kirche und des Christentums durch den *fünften «König»* (Stalin) und das von ihm ausgelöste Martyrium der Gläubigen:

«Und als es das fünfte Siegel öffnete, sah ich unter dem Altar die Seelen derer, die hingemordet waren um des Wortes Gottes und um des Zeugnisses willen, an dem sie festhielten. Sie riefen mit lauter Stimme: ‹Wie lange noch, Herr, du Heiliger, du Wahrhafter, richtest du nicht und rächst nicht unser Blut an den Bewohnern der Erde?› Da wurde einem jeden von ihnen ein weißes Kleid gegeben, und es wurde ihnen gesagt, sie sollten sich gedulden noch kurze Zeit, bis vollzählig geworden seien ihre Mitknechte und Brüder, die noch den Tod zu erleiden hätten wie sie.»*

Off. 6, 12–17 beschreibt die letztzeitlichen Ereignisse, die sich während der Herrschaft des *sechsten «Königs»* abspielten oder abgespielt hätten, wenn ihre Abwendung nicht erbetet und erdient worden wäre. Daß zu diesen Ereignissen auch die Öffnung und Verkündigung des apokalyptischen *Siegels* gehören würde, geht aus Off. 7, 2 hervor, wobei es als nicht ausgeschlossen erscheint, daß mit dem von *«Sonnenaufgang»* her kommenden «Engel» *Maria* als Siegelbringerin gemeint ist. Sollte auch noch der *siebente «König»* erscheinen müssen, um die Schlafenden zu wecken, sind gemäß Off. 8, 1 ff. und Off. 17, 10–11 zugleich auch jene *Großkatastrophen* zu befürchten, die unter dem siebenten angedroht sind.

Des weiteren soll noch einmal darauf hingewiesen werden, daß die letzten «Könige» dem *trinitarischen* Siegel blasphemisch zugeordnet sind und daß somit der *fünfte* bzw. *achte* vorwiegend das Prinzip des Pseudo-Vaters, also des *«Tieres»*, der *sechste* das Prinzip des Pseudochristus, also des *«Lügenpropheten»*, der *siebente* («wenn er kommt») das Prinzip des Pseudo-Heiligen Geistes, also des *«Drachen»*, zu verkörpern hatte bzw. hat, wie dies schon bei den Vorläufern der letzten «Könige», den «Fröschen», der Fall gewesen ist.

---

* Eindrucksvoller und gewaltiger, als es hier durch die Geheime Offenbarung geschehen ist, hätte man die größte Christenverfolgung aller Zeiten, die Leiden der Kirche des Schweigens im Osten nicht beschreiben können. Es sei hier nur auf zwei erschütternde Dokumente hingewiesen: Werenfried van Straaten «Wo Gott weint» und Richard Wurmbrand «Gefoltert für Christus».

Der fünfte «König»

Joseph (oder Josef) Wissarionowitsch Stalin bzw. *Dschugaschwili,* wie Stalins bürgerlicher Name lautete, braucht den Lesern wohl nicht näher vorgestellt zu werden. Er hat durch sein Leben und sein Wirken dafür gesorgt, daß man ihn so bald nicht vergessen würde, obwohl es zur Zeit noch nicht einmal möglich ist, alles zu erfassen, was dieser Mensch in dreißigjähriger Diktatur an Verbrechen an seinem Volke und an Menschen der verschiedensten Nationalitäten verübt hat. Seine Nachfolger bequemten sich zwar aus taktischen Gründen nach dem Tode des Diktators dazu, einiges Wenige aus der Skala dieser Verbrechen öffentlich zu brandmarken. Aber dabei handelte es sich um den kläglichen Versuch der Selbstrechtfertigung einer Clique von Mitschuldigen vor der Weltöffentlichkeit, nicht aber um eine objektive und umfassende Darstellung der Gesamtschuld dieses verbrecherischen fünften «Königs» und seines Regimes.

Erst wenn das gesamte, von Lenin erdachte und von Stalin realisierte unmenschliche System der östlichen Komponente der Weltgnosis wie ein tönerner Koloß zusammengestürzt sein wird, wird man darangehen können, die furchtbare Bilanz Stalins und seiner Kreaturen in Ost und West aufzustellen.

Vorher wäre es ein verhängnisvoller Irrtum, zu glauben, daß Stalin auch ideologisch tot sei. Man hat seinen Leichnam aus dem Mausoleum auf dem Roten Platz in Moskau entfernt und vorsorglich an der Kreml-Mauer beigesetzt, um ihn zu gegebener Zeit wieder an die Seite Lenins zurückbringen zu können.

Wie die Apokalypse im allgemeinen und ihre Kommentierung durch die «Frau» im besonderen erkennen läßt, *sind die Tage des Kommunismus gezählt.* Damit nähern wir uns der Stunde, in der der erste unter den drei «Königen», die das Geheimnis der *Hl. Trinität* blasphemisch widerzuspiegeln haben, der Welt in seiner ganzen verbrecherischen Größe vorgestellt werden kann.

Stalin hat das *Vaterprinzip* und damit das Prinzip des *Glaubens* und der *Gerechtigkeit* blasphemisch mißbraucht bzw. verkörpert. Er, der Inbegriff der Willkür, der Auflehnung gegen Gott und der Prototyp des unväterlichen Gewaltherrschers, bezeichnete sich in zynischer Verhöhnung des von ihm geschändeten Vaterprinzips als

DER VATER ALLER WERKTÄTIGEN JOSEPH STALIN
= 36 Buchstaben.
Als oberster Befehlshaber der Roten Armee nannte er sich

MARSCHALL JOSEF WISSARIONOWITSCH STALIN
= 36 Buchstaben.

Aber es hätte all dieser «lästerlichen Titel» gar nicht bedurft, um den fünften «König» als solchen auszuweisen; denn er erfüllte bereits mit seinem bürgerlichen Namen, also gewissermaßen von seiner *Geburt* an, die Bedingung der apokalyptischen Zahl als

JOSEPH WISSARIONOWITSCH DSCHUGASCHWILI
= 36 Buchstaben.

Die restlichen «Könige» der Letztzeit

Während sich die vier vorstalinistischen «Könige» auf 1900 Jahre christlicher Heilsgeschichte verteilten, traten die drei «Frösche» zu gleicher Zeit in Erscheinung. Dies entsprach den ihnen eigenen pseudotrinitarischen Akzenten, mit deren Verdeutlichung sie auf das bevorstehende Auftreten der eigentlichen Großverfälscher des trinitarischen Siegels, der letzten drei «Könige», aufmerksam machen sollten.

Im Jahre 1945 ging die Macht der «Frösche» in der Katastrophe einer militärischen und politischen Niederlage unter, begann die ideologische Selbstbefreiung der von ihnen mißbrauchten Völker. Da es sich bei den «Fröschen» um eine *prophetische Antizipation*, d. h. um das Modell der letzten «Könige» handelt, wäre nachzuprüfen, welche Parallelen sich zwischen den beiden Dreiergruppen zeigen. Als Parallelen würden sich erweisen das gleichzeitige Auftreten und Abtreten der «Frösche» bzw. «Könige», ihr Zugeordnetsein zu den pseudotrinitarischen Attributen «Tier», «Lügenprophet» und «Drache» sowie zu je einer gemeinsamen Ideologie, und ihre plötzliche Entmachtung durch eine Katastrophe.

Da Stalin 1953 ohne Einwirkung einer Katastrophe starb, könnte man annehmen, daß sich sein Tod der obigen Parallelität nicht einfügen ließe. Aber diese Annahme wäre voreilig; denn mit der Person Stalin endete die Ära Stalins keineswegs. Also müßte jemand zu finden sein, der als *Epigone*, als «Nachgeborener» Stalins weiterhin am «Kampf der Sieben» gegen die «Heilige Stadt» – eine apokalyptische Parallele zum Kampf der sieben Epigonen gegen Theben – teilnimmt.

Tatsächlich deutet die Apokalypse in Off. 13 mehrfach an, daß einer der sieben «Köpfe» Satans abgeschlagen, die «Todeswunde» jedoch wieder «heil» würde. Heute wissen wir, daß der STALINEPIGONE LEONID ILJITSCH BRESCHNEW mit den 36 Buchstaben seines «Namens» die Bedingung der apokalyptischen Zahl 666 erfüllt und jenen «achten» unter den «Königen» verkörpert, der laut Off. 17, 11 «zugleich» das «Tier», also Stalin, «ist».

An dieser Stelle sieht sich der Verfasser genötigt, die frühere Deutung des «achten» als Antichrist als nicht mehr situationsgerecht zu erklären. Diese Deutung lag nahe, bevor auf Breschnews Befehl der Überfall auf die Tschechoslowakei unternommen wurde. Mit diesem eindeutigen Beweis stalinistischer Europa-Politik scheint sich Breschnew selbst als der «achte» gemäß Off. 17 bzw. 13 entlarvt zu haben.

Es bleibt noch die Frage nach den restlichen zwei «Königen», dem sechsten und dem siebenten, zu klären. Um diese ermitteln zu können, bedarf es der Heranziehung der Parallele von den einheitlichen Ideologien innerhalb der beiden Dreiergruppen.

Was die drei «Frösche» einte und – wie das der Schizophrenie alles Satanischen entspricht – zugleich trennte, war die Ideologie des *Faschismus*. Deshalb müssen auch die beiden «Könige» zusammen mit Stalin bzw. Breschnew die gleiche Ideologie aufweisen, also die des *Kommunismus*.

Von dieser Basis her läßt sich nachprüfen, welchen zeitgenössischen kommunistischen Führerpersönlichkeiten die Attribute «Lügenprophet» und «Drache» zugesprochen werden müssen. Da es sich um lebende Zeitgenossen handelt, muß dabei das Risiko möglicher Veränderungen ihres Persönlichkeitsbildes eingegangen werden. Wir können also nur aus dem Schlüsse ziehen, was uns im derzeitigen geschichtlichen Augenblick als Prämisse zur Verfügung steht.

Das Attribut des «Lügenpropheten» kommt zur Zeit zweifellos *Chruschtschow* zu.

Chruschtschow hatte das Zwischenspiel des koexistenzbeflissenen Sowjetkommunisten zu spielen, und er spielte es meisterhaft. Die Lüge von der Friedfertigkeit des sowjetischen Imperialismus – für Eingeweihte ein schlechter Scherz – kam zwar bei vielen im Westen gut an, scheiterte aber letztlich doch am Mißtrauen der vermeintlich «nützlichen Idioten» in den nichtkommunistischen Staaten.

Hätte Chruschtschow die sogenannte Entstalinisierung selbst ernstgenommen, wäre ihm nach seiner Abberufung ein anderes Schicksal zuteil geworden als das eines unbehelligten Pensionärs der Kremlhierarchie. Mit der Stunde Breschnews kam Stalins zweite Stunde, und wenn jener nicht der achte, also der letzte wäre, könnte eines Tages durchaus auch die Stunde des «Lügenpropheten» wiederkommen, auch wenn der Nachfolger Breschnews nicht MINISTERPRÄSIDENT NIKITA CHRUSCHTSCHOW (= 36 Buchstaben) hieße.

Wo aber zeigt sich im kommunistischen Bereich der unter dem Zeichen des «Drachen» stehende siebente «König», von dem die Apokalypse sagt, daß er, «wenn er kommt», nur «kurz bleiben» würde?

Während Stalin/Breschnew und Chruschtschow die internationale Politik entscheidend, wenn auch mit negativem Vorzeichen, mitgestalteten, zieht es der Sendbote des «Drachen» offenbar vor, abzuwarten, ob und wann er die beiden Komponenten des sowjetischen Kommunismus ohne allzu großes Risiko beseitigen kann. *Mao Tse-tung*, der den Aspekt «Drache» verkörpert, folgt offenbar der Parole des «Divide et impera», wenn er sein riesiges Menschen- und Kampfpotential vorläufig nicht ins Spiel bringt, d. h. wenn er erst im günstigsten geschichtlichen Moment zu «kommen» beabsichtigt. Sollte es dazu kommen, würde er nur «kurz bleiben», d. h. wahrscheinlich kurz vor jener Katastrophe, der alle drei «Könige» der satanischen Trinität gleichzeitig zum Opfer fallen werden. Vorläufig bleibt also offen, ob der Maoismus die Linie überschreiten wird, die Stalin und Chruschtschow miteinander verbindet. Käme es dazu, wäre damit auch der siebente «König» noch gekommen. Da der «Drache» in blasphemischer Nachäffung der Hl. Trinität vom «Tier» und vom «Lügenpropheten» «ausgeht» (um sie zu liquidieren!), muß der «Name» Mao Tse-tungs sowohl den militärischen Akzent des «Tieres» als auch den politischen des «Lügenpropheten» aufweisen. Deshalb lautet der «Name» des siebenten «Königs» («wenn er kommt»):
DER GRO(SS)E VORSITZENDE GENOSSE MAO TSE-TUNG*
= 36 Buchstaben.

Es ließe sich noch viel Beweiskräftiges und Interessantes zu den Hypothesen von den letzten «Königen» anfügen. Da jedoch ein endgültiges Urteil erst möglich sein kann, wenn sie ihre Wege zu Ende gegangen sind, muß dieses Ende abgewartet werden. Es scheint näher bevorzustehen, als die meisten ahnen. Wahrscheinlich wird es für die lebenden drei «Könige» ein Ende mit Schrecken sein, ähnlich dem, wie es die «Frösche» erfahren haben.

6. Der Antichrist

Sein Kommen muß deshalb als nahe bevorstehend erwartet werden, weil die Zeit der «Könige» unmittelbar vor ihrem Ende steht.

---

* Mao Tse-tung starb 1976, ohne die Weltherrschaft erreicht zu haben. Der siebente «König» ist also nicht gekommen.

In und mit ihm, dem in einem Menschen inkarnierten Satan, werden die übrigen «Könige» gewissermaßen noch einmal, und zwar zum letztenmal, summarisch und satanisch überhöht an die Front gegen Christus geführt, um die letzte Totenernte für die Hölle einzubringen. So werden «die letzten Dinge dieses Menschen schlimmer sein als die ersten». «Dieses Menschen», das kann nur bedeuten: Dieses in einem *Menschen* sichtbar und offenbar werdenden Satans, dessen «erste» «Dinge» sein Mit-«König» Nero vollbrachte.

Zwischen dem letzten «König» und dem Antichrist liegen laut Apokalypse «tausend Jahre». Diese symbolische Zahl besagt, daß es sich um eine Zeit von *unbestimmbarer Dauer* handeln wird, nachdem uns Tag und Stunde der Wiederkunft Christi ebenso verborgen bleiben sollen, wie der diesem «Tag» unmittelbar vorausgehende Zeitpunkt der blasphemischen «Wiederkunft» Satans. Viele Zeichen lassen vermuten, daß es sich bei den «1000 Jahren» bloß um *Jahrzehnte* handeln könnte. Über das Erscheinen des Antichrists berichten auch viele Weissagungen von außerbiblischer Herkunft. Bei näherem Zusehen muß man aber feststellen, daß manche Deuter dieser Weissagungen die «Könige» durcheinanderbrachten und die Vorläufer oder Bannerträger des Antichrists für diesen selbst hielten.

Wenn z. B. die Ottilienweissagung um 700 auf einen letztzeitlichen «Krieger» hinweist und dessen Krieg in je eine Phase der «blutigen Siege», der «Entkräftigung» und der «Invasion» unterteilt, so meinte sie zweifellos Hitler als einen der «Frösche».

Oder wenn der Mönch Hepidamus von St. Gallen um 1081 einen Mann in «Germanien» ankündigte, der «mit dem Rechte Recht sprechen wird wider das Recht» und dessen «Name leben wird in der Geschichte inmitten von Leichenhügeln und Tod», der nicht erreichen würde, was er erstrebt und als Werkzeug des Geschickes dazu bestimmt sei, «die alte Welt in Trümmern zu schlagen und, wollend oder nicht wollend, das Volk, aus dem er hervorgegangen, (letztlich doch) zur Freiheit zu bringen», so kennzeichnete dieser Seher den Mißbrauchten Hitler zugleich als göttliches Werkzeug zum Zwecke der inneren *Selbstbefreiung der Deutschen* von der ihnen von der Gnosis zugedachten Rolle des *Verrats am Hl. Sacerdotium und am Hl. Imperium.*

Einen der interessantesten Versuche, Wesen und Wirken des Antichrists vorzuzeichnen, unternahm der russische Dichterphilosoph Wladimir *Solowjew* in seiner «kurzen Erzählung vom Antichrist». Wenn man sie auch nicht als reine Prophetie bewerten kann, so besitzt diese

Erzählung doch eine solche Kraft der Intuition und der visionären Schau, daß man sie aufmerksam lesen sollte.

Mehr an dieser Stelle über den Antichrist zu sagen, entspräche nicht der Zielsetzung dieses Kapitels, die mit der Titelbezeichnung «Die Bannerträger des Antichrists» klar umrissen wurde und die wir nicht überschreiten wollen.

7. Kommentare der «Frau»

Am Beispiel der Entschlüsselung von Texten aus Off. 5; 6; 7; 13, vor allem aber 16 und 17, sollte gezeigt werden, *wie* der von der «Frau» geoffenbarte Schlüssel in die Apokalypse eingesetzt werden kann und welche *Ergebnisse* diese Exegese zu zeitigen vermag.

Was den Lesern vor Augen geführt wurde, war nichts weiter als ein Versuch, die heutige Theologie, und zwar die Theologie *aller Konfessionen,* in der entscheidenden Spätstunde der Heilsgeschichte auf Versäumnisse hinzuweisen, die für den äußeren Fortbestand der Kirche tödliche Folgen haben könnten, wenn man das Versäumte nicht durch um so *beschleunigtere Maßnahmen* aufholen würde.

Der *Schlüssel der «Frau»* hat der Kirche die Tür in das Innere von Geheimnissen geöffnet, die weiter aufzuschließen nicht mehr Sache des Verfassers, sondern *Aufgabe und Pflicht* der *Theologie* wäre.

Die «Frau» selbst beschränkt sich, vermutlich aus dem gleichen Grunde, auf einige wenige aufschlußreiche Anmerkungen zu den von der Entsiegelung der Apokalypse zu erwartenden Ergebnissen.

Die nachfolgenden Zitate aus den Botschaften der «Frau aller Völker» stellen eine Auswahl aus solchen prophetischen Vorwegnahmen und Bestätigungen von *erwartbaren Entschlüsselungsergebnissen* dar. Erläuternde Hinweise werden jeweils in Klammern gesetzt.

Zu den «Königen» insgesamt:

8. Dezember 1952: «Der Feind unseres Herrn Jesus Christus hat *langsam,* aber *sicher* gearbeitet. Die *Posten* sind ausgesetzt. Seine Arbeit ist *beinahe* fertig. (Der achte, also der letzte «König», ist bereits da!) Völker, seid gewarnt!»

Zu den vier apokalyptischen «Reitern»:

«Unheil wird kommen vom ‹Norden› bis zum ‹Süden›, vom ‹Süden› bis zum ‹Westen› und vom ‹Westen› bis zum ‹Osten›.» (Die «Himmelsrichtungen» des christozentrischen Siegels zeigen an, woher das

Unheil kommt: Von der Politik = «Norden», von der Philosophie und dem Bios = «Westen», von der Theologie = «Osten», und aus dem kirchlichen Bereich = «Süden».

Zu den drei «Fröschen»:

11. Oktober 1953: «Die Frau ... gab ihr Gebet in dem Land, wo *Satan regierte*» (nämlich in dem von Hitler besetzten Holland!)

27. Mai 1950: «Vor allem Deutschland muß sehr wachsam sein. Es wird eine *falsche Rolle* mit ihm gespielt, mit *Deutschland!*» (D. h., die mittels der Fernsteuerung Hitlers mit Deutschland gespielte Rolle wird von der Gnosis nach dem Kriege [und *bis heute!] fortgesetzt.)*

15. November 1951: «*Italien,* du hast *deine Kreuze gehabt.* Bleibe bereit!»

14. Februar 1950: «Dann sagt ‹die Frau› wieder: ‹*Japan* wird sich bekehren.› Ich weiß nicht, was das bedeuten soll.» (Die Erwähnung Japans durch die «Frau» erfolgt sehr plötzlich und ohne erkenntlichen Zusammenhang mit dem übrigen Text. Das befremdet die Seherin offenbar.)

Zu den drei bzw. vier letzten «Königen»:

15. August 1950: «Dann sehe ich jemand sitzen, den Kopf in die Hand gestützt. Dieser ist in tiefes Nachdenken versunken. Es scheint *Stalin* zu sein. ‹Ich habe euch gewarnt vor dieser Gefahr!›, höre ich plötzlich neben mir sagen.»

7. Mai 1949: «Rußland wird alles nur *zum Schein tun.*» (Also die Koexistenzbereitschaft nur vortäuschen!)

7. Oktober 1945: «Dann sehe ich lauter seltsame Bilder. Ich sehe Hakenkreuze unter dem Kreuz, ich sehe sie fallen. Dann Sterne (der freimaurerischen USA!), sie fallen, *Sichel und Hammer,* alles fällt unter dem Kreuz (dem Siegel!). Rot sehe ich, rot fällt nicht ganz weg.» (Der Sozialismus wird also auch nach dem Wegfall des Kommunismus bleiben!)

7. Oktober 1945: «In *China* sehe ich eine rote Fahne.»

10. Dezember 1950: «Jetzt sehe ich *Groß-China* liegen und muß die Arme auf eine eigenartige Weise ineinanderfalten und sehe plötzlich einen *großen Mann* – nicht groß von Gestalt ist damit gemeint – auf einem *Thron* sitzen und die ‹Frau› sagt: ‹Er ist betrübt. Sein Reich wird vorläufig verteilt werden›.» («Auf dem Thron» sitzt der «König» Mao Tse-tung. Dieser feine Hinweis der «Frau» auf Off. 17, 9–10 sollte beachtet werden!)

31. Dezember 1951: «*In Rußland* (stalinistisch) wird eine große *Umkehr* kommen. . . . Nach viel Kampf! *China* (maoistisch) wird sich zur *Mutterkirche* wenden. . . . Nach viel Kampf!» (Das heilsgeschichtliche Hintereinander von Stalinismus und Maoismus wird hier zum Ausdruck gebracht.)

15. August 1950: «Es wird ein *Fürst* regieren, kurz und mächtig. Ihr werdet es nicht sehen in eurem begrenzten Kreis.» (Mao Tse-tung? Oder Breschnew?)*

31. Dezember 1951: «Die *göttliche Dreieinigkeit* wird *wieder* über die Welt regieren.» (D. h. nach der Herrschaft der «Könige», welche die göttliche Dreieinigkeit *blasphemisch* widerspiegelten.)

Zum Antichrist:

In den Botschaften sind keine direkten Aussagen der Frau über ihn enthalten. Als eine *endzeitliche* Erscheinung kann sein *baldiges* Auftreten jedoch aus den endzeitlichen Hinweisen der «Frau» *erschlossen* werden.

1. April 1951: «Damit (d. h. mit dem von der ‹Frau› geforderten Dogma) sind die marianischen Dogmen *abgeschlossen.*»

«Wir haben *keine Zeit,* lange zu warten. Diese Zeit ist unsere Zeit.» (Man vergleiche Off. 10, 6: «Es wird keine Zeit mehr sein.»)

15. April 1951: «Kind, es ist dieselbe Zeit wie ehedem, bevor der Sohn kam.» (Nämlich die Zeit des Advents, diesmal des *letzten* Advents!)

17. Februar 1952: «Die Kirche – Rom – wird einem *großen Kampf* (dem Endkampf!) entgegengehen. Bevor das *Jahr 2000* da ist, wird viel verändert sein an der Kirche – der Gemeinschaft –. Der Kern jedoch wird bleiben.»

Auch hier tritt das Jahr 2000 als zeitlicher Schlußstrich für die Prophetie in Erscheinung, wie das für die gesamte übrige Weissagung festzustellen ist. Was nachher folgt, ist offenbar nicht mehr in prophetische Bilder zu fassen.

---

* Inzwischen erwies sich Breschnew als der «grosse Fürst».
   Siehe dazu auch Off. 17, 10—11!
   Anmerkung zur 6. Auflage: Breschnew starb am 10. November 1982.

Siebtes Kapitel

Die zwei Zeugen

1. Die Ordnung des Kreuzes – eine Utopie?

Das von der «Frau aller Völker» bezeugte hypothetische Siegel bringt in grandioser Einfachheit die gesamtchristliche Ordnung der Völker der Letztzeit zum Ausdruck. Ihre auf die Apokalypse und die marianische Kommentarprophetie, darüber hinaus aber auf die gesamte biblische und nachbiblische Prophetie gegründete Verwirklichung ist dem Abendland aufgetragen. Das geht nicht nur aus dem speziellen Auftrag der «Frau» an Deutschland hervor, sondern zugleich aus der Tatsache, daß die Entsiegelung der Apokalypse vom Aspekt «Imperium», dessen geschichtlicher und heilsgeschichtlicher Mittelpunkt «das Reich» gewesen ist, zu vollziehen ist. Der Vollzug dieses Auftrages Christi als des *«Löwen* vom Stamme Juda», des Sprosses des *Priesterkönigs* David, ist in Off. 5, 5 klar vorgezeichnet. Bevor aber der Papst als der höchste *Priester* diesem Auftrag Nachdruck verleihen kann, muß ihm das *Restimperium Europa* hierzu die politischen Wege geebnet haben. Denn die Gnosis muß von *zwei* Seiten her entlarvt und aufgerollt werden: von der *religiösen* und der *politischen.* Eine *militärische* Wiederherstellung des Imperiums, wie sie Mussolini und wie sie das Pseudoreich Hitlers als sog. «Tausendjähriges Reich» (in Mißdeutung von Off. 20, 3) anstrebten, widerspräche dem Liebesauftrag Christi und scheidet aus allen Realisierungsüberlegungen des letztzeitlichen christlichen Lagers von vornherein aus.

Die heutige Welt ist ein Spielball der *Gnosis,* deren östliche und westliche Komponente sich um die Vormachtstellung unter den Völkern streiten, ja streiten *müssen,* weil das Haus Satans «in sich uneins» ist und seinem Wesen nach sein und bleiben wird bis zu seinem endgültigen Einsturz. Es bedarf keines Beweises dafür, daß es keiner dritten oder vierten Macht der Erde heute möglich wäre, den beiden gnostischen Machtblöcken ihr Privileg um die Beherrschung der Welt mit militärischen oder bloßen politischen Mitteln streitig zu machen. Vom «ersten Tier» ist gesagt, daß einer seiner sieben Köpfe zwar «tödlich getroffen» werden würde, daß aber dieser «Kopf» nachwachsen würde und «alle Welt dem Tiere» und dem «Drachen» huldigen würde, denn «wer ist dem Tiere gleich, wer vermöchte es mit ihm aufzunehmen?» (Off. 13).

Wenn aber niemand in der Lage ist, das «Tier» und die Gnosis mit den Mitteln der Politik und eines militärisch geführten Kreuzzuges von ihren Thronen zu stürzen, wie soll dann das Hl. Imperium überhaupt gewagt werden können? Würden die antichristlichen Mächte Deutschland bzw. Europa nicht bereits bei dem ersten Versuch, sich im Zeichen von Gerechtigkeit, Wahrheit und Liebe neu zu ordnen und diese Ordnung gegen die Pseudoordnung der Gnosis in Ost und West ins Spiel zu bringen, das Schwert des Kreuzes aus der Hand schlagen? Ist man angesichts des Versuches, sich aus dem Chaos der Nachkriegszeit zu erheben und in die Gemeinschaft der Völker einzuordnen, mancherorts nicht schon wieder bereit, jenen Furchtsamen und Widerstandslosen die Wege zu ebnen, die unter dem Zeichen des «Sterns» die vermeintliche Gunst der Weltfreimaurerei und des Kommunismus zu erringen versuchen und Mittel- und Westeuropa auf Gedeih und Verderb dem östlichen Imperialismus auszuliefern? Kann die Weissagung, kann die Apokalypse Anspruch auf richtige Deutung erheben, wenn die Realisierung ihrer Forderungen einer Utopie gleichzukommen scheint?

Wenn wir nicht hoffnungslose Romantiker und Schwärmer sein wollen, müssen wir diese Fragen in gebotener Nüchternheit stellen und zu beantworten versuchen. Und selbst für den Fall, daß wir dazu eine positive Antwort zu finden vermöchten: Wären denn die heutigen Deutschen bzw. Europäer als «moderne» Mitvollzieher einer allgemeingültigen pluralistischen Lebensauffassung imstande und bereit, einen göttlichen Auftrag zu vollziehen, von dessen Vorhandensein sie in ihrer Mehrzahl überhaupt keine Kenntnis haben und zu dessen Verwirklichung ihnen die philosophischen und theologischen Voraussetzungen zur Zeit ebenso zu fehlen scheinen wie allen übrigen Völkern der Erde?

Auf diese und viele ähnliche Fragen können wir die letztgültige Antwort nur aus der Prophetie selbst erhoffen. Diese zeigt uns, von welch besonderer und ungewohnter Art die Wege sind, die Gott uns in dem letztzeitlichen Trostbuch der Apokalypse zu ebnen versprach. Hier, in der Apokalypse, sind diese Wege allerdings nur durch *Richtungszeichen* angedeutet und markiert, deren Lesbarkeit zudem bis vor kurzem nicht einmal möglich war. Erst die apokalyptische «Frau» hat zwischen diese Markierungen die Wege selbst, und rechts und links von diesen Wegen vieles, nahezu alles eingezeichnet, was uns darauf begegnen wird und wogegen wir uns vorzusehen haben, wenn wir das uns aufgetragene Ziel, das «Kreuz» über der Welt aufzurichten, erreichen wollen.

Kommentare der «Frau»

«Die ‹Frau› sagt: ‹Erst zurück zu *Ihm*, dann erst gibt es den *wahren* Frieden›, und sie betont das Wörtchen ‹wahren›. Dann entstehen um die ‹Frau› herum in einer Bogenform Worte. Ich muß laut lesen: ‹Wahrheit›... ‹Gerechtigkeit›... und ‹Nächstenliebe›. Nachdem ich das gelesen habe, sehe ich plötzlich zu ihren Füßen einen *steinernen Löwen* erscheinen, und es ist, als ob er eine Art *Strahlenkranz* um den Kopf habe.» (29. 3. 46)

(Anmerkung: In Kapitel 1 wurde der «steinerne Löwe» mit den Leonidenschwärmen in Beziehung gebracht, zugleich wurde auf eine zweite Bedeutung dieses Bildes hingewiesen. Um letztere geht es hier. Der «Löwe» versinnbildlicht das *Hl. Imperium,* wobei das Attribut «heilig» durch den Strahlenkranz ausgedrückt ist. Wenn die «Frau» unter dem «Bogen» des *trinitarischen* Siegels mit den göttlichen Attributen gezeigt wird und dabei zu ihren Füßen statt der Erdkugel ein *Löwe* sichtbar wird, so ersetzt das Symbol «Löwe» = Imperium hier das *christozentrische* Siegel. Das bedeutet, daß letzteres, nämlich die *Ordnung des Kreuzes,* im *Zeichen des Imperiums* verwirklicht werden soll.)

«Ich setze meinen Fuß auf die Welt. Ich werde ihr helfen und sie *zum Ziel bringen,* aber sie müssen hören!» (7. 10. 45)

(Anmerkung: Im Grunde ist dies die gleiche Aussage wie die mittels des Symbols «Löwe». Wenn wir auf die Weisungen der «Frau» hören, wird uns die «Frau» bei der Durchführung unseres Auftrages zur Seite stehen und die Welt «zum Ziel bringen», nämlich zur Ordnung des Kreuzes.)

«Ich sehe das Kreuz mitten in die Welt gepflanzt und rundherum stehen Menschen aller Art, aber mit abgewandtem Gesicht. Ich fühle mich plötzlich sehr müde und sage das zur ‹Frau›. Aber die ‹Frau› lächelt mir zu, und plötzlich sehe ich sie gleichsam auf einer Art Sessel sitzen. Sie hat wieder das Kind auf dem Schoß. Das Kind strahlt nach allen Seiten.» (29. 3. 46)

(Anmerkung: Hier wird das scheinbar Utopische der Forderung nach der Errichtung der Ordnung des Kreuzes von der «Frau» selbst zum Ausdruck gebracht; denn noch zeigt sie die Menschen, wie sie «mit abgewandtem Gesicht» um das Kreuz, das Siegel, stehen. Zur Zeit, da dieses hier niedergeschrieben wird, befinden wir uns mitten in dieser Situation. Das «Kind», das nicht nur vor dem Judenkönig Herodes «in die Wüste» fliehen mußte, sondern im Laufe der Kirchengeschichte von weiteren «Königen» verfolgt wurde, will nach dem Hinscheiden des letzten «Königs» wieder selbst den Thron (den «Sessel») besteigen, und zwar unter Mitwirkung der «Frau», um mit ihr zusammen durch die kurze Epoche der Letztzeit zu herrschen. Man wird es zunächst nicht annehmen, weil man sich nicht dazu bereitfinden kann, den letztzeitlichen Status und damit den Zeitpunkt der Wiedererrichtung der Ordnung des Kreuzes an den Zeichen der Zeit abzulesen und in den Botschaften der «Frau» bestätigt zu sehen. Das bedeutet mit kurzen Worten: Weil man gegen das Ende des zweiten christlichen Jahrtausends nicht mehr zu *glauben* und auf das «Kreuz» (das Siegel) zu *hoffen* wagt.)

«Die ‹Frau› sagt wieder: ‹Es ist ein schwerer geistiger Kampf.› ... Sie zeigt auf meine Hand. Es ist, als ob ein sogenanntes (!) Kreuz (das Siegel!) hineingelegt würde. Und nun zeigt mir die ‹Frau›, was ich tun muß: Ich führe die Hand mit dem Kreuz darin rund über die Erde, und ich *muß* das Kreuz sehen lassen. Die ‹Frau› sagt: ‹Ja, schau auf das Kreuz!› Während ich hinsehe, verschwindet das Kreuz aus meiner Hand, und ich mache die *Faust*. Auch danach muß ich sehen. Dann sagt die ‹Frau› wieder: ‹Schau jetzt wieder nach dem *Kreuz!*›, und das Kreuz liegt wieder in meiner Hand.» (2. 1. 46)

(Anmerkung: Die «Frau» gibt hier eine kleine Lektion in Heilsgeschichte. Sie zeigt die Welt unter dem «Kreuz», also unter der Herrschaft von Hl. Sacerdotium und Hl. Imperium. Plötzlich – und zwar mit dem Beginn der sog. Neuzeit – tritt die «Ordnung» der «Faust», d. h. des von der Gnosis gesteuerten «Tieres», an die Stelle der Ordnung des Kreuzes. Der Dreißigjährige Krieg war ein Glaubenskrieg; an ihm und seinen Folgen zerbrach die Ordnung des Kreuzes. Bald darauf nistete die Gnosis im Geäst der dürr gewordenen «Bäume» Imperium und Sacerdotium und spaltete das christliche Lager in einen chaotischen Pluralismus auf, wie wir ihn heute in seiner letztmöglichen Widersprüchlichkeit und Zerrissenheit erleben. Deshalb fordert die «Frau» dazu auf, den «schweren geistigen Kampf» für das Kreuz aufzunehmen, damit an die Stelle der «Faust» wieder das «Kreuz» treten kann. Als apokalyptisches *Siegel* stellt es jene geistige Waffe dar, mittels welcher das Siegelprivileg der Gnosis bzw. der Freimaurerei gebrochen werden *muß*. Dieses «muß» ist im Manuskript der

Amsterdamer Botschaften ausdrücklich mit Unterstreichung versehen.)

2. Die zwei «Zeugen» in Off. 11

Die Exegeten der Apokalypse bemühten sich auf mancherlei Weise um die Deutung des Doppelsymbols der «zwei Zeugen» in Off. 11. Wir wollen die Ergebnisse solcher Bemühungen übergehen, da kaum eines derselben jenen Bedingungen Rechnung trägt, an welche die Deutung der apokalyptischen Symbole geknüpft ist.

Das geschaffene Sein gliedert sich, wie früher schon dargelegt wurde, in das *natürliche*, das *übernatürliche* und das *menschliche* Sein auf. Da der Mensch als «Wanderer zwischen beiden Welten» sowohl am natürlichen als auch am übernatürlichen Sein teil hat, besitzt er *zwei* Möglichkeiten, für den Schöpfer dieser beiden Seinsbereiche Zeugnis abzulegen.

Vergegenwärtigen wir uns das christozentrische Siegel, so finden wir den Menschen eingebettet in *vier* große Bereiche, die auf ihn und seine menschliche Seinsweise bezogen sind. «Vertikal» reichen seine Möglichkeiten der Orientierung vom geistigen Bereich der *Philosophie* bis zu dem der *Theologie*, «horizontal» vom Ordnungsbereich Staat bzw. *Imperium* bis zum Ordnungsbereich Kirche bzw. *Sacerdotium*. Da ein Staat ohne Staatsphilosophie ohne geistige Konzeption ist und lediglich vegetiert, die Kirche ohne Theologie noch viel weniger denkbar wäre, können *Imperium und Philosophie* einerseits, *Sacerdotium* und *Theologie* andererseits zu zwei *polaren Gegensatzpaaren* zusammengefaßt werden, wobei der Begriff des Gegensatzes nicht mit dem des sich Widersprechenden gleichgesetzt werden darf.

Daraus folgt wiederum, daß es zwei geistige Ebenen für den Menschen gibt, um für Gottes Schöpfer- und Herrschertum Zeugnis abzulegen, nämlich die Möglichkeit des *philosophisch-politischen* und die des *theologisch-kirchlichen* Bekenntnisses zu Gott, zu Christus.

Diesem Bekenntnis zu Christus kommt also sowohl das Bekenntnis zum christlichen Staat oder Imperium als auch das Bekenntnis zur christlichen Kirche, dem Sacerdotium, gleich.

Da letzteres im *Papst* («Du bist Petrus»), ersteres im *Kaiser* («Gebt dem Kaiser, was des Kaisers ist») seinen jeweils höchsten Garanten und Repräsentanten besitzt, sind Papst und Kaiser die ersten und eindrucksvollsten «Leuchter» oder «Ölbäume» unter allen übrigen, die «vor dem Herrn der Erde stehen».

Nach diesen grundsätzlichen Überlegungen und dem Nachweis ihrer Bestätigung durch das christozentrische Siegel soll nun die Apokalypse selbst zu Worte kommen, die von der letztzeitlichen Bedeutung und Aufgabe der zwei «Zeugen» folgendes berichtet:

«Darauf ward mir ein Rohr gegeben gleich einem *Meßstabe* mit dem Befehl: ‹Auf, miß den Tempel Gottes und den Altar und die darin anbeten! Den äußeren Hof des Tempels laß aus und miß ihn nicht, denn er ist den *Heiden* übergeben. Diese werden die *Heilige Stadt* zerstampfen, zweiundvierzig Monde lang. Meinen *zwei Zeugen* aber will ich befehlen, und sie werden als *Verkünder des Geistes* walten in *Gewändern der Buße* 1260 Tage.› Diese (zwei ‹Zeugen›) sind die beiden ‹Ölbäume› und die beiden ‹Leuchter›, die vor dem Herrn der Erde stehen. Will ihnen einer etwas antun, so fährt ihnen *Feuer* (des Geistes) *aus dem Munde*[1]) und verzehrt ihre Feinde. Und wollte sie einer verletzen, so muß er auf diese Weise *sterben*. Sie haben Gewalt, den Himmel zu schließen, daß kein Regen[1]) falle in den Tagen ihrer Zeugenschaft, und haben Gewalt über die Wasser, sie in Blut[1]) zu *verwandeln* und mit jeglicher Plage das Land zu schlagen, so oft sie wollen. Wenn sie ihr Zeugnis vollendet haben, wird das ‹Tier›, das aus dem Abgrund aufsteigt, Krieg mit ihnen führen, sie überwinden und töten. Ihre Leichen liegen auf der Gasse der *großen Stadt*[2]), die geistig ‹Sodoma› und ‹Ägypten› heißt: dort, *wo auch der Herr gekreuzigt ward*. Es schauen Menschen aus den Völkern und Geschlechtern, Sprachen und Nationen ihre Leichen durch dreieinhalb Tage und lassen ihre Leiber nicht ins Grab legen. Darüber freuen sich die Bewohner der Erde, und frohlockend schicken sie einander *Geschenke* zu, weil diese zwei «Zeugen» des Geistes den *Erdbewohnern* lästig waren.

Aber nach den *dreieinhalb Tagen* fuhr der Geist des Lebens von Gott in sie, und sie erhoben sich auf ihre Füße. Und große Furcht befiel die Zuschauer.

Darauf hörten sie eine gewaltige Stimme, die rief ihnen vom Himmel zu: ‹Kommt hier herauf.› Und sie stiegen gen Himmel auf in der Wolke, und ihre Feinde sahen sie.

Zu jener Stunde ward ein *gewaltiges Beben*, und zusammenstürzte ein Zehntel[3]) der (‹großen›) Stadt, und es starben an dem Beben siebentausend[3]) Personen. Über die übrigen aber kam ein *Schrecken*, und sie gaben *Ehre dem Gott des Himmels*.»

Es fragt sich, ob sich dieser Bericht über die zwei «Zeugen» auf *endzeitliche* oder auf *letztzeitliche* Ereignisse bezieht, wobei wir schon früher den Begriff «letztzeitlich» etwa mit *vorendzeitlich* gleichgesetzt haben.

Wäre letzteres zutreffend, dann müßten wir Augenzeugen des hier geschilderten Geschehens sein oder gewesen sein. Denn wir leben in den «dreieinhalb Tagen» der *Letztzeit*.

Bei genauem Hinsehen stellt man fest, daß der Ausgang des Berichtes dessen endzeitlichen Bezug tatsächlich *ausschließt*, daß es sich also um *letztzeitliches* und das heißt zugleich um *gegenwärtiges* Geschehen handeln muß. Wie anders könnte sonst nur «ein Zehntel der großen Stadt», also der Pseudoordnung der Gnosis, «zusammenstürzen», und warum sollten nur die «Zeugen», nicht aber *alle* im Jüngsten Gericht Losgesprochenen «gen Himmel» steigen, wenn hier schon von diesem die Rede wäre! Außerdem, und das gibt wohl den Ausschlag bei unserer Überlegung, beginnt unmittelbar anschließend an die Schilderung der «Zeugen» der «siebte Engel» zu «blasen», dessen Posaunenton die Ereignisse der Letztzeit ankündigt. Wir werden im übrigen dort, wo wir die geschichtlichen Entsprechungen des Todes der zwei «Zeugen» ermitteln, feststellen können, daß dieses letztzeitliche Ereignis im Laufe der Heilsgeschichte immer wieder vorweggenommen wurde, und zwar durch die Martyrer allgemein sowie durch die Martyrer und Bekenner auf dem Stuhl Petri und dem Thron von Kaisern und Königen insbesondere. Was die *letztzeitliche* Rolle der beiden «Zeugen» betrifft, so ist diese deshalb von besonderem Gewicht und Wert, weil zu diesem Zeitpunkt Sacerdotium und Imperium nur noch historische Aussagen darstellen, weil also die «Heiden» der Gnosis die «Heilige Stadt», d. h. *die Ordnung Gottes,* auf Erden längst «zerstampft» haben, wie wir es heute bestätigt sehen. Darum gibt Gott zu diesem Zeitpunkt noch einmal den «Befehl» an die «Zeugen», ihre Möglichkeiten zu prüfen (mit dem «Meßstab» abzumessen) und an die *Wiedererrichtung* der beiden «Reiche», nämlich des Sacerdotiums und des Imperiums, heranzutreten. Nicht im Gewande von Majestäten und glanzvollen Herrschertums, sondern in der demütigen *Nachfolge Christi.*

So werden sie, lt. Apokalypse, ihr in der Heilsgeschichte begonnenes und in der Letztzeit vorübergehend verdunkeltes Zeugnis plötz-

---

[1]) Gleichnisse für die geistige und politische Niederhaltung der Gnosis durch die lebenden «Zeugen».
[2]) d. h. im Machtbereich der vorübergehend obsiegenden letztzeitlichen Gnosis.
[3]) Symbolisch für «eine gewisse Zahl».

lich wieder in jenem Maße wahrnehmen, wie es von Gott erwartet und vom apokalyptischen Siegel gefordert ist. Denn im Siegel liegt der «Befehl» zum «Zeugnis» beschlossen, der *Befehl* Gottes an den *Papst* und an den *Kaiser.*

In die Hand der «Zeugen» ist das Siegel gegeben, damit sie es als *Waffe* der Gerechtigkeit, der Wahrheit und der Liebe benutzen im Kampf gegen die antichristliche Gnosis und die von ihr betriebene Siegelverfälschung. Mag auch das Überläufertum aus dem christlichen Lager von Tag zu Tag größer werden, mögen Don Boscos Warnungen vor diesem letztzeitlichen Überläufertum auch weiterhin ungehört bleiben, mögen Katharina Emmerich und andere Mystiker auch mit überzeugender Genauigkeit prophetisch vorgezeichnet haben, was wir heute rings um uns erleben: Die Überläufer in Hierarchie und Klerus, in der Laienschaft und in den Gremien der staatlichen Macht schikken sich nach wie vor «Geschenke zu», so oft es ihnen gelungen ist, einen kleineren oder größeren Stein aus dem Ordnungsgebäude der beiden «Reiche» herauszubrechen. Und wer ihnen dabei nicht zu folgen bereit ist, wer sich «Sodom» und «Ägypten», den beiden Verfallskennzeichen der Gnosis und ihres Modernismus, nicht anschließt, den hat Gottes Befehl zur Zeugenschaft erreicht. Wir Christen warten auf die Wiederbelebung der getöteten «Zeugen» *Papst* und *Kaiser,* die allerdings erst nach dem von Gott bewirkten Untergang der «Großen Stadt» erfolgen kann.

Das ist in groben Zügen die Aussage von Off. 11, gemessen am «Meßstab» des hypothetischen christozentrischen Siegels, am «Kreuz», dem «Zeichen der Frau».

Kommentare der «Frau»

«Du wirst sehen, erst *nach* viel Elend und Unheil wird das Kreuz wieder aufgerichtet werden. Laß jeden *das Seine* tun, was er tun *kann.* Und dann weise ich wieder auf das erste und größte Gebot: die *Liebe,* die *Nächstenliebe.*» (27. 5. 1950)

(Anmerkung: In knappen Strichen zeichnet die «Frau» das vor, was der Zeugenschaft vorausgehen wird, was jedem von uns aufgetragen ist und was die Zeugenschaft von Kreuzzugsunternehmungen früherer Zeit unterscheiden soll: die Ausrüstung der letztzeitlichen «Kreuzfahrer» mit den Waffen der christlichen *Liebe!)*

«*Jericho, . . . das muß gebracht werden . . .*» (3. 1. 46)

(Anmerkung: Der Zusammenbruch der Pseudoordnung wird mit «Jericho» gekennzeichnet. Es handelt sich um einen Komplex, zu dem

Naturkatastrophen ebenso wie geistige, gesellschaftliche, wirtschaftliche und sonstige Krisen und Katastrophen zusammengefaßt sind. Es wird noch vieler Gebete bedürfen, damit «Jericho» mehr und mehr abgemildert werden kann und vor allem wird es darauf ankommen, ob und wann der Hl. Vater den Bedingungen entsprechen wird oder kann, deren Erfüllung zur Rettung der Völker vor den Großkatastrophen führen soll.)

«Dann sagt die ‹Frau› ganz bedrückt: ‹Es ist nicht unter den Menschen zu finden: Gerechtigkeit, Wahrheit und Liebe... Solange *das* nicht da ist, kann es keinen wahren Frieden geben.› ‹Durch *Beten* und vor allem Arbeiten für das Gute, und nicht Beten *allein! Arbeiten* und *Wachen!*›»

(Anmerkung: Der bewährte benediktinische und abendländische Wahlspruch «ora et labora» wird hier durch die «Frau» erneuert. Das «labora» bezieht sich vor allem auf die politische und sonstige Mitwirkung bei der Erfüllung des Auftrages Gottes, die Ordnung des Kreuzes zu erneuern und zu festigen. Daß auch das *«Wachen»* besondere Erwähnung erfuhr, ist angesichts der Sorglosigkeit kirchlicher Kreise gegenüber der Gnosis und der äußersten Aktivität der letzteren mehr als begründet.)

3. Deutschland und das Restimperium

Als die Pharisäer wieder einmal versuchten, Jesus eine politische Falle zu stellen, und ihn fragten, ob es erlaubt sei, dem Kaiser Steuern zu zahlen, gab er zur Antwort: «Gebt dem Kaiser, was des Kaisers ist, und Gott, was Gottes ist!»

Dieses Nebeneinanderstellen von göttlichem und menschlichem Herrschertum in dem Wort Christi muß um so bedeutungsschwerer erscheinen, als der römische Kaiser den Juden jener Zeit als der Erzfeind Jehovas und somit als der Erbfeind ihres Volkes erschien, dem Gehorsam zu leisten sie geradezu als einen Verrat an ihrem Glauben empfanden. Darum müssen wir mit besonderem Nachdruck fragen: Was *ist* «des Kaisers»? Was schulden ihm die Völker und was ist sein Auftrag?

Die Antwort ist sehr einfach: Der Kaiser repräsentiert letztverantwortlich die *natürliche menschliche Ordnung* unter den Völkern.

Unter den römischen Kaisern formierte sich erstmals in der Geschichte das eine, allumfassende *Imperium*, dessen Legitimation im Besitz der *Macht,* also einer rein menschlichen und natürlichen Gegebenheit, bestand. Und diese Ordnungsmacht, dieses der Notwendigkeit einer natürlichen Familiarität unter den Völkern Rechnung tragende römische Imperium bestätigte Christus als *gottgewollt,* als weltliches Teilstück des Reiches Gottes auf Erden. Er tat dies, obwohl er wußte, daß er im Namen desselben Kaisers, dessen Machtanspruch er bestätigt hatte, dem Kreuzestod überliefert werden würde. Mit diesem ihm von der irdischen Ordnungsmacht zugefügten Unrechtstod hinterlegte Christus u. a. das Unterpfand für deren dereinstige Läuterung, ja für deren *Heiligung.* Mit der Heiligung des gnostischen Marterinstruments «Kreuz» durch Christi Tod ging die Heiligung des Imperiums Hand in Hand. Beider Mißbrauch, den der Macht wie den des Kreuzes, wies der Gottessohn duldend und gewaltlos zurück, und wenn wir heute, in diesen letztzeitlichen Tagen, nicht bereit sind, das *gewaltlose* (jedoch nicht machtlose!) *Imperium* aus dem Geiste und gemäß dem Vorbild Christi zu errichten, haben wir die Ordnung des Kreuzes für immer mißverstanden und verraten. Denn bald «wird keine Zeit mehr sein», mahnt die Apokalypse.

Ein gewaltloses Imperium würde zweifellos zur Selbstpreisgabe an die Gewalt und damit auch zur erneuten Schutzlosigkeit der Kirche führen, wenn Gott nicht das Ende der Gnosis verheißen hätte. Im Wesen des Menschen ist es gelegen, daß die wesentlichsten Erkenntnisse aus *leidvollen* Erfahrungen und Bedrohungen aufsteigen. Auch Heilserkenntnisse müssen durch Erfahrungen gewonnen werden. Der Zweite Weltkrieg und der drohende dritte mit seinen ABC-Teufeleien bilden die letzten und eindrucksvollsten Erfahrungen und Bedrohungen auf dem Weg zum gewaltlosen Imperium. Die einzige Waffe, die diesem verbleiben wird, ist die Waffe des *Geistes.* Gelingt es in dem sich regenerierenden Imperium, die *Philosophia perennis* zu Ende zu denken und allen Völkern der Erde die letztzeitliche Philosophie des dialektischen Trialismus überzeugend darzubieten, wird es keinerlei Imperialismus bedürfen, um die Völker zur Einheit zu führen. Gelingt dies nicht, ist an die Errichtung des die ganze Erde umfassenden und befriedenden Hl. Imperiums niemals mehr zu denken.

Werfen wir einen Blick auf den Bogen, der vom zeitgenössischen Imperium Christi zum vollendeten christlichen Imperium der Letztzeit gespannt ist, so gewahren wir ein stetes Auf und Ab des zu diesem Ziele strebenden Imperiums. Bald gehen Sacerdotium und Imperium Hand in Hand ihres Weges, bald liegen sie sich in den Haaren und drohen sie sich im Familienstreit gegenseitig aufzureiben. Aber hinter allem Menschlich-Allzumenschlichen leuchtet unentwegt hindurch die Unabdingbarkeit des Miteinanders von Sacerdotium und Imperium.

Wer sagen möchte, die heutige Welt sei *zu groß*, um in dieser «mittelalterlichen» Ordnung überhaupt noch Platz finden zu können, sollte auf die «Frau» hören, die vorsorglich auf diese Frage mit den Worten geantwortet hat: «Das ist der *geistige Kampf*, der die Welt (die gestrige wie die heutige und morgige!) überzieht. Der ist *noch schlimmer* als der andere (d. h. als der militärische). Die Welt wird (von den Gegnern des christlichen Lagers) unterwühlt.» Nachdem gezeigt wird, wie sich dieses Unterwühlen bildlich wiedergeben läßt, berichtet die Seherin weiter: «Ich höre auf einmal: ‹Ich bin da›. Dann höre ich eine Stimme, welche sagt: ‹Ego sum› (offenbar die Stimme Christi, welche die ans Ziel gelangten Kämpfer mit den Worten *«Ich bin»* – über alle Zeit hinweg! – beruhigt und begrüßt). Und ich sage dann leise: ‹Und *die Welt ist klein!*›»

Dieser Verheißung der «Frau» sei hinzugefügt, daß die *Brücke des Geistes* in weit kürzerer Zeit zur *völkerverbindenden Macht* werden wird, als es die Flugzeuge und Raketen der pseudo- und antichristlichen, im gnostischen Imperialismus beharrenden «Supermächte» je sein würden.

Die Überzeitlichkeit des Imperiums ist im Bewußtsein der heutigen Menschheit nahezu völlig ausgeräumt worden durch die scheinbare Überzeitlichkeit der freimaurerisch-kommunistischen Weltaufteilung. Wir müßten schon seltsame Christen sein, wenn wir diese imperialistischen Popanze der Lüge und der Gewalt für etwas anderes hielten als für tönerne Kolosse, denen wir zu gegebener Zeit nur mit der richtigen Taktik und den richtigen Werkzeugen zu Leibe rücken müssen, um ihre innere Hohlheit und Hinfälligkeit bloßzulegen. Der heutigen Welt erscheint das Imperium als ein historisch interessantes Erinnerungsstück aus der Geschichte der christlichen Völker Europas. Wir müssen deshalb zu christlichen Vorstellungen zurückkehren und uns an den Forderungen des Siegels und den Verheißungen der Apokalypse und der «Frau aller Völker» neu orientieren.

Das römische Imperium wurde vom «Reich» fortgesetzt, das mit der Kaiserkrönung Karls des Großen seinen mehr ideellen, mit der Ottos I. im Jahre 962 seinen geschichtskalendarischen Anfang nahm. Seit Otto I., dem «Großen», als den ihn die Geschichte bezeichnet, war das «Reich» bis zum heutigen Tage nur zweimal außer Funktion gesetzt worden. Der heutige Zustand der Welt ist der des *zweiten In-*

terregnums, d. h. der zweiten kaiserlosen Zeit. Es begann mit der Niederlegung der Kaiserkrone durch Kaiser Franz II. am 6. August 1806 und endet mit dem Jahr des Zusammenbruches der gnostischen Pseudoordnung von heute. Dieses zweite Interregnum war modellhaft in etwa vorweggenommen worden durch das *erste Interregnum,* das die Entstehung der Nationalstaaten in Europa einleitete und als Hinweis auf die kommende Reichszersplitterung gesehen werden sollte. Jenes erste Interregnum dauerte von 1256 bis 1273, also 17 Jahre. Eines seiner besonderen Merkmale waren die Versuche, die Kaiserkrone zu «entdeutschen», sie außerdeutschen Bewerbern zuzuspielen. Mit diesen beiden Tendenzen zur nationalstaatlichen Aufsplitterung des «Reiches» und zur Entdeutschung der Kaiserkrone im ersten Interregnum deutete sich bereits das große zweite Interregnum an, dessen Tendenzen die gleichen waren und noch sind, wenn auch in weit verhängnisvollerem Ausmaß ihrer Realisierungen. Mit der Glaubensspaltung begann das Präludium zu diesem Trauerspiel, mit Hitler erreichte es seinen dramatischen Höhepunkt. Was er hinterließ, übertrifft alle Träume der Gnosis von der Entmachtung des Imperiums. Es hatte sich also gelohnt für sie, dem brütenden deutschen Adler dieses gnostische Aasgeier-Ei «Drittes Reich» unterzulegen, das wir seit eh und je reichsbeflissenen Deutschen brav ausgebrütet und dessen Brutschmarotzer wir auf seinem reichszerstörerischen, pseudoapokalyptischen Flug bis ans bittere Ende für den Adler selbst gehalten haben. Das einzige, was wir dem Aasgeier zu verdanken haben, ist die Erkenntnis, daß das «Reich», dessen Erneuerung uns durch die Apokalypse und durch die «Frau» aufgetragen ist, nicht vom Lärm der Waffen, sondern vom *Wehen des Geistes* aus seinem Dornröschenschlaf erweckt werden kann. Deutschland hat das «Reich» durchlitten wie kein anderes Land und Volk der Welt. Die Reichsbeflissenheit der Deutschen ließ diese immer wieder in die Falle gehen, wo und wie immer man sie provozierte. Das muß und wird ein Ende haben, sobald Gott Situationen geschaffen haben wird, die bewirken werden, daß NATO und Warschauer Pakt sich ihres völkervernichtenden Waffenpotentials entledigen müssen. Dann erst wird die Stunde des «Reiches» für *Europa* gekommen sein, von wo aus das Hl. Imperium *allen Völkern* als gemeinsame Ordnungsinstitution angeboten werden wird. Dies alles wird sich vollziehen in freier Selbstentscheidung und auf der Grundlage einer einzigen, alle Völker umfassenden religiösen und philosophischen Gesamtkonzeption.

Wie sieht nun das derzeitige Restimperium aus?

Europa ist aufgespalten in eine Reihe mehr oder weniger geschwächter Nationalstaaten. Ohne die USA und die Sowjetunion ist es ein Ohnmachtsgebilde, wie es bedauernswerter nicht vorstellbar wäre.

Deutschland, das geschichtlich und heilsgeschichtlich als Kernland des Imperiums ausgewiesen ist, wurde zielstrebig in den Zustand der Zerstückelung gelockt, teils durch eigene Mißdeutungen seines Auftrages, teils durch gnostische Infiltrationsversuche der verschiedensten Art. Als Kernland des Imperiums war und ist Deutschland Zielpunkt aller gnostischen Angriffe auf die Ordnung des Kreuzes, und es bedeutet zweifellos einen überwältigenden Sieg der Gnosis, daß es ihr vorübergehend gelang, das christliche Kreuz über dem «Reichsapfel» (dem Siegel!) durch das gnostische Hakenkreuz zu ersetzen. Außer einigen verschrobenen Wirrköpfen gibt es aber heute kaum einen Deutschen, der diesem Satanskreuz noch irgend einen Platz in unserem Lande einräumte. Deutschland und das Restimperium Europa auf gewaltlosem Wege ins Hl. Imperium zurückzuführen, ist das große Anliegen der «Frau aller Völker». Es ist das Nahziel ihrer völkerumfassenden Mission, die sie «von Deutschland aus» zu beginnen wünscht.

Kommentare der «Frau»

«Dann höre ich die ‹Frau› sagen: ‹Völker *Europas,* schart euch zusammen!› . . . Mitten in Europa sehe ich *Deutschland* liegen, und es ist, als ob sich das Land herauswühlen möchte.» (7. 2. 1946)

(Anmerkung: Diese Botschaft stammt aus dem Jahre 1946, der Zeit unmittelbar nach Kriegsende. Die «Frau» mahnte schon damals zum Zusammenschluß Europas und sagte Deutschlands Bemühungen um Zurückgewinnung der ihm 1946 noch vorenthaltenen Staatssouveränität voraus.)

«Warne doch *Deutschland* und *Italien,* sie sind noch zu retten. Ich sage das, auf daß du das überbringst, daß sie arbeiten gegen den ‹Verfall› Deutschlands. Die Menschen sind gut, doch sie werden durch die Umstände verkehrt geleitet. Wir müssen das Kreuz wieder *dahin* bringen und in die Mitte stellen . . .» (19. 11. 1949)

(Anmerkung: Deutschland ist das Kernland des Imperiums, Italien das des Sacerdotiums. Beide Länder waren Opfer ihres jeweiligen «Frosches», und beiden will die «Frau» deshalb besonders helfen. Ihre «Soldaten» ruft die «Frau» auf, mitzuarbeiten, daß die Ordnung des

Kreuzes zunächst wieder «dahin» – nämlich nach Deutschland – gebracht und «in die Mitte» gestellt wird.)

«Dann höre ich die ‹Frau› wieder sagen: ‹Deutschland, sei gewarnt!› Ich sehe über Deutschland ein *Dreieck* gezeichnet stehen. Die ‹Frau› sagt wieder: ‹Der Geist des Dreiecks sucht sich durchzusetzen *in einer anderen Weise*. Die Menschen sind gut, aber sie werden hin und her gerissen und wissen keinen Ausweg mehr. Armes Deutschland! Sie *sind* und *werden* das Opfer des anderen Großen.›» (16. 9. 1949)

(Anmerkung: Das von der «Frau» erwähnte «Dreieck» weist auf die sogenannte humanitäre Freimaurerei hin, die das heutige Deutschland «auf andere Weise», nämlich über den sogenannten Neuhumanismus, maßgeblich steuert und beherrscht. Dieses Dreieckssymbols bediente sich die aus freimaurerisch-liberalistischem Geiste hervorgegangene «Freie Demokratische Partei» Deutschlands als Emblem anläßlich ihres Parteitages in Nürnberg im Juni 1969. Das *Dreieck* wies die Anfangsbuchstaben der Wortbestandteile des Parteinamens in einer angeblich neuen Form auf, nämlich so, daß hinter jedem der drei Buchstaben FDP ein *Punkt* aufleuchtete, was folgendes Schriftbild ergab: *F.D.P.* Liest man die Kombination aus *Dreieck* und *drei Punkten* zu den Buchstaben FDP hinzu, so erhält man den freimaurerisch gestalteten Namenszug der Partei, nämlich FDP . . als das symbolisch aufgefrischte, aber keineswegs neue Bekenntnis dieser Partei zur Politik der Neognosis. Da die SPD zum mindesten in der sog. Randgnosis angesiedelt ist, muß man die derzeitige Bonner Regierungskoalition als unter dem *gnostischen Dreieck* stehend bestätigt sehen. Diese gefährliche Entwicklung des deutschen Demokratismus zum Spielball der Ost-West-Gnosis wurde von der «Frau» so eindeutig angekündigt, daß der Verfasser einem maßgeblichen Politiker den Ausgang der Bundestagswahl vom 28. September 1969 schon vor derselben ankündigen konnte.)

«Es sind *andere* am Werk, Deutschland zu vernichten.» (16. 11. 50)

(Anmerkung: Die «Frau» unterscheidet in ihren Botschaften zwischen «Kommunisten» und den «andern». Mit letzteren meint sie jeweils die Freimaurerei.)

«Dann sehe ich plötzlich in der Hand (der ‹Frau›) eine *Krone,* und es ist, als ob sie die Krone *an den Papst* gebe.» (10. 12. 1950)

(Anmerkung: Eine Rückfrage bei der Seherin ergab, daß es sich um eine Krone handelte, wie sie *Könige und Kaiser* zu tragen pflegen. Da Königskrönungen jeweils vom Kirchenprimas des betreffenden Landes vorgenommen werden, kann es sich nur um die *Kaiserkrone* gehandelt haben. Diese Geste der «Frau» bedeutet also den Auftrag an den Papst, dem kommenden Imperium zuzustimmen und den Kaiser zu krönen.)

«Die Muttergottes weint über die Kinder Deutschlands. Sie sind immer meine Kinder gewesen, und darum will ich auch *von Deutschland aus* in die Welt gebracht werden als: ‹die Frau aller Völker›.»

(Anmerkung: Klarer und herzlicher konnte die apokalyptische «Frau» ihren Imperiumsauftrag nicht erteilen, als es hier geschah.)

«Die ‹Frau› sagt: ‹Europa, sei gewarnt! *Vereinigt euch im Guten!* Das ist nicht nur ein *wirtschaftlicher Kampf*, es geht darum, den *Geist* zu verderben. Politisch-christlicher Kampf! Es muß *von oben* kommen ... Sie müssen herabsteigen zu den Geringsten der Meinen!›» (16. 12. 1949)

(Anmerkung: Das krämerhafte Feilschen um die wirtschaftliche Integration Westeuropas ist ein beschämender und lähmender Vorgang. Die Völker Europas wünschen, daß der Zusammenschluß durch eine spontane Aktion «von oben» erfolgt. Diese bleibt aus, weil man «oben» um Verluste an Macht, an nationalstaatlichen Privilegien und an Gewinnchancen landeseigener Unternehmen bangt. Kurzsichtiges Hinauszögern des politischen und wirtschaftlichen Zusammenschlusses Europas bietet keine Gewähr für eine geistige Gesundung der europäischen Völker und macht diese immer mehr zum Spielball östlicher und westlicher Ideologien, wie sie besonders der Jugend zugespielt werden.)

«Dann läßt die ‹Frau› mich einen Wolf sehen. Dieser läuft vor mir **hin und her**. Das **Tier** verschwindet plötzlich, und dann läßt sie mich den Kopf eines Schafes sehen. Es hat rund um seinen Kopf Hörner liegen, als ob sie ineinander verstrickt seien. Dann sagt die ‹Frau› wieder: ‹Europa muß aufpassen, warne die Völker Europas!›» (7. 2. 1946)

(Anmerkung: Das bekannte Bild vom «Wolf im Schafspelz» wird den Völkern Europas vor Augen gehalten. Die Gegenwart ist von diesem Betrug geprägt, der uns seit dem Zweiten Weltkrieg wie nie zuvor von zwei Seiten («Hörnern») vorgespielt wird. Der neueste Entwurf einer Europafahne zeigt mit seinen zwölf Pentagrammen deutlich genug, welcher «Wolf im Schafspelz» in Europa «hin und her läuft», um dem Kreuz mit dem «Stern» zuvorzukommen.)

4. Die katholische Kirche als Restsacerdotium

Es gehört zum Wesen der beiden «Reiche» Hl. Imperium und Hl. Sacerdotium, daß sie nicht nur neben-, sondern miteinander wirken, daß sich also die Geltungsbereiche von Imperium und Sacerdotium notwendig decken. Für die Vergangenheit bedeutet dies, daß das Schwert dem Kreuz den Weg zu bahnen hatte. Ausnahmen von dieser Regel hat es aber immer wieder gegeben, bis letztlich die Ausnahmen beinahe zur Regel wurden. Der in unerschlossene Gebiete vordringende Missionar der neueren Zeit verzichtete auf den Schutz des Schwertes, weil letzteres etwa von der Entdeckung Amerikas an seine Glaubwürdigkeit verloren hatte und zusehends in die Hände von Eroberern und Ausbeutern geraten war.

Sobald Gott dem Imperialismus der Gnosis den Boden entzogen haben wird, bedarf es des stählernen Schwertes des Imperiums nicht mehr. An seine Stelle wird das *Schwert des Geistes*, der *Philosophie*, treten, das dem Kreuz vorangetragen werden muß, wenn dieses «in die Welt gebracht» werden soll.

Solange das Imperium und die es tragende Philosophie noch im Stadium des Werdens sind, muß die petrinische Kirche im Zustand des *Restsacerdotiums* beharren.

Da aber jedes Beharren den Verfall zur Folge hat, befindet sich die katholische Kirche seit langem im Zustand der zunehmenden Selbstauflösung. Dieser Zustand hat am Vorabend der Erneuerung des Imperiums einen Grad erreicht, der viele befürchten läßt, daß die Tage der Kirche, ja des Christentums überhaupt gezählt seien.

Die Gnosis, vielgestaltig repräsentiert durch einige Sektenkirchen und freimaurerisch bzw. kommunistisch gleichgeschaltete Scheinkirchen, durch den Neuhumanismus in Ost und West, durch die sog. Randgnosis und ihre zahlreichen internationalen Vereinigungen, politisch aufgespalten in den pseudodemokratischen Pluralismus des Westens (Parteiendemokratismus) und in den pseudodemokratischen Singularismus des Ostens (oligarchischer Scheindemokratismus), notdürftig zusammengeflickt durch die politische «Weltloge» der UNO und deren humanitäre Verbrämung, der UNESCO, nach wie vor aber fest verschanzt hinter den esoterischen Schutzwällen der Hochgradfreimaurerei und der «Hermetischen Bruderschaft» der Rosenkreuzer, Kabbalisten und Theosophen, dieser tönerne Koloß der Weltgnosis beginnt jetzt in einem Anfall von exhibitionistischer Raserei selbst die Ziele preiszugeben, die er seit eh und je hinter der Maske scheinchristlicher und scheinreligiöser Eigenbrötelei zu verbergen wußte. Was man bisher nur mit gespaltener Zunge in die Öffentlichkeit lancierte, plaudern heute jene Theologen, die zu den großen Hoffnungen der Esoteriker und Hochgrade zählen, in Kirchenblättern und solchen, die vorgeben, katholische Interessen zu vertreten, rückhaltlos und in brutaler Offenheit aus. Der christliche Gnosiologe sieht sich dadurch vielfach der Mühe enthoben, zeitraubende und nervenbelastende Recherchen hinter der feindlichen Linie vornehmen zu müssen, weil diese Linie plötzlich mitten durch die Kirche selbst führt. Die auf zwei Schultern tragende «katholische» Presse liefert der Gnosiologie das, was sie braucht, z. Zt. frank und frei ins Haus dank der Gesprächigkeit ihrer Manager.

Die Ziele dieser vielfach zu «Progressisten» verniedlichten kirchlichen Apostaten der Gnosis decken sich so haargenau mit den alten antikatholischen Zielen der Hochgrade, daß wir letztere nur aufzuzählen brauchen, um diese Behauptung bestätigt zu sehen.

Folgende Hochziele der Hochgradfreimaurerei werden von ihren klerikalen Vertretern und Mitläufern heute offen propagiert:

a) Weitestgehende Demokratisierung der katholischen Kirche und Auflösung ihrer hierarchischen Struktur.

b) Beseitigung des päpstlichen Primates und Schaffung eines regionalen, d. h. die künftigen katholischen Episkopalkirchen repräsentierenden Präsidialpapismus.

(Der Papst wäre nur noch *Präsident* einer demokratischen kirchlichen Legislative.)

c) Schrittweises Hineinlocken der katholischen Kirche in den anglikanisch-freimaurerisch gesteuerten pluralistischen Ökumenismus. (Verzicht auf die Einheit in der Wahrheit.)

d) Ausweitung des regionalen Präsidialpapismus in den Scheinprimat eines überregionalen (überkonfessionellen) Präsidialpapismus. (Der Papst als Präsident einer demokratischen Institution, in der alle Konfessionen vertreten sind und die allmählich zu einem Kompromißforum der theologischen Meinungen führen soll. Nicht das durch göttliche Verheißung als unfehlbar und überzeitlich gültig garantierte letzte Wort des Nachfolgers Christi, sondern menschliche Mehrheitsbeschlüsse sollen künftig festlegen, was Wahrheit ist, was geglaubt und was nicht geglaubt werden darf. Da die Meinungen von Mehrheiten ständig schwanken, würde auch die Wahrheit ins Schwanken geraten und letztlich zusammenstürzen. Damit wäre das von der Gnosis ersehnte Ende für die Kirche Jesu Christi gekommen.)

e) Angleichung der kirchlichen Liturgie an das freimaurerische «Liebesmahl» (siehe dessen etwas voreilige Propagierung in Chur!), an die «Gnostisch-katholische Messe» (eine raffinierte satanistische Parallele zur katholischen Messe mit Stehkommunion und Handkommunion) bzw. an das vermeintlich neutralere Ritual der Logen für diejenigen, denen der Symbolismus der gnostischen Messe doch etwas zu sehr nach Satansmesse zu riechen schiene.

(Die Zerstörung der Hl. Messe ist nur ein Vorspiel dessen, was geplant ist. Erst galt es, die Formen der Ehrfurcht abzubauen. Das ist bereits weitgehend gelungen, und zwar infolge des gnosiologischen Desinformiertseins von Papst, Hierarchie und Klerus einerseits und der deshalb um so erfolgreicheren Infiltrationsarbeit der gnostischen Apostaten in Hierarchie und Klerus andererseits. Hätte man den Papst, statt ihn um Zugeständnisse an die freimaurerisch gelenkte Ritualangleichung zu bitten, vor dieser gewarnt, wären die Apostaten im Umkreis der Kurie und in den Episkopaten in ihren Bemühungen gescheitert. Aber es ist noch nicht zu spät für die Rettung der katholischen Liturgie. Die Bischöfe brauchen sich nur an die Konzilsbeschlüsse zu halten, statt dem Drängen der Lauen und Ehrfurchtslosen im Klerus und in der Laienschaft entgegenzukommen, und den Hl. Vater über die Folgen ihrer verhängnisvollen Begünstigung der Ehrfurchtslosigkeit zu informieren. Sie werden es tun, sobald über sie und uns alle das Strafgericht Gottes hereinbricht, – früher wohl kaum!)

f) Einbeziehung des katholischen Klerus in die sogenannte Sexwelle, die seit etwa 70 Jahren systematisch vorbereitet wurde und in unserer letztzeitlichen Gegenwart zum vollendeten Pansexualismus führte.

(Der Pansexualismus beabsichtigt die Emanzipation des Schweinekobens und fußt auf der «Charta der Thelemiten» von Aleister Crowley, die um die Jahrhundertwende in der esoterischen Literatur der Rosenkreuzer und Kabbalisten auftauchte. Der die Geschlechtsbeziehungen betreffende Passus in dieser Charta lautet:

«Der Mensch hat das Recht, zu lieben, wie er will!
Erfüllet euch nach Willen in Liebe, *wie* ihr wollt,
wann, wo und *mit wem* ihr wollt!»

Diese thelemitische Forderung schließt alle animalischen und anormalen Formen des Geschlechtsverkehrs mit ein, sie wird heute bereits von den Parlamenten sanktioniert, und auch die Kirche würde auf die «Moral» des Schweinekobens zumarschieren, wenn ihr mit der Enzyklika «Humanae vitae» nicht ein äußeres Hemmnis in den Weg gelegt worden wäre. Die plötzliche Zölibatsunlust im Klerus zählt zu den gewollten Folgeerscheinungen des gnosisgesteuerten Pansexualismus.

Sicherlich wäre es zu dieser Fehlreaktion im Klerus überhaupt nicht gekommen, wenn die Amtskirche der «Frau aller Völker» Glauben geschenkt und die Letztzeitlichkeit unserer Epoche erkannt hätte. Die meisten hätten sich dann gefragt, ob sie angesichts der außerordentlichen Ansprüche, welche Letzt- und Endzeit an den Priester stellen, überhaupt imstande wären, neben den Pflichten und Lasten des Priesteramtes auch noch die Lasten und Pflichten von Ehe und Familie auf sich zu nehmen, die in den Endauseinandersetzungen noch weit größer werden, als in den ihnen vorausgegangenen Zeiten.)

g) Unterdrucksetzung und Diffamierung des legitimen Papstes, um ihn zur Resignation reif zu machen und den Papabile der Loge, einen Hochgrad aus dem Kardinalskollegium, unter die Tiara zu bringen. (An diesem Coup wird seit langem mit großem Geschick gearbeitet.)

Die vorgebrachten Beispiele zeigen, daß an eine Wiedererneuerung des Hl. Sacerdotiums durch eine derart geschwächte und vom Gift der Gnosis durchsetzte Kirche nicht zu denken wäre, wenn Gott nicht den ersten «Zeugen», den Papst, wieder «zum Leben» erweckte, was wahrscheinlich noch vor der Wiedererweckung des zweiten, des Kaisers, geschehen muß und wird. Das Gift der Gnosis dringt ständig weiter vor und lähmt die Gutwilligen ebenso, wie es die Böswilligen beflügelt. Die Verwirrung unter Klerus und Laienschaft ist kaum noch zu überbieten, und die Konflikte zwischen Gehorsam und Gewissen nehmen Formen an, die einem seelischen Martyrium nahekommen. Allerdings wäre ein Mehr an Zivilcourage den meisten der Betroffenen dringend anzuraten. Sie sollten es als selbstverständlich ansehen, daß Gehorsam dort seine Grenzen hat, wo er gegen Ehrfurcht und Glauben verstößt, wo er Sakrilegien begünstigt oder hervorruft, wo er von der Wankelmütigkeit oder gar von der Feigheit von solchen Oberen gefordert wird, denen, wie es die Erfahrung lehrt, ganz offensichtlich die Antenne für die Strahlungen des Geistes Gottes fehlt. Mit dem Amte allein ist diese nicht garantiert, wie jene beweisen, die das Kreuz nicht mehr vom «Stern» zu unterscheiden vermögen.

Kommentare der «Frau»

«Dann sehe ich ein Kreuz im Boden eingepflanzt. Da herum ringelt sich eine *Schlange,* und alles wird schwarz und dunkel um mich hin.

Dann sehe ich ein *Schwert* über *Europa* hängen und über dem *Osten*. *Aus dem Westen kommt ein Licht.*» (28. 3. 1948)

(Anmerkung: Die volle Bedeutung dieser Botschaft wird erst später klar erkennbar sein. Vorerst sei dazu gesagt, daß wir seit dem 21. August 1968, dem Einmarsch der Sowjets in die Tschechoslowakei, in einer Gefahr leben, wie sie noch nie in der Geschichte über Europa geschwebt hat. Zur gleichen Zeit würde, so sagt die Weissagung, sich die «Schlange» der Freimaurerei um das Kreuz, die Kirche, «ringeln». Beides entspricht den derzeitig bestehenden Tatsachen. Auch das «Licht aus dem Westen», wie später einmal offenbar werden wird.)

«Der Papst sitzt mit aufgehobenen Fingern, und über seinem Haupt steht ‹*Kampf*›. Immer mehr Kampf! Dann sehe ich plötzlich Soldaten mit *hohen Mützen* hinter dem Papst stehen. Sie strecken *zwei Finger* empor. Die ‹Frau› sagt: ‹Dann kommt ein großer *Zwiespalt* in die Welt›, und ich sehe *zwei Mächte* gegeneinander geraten. Ich sehe plötzlich ein ganzes *Feld mit wogendem Korn*, ganz langsam geht es hin und her. Dann höre ich die ‹Frau› sagen: ‹Verfall, Verfall!›» (7. 5. 1949)

(Anmerkung: Man kann diese Botschaft nur deuten, wenn man die Bedeutung der darin befindlichen gnostischen Symbole kennt. Im Mittelpunkt derselben steht das Symbol der «hohen Mützen», das den Gnostiker im allgemeinen und den Freimaurer im besonderen kennzeichnet. Die «Soldaten» des Papstes, die hier gemeint sind, sind unmittelbar hinter ihm stehende Berater und Initiatoren des freimaurerischen Progressismus. Sie strecken zwar, ähnlich dem Papst, «zwei Finger» empor, sind aber durch die «hohen Mützen» ihrer papst- und kirchenfeindlichen Gesinnung eindeutig überführt. Die Mächte, die gegeneinander geraten, sind auf der einen Seite der östliche Kommunismus, auf der andern die Freimaurerei des Westens. Letztere wird gekennzeichnet durch das Symbol «wogendes Korn», das im Jargon der Gnosis soviel bedeutet wie *Freimaurerei in der Vollreife*. Aus der Sicht der Kirche aber bedeutet diese Vollreife nichts anderes als einen weithin sichtbaren *Verfall*. Die freimaurerische Progressistenelite erfuhr durch dieses Bild bereits vor 20 Jahren ihre *totale Entlarvung durch Maria*. Man braucht sich nicht darüber zu wundern, daß diese Kreise und ihre in den Vatikan geschleusten Spitzel alles versuchen, um dem Hl. Vater diese ihre Entlarvung durch die «Frau» fernzuhalten. Ebensowenig braucht es heutige Zeitungsleser zu schokkieren, wenn das Staatssekretariat des Hl. Vaters über ein Spitzelwesen im Vatikan klagt, das diskret zu behandelnde Angelegenheiten in die Öffentlichkeit bringt, um die jeweilige vatikanische Position zu verraten und zu schwächen.)

«Dann sehe ich wieder Rom vor mir. Die ‹Frau› geht warnend mit dem Finger über Rom hin und sagt: ‹Ach, warum nicht von da aus beginnen? *Es muß ganz umgebaut werden.*› Und es ist, als ob sie mit der Hand das Unterste nach oben kehre. Dann sagt die ‹Frau›: ‹Auch Holland nähert sich dem Abhang.›» (3. 12. 1949)

(Anmerkung: Die «Frau» warnt Rom, d. h. den Vatikan. Sie fragt, warum die gnostische Infiltration der Kirche nicht zuerst im Vatikan selbst bekämpft wird. Sie weist nachdrücklich auf die Notwendigkeit eines «Umbaues» hin, was sich zweifellos ebenso auf eine Umgestaltung der kurialen wie der episkopalen Kirche bezieht. Die Möglichkeit der Bespitzelung und der Abschirmung des Papstes von dem, was heute im außervatikanischen Bereich der Kirche an Unglaublichem geschieht, könnte nach den Anregungen, welche die Frau hier dem Papst gibt, künftig ausgeschaltet werden. Sie weist als Exempel auf *Holland* hin, an dem heute, zwanzig Jahre später, ganz besonders deutlich wird, wie weit episkopale Bereiche der Kirche bereits «am Abhang» stehen, d. h. auf der «schiefen Ebene», wie dieses freimaurerische Symbol für «Fallendes» noch genannt wird. Diese Zustandsschilderung in der heutigen Kirche zeigt auch, wie leicht man als päpstliche Verfügung ausgeben kann, was irgend einer der «Soldaten mit hohen Mützen» als solche verbreitet haben möchte. Für letzteres gibt es aufschlußreiche Beispiele.)

«Ich sehe jetzt, daß die ‹Frau› wieder ihre Hand über den Papst und St. Peter hält. Dann schaue ich plötzlich *links* von mir eine große schwarze *Klaue*. Es ist, als ob die Klaue in all dem *wühle* . . . Während die Klaue herumschwebt, sehe ich gerade vor mir etwas Ähnliches wie einen *schwarzen Adler* in schnellem Flug, und er fliegt nach *links*. Dann sehe ich *Deutschland* zu meiner *Rechten* liegen.» (16. 12. 1949)

(Anmerkung: Denkt man sich die «Frau» in der bekannten Weise vor dem Siegelkreuz stehend, so befindet sich links von ihr das Einzelsiegel «Sacerdotium», rechts das Einzelsiegel «Imperium». Beide Einzelsiegel umschreibt die Seherin mit den Worten «St. Peter» und «Deutschland». Im Vatikan sieht sie eine «schwarze Klaue», die in allem herumwühlt, wie sie es ausdrückt. Diese Warnung der «Frau» aus dem Jahre 1949 deckt sich mit den gnosiologischen Ermittlungen der zwei Jahrzehnte, die seitdem vergangen sind. Die «Klaue» des (zweiten) apokalyptischen «Tieres», dessen «zwei Hörner» es «ähnlich dem Lamme» erscheinen lassen und dessen «Kirche» die Gnosis ist, läßt im Vatikan nichts ungeprüft passieren und hält ihre Krallen am Puls der Kirche. Was alle Versuche, den Papst über das von Maria bestätigte hypothetische Siegel zu unterrichten, scheitern ließ, wird hier von der «Frau» enthüllt. Die Gnosis läßt sich ihr vermeintliches Privileg auf das apokalyptische Siegel nicht ohne Kampf aus der Hand nehmen, noch dazu wo sie des Glaubens ist, daß die Schutzmacht des Sacerdotiums, das Imperium, «tot» sei. Daß dies bereits jetzt nicht mehr so ganz zutrifft, geht aus dem Bilde vom «schwarzen Adler», dem Zeichen der Warnung und zugleich des Landes, dem das Imperium anvertraut ist, hervor. Vielleicht darf man aus diesem Bilde schließen, daß die Warnungen des «Adlers» den Vatikan noch rechtzeitig erreichen würden.)

«Und jetzt sehe ich plötzlich wieder St. Peter, daneben die *Englische* Kirche, dann eine *Armenische* Kirche, dann die *Russische* Kirche, und um all das herum erscheint ein *Band,* und der Papst sitzt an der Spitze und hält die zwei Enden fest. Und danach höre ich das Wort: ‹Atheisten›. Diese schlagen einen halben Kreis herum, und es erscheint ein neuer (zweiter) Bogen. Die Kirche wird gleichsam *eingeschlossen.* Dann höre ich die ‹Frau› sagen: ‹Wir retten es *so nicht!*›» (7. 5. 1949)

(Anmerkung: Das freimaurerische Symbol «Band» umschließt die falsche Ökumene, für welche dem Papst die Präsidentschaft zugedacht ist. Vom Standpunkt des guten Willens aus ließe sich sagen, daß dies ein Anfang sein könnte für die künftige Glaubenseinheit der Konfessionen unter dem Papsttum. Da diese Art von Ökumene aber vom «Bruderband» der *Gnosis* umschlossen wäre und dieses auch die *atheistische* Gnosis samt dem Kommunismus mit in diese Ökumene einbeziehen würde, käme ein solcher Versuch einer Einschnürung der Kirche gleich, einer Umklammerung, aus der sie sich nicht mehr zu befreien vermöchte. Eine solche Ökumene wäre der willkommene Tummelplatz für Progressisten jeglicher Art, und bald würden nur noch die Modernisten und ihre atheistischen Hintermänner das Wort in diesem pseudoökumenischen Gebilde führen.)

«Jetzt sehe ich deutlich eine große Kirche vor mir stehen, und die ‹Frau› sagt: ‹Du siehst drei Kuppeln auf der Kirche, eine große und zwei kleinere an beiden Seiten.› Nun sagt sie *feierlich:* ‹Wir treten jetzt ein in *das Haus des Herrn.*› ... Die ‹Frau› beginnt zu sprechen und sagt, während sie mir alles zeigt: ‹In der Mitte das *Kreuz.* Das tägliche Wunder› – die Frau zeigt auf den Tabernakel –, ‹der Altar

des *Kreuzesopfers*.› Dann zeigt die ‹Frau› auf die Epistelseite. Sie faltet
dann die Hände und sagt ganz feierlich: ‹Der Altar des Vaters, des Sohnes und des Heiligen Geistes.› Dann zeigt die ‹Frau› auf die Evange-
lienseite und sagt: ‹Auf dieser Seite der Altar der Frau aller Völker
...›» (31. 5. 1956)

(Anmerkung: Der Seherin wird in einer Schauung die Kirche ge-
zeigt, die nach Weisung der «Frau» in Amsterdam gebaut werden soll.
Die «Frau» bezeichnet diese Kirche «feierlich» als *das Haus des
Herrn»*, um darzutun, daß es sich bei dieser Kirche um das *Leitbild*
künftiger Gotteshäuser und der darin zu feiernden Liturgie handelt.
Dies geht auch daraus hervor, daß die Seherin an anderer Stelle erklärt, die ihr gezeigte Kirche habe Stilelemente der verschiedensten
Völker aufgewiesen. Deshalb hat in dieser Kirche alles *grundsätzliche
Bedeutung* für das, was sich in allen Kirchen von morgen einheitlich
vollziehen wird, und das ist vor allem die *Liturgie* und die Anbetung
der *Hl. Eucharistie*. Aus diesem Grunde legte der Verfasser der Seherin die folgenden Fragen vor, deren Beantwortung jeweils beigefügt
werden soll.

Erste Frage: Befand sich der *Tabernakel* auf oder über dem Hauptaltar in der Mitte oder mehr an der Seite? Wo genau?

Antwort: *In der Mitte vom Hauptaltar.*

Zweite Frage: Haben Sie eine Kommunionbank gesehen, an der das
Volk die Hl. Kommunion empfängt?

Antwort: Eine *lange, halbkreisförmige Kommunionbank* längs
der drei Altäre.

Dritte Frage: Hatte der mittlere Altar die Form eines Tisches, wie es
heute üblich ist?

Antwort: Die drei Altäre schlossen sich aneinander an, als seien
sie *ein* Altar; trotzdem waren es drei. *Inmitten des
Hauptaltars stand der Tabernakel.*

Vierte Frage: Wo stand das Kreuz, das Sie sahen?

Antwort: *Auf dem Tabernakel.*

Den Antworten der Seherin ist nichts weiter hinzuzufügen als das,
daß in dieser Kirche von morgen, wie sie hier gezeigt wurde, kein
Platz ist für progressistische Experimente mit der Hl. Eucharistie, für
ehrfurchtswidrigen Kommunionempfang und für Zerstörer der Liturgie und des Altars. Der Tabernakel steht dort, wo ihm die fast zwei-
tausendjährige Entfaltung der eucharistischen Frömmigkeit in ihrer

End- und Höchstphase, nämlich im Barock, ein für allemal und bis an das Ende der Zeiten den Ehrenplatz im «Haus des Herrn» eingeräumt hat: mitten auf dem *Hauptaltar*. Die Belehrung, welche die Frau hier vor allem den *Bischöfen* zuteil werden läßt, sollte von diesen gehorsam, demütig und vor allem *dankbar* zur Kenntnis genommen werden.)

«Die ‹Frau› sagt wieder: ‹Rom wird in schweren Kampf geraten. Das wird so *raffiniert* gehen, daß beinahe niemand es merken wird. Doch ich warne!› Und sie blickt *sehr ernst auf den Kelch*. Ich höre sie plötzlich sagen: ‹CHRISTUS REGNUM.›» (29. 3. 1946)

(Anmerkung: 1946 war dieser Kampf um die Hl. Eucharistie noch von niemandem abzusehen. Damals schon warnte die «Frau» vor deren Mißdeutung und Verunehrung, wie sie heute gang und gäbe sind.

Zur Zeit sind wir Augenzeugen des «raffinierten» Vorgehens der Gnostiker in Kirche und Theologie, der abgestuften Dosierung der Verunehrung und Entwertung des Sakraments. Aber trotzdem, sagt die «Frau», wird Christus wieder regieren, auch dort, wo «der Kelch» heute zur Seite geschoben und in die Ecke gestellt wurde.)

«Diese Zeit ist die *Zeit des Hl. Geistes*.» (15. 6. 1952)

(Anmerkung: Der Hl. Geist wird heute durch die «Braut des Hl. Geistes» allen Völkern geoffenbart und durch das «Evangelium des Hl. Geistes», die *Apokalypse*.)

«Es gibt in der Welt eine große Bewegung zum Guten, und darum ist gerade der *andere* Geist an der Arbeit, . . . die Welt zu beeinflussen und zu verderben.» (14. 2. 1950)

(Anmerkung: Wie Gott den Teufel nötigt, sich vor seinen Wagen zu spannen, so versucht es umgekehrt der Teufel, das Gute, letztlich sogar die Kirche in seine Dienste zu nehmen. Der «Teufel mit dem Gebetbuch» ist weit gefährlicher als der ungetarnt auftretende. Die freimaurerische Humanität lockt mehr Menschen in die Synagoge Satans als die freimaurerische Inhumanität. Deshalb wird letztere heimlich und nur von wenigen, die Humanität aber öffentlich von vielen praktiziert – ein wahrhaft teuflischer Betrug an den zahlreichen guten Mitläufern in der heutigen Freimaurerei und den sonstigen Vereinigungen. Dieser mit Humanität herausgeputzte Geist der Gnosis ist jetzt zum Kampf gegen Papst und Kirche angetreten und findet so manche gutmeinende und arglose Mitläufer, die in der Unterscheidung der Geister nicht genügend erfahren sind. Viele von ihnen werden daher als Claqueurs für den Papabile, den Papstkandidaten der Loge, mißbraucht, ohne den Sachverhalt des Mißbrauchtwerdens auch

nur zu ahnen. Da auch viele gutmeinende Bischöfe zu den Mißbrauchten zählen, wendet sich die «Frau» an diese mit den Worten: «Nein,
die Frau macht keinen Vorwurf, sondern kommt wie eine *gute Mutter,*
die Apostel der Kirche zu warnen, vor den falschen Propheten, vor
dem falschen Geist.» Und sie mahnt, auf Rom bzw. den Papst hin-
weisend: «Laßt *das* den *Mittelpunkt* bleiben!»)

«Ich sehe plötzlich einen Kardinalshut vor mir liegen, und darüber
hin kommt ein *X-Zeichen.* Es entsteht ein *Streit in Rom gegen den
Papst.* Ich sehe viele Bischöfe, keine römisch-katholischen, und höre
dann: ‹Katastrophal!›» (9. 4. 1946)

(Anmerkung: Der «Aufstand gegen den Vater», wie man die demagogischen Umtriebe gegen den päpstlichen Primat bezeichnet, begann
bereits im Konzil. Seine Urheberschaft ist, wie die «Frau» hier un-
mißverständlich zum Ausdruck bringt, im *Kardinalskollegium* zu suchen; denn das X-Zeichen über dem Kardinalshut ist das Zeichen der
Hochgrade. Da der freimaurerische Träger dieses Kardinalshutes zugleich jener sein dürfte, den die «Frau» an anderer Stelle als «Logenpapst» zeigte, müßte eines seiner Erkennungsmerkmale seine Urheberschaft eines Streites gegen den Papst sein, der «in Rom» ausbrechen
würde. Da freimaurerische Initiativen meist über eine «Kette» mit
mehreren Gliedern gehen, dürfte der Initiator des Streites gegen den
Papst eines der hintersten und verborgensten Glieder darstellen. Offenbar aber begeht er die Unklugheit, «in Rom» aus seiner Reserve
herauszugehen. Ob dies bereits im Konzil oder erst bei der römischen
Bischofssynode deutlich wurde, vermögen bis jetzt nur Teilnehmer an
diesen Gremien, von denen das letztgenannte geheim tagte, zu sagen.
Von den Bischöfen nichtkatholischer Kirchen ist gesagt, daß sie die
Folgen des Streites gegen den Papst als «katastrophal» bezeichnen. In
der Tat würde die Preisgabe des päpstlichen Primats *alle* christlichen
Kirchen in ihrer Existenz gefährden, was auch von diesen bereits
mehrfach bestätigt wurde.)

5. Tod und Erweckung der beiden «Zeugen»

Das Symbol der «Zeugen» fand seine biblische Deutung im Evangelium von der Verklärung Jesu. Bei dieser erschienen *Moses* und *Elias,*
also der prophetisch begnadete Verkünder und Wahrer des *Gesetzes*
und der gleichermaßen begnadete Priester und Hüter des *Altars.* In
diesen beiden alttestamentarischen Gestalten hatte sich das Herrscher-

tum des *Kaisers* und das Priestertum des *Papstes*, hatten sich *Imperium* und *Sacerdotium* archetypisch angekündigt; denn von beiden ist überliefert, daß sie sich mit allen Kräften dem Mißbrauch des Altars und der Mißachtung der Gesetze Gottes entgegenstellten. Moses, der «König», maßregelte den wankelmütigen Priester Aaron, als dieser das «Goldene Kalb» anzubeten gestattete, und Elias, der «Hohepriester», verwies dem König Achab seine und seines Weibes Jezabel Freveltaten.

Im Neuen Testament wurden «Moses und Elias» zunächst wirksam im Zeugnis Johannes des Täufers, später vor allem im Martyrium von Petrus und Paulus und der übrigen Blutzeugen unter den Aposteln und Jüngern Jesu, bis sie im Kaiser und im Papst fast die gesamte christliche Heilsgeschichte hindurch fortlebten und in Imperium und Sacerdotium ihre christlichen Heimstätten – ihre «Hütten», wie Petrus sagte – fanden. Der Tod der «Zeugen» (gemäß Off. 11, 7 ff.) offenbarte sich daher sowohl an den die «Zeugen» verkörpernden *Personen* (Papst und Kaiser) als auch an den diesen zugeordneten *Institutionen* (Sacerdotium und Imperium).

Beginnen wir damit, zunächst dem Tod des *zweiten* «Zeugen» nachzuspüren. Im Jahre 1806 legte, wie schon erwähnt wurde, Kaiser Franz II. unter dem Druck Napoleons und dem Reichsverrat des Rheinbundes die Krone des Imperiums nieder und nannte sich künftig nur noch Kaiser von Österreich. Diesem politischen Akt war ein Jahr vorher die sogenannte Dreikaiserschlacht bei Austerlitz vorausgegangen, deren Name bereits das Schisma im Imperium andeutete. Mehrere Kaiser neben- bzw. gegeneinander im Imperium bedeuten in etwa dasselbe wie mehrere Päpste oder Kirchen im Sacerdotium. Der Pluralismus in Imperium und Sacerdotium hatte seine Wurzeln allerdings schon lange vor den geschichtlichen Tiefstpunkten des Zerfalls dieser Institutionen angekündigt. Wir wollen diese Wurzeln hier jedoch nicht aufzeigen und uns stattdessen auf den «Tod» der Zeugen konzentrieren.

Das Nebeneinander von Donaumonarchie und Bismarckreich endete mit dem ersten Weltkrieg. Die Gnosis befürchtete damals eine Wiedererstarkung der katholischen Komponente im Bündnis von «Reich» und «Ostreich» (Österreich) und beschloß daher, *beide* Komponenten, die katholische *und* die protestantische, zu beseitigen. Als erster Akt dieses verbrecherischen Anschlags ging der Mord am österreichischen Thronfolger Franz Ferdinand, bei dem auch dessen Gemahlin ums Leben kam, über die Bühne der Geschichte. Nach erfolgreichem Attentat wurden an einem Schalter der Post von Sarajewo drei Telegramme aufgegeben, die als Bestimmungsorte London, Paris und Berlin aufwiesen. Der Text dieser Telegramme lautete: «Beide Pferde gut verkauft.» Mit dieser chiffrierten Mordvollzugsmeldung an einige der europäischen Zentren der Hochgnosis war das Stichwort zum Massenmord des ersten Weltkrieges und zur Beseitigung der beiden Teilzeugen, des katholischen wie des protestantischen, gegeben: Wilhelm II., der hohenzollersche *Nichtfreimaurer,* und Kaiser Karl I., der habsburgische Katholik, mußten ins Exil, und die entmachteten Teilreiche wurden einem politischen und diplomatischen Amateurentum in die Hand gespielt, das seitdem mit wechselndem Geschick alle Spielarten des modernen Demokratismus und Totalitarismus, wie sie seit der Französischen Revolution am Modellfall Frankreich vorexerziert wurden, im Zeitraffertempo nachexerziert. Es scheint, daß sich die Parteiendemokratien zur Zeit selbst ad absurdum zu führen beginnen und daß diese vaterlosen Gebilde ihre endgültige Ablösung durch die Ordnung des Kreuzes eines Tages von sich aus fordern werden. Diesmal kündigen die Zeichen der Auflösung nicht einen weiteren Schritt in die tödliche Falle der Ost-West-Gnosis an, sondern die *Selbstbefreiung* aus dieser Doppelfalle. Die Agonie des Imperiums, das zweite Interregnum, steht vor ihrem Ende und der zweite «Zeuge», das *Reich,* vor seiner baldigen Wiedererweckung in Gestalt eines *europäischen Zusammenschlusses im Zeichen des Kreuzes.*

Gleichzeitig mit Tod und Wiedererweckung der Institution «Imperium» vollzogen und vollziehen sich Tod und Wiedererweckung des zweiten «Zeugen» im *personalen* Bereich, d. h. hinsichtlich der Person des *Kaisers.*

Den *Martyrer des Imperiums* stellte das katholische Kaiserhaus *Habsburg.* Dieses stand deshalb – und steht auch heute noch – im Brennpunkt aller gnostischen Bemühungen um die Zerstörung des Imperiums und die Auslöschung seiner Idee. Ob oder wie weit letzteres gelungen ist, wird man an den Früchten erkennen, die das Haus Habsburg vorzuweisen haben wird, wenn die Frage des Imperiums in absehbarer Zeit akut werden wird.

Es hat den Anschein, als sei die Linie der Zeugenschaft gegen die Gnosis zur Zeit unterbrochen. Ob dies auch für das Haus Habsburg zutrifft, auf das die Seherin von Amsterdam einige Jahre vor Empfang der Botschaften der «Frau» in einer Schauung aufmerksam gemacht worden war, oder ob sich dieses trotz intensiver Infiltrationsversuche der Gnosis als gewillt und als würdig erweisen wird, Last und Würde der Krone des Imperiums wieder auf sich zu nehmen, wird sich wohl erst nach dem großen Reinigungsprozeß entscheiden. Legitimistisch begründete Ansprüche allein genügen jedenfalls nicht, um irgend einen Prätendenten auf die Imperiumskrone von vornherein zu präjudizieren. «Das Zeugnis Jesu ist der Geist der Weissagung», sagt die Apokalypse. Ein «Zeuge», der *diesem* Zeugnis nicht den höchsten Rang einräumte, wäre des Ehrentitels eines «Zeugen» nicht würdig. Da der letztzeitliche Träger der Krone des Imperiums damit zu rechnen hat, daß er dem Antichrist zu widerstehen haben wird, dürfte sich der Drang nach dieser Krone in Grenzen halten und werden die Völker keine allzu große Mühe haben, in absehbarer Zeit ihre Wahl zu treffen.

Tod und Auferstehung des *ersten* «Zeugen», des Hl. *Sacerdotiums* und des ihm *übergeordneten Papsttums,* spielen sich ebenfalls in unserer geschichtlichen Gegenwart ab.

Dem Tod des Restsacerdotiums als *Institution,* der sich heute in der gesamtkirchlichen Situation abzeichnet, ging eine langwährende «Krankheit» dieses «Zeugen» voraus, die wir mit dem Stichwort «Reformation» bereits früher gekennzeichnet haben. Es bleibt also noch die Frage nach der *Person* oder nach den *Personen,* die unter den Begriff des ersten «Zeugen» fallen.

Im kirchlichen Sprachgebrauch wird die Gnosis mit «Modernismus» umschrieben. Modernismus ist Mißbrauch und Vergötzung des Modernen, nicht das Moderne an sich, das seit Bestehen der Menschheit den natürlichen Fortschritt kennzeichnet. Da aller Mißbrauch von Werten – und auch das Moderne im Sinne des sich kontinuierlich entwickelnden Alten ist ein Wert –, da überhaupt fast jeglicher Mißbrauch an sich eindeutiger Begriffe auf das Konto der Gnosis geht, sind die Kämpfer gegen den Modernismus zugleich Kämpfer gegen die Gnosis.

Als solche zeichneten sich besonders aus die Päpste Pius X. und Pius XII.

Der Antimodernismus Papst Pius' X., des Heiligen, ist von den Progressisten ebenso vom Tisch gefegt worden wie jener von Pius XII. Die progressistischen Reisläufer der Gnosis, teils fern-, teils nahgesteuert von einigen Apostaten aus der Hierarchie, sind eifrig dabei, den letzten unter den drei ersten «Zeugen» zu liquidieren oder zur Resignation zu zwingen. Die Papst Paul VI. von den Progressisten in der Hierarchie abgerungenen Zugeständnisse liturgischer und sonstiger Art sind nur aus seiner Unkenntnis der Hilfen der apokalyptischen Frau zu verstehen. Der Papst versucht, ähnlich wie ein Familienvater, die verrottende Kirchenfamilie mit formalen Zugeständnissen vom demagogischen Anrennen gegen die Glaubenssubstanz zurückzuhalten. Diese hilflose Art der Verteidigung erweist sich jedoch als völlig aussichtslos. Die Demagogie rennt Form *und* Inhalt der Wahrheit in einem einzigen Ansturm nieder, sie hat es nahezu bereits geschafft. Und sie würde ihr Werk ohne spürbaren Widerstand vollenden, wenn dem Papst nicht noch zum rechten Zeitpunkt die von der Frau bereitgestellte *«Feindaufklärung»* zur Verfügung gestellt würde, die ihm zeigt, wo der Feind seine verwundbaren Stellen aufweist. Solange man im Vatikan Befriedungsversuche mit der italienischen Freimaurerei unternimmt, hat man dort offenbar nicht begriffen, daß hinter den Parlamentären der Loge die gleichen Kommandeure lauern wie hinter den Progressisten und Apostaten in der Kirche und im hohen und niederen Klerus.* Solange der Papst dieses *Doppelspiel der Gnosis*, das die «Frau» in aller Deutlichkeit enthüllt, nicht zu durchschauen vermag, tut man ihm unrecht, wenn man ihn des Verrats an der Wahrheit und der Liturgie beschuldigt, wie dies durch schlecht informierte Eiferer geschieht. Die Tatsache, daß es in dem von der «Klaue» in Besitz genommenen Vatikan seit längerem kein Durchkommen zum Hl. Vater mehr geben konnte, machte diesen zum großen Einsamen im Haus der Kirche. Ohne die Hilfe der «Frau» würde dies eines Tages auch zur Vereinsamung des Stuhles Petri führen müssen.

Ein «Totenkopf», den die «Frau» in ihren Botschaften erwähnt, weist auf den *ersten* «Zeugen» hin. Sein *Tod* wird als lautlos und als Opfer für das Imperium gekennzeichnet.

In der Botschaft vom 16. 11. 1950 zeigt die «Frau» der Seherin diesen Totenkopf *mit gekreuzten Knochen*. Die «Frau» legt ihn auf *Deutschland* nieder, dessen Volk «andere» (das Deckwort für Gnosis) «von Rom wegzuziehen» versuchten.

Totenkopf und gekreuzte Knochen sind ein Hinweis auf einen *Tod*

---

* Eine Pressenotiz «aus dem Vatikan» vom 3. 8. 1969 berichtete von einer «in herzlicher Atmosphäre» verlaufenen Aussprache zwischen einem Kurienkardinal und dem Großmeister der italienischen Freimaurerei, welche die Aufhebung der Exkommunikation katholischer Logenangehöriger zum Gegenstand gehabt habe. Die Notiz schloß mit dem Hinweis: *«Die Gespräche ... sollen in Kürze fortgesetzt werden.»*

durch Gift. Ein solcher Tod kann durch Medizinen, die ein gewisses Heilgift enthalten, methodisch vorbereitet und zu einer gewünschten Zeit mit entsprechenden Überdosen herbeigeführt werden. Das bedeutet, daß ein solcher der Öffentlichkeit entzogen bleibender Mord nur von *Ärzten* oder Pflegepersonal ausgeführt und nachgewiesen werden kann, die das Geschäft der Dosierung toxischer Medizin beherrschen.

Deshalb tritt zum Hinweis «Totenkopf mit gekreuzten Knochen» ein zweiter Hinweis hinzu, nämlich der auf die *«Leibwache»* eines Papstes und auf das «Kreuz mit dem langen Balken nach oben», also auf das *Petruskreuz*, das dieser Papst in der Hand hält.

Die Hinweise insgesamt besagen also: *Giftmord an einem Papst*, vorgenommen durch Ärzte oder einen ähnlichen Personenkreis. Es bleibt somit nur noch die Frage, um *welchen* Papst es sich hier handelt.

Hierauf liegen zwei Antworten vor, eine aus dem Munde der Seherin und eine von der «Frau» selbst.

Die Antwort der *Seherin* lautet, *Pius XII.* sei es gewesen, den sie mit dem Petruskreuz zusammen gesehen habe.

Die Antwort der *«Frau»* erfolgte am 19. Februar 1958, als diese der Seherin den bevorstehenden Tod Papst Pius' XII. mit den Worten ankündigte: «*Dieser* Heilige Vater Pius XII. soll Anfang Oktober dieses Jahres *bei den Unsern* aufgenommen werden.»

Pius XII. starb am 9. Oktober des gleichen Jahres. Seine von der «Frau» bezeugte unmittelbare *Aufnahme in den Himmel* setzt zwar das Martyrium nicht notwendig voraus, bietet aber ein weiteres bemerkenswertes Indiz für die Hypothese vom Martyrertod dieses Papstes.

Diese Hypothese, zu deren Erhärtung noch viel zu sagen wäre, soll hier nicht näher begründet werden, da es letztlich nur dem Vatikan selbst möglich ist, dazu die gültigen Beweise oder Gegenbeweise zu liefern. Moderne wissenschaftliche Methoden zur genauen Überprüfung der Hypothese liegen vor und stünden dem Vatikan zur Verfügung. Ob allerdings die Gnosis so lange warten wird, bis man sich dieser Methoden bedient, ist fraglich. Bis man in der Kirche zu schalten pflegt, fährt man bei der Gnosis bereits Höchstgeschwindigkeiten. Das ist das tiefbetrübliche Bild, das man bei einem Vergleich der Wachsamkeit der Kirche und der Gegenkirche bisher fast immer gewinnen mußte.

Trotzdem verheißt Christus dieser Kirche den *Sieg* über die Gnosis, und Maria bestätigt diese Verheißung durch ihre Botschaften. Das gedemütigte, von den eigenen «Soldaten» des Papstes verratene Papsttum scheint mit den Verleumdungen der Päpste Pius XII. und Paul VI. am Ende seiner Glaubwürdigkeit und seiner petrinischen Nachfolge angelangt zu sein. Der Präsidialpapismus der Gnosis scheint den ersten «Zeugen» als solchen auszuschalten, und der Papabile der Loge scheint seinem Ziel, diesen Präsidalpapismus in seiner Person zum Siege zu führen, nahegekommen zu sein. Ob es auch in der Kirche zu einem Interregnum, zu einer papstlosen Epoche kommen wird, wie es Weissagungen aus alter und neuer Zeit androhen, weiß niemand zu sagen. Es wird schließlich auch sehr von uns abhängen, ob sich die Niedertracht der Verräter bis zu diesem Coup vorwagen wird. Sicherlich ist der Papst noch für eine letzte Warnung erreichbar, wird er den wiedererweckten ersten Zeugen zu verkörpern haben; denn die «Frau» versichert ausdrücklich: *«Der Hl. Vater wird sein Zeichen erhalten.»* Deshalb unsere intensive Mitwirkung bei der Übermittlung solcher «Zeichen» an den Papst!

Die Frage, ob Gott unserer Mitwirkung mit der Gnade der Prophetie überhaupt bedarf, brauchen wir nicht zu stellen, da sie durch die Lehre der Kirche längst beantwortet ist. Gott *will* unsere Mitwirkung auf *jeden* Fall, wie immer auch seine Entscheidung lauten wird. Diese wird uns offenbar werden, wenn die von der Gnosis gemordeten «Zeugen» auch von den Feinden Christi gesehen werden, wie sie «gen Himmel» steigen in der Glorie der Martyrer. Der Sieg der «Zeugen» erwächst aus dem Blut der «Zeugen». Die «dreieinhalb Tage», während welcher sie als Vergessene «in den Gassen der großen Stadt» lagen, gehen ihrem Ende entgegen. Also steht auch der Sieg der «Zeugen» unmittelbar bevor.

Kommentare der «Frau»

«Dann greife ich mitten in *Amerika* hinein und streue aus diesem Griff über Europa hin. – Ich weiß nicht, was das ist. – Dann sehe ich in der Ferne lauter östliche Völker. Die wird ‹Er› wachrufen, sagt die ‹Frau›. Ich sehe das ganz in der Ferne. Dann erscheint ein *Totenkopf*...» (7. 5. 1949)

(Anmerkung: Dem Hinweis «Totenkopf» (Präsident Kennedy!) geht der Hinweis auf die Infizierung Europas durch die amerikanische Gnosis voraus, zu deren geistigem und wirtschaftlichem Satelliten Europa seit dem zweiten Weltkrieg geworden ist. Mitten durch Amerika zieht sich der «Weizengürtel», nach dem sich die amerikanische Gnosis selbst benennt. Aus dieser streut die Seherin den symbolischen

«Weizen» «über Europa hin», der heute unter den «Dreiecksbrüdern» in Europa auf besonders günstigen Boden fallen dürfte. Auch auf den Osten weist die «Frau» hin, den «Er», nämlich der Kommunismus, «wachgerufen hat», damit «den Königen (des Ostens) der Weg vom Aufgang der Sonne freigelegt wird (nach dem Westen)» (Off. 16, 12).

Mitten in dieses Bild der doppelten Bedrohung Europas durch «Tier» und «Lügenprophet» stellt die «Frau» den «Totenkopf» des «Zeugen», der das Seine getan hat, um beide Bedrohungen in Grenzen zu halten. Dabei ist es gleichgültig, ob Kennedy die Gnosis überhaupt als seinen Hauptfeind erkannt hatte, oder ob er lediglich aus christlicher Verantwortung das zu verhindern suchte, was nach den Worten der Frau bereits 1945 beschlossene Sache war: *den Dritten Weltkrieg.*)

«Die ‹Frau› zeigt jetzt drei Päpste. Links in der Höhe steht Papst Pius X. Unser Papst (damals Pius XII.) steht in der Mitte, und rechts sehe ich einen *neuen* Papst (Paul VI., wie die Seherin bei der Papstwahl glaubte, feststellen zu können). ‹Diese drei›, sagt die ‹Frau›, ‹das ist *ein* Zeitabschnitt.› Sie zeigt nach diesen dreien. Dann sagt die ‹Frau›: ‹Dieser Papst (Pius XII.) und der neue (Paul VI.) sind die Kämpfer.›» (29. 8. 1945)

(Anmerkung: Diese drei Päpste markieren den Zeitabschnitt des *Endkampfes gegen die Gnosis,* genannt «Modernismus».)

«Dann sehe ich plötzlich einen Totenkopf mit gekreuzten Knochen darüber. Den nimmt die ‹Frau› auf und legt ihn zu ihren Füßen nieder auf *Deutschland.* Dann sagt sie: ‹Der Sohn will seinen besonderen Schutz geben und hat mich geschickt, Deutschland zu helfen. Aber sie müssen *das* tun, was ich sage.›» (16. 11. 1950)

(Anmerkung: Das Zeichen des Giftmordes am «Zeugen» wird auf *Deutschland* niedergelegt, weil Pius XII. Hitler und Deutschland nicht einander gleichsetzte und dem «Reich» auch nach der Hitlerkatastrophe die Papsttreue hielt. Daß er dafür u. a. durch kurzschlüssige Geschichtsklitterungen eines deutschen Literaten nachträglich geschmäht wurde, ist nur verständlich, wenn man den Personenkreis berücksichtigt, der diesen unerfahrenen und erfolgssüchtigen Vertreter der «zornigen jungen Männer» gängelte und auf seine Art «betreute». Man darf aus der obigen Botschaft sicher auch die indirekte Aufforderung der «Frau» an uns erschließen, zu Pius XII. um den «besonderen Schutz des Sohnes» für Deutschland und das Imperium zu *beten;* denn Pius XII. dürfte einmal als der *Schutzheilige des Imperiums* erkannt und verehrt werden.)

«Dann sehe ich St. Peter, und ich sehe den Papst mit *geneigtem*

Haupt sitzen und rundherum seine Leibwache. Das alles wird in die Grotte gestellt, und dann schreibt die ‹Frau› ein großes ‹P› mit einem ‹X› darüber. Das legt sie vor seinen Füßen nieder, und davor wird das Kreuz gestellt mit dem langen Balken nach oben, also umgekehrt. Dann sagt die ‹Frau›: ‹Wo sind deine Soldaten?›» (7. 5. 1949)

(Anmerkung: Der Papst sitzt «mit geneigtem Haupt», also tot und mit der Kopfhaltung der *Gekreuzigten*, in der «Grotte», die sowohl die Grabesgrotte Christi als auch die vorläufige Begräbnisstätte Pius' XII. bedeuten kann. Auch seine «Leibwache», die einen Arzt, ein Ärzteteam oder sonstiges Betreuungspersonal symbolisiert, wird gezeigt. Über das Bild zeichnet die ‹Frau› ein doppeldeutiges Symbol, ein P mit einem X darüber. Dies kann sowohl das bekannte Christuszeichen als auch das Papstzeichen «P» mit darübergezeichnetem gnostischem X-Kreuz – als Hinweis auf die Hochgradfreimaurerei – bedeuten, höchstwahrscheinlich *beides*. Eindeutig ist die Aussage des Petruskreuzes als Martyrerzeichen für einen Martyrerpapst, als welchen die Seherin Pius XII. gesehen hat.)

«Heute nacht werde ich wieder ganz plötzlich wach, weil ich gerufen wurde, genau um drei Uhr. Ich sah wieder das Licht und hörte die Stimme der ‹Frau› sagen: ‹Da bin ich wieder. Der Friede des Herrn Jesus Christus sei mit dir ... Ich werde dir eine Mitteilung machen, über die du zu niemand, auch nicht zu dem Sacrista (des Papstes) und dem Seelenführer (P. Frehe) sprechen darfst. Wenn es geschehen ist, darfst du es ihnen sagen, daß die Frau dies *jetzt* (d. h. schon am 19. Februar) gesagt hat. Die Mitteilung lautet: ‹Höre, dieser Hl. Vater Papst Pius XII. wird Anfang Oktober dieses Jahres bei den Unseren aufgenommen werden. Die Frau aller Völker, Miterlöserin, Mittlerin und Fürsprecherin, wird ihn in die ewigen Freuden geleiten.› Ich erschrak über diese Mitteilung und wagte es fast nicht zu glauben. Die ‹Frau› sagte: ‹Erschrick nicht, Kind! Sein Nachfolger wird das Dogma verkünden.› Ich dankte der Frau, und sie sagte sehr feierlich: ‹Amen›.» (19. 2. 1959)

Anmerkung zur 6. Auflage 1982: Wenn die «Frau» sagt, das von ihr prophezeite Dogma werde vom «Nachfolger» Pius' XII. verkündet, so ist hier wohl von einer geistigen Nachfolge die Rede. Eine solche lag weder bei Johannes XXIII. noch bei Paul VI. vor, wohl aber hat es den Anschein, als schritte Johannes Paul II. auf jenem Weg weiter, der mit dem Tod Pius' XII. für beendet gehalten wurde. Dieser Weg könnte direkt zur Verkündigung des Dogmas führen, was den Völkern viel Unheil ersparen würde. Der Heilige Vater muß jedoch darum gebeten werden. Auch daran lässt die «Frau» keinen Zweifel. Verantwortlich dafür ist der Episkopat, Bischöfe, Priester und Laien.

6. Idee und Wirklichkeit der christlichen Weltordnung

Die heutige Welt entwickelt sich in einer dem christlichen Weltbild diametral entgegengesetzten Zielrichtung.

Das Christentum ist im gleichen Umfang unmodern geworden wie in seinen frühesten Anfängen. Die Statistiken der Kirche scheinen dies zwar nicht voll zu bestätigen, aber Apostasie läßt sich nur sehr schwer in Zahlen wiedergeben. Sie ist seit langem eine geistige Realität, die nur deshalb nicht sichtbar in Erscheinung trat, weil man im allgemeinen zu bequem oder zu feige ist, sich zu der eigenen Meinung oder Überzeugung auch nach außen hin zu bekennen. Gott will unsere Wahrhaftigkeit, aus der heraus wir entweder «kalt oder warm» sind. Der Atheist aus Überzeugung vermag vor Gott zu bestehen, wenn er seinen Irrtum für die Wahrheit hält und den Glauben der andern nicht mit bewußt falschen Argumenten bekämpft. *Der Laue nicht!* Als das Konzil dem Mündigkeitsanspruch der Lauen ungewollt entgegenkam, begann das hervorzubrechen, was von diesen bis dahin heuchlerisch verleugnet worden war. Auf den Kanzeln und am Altar selbst versucht man heute, zwischen der Ehrfurcht vor Gott und der Lauheit der Heuchler Kompromisse über Kompromisse zu schließen. Aber das bestärkt die Lauen nur in ihrer Anmaßung, und manche Bischöfe werden nun die Geister, die sie mit ihren Zugeständnissen an die Forderungen bestimmter Gruppen riefen, nicht mehr los. So hat man es sich selbst zuzuschreiben, wenn heute von einem «Abfall von oben» gesprochen wird, den man vielfach als «Begleiterscheinung christlicher Erneuerung» hinzustellen versucht.

Mit dem Autoritätsschwund der Bischöfe sind auch der christlichen Politik vorerst ihre Chancen genommen. Längst sind auch die sich christlich nennenden Parteien mit ins Fahrwasser der Lauen abgeirrt. Als Exponenten einer gnostisch geprägten Staats- und Gesellschaftsform bleibt ihnen nur die Chance, mit der Masse der religiös Lauen Frieden zu schließen und sich aus diesem Reservoir zu ergänzen und zu «erneuern». Binnen kurzem würde es nur noch «moderne» Parteien, d. h. Parteien mit eindeutig *gnostischem Profil* geben, wenn der «Kirche der Lauen» von Gott keine Grenzen gesetzt würden.

Und inmitten dieses Hochfluges der «modernen» Gnosis unternimmt es die Frau aller Völker, von ihren Getreuen die Errichtung der Ordnung des Kreuzes zu fordern!

Ist das nicht, so wird man wiederum fragen, ein *Anachronismus* der absurdesten Art? Sind diejenigen, die dieser Forderung Glauben schenken und sich dem Riesenheer der Lauen entgegenstemmen, nichts weiter als ein lächerliches Häuflein unbelehrbarer und altmodischer Narren? Verdienen sie nicht den Spott jener, die ihren Frieden mit der Lauheit längst gemacht haben und diesen Opportunismus als «Aggiornamento» legitimieren?

Aus den letztzeitlichen Hinweisen der Prophetie geht hervor, daß wir uns im Kulminationspunkt der «Epoche des Teufels», der Loslassung Satans, befinden. Mit dieser Epoche gibt es kein Aggiornamento, da dieses nur im Interesse des Teufels gelegen sein kann. Wäre es anders, so ließe es sich z. B. nicht erklären, daß gerade zu dem Zeitpunkt, da die 3 1/2 Jahre seiner totalen Loslassung begannen, der *Exorzismus* verharmlost und großenteils sogar abgeschafft wurde. Zum Glück hat Maria dem vorgebeugt durch den Rosenkranz und das Amsterdamer Gebet. Letzteres ist zwar ein sog. Privat-Exorzismus, aber es ist ein äußerst *militanter Exorzismus*, der heute auf der *ganzen Welt* gebetet wird, trotz oder gerade wegen des kirchlichen Versagens in dieser notvollsten Phase der Heilsgeschichte.

Mit diesem marianischen Exorzismus beten wir zugleich die Verwirklichung der vermeintlichen Utopie der Ordnung des Kreuzes herbei. Da ihre Realisierung noch in der «Epoche des Teufels» in Angriff genommen werden muß, wird man fragen, wieso das zu diesem Zeitpunkt überhaupt für möglich gehalten werden kann.

An einem Beispiel läßt sich die Frage beantworten. Wenn sich zwei Menschen mit völlig entgegengesetzten Vorstellungen und Begriffen gegenseitig als Phantasten und Utopisten bezeichnen, muß einer von beiden nicht normal, nicht realistisch auf seine Umwelt reagieren können, muß etwas in seinem Bewußtsein vom Platz gerückt sein. Es fragt sich nur, *bei wem* von beiden diese Verrückung bzw. Verkehrung der Realitäten vorliegt. Um volle Klarheit zu gewinnen, müßte man nach dem drastischsten Mittel greifen, über das die Psychiatrie bisher verfügte: Beide müßten sich einem sog. *Elektroschock* unterwerfen. (Er würde in solchem Falle wegen seiner gefährlichen Begleiterscheinungen allerdings verweigert werden.) Nach einer entsprechenden Zahl solcher Schocks würden die beiden Geschockten getestet, um zu ermitteln, wer von ihnen bei seiner früheren Art von Realvorstellungen geblieben ist und wer sie zugunsten der letztgenannten ändern mußte. Dieser durch Schock *Korrigierte* hätte sich eindeutig als der *Irrealist*, der *Utopist* erwiesen.

Der Mensch hat, entgegen der marxistischen Lehre, kein Recht, auf künstlichem Wege Verelendungen herbeizuführen, um dadurch Bewußtseinsänderungen zu erzeugen. Dieses Recht hat *nur Gott.*

Die durch totale Umsessenheit herbeigeführten allgemeinen Begriffsverwirrungen und Bewußtseinsstörungen bedürfen des von Gott ausgelösten *Schocks,* der die Menschheit von ihrem Trauma befreit und auf den Boden der *Normalität* zurückruft. Der Schock macht gewissermaßen reinen Tisch im menschlichen Bewußtsein, führt das schizophren gewordene Massenbewußtsein wieder in den Geltungsbereich des natürlich-christlichen Realismus zurück.

Zur Zeit scheint so etwas wie die Ruhe vor dem Sturm zu herrschen. Doch soll dem, was Gott zur Rettung der Kirche und der Völker vorgesehen hat, nicht vorgegriffen werden. Erst dann, wenn der *Katastrophenschock* die Menschen heimsucht, ist der Zeitpunkt gekommen, mit der *Schocktherapie* zu beginnen. Der Inhalt derselben wird sein: *die Ordnung des Kreuzes!* Diese soll in knappen Strichen skizziert werden.

In der christlichen Welt von morgen werden drei *Prinzipien* herrschen: das Prinzip der *Paternität,* der *Maternität* und der *Solidarität.*

Paternität bedeutet *Väterlichkeit.* Ihr zugeordnet ist das Attribut «*Gerechtigkeit*». Oberster Träger von Paternität bzw. Gerechtigkeit ist das *Hl. Imperium,* dem sich die Paternitäten der christlichen Staaten *freiwillig* unterstellen werden. Das Imperium ist zugleich Schutzmacht der Kirche und der Völker. Seine Gewalt geht zugleich von Gott und von den Völkern aus und findet ihr Regulativ in der Lehre und im Willen Christi.

Was für das Imperium im großen gilt, das gilt für die ihm unterstellten Staaten im kleinen. Dabei bleibt es dem Gewissen und den Traditionen der einzelnen Völker überlassen, wie sie die Paternität in ihrem jeweiligen Staat verankern wollen, welcher Form der Paternität sie jeweils den Vorzug geben möchten.

Je weiter man in der abgestuften Ordnung des Imperiums nach unten steigt, um so demokratischer muß die Ordnung gehandhabt werden. Das bedeutet aber nicht Beharrung im zänkischen Pseudodemokratismus von heute; denn auch in den unteren Bereichen, etwa in dem der Gemeinde, sollten die obengenannten drei Prinzipien ihren Ausdruck und ihre Berücksichtigung finden, die zusammen die *Familiarität der Gemeinschaft* begründen.

Die *Maternität* oder *Mütterlichkeit* ist gekennzeichnet durch das Attribut *Liebe.* Oberster Träger der Maternität ist die Kirche, das

Hl. Sacerdotium. In diesem ist die Gewalt von rein geistiger Art, sie kommt also *direkt* von oben, von Gott, während die natürlich fundierte Gewalt des Kaisers *indirekt* von Gott her kommt, nämlich auf dem Umweg über das vom Hl. Sacerdotium zur christlichen Freiheit und Weisheit hingeführte Gottesvolk. Da der Papst seine Gewalt direkt von Christus übertragen erhielt, ist er vom Gottesvolk unabhängig. Die Hierarchie des Imperiums baut sich also von *unten nach oben* auf, die des Sacerdotiums von *oben nach unten.*

Weil dies gemäß dem Prinzip der Familiarität, das sich aus dem Leitbild der Hl. Familie ableitet, so sein muß, sind Imperium und Kirche auch der *Wahrheit* von verschiedenen Seiten her verpflichtet. Imperium bzw. Staat tragen zur christlichen Weisheit den *natürlichen* Aspekt derselben bei, Sacerdotium bzw. Kirche den *übernatürlichen.* Den natürlichen Aspekt der Weisheit bildet die *Philosophie* als eine *induktive* Wissenschaft, den übernatürlichen die *Theologie* als *deduktive* Wissenschaft. Die Zuständigkeiten von Imperium und Sacerdotium ergeben sich also nur aus ihrem *Wesen,* nicht aus willkürlichem, ideologisch gefärbtem Wunschdenken.

Der *Papst* als oberster Treuhänder der Wahrheit ist befugt und verpflichtet, diejenige Philosophie als Philosophia perennis, als christliche Philosophie zu akzeptieren, die sich in Übereinstimmung mit der Theologie des Sacerdotiums befindet. *Er allein* ist für die Definition der christlichen Sophia, der gottebenbildlichen christlichen Weisheit zuständig, da er in erster Linie Sachwalter des *Geistes* ist.

Der *Kaiser* als oberster Treuhänder der natürlichen Wohlfahrt und Ordnung der Völker ist von seinem Auftrag her ermächtigt und verpflichtet, die christliche Ordnung unter den Völkern und Staaten zu garantieren und grobe Verstöße gegen dieselbe im Zeichen der Gerechtigkeit zu ahnden und zu beseitigen. Diesem Auftrag muß das ihm von den Völkern zuerkannte Maß an Macht entsprechen.

Je ausgeglichener das Zusammenwirken päpstlicher und kaiserlicher Zuständigkeiten vonstatten geht, um so ausgewogener wird das Verhalten der Staaten zueinander sein und um so reibungsloser wird das Prinzip der *Solidarität* in den mittleren und unteren Gemeinschaftsgremien funktionieren können. Da es in einer christlichen Welt keine Hungernden, keine Ausgebeuteten, kein Gegeneinander von «Freien und Sklaven» (Off. 19, 18) geben kann und darf, werden die Führer der Staaten im Zusammenwirken mit dem Imperium eine ihrer Hauptaufgaben darin zu sehen haben, daß ein möglichst unkompliziertes System des *Güterausgleichs* zwischen den Staaten und Völkern geschaffen und praktiziert wird. Dieses System der *Kommunikation der Güter* setzt die Beseitigung der privatkapitalistischen und staatskapitalistischen Egoismen voraus, wie sie heute von den gnostisch geprägten Machtblöcken gehandhabt und gegeneinander ausgespielt werden. *Privateigentum* und *Gemeineigentum* werden in einer modernen christlichen Welt in ein vernünftiges, gerechtes und sittlich gerechtfertigtes Verhältnis zueinander gebracht werden müssen, da sich die Solidarität der Nachbarschaften in die *Solidarität aller Völker* ausweiten muß, wenn die Ordnung des Kreuzes verwirklicht werden soll.

Es wäre aber utopisch und unrealistisch zu glauben, daß der Katastrophenschock die von der Ordnung des Kreuzes geforderte Opferbereitschaft der Menschen für Jahrhunderte garantieren könnte. Wir wissen aus den Erfahrungen der Nachkriegszeit, daß bereits ein einziger Generationswechsel genügt, um Geschehenes wieder vergessen oder falsch beurteilen zu lassen. Auch das neugewonnene Wissen um die Letztzeitlichkeit unserer Epoche dürfte deshalb nicht schwer genug wiegen, um die Ordnung des Kreuzes über eine gewisse Zeit hinaus sicherzustellen. Aber gerade wegen der Wahrscheinlichkeit einer erneuten Bedrohung der Ordnung des Kreuzes müssen wir sie wagen und verwirklichen, um Christus wenigstens *einmal* in der Zeit, die er der Menschheit zur Entgegennahme der Erlösung einräumte, in die Mitte aller Erlösten gestellt zu haben. Wir haben durch Christus die Gnade und von der «Frau» den Auftrag erhalten, die christozentrische Ordnung auf friedlichem Wege in der Welt zu errichten. Deshalb haben wir die Pflicht, die Gnade zu nutzen, um sie auch denen, die nach uns kommen werden, nutzbar zu machen und so der Heilsgeschichte zu einem guten Ende mitzuverhelfen.

Die *Familiarität*, wie sie bereits in *Fatima* als Losung der Letztzeit erkennbar wurde, wird in der Koordination von *Paternität, Maternität* und *Solidarität* dem Individualismus und dem Kollektivismus der beiden gnostischen Weltmächte ein Ende bereiten. Das ist nur möglich, wenn Gott diesen Mächten die von ihnen gebastelten satanischen Spielzeuge aus der Hand nimmt, ihre Pseudoordnungen beseitigt und uns so die Chance gibt, ohne Rückgriff auf die Bedrohungs- und Vernichtungsmittel der gnostischen Welt von gestern und heute die beiden «Zeugen» wieder in ihre Rechte und Pflichten einzusetzen.

Natürlich wäre es falsch, den Katastrophenschock als den allein möglichen Anstoß zur christlichen Erneuerung in der Welt anzusehen. Die Apokalypse bezeichnet diesen als «Schrecken» und führt uns für den Fall, daß dieser (durch bloße Katastrophenwarnungen) bewirkte Schrecken nicht zur Besinnung führen sollte, weitere Katastrophen ungeheuren Ausmaßes vor Augen. Man sollte jedoch nicht übersehen, daß es sich dabei um die *äußerste Grenze* erzieherischer Maßnahmen Gottes handelt, vor deren Provozierung uns die «Frau» bewahren möchte. Gelänge es, daß eine *einzige Warnkatastrophe* zum Ziele führte, würden sich die übrigen Heimsuchungen sicherlich erübrigen. Auf dieses Ziel steuert die «Frau» hin und diesem Ziel dienen auch die Kommentare dieses Buches.

Kommentare der «Frau»

«Ich habe gesagt: Diese Zeit ist unsere Zeit. Damit meine ich das folgende: Die Welt ist in Verfall und Verflachung und weiß nicht wohin. Darum sendet mich der Vater, um Fürsprecherin zu sein, daß der *Heilige Geist* komme. Die Welt wird doch nicht mit Gewalt (!) gerettet, die Welt wird durch den *Geist* gerettet werden. Es sind doch nichts anderes als *Ideen,* die die Welt regieren. Wohlan denn, Kirche von Rom, erkenne deine Aufgabe! Bringe *deine* Ideen, bringe Christus wieder *von neuem!* ...» (29. 4. 1951)

(Anmerkung: Die «Ideen» Roms sind die des Kreuzes, des Siegels. Aus dem Siegel geht hervor, daß die von der Gnosis als «mittelalterlich» bespöttelte traditionelle christliche Ordnung gottgewollt und zeitlos gültig ist. Diese besteht im Miteinander von Sacerdotium und Imperium, und wenn dieser Idealfall der christlichen Ordnung auch kaum jemals voll erreicht werden könnte: Wir jedenfalls haben ihn so weit als menschenmöglich zu verwirklichen!)

«Weiter sagt die ‹Frau›: ‹Christen, erkennt eure Pflicht. Und nun spreche ich zur Kirche von Rom und dann sage ich zum Papst: Sorge, daß deine Untertanen (!) die *Liebe* des Sohnes Jesu Christi zu bringen wissen in diese Welt, diese verfallene Welt. Dieses Gebot muß die Kirche von Rom bis zum äußersten durchführen ...›». (15. 11. 1951)

(Anmerkung: So wichtig alle übrigen Aufgaben der Kirche auch sind: Ihre Hauptaufgabe besteht zur Zeit in der Verwirklichung der *christlichen Liebe* unter den Menschen. Daß die «Frau» darunter nicht nur das Predigen, sondern vor allem das *Vorleben* der christlichen Liebe durch Kirche und Klerus versteht, hat sie an einer anderen Stelle eindeutig klargestellt. Der Papst soll dieser christlichen Liebe Ziele setzen, *seine* «Untertanen», also Bischöfe, Priester und Laien, sollen sie «in die Welt bringen.»)

«Wir kommen wieder in die Grotte und darin erscheinen alle Früchte und Reichtümer der Erde. Alles wird in die große Grotte gelegt. ‹Und jetzt›, sagt die Frau, ‹werden wir *verteilen*. So ist der Geist gewesen, den sie nicht begriffen haben.›» (7. 5. 1949)

(Anmerkung: Bei der «Grotte» handelt es sich um einen Hinweis auf die Geburtsstätte Jesu in Bethlehem, die hier symbolisch zur «großen Grotte», der Geburtsstätte der Ordnung in Christus, geweitet ist. Dorthin brachten die drei Weisen von den «Reichtümern der Erde» und auch den Hirten schreibt die christliche Kunst mitunter das Mitbringen von Gaben an die Heilige Familie zu. Die Hinweise des Lukasevangeliums auf die Liebesgemeinschaft in der *Familiarität der Menschheit* sind zugleich Hinweise auf den «Geist, den sie nicht begriffen haben». Die Kirche muß sich also lösen von ihrer Verquickung mit den heutigen Wirtschafts- und Sozialsystemen. Sie muß hinfinden zur Verkündigung eines Wirtschafts- und Sozialsystems der *Nächstenliebe*, innerhalb dessen eine gerechte Verteilung aller Güter, ohne Dazwischenschalten des egoistischen Gewinnstrebens, möglich ist.)

«Dann weist die ‹Frau› auf den Papst und sagt: ‹Weite muß kommen, mehr sozial! Allerlei Strömungen gehen über zum *Sozialismus, was gut ist*. Doch es ist (nur) möglich unter der *Leitung der Kirche*.›» (29. 8. 1945)

(Anmerkung: Der Verfasser kennt die Praxis des sowjetischen Sozialismus aus langjähriger persönlicher Anschauung gut genug, um dessen Vorzüge und Mängel beurteilen zu können. Stünde dieser russische Sozialismus im Zeichen der christlichen Nächstenliebe, hätte er längst die Erde auf friedlichem Wege erobert. Aber die pseudophilosophische und pseudoreligiöse Grundlegung des Sozialismus durch Marx, Lenin, Stalin usw. und sein imperialistischer Grundcharakter haben ihm den Weg zur weltweiten Verwirklichung versperrt. Darum kann der christliche Sozialismus mit dem russischen auch hinsichtlich seiner Handhabung nicht übereinstimmen. Die Verkündung der Prinzipien des christlichen Sozialismus durch den *Papst,* an den sich die «Frau» hier wandte, wird jedem Volk die Möglichkeit geben, sich seinen Möglichkeiten entsprechend an der Schaffung eines völkerumspannenden freiheitlichen Systems der *Kommunikation der Güter* zu beteiligen. Hätte man dies schon früher «begreifen» wollen, wäre dem Pseudosozialismus der Kommunisten der Vorwand der Notwendigkeit von Revolutionen und Diktaturen längst aus der Hand genommen und den von der östlichen Gnosis vergewaltigten Völkern der Weg zur friedlichen Kommunikation der Güter freigelegt worden. Jetzt hat es den Anschein, als könnte diese nur noch über einen gewissen Grad einer *allgemeinen Verelendung* erreicht werden, der die Kirche und die christliche Politik zwingt, das nachzuholen, was sie als Nutznießer der Wohlstandsgesellschaft nicht begreifen wollten. Jetzt (d. h. nach den Katastrophen), sagt die «Frau» an einer anderen Stelle, «werden sie (auf sie) hören müssen, *ob sie wollen oder nicht!*»).

«Dann bringt die ‹Frau› die Hände zusammen und sagt: ‹Deutschland muß anfangen, wieder die *Einheit* zurückzuerlangen, jeder für sich im eigenen Haus. Die Kinder müssen wieder *eins* sein mit Vater und Mutter. Sie sollen doch wieder zusammen knien und den Rosenkranz beten.› Und dann ist es, als ob die ‹Frau› die Kinder verteile und sie sagt: ‹Von *Grund* auf muß es kommen und daraus in die *Welt hinein*. Dann muß die Nächstenliebe wieder sehr geübt werden. Es muß eine große Aktion kommen unter den Katholiken . . .»

(Anmerkung: In einfachen, leicht faßlichen Worten bringt die «Frau» der Seherin die Ableitung des Prinzips der *Familiarität* aus der christlichen *Familie* nahe, für dessen Propagierung durch «die Katholiken» sie mit den Worten wirbt: «Es muß eine große Aktion werden.» Da man bis heute nicht bereit war, auf die «Frau aller Völker» zu hören, wird man annehmen müssen, daß Kirche und christliche Politik sich erst «morgen», d. h. nach weiteren Heimsuchungen, zu dieser Aktion entschließen dürften.)

7. Das Ende der Gnosis

Für Leser, die niemals in einem der totalitären Systeme zu leben gezwungen waren, ist es schwer, sich ein Urteil über Menschen zu bilden, die in und mit einem solchen System leben bzw. lebten. Handelt es sich bei diesen Systemen noch dazu um *dämonische* Herrschaftsbereiche, so stehen ihnen die Menschen ohne die Waffe der Unterscheidung der Geister gegenüber und wissen zuletzt Recht und Unrecht kaum mehr auseinanderzuhalten.

Als die beiden Hochgrade Roosevelt und Churchill während des letzten Krieges bei ihren Beratungen über die von ihnen gesteuerte Selbstzerstörung des Reiches durch Hitler gemeinsam das Lied «Vorwärts Soldaten Christi» sangen, ahnten selbst die vermeintlich freien Völker nicht, daß Roosevelt Europa längst den Sowjets zugesprochen hatte* und daß Churchill der Magie des «Hitlergrußes» mit der Magie des sog. «V-Zeichens», eines heute noch mißdeuteten satanischen Gegenzaubers, entgegenzuwirken versuchte. Von Soldaten Christi konnte bei diesen beiden mißleiteten Mißbrauchern jedenfalls keine Rede sein. Aber sie gingen beide als «große Staatsmänner», einer davon sogar als «der große Europäer» in die Geschichte ein, und nur der apokalyptische «Frosch» Hitler erfuhr das ihm gemäße Urteil der Nachwelt.

Die Erfahrungen aus der jüngsten deutschen Vergangenheit sollten uns davor bewahren, nun unsererseits Kollektivurteile über das Fußvolk der Freimaurerei zu fällen. Die Gnosis ist hinsichtlich ihrer moralischen und menschlichen Beurteilung viel zu kompliziert, als daß mit dem Wort «Freimaurer» ein Werturteil über einen Menschen gesprochen werden dürfte. Die Gnosis entfacht zwar Völkerkriege, aber menschlich wertvolle Angehörige der Freimaurerei waren die Begründer des Roten Kreuzes und des Roten Halbmonds. Die Gnosis hat zwar die heutige Welt in zwei bis an die Zähne bewaffnete feindliche Lager gespalten, aber idealistisch gesonnene Freimaurer wie Dag Hammarskjöld und Graf Bernadotte starben im Dienste ihrer Bemühungen um den Frieden.

Um den Lesern einen Beurteilungsmaßstab an die Hand geben zu können, soll versucht werden, einen schematischen Überblick über die Gefolgschaft der Gnosis zu geben.

Man sollte grundsätzlich unterscheiden zwischen Mißbrauchern, Mißbrauchten und Getäuschten der Gnosis, speziell der Freimaurerei. Die *Mißbraucher* der Kerngnosis sind *Satanisten* oder *«Wissende»*. Ihre Zahl ist gering, ihr Einfluß und ihre Macht infolge ihres Bündnisses mit dem Gold riesengroß. Sie sind nicht faßbar, aber erschließbar. Das Pfand, das ihnen ihr bedingungsloser Satanismus eingebracht hat, ist das *Wissen um das Geheimnis des Kreuzes*, das *apokalyptische Siegel* (siehe Off. 6, 2!). Ohne dieses Wissen wären sie längst entlarvt. Wer ihnen das Siegelgeheimnis zu entreißen droht, wird getötet («Dolch der Kadosch»!).

Mit der Offenbarung des Siegels durch Maria ist jedoch die Herrschaft der Gnosis über die Völker bereits gebrochen.

Die *Mißbrauchten* bilden in der Gnosis mehrere Gruppen, die sich gegenseitig zum Teil sogar bekämpfen. Dies besonders dann, wenn es um einen Zuwachs an politischer Macht geht. Am bekanntesten ist die

---

* Siehe hierüber Robert J. Gannon, Kardinal Spellman, Osang Verlag, Bad Honnef 1963, Seite 189 f.!

Haßliebe zwischen Rosenkreuzern und Hochgradfreimaurern, von der früher schon gesprochen wurde.

Auch auf das Haus Habsburg hat es die Gnosis seit langem abgesehen, und zwar ebenfalls mittels je einer freimaurerischen und einer rosenkreuzerischen «Kette».

Da gnostisch Mißbrauchte, die sog. Hochgrade, über einen gewissen Einweihungsgrad verfügen, darf man sie zu den «Stabsoffizieren» der Gnosis zählen. Im Gegensatz zu den «Wissenden» bekleiden sie vielfach hohe staatliche und kirchliche Ämter, unterstützt von einer stattlichen Gefolgschaft von Getäuschten. Die sog. Progressisten dürften zwischen den Mißbrauchten und den Getäuschten angesiedelt sein. Das sie verbindende «Band» ist zumeist nur von ideologischer Art, wie überhaupt die heutige Gefolgschaft der Gnosis zu ihrem überwiegenden Teil außerhalb der Logen gesucht werden muß. Der *Geist der Gnosis* hat längst das Ausmaß des «wogenden Korns» angenommen und für den Gnosiologen spielt daher die nominelle Zugehörigkeit eines Gnostikers zu einer Loge nicht die entscheidende Rolle. Maßgebend für die gnosiologische Einstufung eines Zeitgenossen ist dessen Übereinstimmungsgrad mit den geheimen *Zielsetzungen* der sog. Neognosis, vor allem der Hochgradfreimaurerei. Manche Hochgrade allerdings tragen das gnostische Kreuz, das sie u. a. als Legitimation unter ihresgleichen benützen, ohne dessen satanistische Bedeutung zu kennen.

Die *Getäuschten* der Gnosis könnte man als Mitläufer bezeichnen.

Bis zu einem gewissen Grade sind wir alle dieser Gruppe zuzuzählen. Unser gesamtes staatliches Gefüge ist seiner Grundstruktur nach gnostischen Ursprungs. Das gilt auch für die beiden Wirtschafts- und Gesellschaftssysteme in Ost und West, für die moderne Kunst, für die Mode, für die heutige Literatur usw. «Niemand kann etwas kaufen oder verkaufen, es trage denn das Mal, den Namen des Tieres oder das Zahlzeichen seines Namens», sagt die Apokalypse (Off. 17) von den Menschen der Letztzeit.

Allerdings kann man auch von einer Gruppe der den Täuschungen der Gnosis in besonderem Maße Ausgesetzten sprechen. Dazu zählen insbesondere die Besucher von «blauen» Logen, von Klubs mit bestimmtem Exklusivcharakter, von anthroposophischen und anderen «esoterischen» Zirkeln, kurz, von allen jenen Gemeinschaften, die bestimmte Antworten zu Fragen unseres Daseins, zu Fragen aus dem religiösen und künstlerischen Bereich usw. vermitteln. Trotzdem sollte man jede Art von Freimaurerriecherei zurückweisen. Im allgemeinen darf gesagt werden, daß jeder aufmerksame Leser dieses Buches mehr über Wesen und Ziele der Gnosis weiß, als ein wackerer Logenbruder und humanitärer «Meister vom Stuhl». Irgendwelcher Respekt vor dem angeblichen Geheimwissen im freimaurerischen Fußvolk wäre unbegründet. Die meisten sind Getäuschte und dem bewußten Satanismus so fern wie jeder von uns. Vor allem in der *deutschen* Freimaurerei begegnet einem eine solche Harmlosigkeit von «Eingeweihten» ziemlich häufig. In diesem Umstand liegt die besondere Gefahr für uns Deutsche und schon allein deshalb haben wir Grund, um Deutschland besorgt zu sein, wenn Männer die Regierung bilden, die sich und die von ihnen betriebene Politik der Umwelt mit dem «Dreieck» und den «drei Punkten» empfehlen. Auf diesen «Klub der Harmlosen» wartet man seit langem im Westen wie im Osten. Also muß man warnen, bevor es bei uns wieder einmal zu spät ist.

Um der Gnosis den Todesstoß versetzen zu können, bedarf es vor allem der völligen Aufklärung im *kirchlichen* Bereich über deren Ziele und Methoden. Diese Aufklärung gibt uns die «Frau aller Völker» in so reichem Maße, daß der Kirche alles, was sie zu ihrem Kampfe braucht, zur Verfügung steht. Einen zuverlässigeren und «wissenderen» Lehrer in Gnosiologie, als er uns in der «Frau» geschenkt ist, kann sich kein Christ wünschen. Man muß ihr nur endlich Glauben schenken und Gefolgschaft leisten, vor allem seitens der Führenden in Kirche und Staat. Die gnostische Symbolik, die mit der gnostischen Kunst und der gnostischen Mißgestaltung der Liturgie Eingang in unseren religiösen Raum gefunden hat, muß so rasch wie möglich wieder daraus verschwinden.

Aber auch die Getäuschten der Gnosis müssen zu den Tatsachen hingeführt werden. Dazu bedarf es vor allem der gnosiologischen Schulung der Getäuschten. Was ihnen die Logen an «Erkenntnis» vermitteln, dient der Verharmlosung und Verschleierung des Wissens und der Absichten der «geheimen Oberen».

Das Ende der Gnosis ist dadurch gesichert, daß die Kirche von nun an selbst «Schachmatt» bieten kann, wenn die Kerngnosis einen neuen Zug auf dem Schachbrett der Politik und des menschlichen Gemeinschaftslebens unternimmt. Die Apokalypse ist kein Buch mit sieben Siegeln mehr, sie liegt offen vor uns, so offen, wie sie vor den Satanisten der Kerngnosis liegt.

Wenn das kein Sieg der «Frau aller Völker» ist, dann muß man fragen, worauf wir sonst noch warten sollten, um dem Geheimnis des Bösen in der Welt das Handwerk zu legen. Wenn die Kirche seit jeher gelehrt hat, daß Maria die «Schlangentöterin» sei und daß sie dies besonders in der Letztzeit unter Beweis stellen würde, dann stellt sich jetzt die Frage, ob sie nun auch bereit ist, der marianischen Siegeloffenbarung Glauben zu schenken.

Vom Hl. Vater sagt die «Frau», daß er den Bedingungen des Himmels, nämlich der Welt das Gebet der Frau aller Völker vorzubeten und das Dogma «Maria Miterlöserin, Mittlerin, Fürsprecherin» zu verkünden, entsprechen werde.

Mit dieser Gewißheit können wir dem Kommenden ohne Besorgnis entgegensehen.

Kommentare der «Frau»

«Das erste, was ich sehen kann, sind Fackeln, die nach allen Seiten *Licht* verbreiten, nach dem *Westen, Norden* und *Osten*. Dann sehe ich blaue und weiße Streifen durcheinander und dann Sterne. Danach sehe ich *Sichel und Hammer*, aber der Hammer trennt sich von der Sichel und das alles wirbelt jetzt durcheinander. Dann sehe ich einen *Halbmond* und eine *Sonne*, auch die kreisen wieder mit. Und durch das Ganze hin scheint plötzlich eine Art Bock oder Gemse zu springen. Während sich alles durcheinander dreht, erscheint an der linken Seite ein Kreis, und durch ihn dreht sich der Globus.» (26. 12. 1947)

(Anmerkung: Das Licht der «Fackeln» kommt vom «Süden», also von der *Kirche* her. Es ist das Licht des Heiligen Geistes, das die «Frau» in der Kirche neu entzünden will. Es breitet sich über die Welt aus und erleuchtet die Szene des Untergangs der Gnosis. Diese ist gekennzeichnet durch die verschiedenen Flaggenstreifen, durch «Sterne», «Hammer und Sichel», «Halbmond» und «Sonne». Das Licht der Wahrheit, das vom Sacerdotium ausgeht, versetzt die Symbole in selbstzerstörerisches Durcheinanderkreisen, so daß sie sich in ihre Bestandteile auflösen. Da es sich ausschließlich um gnostische Symbole handelt, die den Lesern als solche bekannt sind, bedarf es keiner weiteren Deutung des Vorganges. Durch das politische und sonstige Chaos dieser Staaten springt Satan. Er wird durch das «Licht» als der Urheber des Chaos entlarvt, das herbeizuführen er mit Hilfe der Gnosis vorbereitet hat. Das hier gezeigte Bild entspricht dem apokalyptischen Bild vom Untergang der «großen Stadt» in der Letztzeit und der Reinigung der Erde vom Ungeist der Gnosis.)

«Dann sehe ich lauter seltsame Bilder. Ich sehe *Hakenkreuze* unter dem Kreuz, ich sehe sie *fallen*. Dann *Sterne*, sie fallen. *Sichel und*

Hammer, alles *fällt unter* dem *Kreuz.* Rot sehe ich, rot fällt *nicht ganz weg.»* (7. 10. 1945)

(Anmerkung: Die Entlarvung der Gnosis durch die Apokalypse und die sie kommentierende «Frau aller Völker» erfolgte mittels des Kreuzes, des *Siegels,* das der Welt zugleich die gottgewollte Ordnung offenbart. Beides, die Offenbarung der Ordnung des Kreuzes und des Geheimnisses der Gnosis, wird den Untergang der letzteren besiegeln. Ihre Embleme und Symbole fallen unter dem Kreuz. Nur «Rot» fällt nicht ganz weg, denn es bedeutet die *Liebe,* die sich in der weltweiten Kommunikation der Güter unter dem christlichen Imperium ausdrücken wird.)

Schlußwort

Die derzeitige Gesamtsituation auf der Erde erfordert den vollen Einsatz aller. Der geistige Kampf ist nicht minder zeit- und kräfteverzehrend wie der Kampf an irgendeiner anderen Front. Für die Beteiligten bedeutet daher jede Beanspruchung durch Dinge, die diesem Kampf nicht unmittelbar dienen, eine Schwächung ihrer Kräfte und ihrer Position.

Unsere Zeit ist tödlich bedroht. Deshalb ruft uns das Rettungswerk der «Frau» zur Straffung unserer Kräfte und zur Disziplin auf. So erregend die in diesem Buch gedeutete Botschaft auch für jeden ist: Nur wenn es gelingt, diese heilige Erregung auch denen zu vermitteln, in deren Macht es gegeben ist, den Weisungen und Warnungen der «Frau» zum *Wohle aller* zum Erfolg zu verhelfen, hat unsere Arbeit und unser Beten Sinn und Zweck. Wer nicht den Mut besitzt, die Botschaften an andere weiterzureichen, und zwar im eigenen Namen, sollte nicht andere damit bemühen wollen. Nur wer sich in diesem freiwilligen Apostolat als mitverantwortlicher Einzelkämpfer begreift, wird am Tage des Sieges der «Frau» von sich sagen können: Ich habe im Kampf gegen Verfall, Unheil und Krieg das Meine getan[*].

---

[*] Auf der Grundlage der beiden Bücher von Hans Baum konnten inzwischen in Übernahme und Weiterführung der Gedanken des Autors für die nahe Zukunft wichtige Erkenntnisse gewonnen werden. Sie erschliessen sich aus den Botschaften der FRAU ALLER VÖLKER in Verbindung mit der Apokalypse des heiligen Johannes. Dabei wird offensichtlich: Das Buch mit den «sieben Siegeln», die Apokalypse, ist uns als Letztzeit-Evangelium zugedacht und wird uns durch die Kommentarprophetie der FRAU ALLER VÖLKER weiter erschlossen.

Anhang

Die letztzeitliche Kirche in den Schauungen
der Anna Katharina Emmerich (1774–1824)

Über die freimaurerischen Umtriebe im Vatikan bzw. in der Kurie:

Ich sah die *Peterskirche.*

Ich sah eine ungeheure Menge Menschen, die beschäftigt waren, die Peterskirche *niederzureißen.* Ich sah aber auch andere, die wieder an ihr *herstellten.* Es zogen sich Linien von handlangernden Arbeitern *durch die ganze Welt,* und ich wunderte mich *über den Zusammenhang.* Die Abbrechenden rissen ganze Stücke hinweg, und es waren besonders viele Angehörige von Sekten und Abtrünnige dabei.

Wie nach Vorschrift und Regel aber rissen Leute ab, die weiße, mit blauem Band eingefaßte *Schürzen* mit Taschen trugen und *Maurerkellen* im Gürtel stecken hatten. Sie hatten sonst Kleider aller Art an, und es waren große und dicke vornehme Leute in Uniformen und Sternen dabei, die aber nicht selbst arbeiteten, sondern nur mit der Kelle an den Mauern Stellen anzeichneten, wo und wie abgebrochen werden sollte. Zu meinem Entsetzen waren auch *katholische Priester* bei diesen Freimaurern.

Manchmal aber, wenn sie nicht gleich wußten, wie abbrechen, nahten sie, um sicher zu gehen, einem der Ihrigen, der ein *großes Buch* hatte, als stünde die ganze Art des Baues und Abbruches darin verzeichnet. Und dann zeichneten sie wieder eine Stelle genau mit der Maurerkelle an, die abgerissen werden sollte, und schnell war sie herunten. Diese Leute rissen ganz ruhig und mit Sicherheit ab, und doch scheu und heimlich und lauernd.

Den Papst sah ich betend.

Er war von *falschen Freunden* umgeben, die oft das *Gegenteil* von dem taten, was er anordnete. Ich sah einen kleinen schwarzen *weltlichen Kerl* in voller Tätigkeit gegen die Kirche.*

Während die Kirche so auf der einen Seite abgebrochen wurde, ward auf der anderen Seite wieder daran gebaut, aber sehr *ohne Nachdruck.* Ich sah da viele Geistliche, und einer ging, ohne sich stö-

---

*Zu dieser Prophezeiung wurden bereits *zwei* mögliche Entsprechungen ermittelt.

ren zu lassen, gerade durch die Abbrechenden durch und ordnete zur Erhaltung und Wiederherstellung an. Andere Priester sah ich träge ihr Brevier beten und dazwischen etwa ein Steinchen als große Rarität unter dem Mantel herbeitragen oder anderen hinreichen. Sie schienen alle *kein Vertrauen, keine Lust, keine Anweisung* zu haben und gar nicht zu wissen, *um was es sich handelte.* Es war ein Jammer. [*]

Schon war der ganze Vorderteil der Kirche abgetragen, nur das *Allerheiligste* stand noch.

Da erblickte ich eine majestätische Frau.

Sie wandelte über den großen Platz vor der Kirche. Ihren weiten Mantel hatte sie auf beide Arme gefaßt und schwebte leise in die Höhe. Und da stand sie nun auf der Kuppel und breitete weit über den ganzen Raum der Kirche ihren Mantel, der wie von Gold strahlte.

Die Abbrechenden hatten eben ein wenig Ruhe gegeben. Nun wollten sie wieder heran, aber *sie konnten sich auf keine Weise dem Mantelraum nähern.* Von der anderen Seite jedoch entstand eine ungeheure Tätigkeit der Aufbauenden. Es kamen viele, kräftige junge Leute, geistliche und weltliche, es kamen Frauen und Kinder, es kamen auch ganz alte krüppelige, vergessene Männer. *Und der Bau ward wieder ganz hergestellt.*

Über die freimaurerischen Umtriebe in Wien bzw. im Episkopat:

Und ich sah das Bild einer *großen Kirche* mit einem *sehr hohen Turm* in einer *großen Stadt* an einem *breiten Fluß.* Der Heilige der Kirche war *Stephanus.*

Um diese Kirche her sah ich sehr viele vornehme Leute beschäftigt, darunter mehrere *Fremde, als wären sie dahin gesandt,* mit *Schürzen* und *Maurerkellen* die Kirche, die mit Schiefer gedeckt war, und den Turm abzubrechen. Es gesellten sich allerlei Leute aus dem Land zu ihnen, es waren selbst *Priester,* ja *sogar Ordensgeistliche* bei dieser *geheimen Sekte.* Ich geriet darüber in solche Betrübnis, daß ich zu meinem Bräutigam flehte, er möge doch helfen und den Feind nicht triumphieren lassen.

Da sah ich fünf Menschenbilder in diese Kirche eingehen, *drei in alten,* schweren *Paramenten, als seien es Priester,* und zwei ganz junge

[*] Deshalb mahnt die Frau aller Völker: «Weck doch die *Geistlichen* auf!»

Priester, als wären sie berufen. Es war auch, als erhielten diese das heilige Abendmahl und als sollten sie ein neues Leben erwecken.

Da schlug auch plötzlich eine Flamme aus dem Turm und warf sich um das ganze Dach und es war, als *sollte alles verbrennen.* Und die Flammen *verletzten sehr viele von der geheimen Sekte,* die Hand zum Abbruch angelegt hatten, und vertrieben sie. Und die Kirche blieb stehen.

Es wurde mir aber gesagt, diese Rettung werde erst *nach dem nahenden großen Ungewitter* vor sich gehen. Das Feuer deute zuerst auf große Gefahr und dann erst auf *neuen Glanz* in der Kirche, *nach dem Ungewitter.*

Und ich sah das Verletzen der Kirche im allgemeinen schon begonnen bei den *Schulen, die sie dem Unglauben übergaben.* Ich hatte ein Bild vom Unglück der studierenden Jugend, daß sie auf den Straßen gingen und *ganze Bündel Schlangen* in den Händen hatten und sie durch den *Mund* zogen und an ihren *Köpfen* saugten. Und ich hörte: Das sind *philosophische Schlangen!* Und ich sah auch, daß die einfältigen frommen Schulmeister, die man für unwissend hielt, fromme Kinder bildeten, daß aber die neuen vortrefflichen Schullehrer und Lehrerinnen den Kindern auch gar nichts einflößen, weil sie mit ihrer Prahlerei und ihrem Selbstgefühl der Arbeit alle Wirkung wegnehmen und sie gleichsam selbst verzehren.

Abschied von Hans Baum

Von Arnold Guillet

Am 28. Mai 1980 wurde auf dem Westfriedhof in Nürnberg der Schriftsteller Hans Baum im Beisein einer grossen Trauergemeinde zu Grabe
getragen. Die Abdankung hielt Pfarrer Manfred Adler, der das grosse
Lebenswerk des Verstorbenen würdigte. Am offenen Grab ergriff auch
Dr. Ingo Dollinger, vom Ordinariat Augsburg das Wort, um im Namen
der Kirche dem grossen Kämpfer zu danken. Ein Vertreter der Stadt
Nürnberg würdigte die grossen Verdienste von Hans Baum als Lehrer
und Erzieher und legte einen Kranz nieder. Es war ein schwerer, tränen-
reicher Abschied, verklärt durch das Magnificat, das Jubellied der Got-
tesmutter, das Manfred Adler zum Schluss angestimmt hatte.
In der St. Michaelskirche, Nürnberg, der früheren Pfarrkirche von
Hans Baum, fand das Requiem statt, in Konzelebration gefeiert von Dr.
Ingo Dollinger, Augsburg, Prof. Dr. Hans Pfeil, Bamberg, und P. Manfred Adler, Ludwigshafen. Es war providentiell, dass Hans Baum, der
grosse Vorkämpfer und Entlarver der Dämonie unserer Zeit, in einer
Michaelskirche heimgeholt wurde. Es war auch sinnvoll, dass Hans
Baum, der wie kaum ein zweiter die Passion der Kirche miterlitten hat,
an einem Freitag von seinem Herrn heimgeholt wurde. Und es war ebenfalls sinnvoll, dass er am Freitag vor Pfingsten hinübergehen durfte.
Hans Baum war ein grosser Verehrer des Heiligen Geistes; immer wieder vertrat er die Ansicht, dass nur ein neues Pfingstwunder, eventuell
verbunden mit einem Strafgericht, die Kirche retten könne.

Lebenslauf

Hans Baum wurde am 21. November 1905 in Ebelsbach in Unterfranken
geboren. Sein Studium absolvierte er am Berufspädagogischen Institut
und an der Universität München. Er war Leiter einer gewerblich-kauf-
männischen Berufsschule, ab 1939 Soldat und Leutnant der Infanterie,
Fronteinsatz, Verwundung, fünfjährige russische Kriegsgefangenschaft.
Nach seiner Rückkehr wurde er Studienrat in Nürnberg.
Hans Baum hat als deutscher Offizier die härteste aller Schlachten mit-
gemacht, die Schlacht um Stalingrad, und er ist als einer der letzten dieser Stätte des Grauens entronnen. Der Krieg in Russland hat ihn im tief-
sten geprägt, und im Stahlgewitter von Stalingrad ist er bis zu den Pforten der Hölle vorgestossen. Die soldatische Haltung war ihm in Fleisch
und Blut übergegangen, und er hat auch als Soldat Gottes einen Einsatz

bis zum letzten Atemzug geleistet. Am 23. Mai 1980 hatte er um 11 Uhr
soeben in seiner gestochen scharfen und sauberen Handschrift eine Karte fertiggeschrieben, eine Antwort an einen Fragesteller in Holland, als
er von seinem Schreibtisch fiel. Seine Gattin, die gerade für einen Augenblick in der Küche weilte, hörte einen dumpfen Schlag und eilte ins
Arbeitszimmer. In wenigen Minuten waren der Arzt und die Ambulanz
zur Stelle, aber alle Wiederbelebungsversuche nützten nichts mehr.
Hans Baum, der schon lange mit seinem Herzen zu tun gehabt hatte, war
an einem Herzinfarkt gestorben. Seine Waffe war die Feder, und er hatte buchstäblich bis zur letzten Sekunde für das Reich Gottes gekämpft.
«Wenn der liebe Gott mich nicht mehr braucht, dann werde ich sterben,
und zwar ganz plötzlich.» Das war ein Ausspruch von Hans Baum, den
mir seine Gattin anvertraut hat. Allen Trauergästen ist der gelöste, ja
geradezu verklärter Gesichtsausdruck des Verstorbenen aufgefallen.
Sein Gesicht hat das ausgestrahlt, was der hl. Thomas von Aquin «Men-
tis jubilatio – Jubel des Geistes» nennt. Hans Baum war ein Mensch, der
gebrannt hat und der dieses innere Feuer auch weitergeben durfte an solche, die das Licht mehr lieben als die Finsternis.

Das verkannte Prophetenamt

Hans Baum war nicht nur Offizier und Lehrer, er war auch Interpret, der
die Zeichen der Zeit erkannt und der immer wieder versucht hat, die
Zeichen zu deuten und die Menschen vor dem Abgrund zurückzureisen.
Was Maria in Fatima vorausgesagt hat, das hat Hans Baum in Stalingrad
in höchster existentieller Not erlebt und erlitten, und deshalb ist er in
den letzten zwanzig Jahren zum Rufer in der Wüste geworden, zum
Deuter marianischer Letztzeitprophetie, der Fatima und Amsterdam
den Menschen von heute zugänglich und verständlich machen wollte.
Sein Buch «Die apokalyptische Frau aller Völker» hat bisher sechs Auf-
lagen (total 30000 Exemplare) erreicht, für ein Buch dieser Art ein grosser Erfolg. In seinem zweiten Buch, «Das Ultimatum Gottes», bringt er
eine Zusammenfassung seiner Forschungsergebnisse, und zugleich ent-
wirft er darin eine christliche Philosophie für den modernen Menschen
und zwar auf der Grundlage des Thomismus. Ausser geringfügigen
Streichungen und zeitbedingten Ergänzungen erfuhren die Inhalte beider Werke keine Veränderung. Beide Bücher von Hans Baum bleiben
für den Rest der Endzeit aktuell, weil sie die Leser dazu anregen sollen,
vorausgegangene Fehlentwicklungen nicht zu wiederholen und sich gegen neue Fehlentwicklungen mit den Erfahrungen zu wappnen, die in
unserer «Epoche des Teufels» gesammelt werden konnten. Seine Entschlüsselung der Apokalypse hat Hans Baum immer als Hypothese be-

wertet − zur Überprüfung und Beurteilung durch das kirchliche Lehramt. Von den Amsterdamer Prophezeihungen haben sich einige schon erfüllt, wie Hans Baum nachgewiesen hat.

Paulus hatte die Korinther aufgefordert: «Strebt nach der Prophetengabe, meine Brüder!» (Kor 14,39). Hans Baum wusste um das Charisma der Prophetie, die Paulus zu den Gaben des Geistes zählt. Hans Baum wollte nicht Prophet sein, sondern Interpret. Er wollte seinen Zeitgenossen lediglich helfen, die Zeichen der Zeit zu deuten und zu verstehen; er schreibt: «Dieser Vertrauensmangel tritt am sichtbarsten in Erscheinung in der Vernachlässigung des Prophetenamtes durch die Kirche in den letzten zwei Jahrhunderten. Rationalismus und Freimaurerei brachen um die Mitte des achtzehnten Jahrhunderts wie ein sengender Wüstenwind in die Kirche ein und brachten in ihr den Baum der Prophetie zum Verdorren. Die Folge war, dass sich die Prophetie mehr und mehr in die Pflege des unteren Klerus, der Klöster und der Laien zurückziehen musste. Ein Faktum, dem der Himmel durch zunehmende prophetische Begnadung von einfachen Gläubigen und von Kindern Rechnung trug. Zugleich sollte die Prophetie der Kleinen die Amtskirche lehren, in die Nachfolge der demütigen Prophetin dieser Zeit, der Muttergottes, einzutreten. Ausser einigen Päpsten, Bischöfen, bescheidenen Theologen und wahrhaft frommen Geistlichen kümmerte sich die kirchliche Oberschicht kaum um dieses marianische Prophetenamt. Nicht einmal die 50 Millionen Toten des Zweiten Weltkrieges, von denen ein Grossteil auf das Konto des Fatimaversäumnisses der Amtskirche ging, brachten den Hochmut der Besserwisser zu Fall und die Gewissen der Ignoranten zum Erwachen.»

Ein Prophet gilt nichts in seinem Vaterland − das musste auch Hans Baum erfahren; denn er hat in Deutschland nicht einmal Verleger gefunden. Alle seine Bücher sind in der Schweiz erschienen. Das übliche Schicksal des «Propheten»: Gleichgültigkeit, Missachtung − es ist auch Hans Baum nicht erspart geblieben. Aber aus unzähligen Zuschriften wissen wir, wie er vielen Christen geistigen Halt und Hilfe gegeben hat, damit sie durchhalten, in der schwersten Krise unserer Kirche. Seine Aufbauarbeit im stillen wiegt vor Gott vermutlich mehr als das Blendwerk moderner Theologen, die in den Massenmedien mehr Spreu als Weizen dreschen. Vielleicht zählt Hans Baum zu jenen stillen Freunden Gottes, die vom Herrgott erst nach ihrem Tod rehabilitiert werden.

Im November 1982, kurz vor Drucklegung der 6. Auflage, hat Papst Johannes Paul II. überraschend für 1983 ein ausserordentliches Heiliges Jahr angekündigt. Es geht um das «Heilige Jahr der Erlösung», des 1950. Gedenktages des Todes Christi am Kreuz.

Arnold Guillet

Literaturhinweise

Aus der zu den einzelnen Sachgebieten vorliegenden Literatur soll hier nur eine kleine Auswahl getroffen werden. Den Vorzug erhalten Bücher für jedermann. Die wissenschaftliche Literatur wäre ohnedies zu umfangreich, um hier über einige Beispiele hinaus aufgeführt werden zu können.

Bücher und Schriften, die vergriffen sind, können in Antiquariaten oder in Bibliotheken erfragt werden. Sie werden mit (AB), d.h. «Antiquariat oder Bibliothek» gekennzeichnet, Taschenbücher mit (T).

Weissagung:

Klaus Becker, Die Nacht ist vorgerückt. Liebenzeller Taschenbücher (T)
Rienecker/Huigens, Wenn dies geschieht... Brockhaus-Verlag (T)
Arthur Hübscher, Die grosse Weissagung. Heimeran-Verlag, München 1952 (AB)
Ernst Kratzer, Wir durchleben die letzten Sekunden vor der Katastrophe. Konstanz 1969 (AB)
P. Albert Bessières SJ, Anna-Maria Taigi – Seherin und Prophetin. Christiana-Verlag, Stein am Rhein 1980
J. M. Höcht, Die Grosse Botschaft von La Salette. Christiana-Verlag, Stein am Rhein, 1977.
P. Norbert Backmund, Hellseher schauen die Zukunft. Poppe-Verlag, Kloster Windberg bei Bogen, 1961
Prof. Dr. Reinhold Ortner, Die Berge werden erbeben, Christiana-Verlag, Stein am Rhein 1982.
Ferdinand Baumann SJ, Fatima und die Rettung der Welt. Verlag Butzon und Bercker, Kevelaer 1951
Wladimir Solowjew, Übermensch und Antichrist. Herder-Bücherei (T)
John Henry Newman, Der Antichrist nach der Lehre der Väter. Kösel-Verlag, München 1951 (AB)
Bruno Grabinski, Flammende Zeichen der Zeit. Hacker-Verlag, München (AB)
P.K.E. Schmöger, Auszüge aus den Gesichten der A.K. Emmerich. Verlag Herder 1859 (B)

Gnosiologie und verwandte Gebiete:

(Die Gnosiologie ist keine blosse Schreibtischwissenschaft. Bei den Verfassern der angegebenen gnosiologischen Literatur wäre daher sorgfältig zwischen Schreibtischgnosiologen und Praktikern der Gnosiologie zu unterscheiden. Mit ersteren stimmt der Praktiker gerade in den entscheidenden Urteilen nur selten überein. Deshalb sollte die hier aufgeführte gnosiologische Literatur nur als Orientierungshilfe, nicht aber als in allem zuverlässigen Beurteilungsgrundlage gewertet werden.)
Lennhoff/Posner, Internationales Freimaurer-Lexikon. Almathea-Verlag 1968
Robert Haardt, Die Gnosis. Otto Müller-Verlag, Salzburg 1967
Douglas Reed, Der grosse Plan der Anonymen. Thomas-Verlag, Zürich
Eric Voegelin, Wissenschaft, Politik und Gnosis. Kösel-Verlag, München 1959
Gérard de Sède, Die Templer sind unter uns. Verlag Ullstein, Berlin 1963
Alec Mellor, Logen, Rituale, Hochgrade. – Verlag Styria 1965

Alec Mellor, Unsere getrennten Brüder – die Freimaurer. Verlag Styria 1964
Michael Dierickx SJ, Freimaurerei – die grosse Unbekannte. Bauhütte-Verlag 1968
Roger Peyrefitte, Die Söhne des Lichts. Stahlberg-Verlag, Karlsruhe 1962
Dr. Friedrich Wichtl, Weltfreimaurerei, Weltrevolution, Weltrepublik. J. F. Lehmanns Verlag, München 1920 (AB)
Franz Carl Enders, Mystik und Magie der Zahlen. Rascher-Verlag, Zürich 1951 (AB)
Ferdinand Runkel, Geschichte der Freimaurerei in Deutschland. Band I/III (AB)
Will-Erich Peucker, Geheimkulte. Carl Pfeffer-Verlag, Heidelberg 1951
F. W. N. Otto, Das Geheimnis der Freimaurerei. Chasalla-Verlag, Cassel 1911 (AB)
Albert Otto Paul, Das Freimaurertum und seine Geheimnisse. Verlag für Kunst und Wissenschaft, Leipzig 1903 (AB)
Dr. Friedrich Wichtl, Freimaurer-Morde. Verlag Werner Töppe, Gotha 1931 (AB)

Dämonologie:

(Ein wichtiger Hinweis: Mit Dämonologie sollten sich nur solche Personen befassen, die sich frei wissen von dämonischen Bedrängnissen und die über die hier erforderliche Kaltblütigkeit und Ausgeglichenheit verfügen.)
Anton Böhm, Epoche des Teufels. G. Klipper-Verlag, Stuttgart 1955
Hans Biedermann, Handlexikon der magischen Künste. Akademische Druck- und Verlagsanstalt, Graz 1968
Kongregation für die Glaubenslehre in Rom, Christlicher Glaube und Dämonenlehre, Die Lehre der Kirche über den Teufel. Christiana-Verlag, Stein am Rhein 1975
Prof. Dr. Egon von Petersdorff, Dämonologie. Band I/II, 2. Auflage, Christiana-Verlag, Stein am Rhein 1982
Adolf Rodewyk SJ, Die dämonische Besessenheit. Paul Pattloch, Verlag 1963
Adolf Rodewyk SJ, Dämonische Besessenheit heute. Christiana-Verlag, CH-8260, Stein am Rhein
Gerhard Zacharias, Satanskult und Schwarze Messe. Limes-Verlag, Wiesbaden 1964
Egon von Petersdorff, Dämonen, Hexen, Spiritisten. Credo-Verlag, Wiesbaden 1960 (AB)
Michael Schmaus, Engel und Dämonen. Credo-Verlag, Wiesbaden 1955 (AB)
Robert Müller-Sternberg, Die Dämonen. Carl Schünermann-Verlag, Bremen 1964
Prof. Dr. Dr. Georg Siegmund, Der Mensch zwischen Gott und Teufel. Christiana-Verlag, Stein am Rhein 1978

Apokalypse:

H.-M. Féret O. P., Die Geheime Offenbarung des heiligen Johannes. Patmos-Verlag, Düsseldorf 1955
Alfred Läpple, Die Apokalypse nach Johannes. Don Bosco-Verlag, München 1966
H. H. Rowley, Apokalyptik, ihre Form und Bedeutung zur biblischen Zeit. Benziger-Verlag 1965
G. Heyder, Feuer vom Himmel. Credeo-Verlag, Wiesbaden 1962 (AB)
Hanns Lilje, Das letzte Buch der Bibel (aus protestantischer Sicht).
Horst Dallmayer, Die sieben Leuchter. Jakob Hegner Verlag, Köln 1962
Bernhard Philberth, Christliche Prophetie und Nuklear-Energie. 11. Auflage, Christiana-Verlag, CH-8260 Stein am Rhein
Zur Siegelhypothese:
Willi Durant, Die Geschichte der Zivilisation, Bd. III: Caesar und Christus. Francke-Verlag, Bern
Gérard Walter, Nero. Atlantis Verlag 1956
Josef Bidez, Julian der Abtrünnige. Verlag Hermann Rinn, München 1947 (AB)
Rudolf Asmus, Kaiser Julians philosophische Werke. Verlag Meiner, Leipzig 1908 (AB)
Joh. Burcardus, Alexander VI. und sein Hof. Verlag Robert Lutz, Stuttgart (AB)
Walter Nigg, Philosophische Denker. Artemis-Verlag 1957 (Seite 436 bis 538: Friedrich Nietzsche)

S. E. Ayling, Porträts der Macht (Lenin, Gandhi, Mussolini, Hitler, Churchill, Roosevelt, Stalin). Goldmann (T) 1917
Jürgen Rühle, Der Prozess beginnt (Prozesse unter Stalin). Kiepenheuer und Witsch 1957
Luzar Pistrak, Chruschtschow unter Stalin. Deutsche Verlagsanstalt, Stuttgart 1962
Alexander Orlow, Kreml-Geheimnisse. Marienburg-Verlag, Würzburg
Wilfried Daim, Der Mann, der Hitler die Ideen gab. Isar-Verlag, München 1958
Dr. Johannes von Müllern-Schönhausen, Die Lösung des Rätsels Adolf Hitler. Verlag zur Förderung wissenschaftlicher Forschung, Wien 1960 (AB)
Dr. Otto Dietrich, 12 Jahre mit Hitler. Atlas Verlag, Köln 1955
Rudolf Fiedler, Würfelspiel um Deutschland. Robert Kämmerer, Verlag für politische Bildung, Düsseldorf 1957
Caspar Schrenck-Notzing, Charakterwäsche, Seewald-Verlag, Stuttgart 1965
Enno von Rintelen, Mussolini als Bundesgenosse. Stuttgart 1951
Gustav Weth, Zwischen Mao und Jesus. Brockhaus-Verlag, Wuppertal 1968
Arthur Schlesinger, Die tausend Tage Kennedys, Bd. I/II. Knaur-Taschenbuch 158/159 (T)
Joachim Joesten, Die Wahrheit über den Kennedy-Mord, Schweizer Verlagshaus AG, Zürich 1966

Sonstige einschlägige und zeitnahe Literatur:

Rudolf Graber, Maria im Gottgeheimnis der Schöpfung. Friedrich Pustet-Verlag, Regensburg 1949
Karl Rahner, Visionen und Prophezeiungen. Tyrolia, Innsbruck 1952
Karl Binder, Christusglaube und Mariendogma. Verlag Institutum Marianum, Regensburg 1968
Der atheistische Humanismus der Gegenwart. Verlag Pattloch, Aschaffenburg 1959
Dietrich von Hildebrand, Das trojanische Pferd in der Stadt Gottes. Verlag Habbel, Regensburg.
Dr. Georges Huber, Mein Engel wird vor dir herziehen. Christiana-Verlag, Stein am Rhein
Adolf Rodewyk SJ, Sie stehen ganz im Licht, Von den heiligen Engeln. 3. Auflage 1980, Christiana-Verlag, Stein am Rhein
Maria Simma, Meine Erlebnisse mit Armen Seelen. 14. Auflage: 130 000, Christiana-Verlag, Stein am Rhein 1981
Richard W. Eichler, Viel Gunst für schlechte Kunst. J. F. Lehmanns-Verlag, München 1968
Hans Sedlmayr, Verlust der Mitte. Ullstein-Bücher, 39 (T)
Richard W. Eichler, Der gesteuerte Kunstverfall. J. F. Lehmanns Verlag, München 1964
Hans Sedlmayr, Die Revolution der modernen Kunst. Rowohlt (T)
Pius XII., Künder der Kunst. Verlag B. Heiler, Wien 1960
Alois Fuchs, Ist das noch sakrale Kunst? Thomas-Verlag, Zürich
Dr. Siegfried Ernst, Dein ist das Reich − Vom Plan Gottes mit den Menschen und von den Ideologien, Christiana-Verlag 1982.

Literatur über die «Frau aller Völker»:

Die Botschaften der Frau aller Völker, herausgegeben von Josef Franz Künzli in Zusammenarbeit mit dem Comité «Vrouwe van alle Volkeren», Amsterdam, 5. Auflage, Miriam-Verlag, D-7893 Jestetten.
Eucharistische Erlebnisse 31. Mai bis 30. Oktober 1976. Ergänzung. Mit dem Druckrecht des Comité «Vrouwe van alle Volkeren». Amsterdam. Miriam-Verlag, D-7893 Jestetten.
Louis Knuvelder, Die Frau spricht − Erscheinungsgeschichte der Frau aller Völker, herausgegeben von Franz Graf von Magnis, D-8702 Veitshöchheim (1967).
Dr. G. Th. H. Liesting S. S. S., Es wird sich mit den Jahren herausstellen, Einleitung in die Botschaften der Frau aller Völker. 2. Auflage, Miriam-Verlag, D-7893 Jestetten.
Hans Baum, Das Ultimatum Gottes. Christiana-Verlag, CH-8260 Stein am Rhein.

Aggiornamento, Anpassung an die Gegenwart
Alternative, Entscheidung zwischen zwei Möglichkeiten
Anomalie, Regelwidrigkeit
Anthroposophie, Selbsterlösungslehre Rudolf Steiners
Antimaterie, «Gegenmaterie», die sich bei Berührung
   mit normaler Materie in Energie umwandelt
Apokalypse, Geheime, d. h. versiegelte Offenbarung
   des hl. Apostels Johannes, zum Neuen Testament
   gehörig
apokalyptisch, der Apokalypse entstammend
Apokalyptiker, jemand, der sich eingehend mit der
   Apokalypse befaßt
Apostat, vom christlichen Glauben Abgefallener,
   Abtrünniger
Äquivalent, Gegenwert. Ausgleich
Arbeitshypothese, wissenschaftliche Annahme, deren
   Beweisbarkeit noch offensteht
archetypisch, urbildlich
Aristoteles, größter altgriechischer Philosoph
   (384–322 v. Chr.)
arithmetische Progression, Zahlenreihe, die aus gleich-
   mäßig sich vergrößernden Summanden gebildet wird
Aspekt, überschaubares, zusammengehöriges Ganzes
Assoziationspsychologie, veraltete Annahme der
   Seelenkunde, wonach die Seelenvorgänge bloße
   mechanische Funktionen darstellen
Attribut, beigegebenes Kennzeichen
Baphomet, gnostisch-rosenkreuzerisches Zwitterwesen,
   Symbol für Satan
Blasphemie, Gotteslästerung
blasphemisch, gotteslästerlich
Chaos, wüstes Durcheinander
Chiliasten, religiöse Schwärmer im Altertum und Mittel-
   alter, die auf ein 1000jähriges Reich unter der
   persönlichen Herrschaft Christi warteten
christozentrisch, Christus im Mittelpunkt stehend
«City of man», «Stadt des Menschen», d. h. die nur
   vom Menschen beherrschte Welt
Computer, moderne «Denkmaschine»
Corpus, Körper, Körper des Gekreuzigten
Coup, überraschender, übler Streich
Crowley, Aleister, rosenkreuzerischer Magier und
   Satanist, Engländer (1875–1947)
Cubus mysticus, geheimnisvoller Würfel, aus dem das
   gnostische Satanskreuz entstand (siehe: Primärkreuz!)
Dämonen, gefallene, zu Teufeln gewordene Engel
Dämonismus oder **Dämonie,** Gesamtheit der Dämonen
Dämonologie, Wissenschaft über die Dämonen,
   Dämonenlehre
dämonologisch, gemäß der Dämonenlehre
Demagogie, Volksaufwiegelung, Volksverführung
Diagonale, z. B. im Viereck die Linie zwischen zwei
   einander gegenüberliegenden Ecken
Diagramm, Übersicht in zeichnerischer Darstellung
dialektischer Materialismus, atheistisch-materialistische
   Weltanschauung des Kommunismus
Disziplinen, wissenschaftliche Lehr- und Arbeitsfächer
Emanzipation, Gleichstellung, Gleichberechtigung
emanzipiert, gleichberechtigt
Enzyklika, päpstliches Rundschreiben an die Bischöfe
Epigone, «Nachgeborener», Nachahmer eines bedeuten-
   den Vorgängers
Episkopat, Gesamtheit der Bischöfe, z. B. eines Landes
Eschatologie, Lehre von der Endzeitlichkeit der
   Geschichte
eschatologisch, endzeitlich
esoterisch, geheimnisvoll, nur für Eingeweihte bestimmt
Esoteriker, Eingeweihter oder Wissender
ethisch, sittlich
Eucharistie, Altarsakrament
exklusiv, vornehm, ausgesondert von den übrigen
Exorzismus, Austreibung böser Geister, Schutzgebet
extravagant, überspannt
Exzeß, Ausschreitung, Ausschweifung
Faksimile, gedruckte Wiedergabe einer Handschrift
Faktum, Tatsache
Farce, Scheinhandlung, Pose

Fuller, englischer Diplomat in Berlin zur Hitlerzeit
Fundamentalphilosophie, grundlegende Philosophie
Funktion, automatisch ausgelöste, dem Willen
   entzogene Handlung oder Bewegung
Funktionalismus, Irrlehre von der Zwangsläufigkeit und
   Unbeeinflußbarkeit aller Veränderungen
Gehirntrust, ein Kreis von verschiedenartigen
   Fachberatern
Genesis, biblische Schöpfungsgeschichte (1. Buch
   Mose)
Geschichtsphilosophie, befaßt sich mit dem Sinn und
   den Gesetzlichkeiten geschichtlicher Vorgänge
Gnosis, angebliche Gotteserfahrung durch Selbst-
   erkenntnis, Selbsterlösung und Welterkenntnis, ohne
   biblische Offenbarung, vielfach durch Inanspruch-
   nahme der Magie
gnostisch, Gegenteil von christlich
Gnosiologie, Wissenschaft über die Gnosis, Gnosis-
   kunde
gnosiologisch, gnosiskundlich
Grill, jüdischer Jugendfreund Hitlers
Gurdjeff, Georg Iwanowitsch, berüchtigter Magier,
   der auch Hitler beeinflußte, starb 1949 in der Nähe
   von Paris
Hanussen (eigentlich **Steinschneider**), tschechischer
   Astrologe, Magier und Hellseher, Berater Hitlers,
   auf Befehl von Goebbels 1933 in Berlin ermordet
Haushofer, Karl, General, Professor, Kabbalist und
   Rosenkreuzer, militärischer Berater Hitlers,
   1946 Selbstmord
Hierarchie, obrigkeitliche, von Gott eingesetzte Ord-
   nung in Staat und Kirche
Homunculus, künstlich hergestellter Mensch in
   Goethes «Faust»
Humanismus, Bestrebungen zur Veredelung, neuerdings
   auch zur Gottentfremdung des Menschen
   (Neuhumanismus, Humanistische Union)
Hus, Johann, tschechischer Reformator des
   14. Jahrhunderts
Hypothese, unbewiesene Annahme bzw. kirchlich noch
   nicht bestätigte theologische oder exegetische
   Feststellung
hypothetisch, ohne verpflichtende Gültigkeit
Ideologie, kurzschlüssige Überbewertung einer Idee,
   einer Theorie; Beispiele: Progressismus,
   Modernismus usw.
identisch, wesensgleich
Imperium, Großreich, Weltreich
Infiltration, Unterwanderung, Durchsetzung
Initiator, Anreger, Begründer
Inspiration, Eingebung
Intellekt, Verstand
Intellektualismus, Vergötzung des Verstandes
Jargon, eigenwillige, nicht allgemein verständliche
   Sprachgewohnheiten (z. B. in der Umgangssprache
   der Freimaurer)
Joachiten, Anhänger des Mystikers und Apokalyptikers
   Joachim von Floris (12./13. Jahrh.)
Kabbala, jüdische Pseudomystik
Kabbalisten, Anhänger der Kabbala, auch nichtjüdische
Klischee, unkontrollierte, unbewiesene Urteile und
   Meinungen, Vorurteile
Kollektivismus, Selbstpreisgabe und Unterwerfung unter
   einen Massenwillen, z. B. im totalitären Staat
Kommentar, Erläuterung, Deutung
Kommentarprophetie, außerbiblische, jedoch bibel-
   bezogene Weissagung
kontinuierlich, stetig, schrittweise
Konstellation, Stellung mehrerer Sterne oder sonstiger
   Dinge zueinander
kruzifikar, über Kreuz
Lanz von Liebenfels, Begründer des Rassenkultes der
   «Neutempler», dessen Schriften den jungen Hitler
   stark beeinflußten
legal, gesetzlich
Legitimation, Berechtigungsnachweis
legitim, berechtigt
liquidieren, auflösen, beseitigen
Liturgie, Gottesdienstordnung
Magie, Zauber, Dämonenbeschwörung

Magier, jemand. der sich die Dämonen dienstbar macht. siehe auch Zauberer. Medizinmänner usw.
magisch, dämonisch
Manipulation, lenkend beeinflussen. nachhelfen. meist im Geheimen
Mariologie, kirchliche Lehre über Maria
mariologisch, nach der Lehre über Maria
Massenmedien, z. B. Presse, Rundfunk. Fernsehen usw.
Meteore, Sternschnuppen, von verschiedener Größe und Zusammensetzung
Minimalismus, zu einer Sache so wenig wie nur möglich beitragen; z. B. marianischer Minimalismus
Mithras, persischer Sonnengott
modern, zeitentsprechend. neuzeitlich
Modernismus, Über- und Falschbewertung des Modernen
modernistisch, modern am falschen Ort
Modulator, bewegliches Modell für Maler und Bildhauer
Mystik, geheimnisvolles Sichversenken in Gott und in die Übernatur
mystisch, geheimnisvoll, außersinnlich
Neognostiker, Neugnostiker, z. B. Freimaurer. Rosenkreuzer, Theosophen, Anthroposophen usw.
Nuklearenergie, Atomkraft
Objektivation, Vergegenständlichung
obskur, dunkel, von unbekannter Herkunft. verdächtig
Ökumene, Zusammenschluß der Kirchen in einer Dachorganisation
ökumenisch, überkonfessionell, überkirchlich
Oligarchie, Herrschaft einer Machtgruppe. z. B. in Diktaturen
oligarchisch, von einer Oligarchie beherrscht (Sowjetunion!)
Opportunismus, den Mantel nach dem Wind hängen
opportunistisch, anpassungsbeflissen
Panik, besinnungsloser Schrecken
Pansexualismus, seelische Massenverseuchung mit Sexualität
Papabile, Papstkandidat für das Konklave (Papstwahl)
Parallelität, Gleichläufigkeit. Gleichzeitigkeit
Paramente, gottesdienstliche Gewänder. Stoffe usw.
Passion, Leiden Christi
Paßworte, geheime freimaurerische Erkennungsworte
permanent, ununterbrochen
petrinische Kirche, Petruskirche, katholische Kirche
Phänomen, Erscheinung
Phänomenologie, Erscheinungslehre, Wesenserforschung
Pluralismus, Nebeneinander vieler Weltanschauungen
pluralistisch, uneinheitlich, gegensätzlich
Prämisse, Voraussetzung
Präsidialpapismus, Papstvorsitz in einem Kirchen- und Glaubensparlament. widerspricht dem Unfehlbarkeitsdogma
Primärkreuz, aus dem gnostischen Würfel gebildetes Satanskreuz
Prinzipien, Grundsätze
profan, weltlich
Profanwissenschaften, nichttheologische, weltliche Wissenschaften
Progression, Fortschritt
progressiv, fortschrittlich
Progressismus, Fortschrittswahn
progressistisch, zukunftssüchtig
Prophetie, Weissagung (nicht Wahrsagung)
Prophetologie, Lehre über die Prophetie und ihren wesensgemäßen Gebrauch
prophetologischer Test, wissenschaftliche Erprobung und Deutung eines Weissagungstextes
pseudo, falsch, unecht
Pseudokirche, unechte Kirche
Pseudoeschatologie, unrichtige Endzeitlehre
Pseudoimperium, Scheinimperium
Pseudosacerdotium, Scheinsacerdotium, Scheinkirche
pseudotheologisch, scheintheologisch
pseudophilosophisch, scheinphilosophisch
Pseudoprophetie, Falschprophetie
Pubertät, Entwicklungsjahre. Geschlechtsreife
Psychologie, Seelenkunde

Psychiatrie, Lehre von den Geisteskrankheiten
Psychopathologie, Lehre vom nicht normalen Seelenleben
Psychopath, seelisch krankhaft veranlagter. aber verstandesmäßig normaler Mensch
Realisierung, Verwirklichung
Rechenexempel, Rechenbeispiel
Ritual, feststehende Form von Kulthandlungen in Kirchen. Logen usw.
Ritualangleichung, Ähnlich- oder Gleichmachung christlicher und freimaurerischer Rituale
Roboter, elektronisch gesteuerter Maschinenmensch
Sacerdotium, weltumfassende petrinische Kirche
Sacrista, Generalvikar des Papstes für das Bistum Rom
sakral, heilig, religiös
Sakrileg, Vergehen gegen geweihte Personen und Dinge
Satanismus, Teufelsverehrung
Satanist, Teufelsverehrer
satanische Trinität, Nachäffung der göttlichen Dreifaltigkeit durch Satan
Schamanentum, dem Zauber- und Dämonenkult der mongolischen Völker entsprechend
Scharlatan, großsprecherischer Betrüger
Schlüssel- oder Siegelhypothese, wissenschaftlich begründete. vom kirchlichen Lehramt noch nicht beurteilte Darstellung des apokalyptischen Schlüssels bzw. Siegels
Schocktherapie, seelische Gesundung durch Erschrecken
Sekundärkreuze, vom Primärkreuz (Satanskreuz) abgeleitete gnostische Kreuze
Siegelprivileg, angemaßtes Vorrecht der Gnosis auf die Entsiegelung der Apokalypse
Singularismus, Vereinzelung
Sophia, christliche Weisheit (im Gegensatz zu Gnosis!)
souverän, überlegen, unumschränkt herrschend
Spiritualen, franziskanische Pseudoapokalyptiker im 13. Jahrhundert
«Stadt Babylon», symbolische Bezeichnung des antichristlichen Lagers
Stalinepigone, «Nachgeborener», d. h. Nachahmer Stalins. Haupt des Neostalinismus (Breschnew)
Status, Stand, Zustand
stimulierende Droge, anregendes. aufpeitschendes Reizmittel
Symbolfundus, Gesamtzahl der Symbole
Talisman, vermeintlicher Glücksbringer. auch Amulett oder Maskottchen genannt
Test, wissenschaftliche Erprobung
Testfall, zur wissenschaftlichen Erprobung geeignet
Theosophie, pseudomystische, vielfach in Magie ausartende. fehlgeleitete Gotteserfahrung
These, Leitsatz. Behauptung
Thomismus, Lehre des hl. Thomas von Aquin
thomistisch, dem Thomismus gemäß
Tiara, päpstliche Krone
Traditionalismus, im religiösen Bereich Ablehnung jeder zeitnotwendigen Erneuerung und Entwicklung. extremer Gegensatz zum Fortschrittswahn des Progressismus
Transparent, Spruchband
Trialismus, Philosophie auf der Grundlage des natürlichen, übernatürlichen und menschlichen Seins
Trinität, Dreifaltigkeit. Dreieinigkeit
trinitarisch, dreifaltig
Utopie, wirklichkeitsfremde Idee
utopisch, wirklichkeitsfremd
Veto, Einspruch
Wiclif, John, englischer Reformator (1325–1384)
Yakusunischrein, japanisch-schintoistischer Altarschrein
Zarathustra (auch **Zoroaster**). altpersischer Religionsstifter (um 700 v. Chr.)
Zeitbestimmungstest, wissenschaftliche Erprobung prophetischer Zeithinweise
Zyklus, Aufeinanderfolge gleichartiger Geschehnisse. Zeitabschnitte und Zahlen

HANS BAUM

Freimaurerischer Satanismus heute

3. Auflage, Format A5, 64 Seiten, DM/Fr. 6.–

Neu im Anhang: Erklärung der Deutschen Bischofskonferenz über die Freimaurerei und Interview von Radio Vatikan mit Bischof Dr. Josef Stimpfle über die Freimaurerei.
Hans Baum hat den Versuch unternommen, die Katholische Kirche über die wahren Ziele der Freimaurerei aufzuklären. Sein Kampf war nicht umsonst, denn just bei seinem Tod berichtete die deutsche Presse von der berühmten Erklärung der Deutschen Bischofskonferenz vom 12. Mai 1980; in dieser Erklärung heisst es: «Zwischen der Katholischen Kirche und der Freimaurerei von Deutschland fanden in den Jahren 1974–1980 offizielle Gespräche im Auftrag der Deutschen Bischofskonferenz und der Vereinigten Grosslogen von Deutschland statt... Die Freimaurerei hat sich in ihrem Wesen nicht gewandelt. Eine Zugehörigkeit stellt die Grundlagen der christlichen Existenz in Frage: Die eingehenden Untersuchungen der freimaurerischen Ritualien und Grundüberlegungen, wie auch ihres heutigen Selbstverständnisses machen deutlich: Die gleichzeitige Zugehörigkeit zur Katholischen Kirche und zur Freimaurerei ist unvereinbar.» Diese Schlussfolgerung wird durch weiteres Tatsachenmaterial in dieser Schrift erhärtet. Die Erklärung der deutschen Bischöfe bedeutet für Hans Baum eine Art Krönung seines Lebenswerkes.

HANS BAUM

Die Blasphemien von Wien-Hetzendorf

10 000 Ex. Format A 5, 64 Seiten, zahlreiche Abb. DM/Fr. 4.80

Hier wird der Nachweis gebracht, dass es der Freimaurerei gelungen ist, im Raum der Kirche und mit Wissen und Billigung der Amtskirche ein blasphemisches Pseudokunstwerk zu schaffen, das die grossen Geheimnisse der Heilsgeschichte in ihr Gegenteil verkehrt. Hier wird die geheime Symbolik und die Geheimsprache entlarvt und gezeigt, dass durch die Gestalt Gott Vaters Luzifer aufscheint; Maria wird zur Hure Satans, Christus zum Pseudopapst.
In prophetischer Klarheit hat Pius XII. (gest. 1958) festgestellt: «Es ist Uns nicht entgangen, dass in den letzten Jahren einige Künstler unter Beleidigung der christlichen Frömmigkeit es gewagt haben, Werke in die Gotteshäuser einzuführen, die jeder religiösen Inspiration entbehren und in vollem Widerspruch mit den Grundregeln der Kunst stehen.» Der eschatologisch wache und wachsame Papst erlebte den Hetzensdorfer Skandal nicht mehr.
Paul VI. hingegen kam an der Feststellung nicht mehr herum, dass Satan durch einen Riss in die Kirche eingedrungen ist. Hier wird diese Aussage an einem konkreten Fall dokumentarisch belegt, hier wird ein freimaurerischer Plan entlarvt und mit wissenschaftlicher Präzision ein Corpus delicti vorgestellt, das jeden Christen in seinem Gewissen herausfordert.

ALBERT BESSIÈRES

Anna Maria Taigi

Auflage: 10 000 Ex., 221 Seiten, 8 Bildtafeln, DM 15,80/Fr. 14.50

Anna Maria Taigi ist eine echte Seherin und Prophetin – auch für unsere Zeit, besonders durch ihre erschütternde Vision einer dreitägigen Finsternis.

HANS BAUM

Das Ultimatum Gottes

293 Seiten, Leinen, DM 22,−/Fr. 20.−

Dieses Buch wurde im Wettlauf mit einer Zeit geschrieben, die ständig der Gefahr ausgesetzt ist, vom Chaos eingeholt zu werden. Dass letzteres noch nicht hereingebrochen ist, erscheint dem zeitkritischen Beobachter wie ein Wunder, auf das ungestraft weiterzusündigen zu dürfen viele schon als eine Art von Rechtsanspruch Gott gegenüber ansehen. Wichtige militärische und diplomatische Nachrichten werden in einer verschlüsselten Geheimsprache durchgegeben. Nur wer den Code (Schlüssel) kennt, kann die Nachricht entziffern. Ähnlich verhält es sich mit der Apokalypse oder Geheimen Offenbarung der Bibel. Wohl kann man vordergründig einiges herauslesen; was die Apokalypse aber hintergründig aussagt, war bisher verschlüsselt, weil Gott es für die Endzeit vorbehalten hat. Die Dechiffrierung der Apokalypse ist das grösste geistige Abenteuer unserer Epoche und die Ergebnisse und Erkenntnisse, die aus der Entschlüsselung bisher erzielt wurden und in diesem Buch vorgelegt werden, sind ein unübersehbares Menetekel für unsere Zeit. Erst jetzt erkennen wir, welche gewaltigen Schätze der Weisheit und verifizierbarer Prophetie in der Geheimen Offenbarung der Bibel verborgen sind.

KAREL CLAEYS

Die Bibel bestätigt das Weltbild der Naturwissenschaft

715 Seiten, Leinen, Farbiger Umschlag, DM 55,−/Fr. 50.−

Der Autor horcht mit geradezu genialem musikalischem Sprachempfinden immer wieder auf die entscheidenden Passagen im Urtext der Bibel und analysiert behutsam jene Bibelstellen, die vom Aufbau der Schöpfung handeln. Dabei gelingen ihm geradezu sensationelle Nachweise, wie die Bibel Dinge offenbart, die von der Naturwissenschaft entdeckt worden sind, wie die Expansion des Weltalls, die Konvektionsströmungen des Erdmantels, das Polarlicht, die Kugelgestalt der Erde. Nicht nur werden viele vermeintliche Widersprüche zwischen Glauben und Wissen aus der Welt geschafft, es zeigt sich sogar, dass die Bibel bis hin zu neuesten wissenschaftlichen Erkenntnissen up to date ist.

PROF. DR. ERICH BLECHSCHMIDT

Wie beginnt das menschliche Leben

4. Auflage: 50 000 Ex., 168 Seiten, 55 Abbildungen, DM 13,50/Fr. 12.−

Gestützt auf umfassende Forschungsergebnisse, schildert Prof. Blechschmidt den Werdegang des Menschen vom Ei zum Neugeborenen. Die klaren, in ihrer Qualität einmaligen Abbildungen geben eine vollständige Übersicht über die entscheidenden Vorgänge der Individualentwicklung. Auf jeder Seite findet der Leser die erstaunlichsten Feststellungen, so zum Beispiel, dass die vermeintlichen menschlichen Kiemenanlagen in Wirklichkeit Beugefalten sind. Erstmals hat hier der Mensch die Möglichkeit, mit den Röntgenaugen der Wissenschaft einen Blick in die geheimnisvollste aller Werkstätten zu werfen.

CHRISTIANA VERLAG   CH-8260 STEIN AM RHEIN

BERNARDD UND KARL PHILBERTH

Das All

Physik des Kosmos

342 Seiten, farbiger Umschlag, Paperback, DM 30,–/Fr. 27.–

Dieses Buch enthält eine Weltsensation: Erstmals ist es einem deutschen Physiker, Karl Philberth, gelungen, eine Formel zu finden, die über Einstein hinausgeht. Dadurch wird eine ganz neue Sicht des Kosmos möglich! Das Lebenswerk zweier Physiker, das eine neue Phase in der Erkenntnis des Weltalls einleitet. So gewaltig haben Sie die Schöpfung noch nie erlebt. Das Buch enthält nur 18 Seiten harte Mathematik; der übrige Teil ist für gebildete Leser gut verständlich.

Die Kosmologie, die Wissenschaft von der Struktur und Geschichte des Weltalls, erfüllt zunehmend das Bewusstsein der Menschen; sie stützt und stürzt weltbeherrschende Ideologien.

Die Gebrüder Philberth, ein Name, der aufhorchen lässt, zwei Männer der Wissenschaft, die sich ideal ergänzen: Bernhard Philberth, ein Forscher mit luzidem Verstand, ein Theoretiker, ein Visionär; Karl Philberth, der nüchterne Praktiker, der kühle Mathematiker.

DR. SIEGFRIED ERNST

Dein ist das Reich

Vom Plan Gottes mit den Menschen und von den Ideologien

Format A5, 200 Seiten, 21 Diagramme, vierfarbiger Umschlag, DM 20,–/Fr. 18.–

Oswald Spengler hat den Untergang des Abendlandes prophezeit. Es scheint, dass wir gegenwärtig Zeugen dieses Vorganges sind, dass unsere Welt unter dem Ansturm gottloser Ideologien einem krebsartigen Prozess der Selbstauflösung engegenfiebert. Eine Diagnose findet der Leser in diesem Buch; sie stammt von einem Arzt, der einen Blick hat für Krankheitssymptome, sie stammt von einem Mann, der schon als Student mit der Gestapo in Konflikt kam, der als Arzt den Russlandfeldzug mitmachte und der als gläubiger Christ und Mitarbeiter der Moralischen Aufrüstung die ideologischen Auseinandersetzungen der letzten Jahrzehnte an vorderster Front miterlebt hat.

Das Buch von Siefried Ernst enthält im Text und in seinen Diagrammen geradezu revolutionäre Erkenntnisse und eine verblüffende Zeitdiagnose und eröffnet damit neue Perspektiven zur Überwindung der materialistischen Ideologien und für eine Wiedervereinigung der Christen.

PROF. DR. REINHOLD ORTNER

Die Berge werden erbeben

Aussersinnliche Wahrnehmungen – Visionen – Propheizungen

143 Seiten, 8 Photos, DM 14,–/Fr. 12.80

Hier wird aufgezeigt, dass es wissenschaftlich anerkannte Grenzbereiche menschlicher Erkenntnis gibt, die Prophezeiungen als aussersinnliche Wahrnehmungen und damit als ernst zu nehmendes Faktum ausweisen. Visionen biblischer Vergangenheit, Gedankenübertragung und Träume werden ebenso hinsichtlich ihres aussersinnlichen Gehaltes erörtert wie Erlebnisse beim Vorgang des Sterbens. In mehreren Kapiteln wird ausführlich auf Prophezeiungen eingegangen, die unsere Gegenwart und die nahe Zukunft betreffen.

CHRISTIANA-VERLAG   **CH-8260 STEIN AM RHEIN**